Exilforschung · Ein internationales Jahrbuch · Band 27

Exilforschung
Ein internationales Jahrbuch

27/2009

Exil, Entwurzelung, Hybridität

Herausgegeben im Auftrag der
Gesellschaft für Exilforschung/Society for Exile Studies
von Claus-Dieter Krohn und Lutz Winckler in
Verbindung mit Wulf Koepke und Erwin Rotermund

edition text+kritik

Redaktion der Beiträge:

Prof. Dr. Claus-Dieter Krohn
Scheideweg 28
20253 Hamburg

Bibliografische Information der Deutschen Bibliothek
Die Deutsche Bibliothek verzeichnet diese Publikation in der Deutschen Nationalbibliografie; detallierte bibliografische Daten sind im Internet über http://dnb.ddb.de abrufbar.

ISBN 978-3-86916-036-8

Umschlagentwurf: Thomas Scheer, Stuttgart

Levelingstraße 6a, 81673 München
www.etk-muenchen.de

Satz: Fotosatz Schwarzenböck, Hohenlinden
Druck und Buchbinder: Laupp & Göbel GmbH, Talstraße 14, 72147 Nehren

Inhalt

VORWORT

Hybridität zählt zu einem der Schlüsselbegriffe in den neueren kultur- und sozialwissenschaftlichen Theoriediskursen. Wurden damit ursprünglich Austauschformen im transkulturellen Dialog beschrieben, so ist er inzwischen viel breiter auf die Strukturanalyse der bürgerlichen Gesellschaft wie überhaupt der Moderne ausgelegt. Der von den Postcolonial Studies popularisierte Begriff umschreibt einen Analyseansatz, der im Prozess der Entkolonisierung von Intellektuellen der Peripherien formuliert worden ist und auf deren gewachsenes Selbstbewusstsein im Dialog mit den alten ökonomischen wie kulturellen Zentren verweist. Denn er suchte auf gleicher Augenhöhe zunächst gegen essentialistische Kulturmodelle in den Metropolen die intellektuellen und sozialen Mischungsverhältnisse im Austausch von westlichen und nicht-westlichen Lebensweisen herauszustellen. Mit dem sogenannten *postcolonial turn* fand er Eingang in die Kultur- und dann auch in die Sozialwissenschaften, weil sich mit ihm gesellschaftliche Widersprüche wie disparate kulturelle Erscheinungen auf neuartige, nicht auf Einebnungen zielende Weise erklären lassen. Der Hybriditätsansatz ist Gegenmodell zu homogenen Hegemonial- oder nationalen Deutungsmustern, an deren Stelle die Einsicht tritt, dass antagonistische Kulturen und soziale Differenzen notwendige Begleitumstände der gesellschaftlichen Dynamik sind.

Davon wird auch die Exilforschung herausgefordert. Das Jahrbuch 25/2007 *Übersetzung als transkultureller Prozess* hat sich bereits am speziellen Beispiel literarischer Transfers von einer Sprache in eine andere mit jenem Ansatz beschäftigt. In diesem Band nun sollen Fragen der Hybridität auf breiterer gesellschaftspolitischer Grundlage erörtert werden. Die Beiträge gehen auf eine Tagung zurück, die von der Gesellschaft für Exilforschung in Verbindung mit der Herbert und Elsbeth Weichmann Stiftung im Frühjahr 2009 in Hamburg durchgeführt worden ist. Hintergrund dafür war, dass sich die Perspektiven, Fragehorizonte und Themenstellungen der Exilforschung auffallend verstetigt haben. Vorbei sind die Zeiten, in denen ständig Neuland erschlossen und »weiße Flecken« beseitigt werden konnten; in denen jedes Teilergebnis sogleich deutlich machte, welche einzigartige Kultur aus Deutschland unwiederbringlich vertrieben worden war; in denen man mit solchen Forschungen moralisch und politisch auf der richtigen Seite stand und damit Öffentlichkeitsarbeit und -aufklärung im besten Sinne geleistet hat. Kurz, die Exilforschung ist zur *normal science* geworden. Zu fragen ist daher, ob ihr Selbstverständnis nicht einer Neujustierung bedarf.

Die gegenwärtig geführten kultur- und gesellschaftspolitischen Diskussionen könnten Anregungen geben, das eigene Tun einer kritischen Bestandsaufnahme zu unterziehen. Nach den älteren, noch ganz naiven Vorstellungen von Integration und Assimilation hatte das aus der Kulturanthropologie kommende Akkulturationstheorem seit vielen Jahren die Exilforschung bestimmt, das den von den Exilanten beförderten Kulturtransfer in den Zufluchtsländern als Prozess gegenseitigen Gebens und Nehmens herausgestellt hat. Dieser Ansatz wird nunmehr von der Hybridforschung mit ihren dazugehörenden Aushandlungsprozessen ergänzt.

Um es gleich zu betonen: Hybridität wird hier nicht verstanden als Chiffre einer weiteren theoretischen Konfession, sondern als instrumenteller Begriff, der methodischen Zugang zu einem anderen Verständnis von Kultur ermöglicht. Kultur meint hier nicht die autonomen, frei flottierenden Selbstbewegungen von Ideen wie in der traditionellen Geistesgeschichte oder den simplen Reflex ökonomisch-sozialer Verhältnisse wie in den historisch-materialistischen Theorien. Vielmehr erscheint sie als eigener Raum, in dem Macht durch Ideen und Wertehierarchien entsteht und im Sinne Gramscis ausgeübt wird.

Einen anderen Zugriff könnte der Blick auf die jüngsten Veränderungen der deutschen Gesellschaft bieten. In jahrelangen, kontroversen Auseinandersetzungen, die etwa in der Verabschiedung des Zuwanderungsgesetzes von 2005 ihren Niederschlag gefunden haben, hat sich in der Politik die Einsicht durchgesetzt, dass Deutschland kein homogener Nationalstaat, sondern ein Einwanderungsland ist. Diese Tatsachen dürften zum einen sehr schnell klar machen, dass Migrationen zur Signatur der modernen Gesellschaften in Zeiten der Globalisierung gehören, dass aber erhebliche Unterschiede zwischen diesen Migrationen und den Gruppen bestehen, mit denen sich die Exilforschung beschäftigt. In der vergleichenden Sicht auf die heutigen massenweisen Arbeits- und Armutswanderungen erweist sich die Exilforschung einmal mehr quantitativ und qualitativ als Elitenforschung, die mit anderen Methoden und theoretischen Ansätzen operiert und auch andere Aufgaben hat als die gegenwärtige Migrationsforschung. Diese Unterschiede könnten Anlass zur kritischen Prüfung ihrer bisherigen theoretischen Instrumente und methodischen Vorgehensweisen sein.

Die Tagung hat den Versuch gemacht, solche komparativen Aspekte an einigen Beispielen zu erhellen, nicht autochthon aus der Sicht der eigenen Forschungen, sondern zusammen mit anderen Disziplinvertretern, deren Arbeiten von ähnlichen Fragen umgetrieben werden. Sie wollen dazu anregen, Vertreibungen und Entwurzelungen sowie die damit verbundenen Integrationsprozesse unter differenten gesellschaftspolitischen Verhältnissen zu vergleichen. Dabei erkennbare Unterschiede in der empirischen Dichte wie den theoretischen und methodischen Zugriffen können als produktive Herausforderung verstanden werden. Die Beiträge des Bandes geben Hinweise, wie sich die Exilforschung den Ergebnissen der kritischen Analysen überkommener Nationalstaatskonzepte – die zum Beispiel vom »anderen Deutschland« kaum infrage gestellt wurden – nähern und von den neueren Ansätzen der Migrations- und Einwanderungsforschung inspirieren lassen kann.

Im Kontext der weiteren sozialen und kulturellen Entwicklung hat sich längst gezeigt, dass Fremdheit, Entwurzelung, Ortlosigkeit und Patchwork-Existenzen nicht mehr nur Erfahrungen von Exilen sowie der heutigen, mehr und mehr globalisierten Gesellschaften sind, sondern überhaupt als Signatur der Moderne begriffen werden müssen. Der Soziologe Georg Simmel hat dazu bereits Anfang des vergangenen Jahrhunderts die bahnbrechenden, später immer wieder paraphrasierten und heute nach wie vor gültigen Einsichten formuliert. In diesem Sinne könnten Exil und Emigration durchaus als zugespitzte Sonderformen der Moderne und ihrer Entfremdungstendenzen interpretierbar sein.

Anstelle der in der Exilforschung lange vorherrschenden, von den auf ihre Muttersprache fixierten Schriftstellern bestimmten, nicht selten larmoyanten Sicht auf die prekären lebensgeschichtlichen Zäsuren, auf berufliche, soziale und emotionale Entwurzelungen individueller Schicksale könnte der Horizont erweitert werden. Damit würden auch optimistischere Wahrnehmungen von positiven Seiten des Exils möglich werden. Als Lebensform steht es zwar weiterhin für erzwungene Entfremdungen und Entwurzelungen, aber durch seine permanenten Mobilitätsanforderungen und Lernprozesse kann es auch als Chance zur Überwindung ausgetretener Lebenspfade oder steril gewordener intellektueller Verkrustungen angesehen werden. Exilforschung in diesem Zusammenhang wäre dann nicht allein Erinnerungsarbeit, sondern Spezialfeld transnationaler Modernitätsanalyse, wie einige in diesem Band genannte Beispiele belegen. Sie dokumentieren jene für zahlreiche intellektuelle Exilanten und unfreiwillige Emigranten typischen »Dekonstruktionen« der überkommenen Lebensentwürfe, ihre Selbstreflexionen über erfahrene Identitätsbrüche und Erfahrungsgewinne, die ihnen die Entwicklung zu ubiquitären Existenzen erlaubten.

*

Erwin Rotermund wird mit diesem Band aus der engeren Redaktion des Jahrbuchs ausscheiden. Seit seinem, noch von Ernst Loewy vorbereiteten Eintritt in die Redaktion hat Erwin Rotermund verschiedene Bände initiiert und mitredigiert, so *Künste im Exil* (1992), *Aspekte der künstlerischen Inneren Emigration 1933 bis 1945* (1994) *Exil und Avantgarden* (1998), *Film und Fotografie* (2002) und zuletzt *Autobiografie und wissenschaftliche Biografik* (2005). Er hat damit wesentlich dazu beigetragen, die Exilforschung als Kulturwissenschaft zu etablieren. Der literaturwissenschaftlichen Exilforschung im Besonderen ist sein weit gespannter, von der Barockliteratur bis zur Gegenwartsliteratur reichender, alle literarischen Gattungen, vor allem auch Parodie und Satire umfassender Wissenshorizont zugute gekommen. Als Summe langjähriger Forschungen hat Erwin Rotermund 1999 zusammen mit Heidrun Ehrke-Rotermund das mittlerweile zum Standardwerk aufgestiegene Buch *Zwischenreiche und Gegenwelten. Texte und Vorstudien zur ›Verdeckten Schreibweise‹ im ›Dritten Reich‹* veröffentlicht. Der in diesem Buch und zahlreichen vorangehenden und nachfolgenden Artikeln unternommene Versuch, mithilfe textanalytischer Verfahren und rezeptionsgeschichtlicher Recherche das oppositionelle Potenzial nonkonformer, im »Dritten Reich« publizierter Literatur auszuloten, hat die wissenschaftliche Diskussion über Schreibweisen, Funktion und Wirkung der Literatur der Inneren Emigration, auch im Zusammenhang mit der Literatur des Exils, entscheidend beeinflusst. Diesem Themenbereich und der Herausgabe des *Carl Zuckmayer Jahrbuchs* wird künftig das Hauptinteresse Erwin Rotermunds gelten. Daneben wird er, wie schon seit vielen Jahren Wulf Koepke, als Ratgeber, Autor und als Kritiker dem Jahrbuch verbunden bleiben.

Stephan Braese

Exil und Postkolonialismus

»*Traduttore – Traditore!* – Die fast bis zur Identität gehende Ähnlichkeit der beiden Worte ergibt eine sehr eindrucksvolle Darstellung der Notwendigkeit, die den Übersetzer zum Frevler an seinem Autor werden läßt!«[1]

Diese Bemerkung Sigmund Freuds in seinem Buch *Der Witz und seine Beziehung zum Unbewussten* (1905) greift jene kategoriale Differenz zwischen ›Original‹ und Übersetzung auf, die im *translational turn* vor allem in Hinblick auf ihre epistemische Produktivkraft zu lesen gegeben wurde.[2] Freud griff das »wohlbekannte Wortspiel«[3] in seinem Buch von 1905 zwar zu anderen Zwecken als einer genaueren Reflexion des Übersetzungsprozesses auf, doch wird – gleichsam nebenbei – ein präzises Wissen des polyglotten Wiener Gelehrten um das konstitutiv Konfliktive, Dilemmatische des Übersetzens offenkundig. Die Mahnung, dass der Übersetzung stets auch ein »Frevel« innewohnen könnte, hat J. Hillis Miller vor einigen Jahren in Form ihrer Anwendung auf Theorien aktualisiert: »Though theory might seem to be as impersonal and universal as any technological innovation, in fact it grows from one particular place, time, culture, and language.«[4] Diese grundlegende Kopplung von Theorien an Ort, Zeit, Kultur und Sprache verdichtet sich für Miller vor allem in zwei Sachverhalten: zum einen in der Unübersetzbarkeit konzeptioneller Begriffe, die – wie beispielsweise »allegory« oder »*Erscheinung*« – an eine lange Geschichte innerhalb der westlichen Kultur geknüpft seien[5], zum anderen an eine analoge, nicht aufhebbare Bindung angeführter Beispiele, auf denen jede Theorie aufruhe.[6] Miller zieht daher den Schluss: »When theory travels it is disfigured, deformed«[7]; jede ihrer Übertragungen sei daher gezeichnet von »essential distortion«.[8]

Auch wenn Miller hier – vor allem mit der Kultur – einen Parameter als fest umrissen und exakt differenzierbar innerhalb seiner eigenen Modifizierungen setzt, der vom Postkolonialismus einer radikalen Dekonstruktion unterzogen wird, erinnern die Ausführungen des Wissenschaftlers an eine Spezifizität von Entstehungskonstellationen, die nicht ohne Folgen für die Begrifflichkeit der Theorie selbst und ihre analytische Präzision ignoriert werden können. Millers Vorbehalt scheint besonders dort am Platz, wo ein Theorem gleichsam eine Praxis der ›Allanwendbarkeit‹ erlebt, wie dies mit dem postkolonialistischen Schlüsselbegriff der Hybridität zu beobachten ist. Kein anderer Begriff aus der postkolonialistischen Theorie hat in der deutschsprachigen Literaturwissenschaft der letzten Jahre eine solche Konjunktur erlebt, ist so ubiquitär geworden wie die schon zum Signalwort gewordene Hybridität.[9] Was sich dabei an begrifflicher Schärfe abschleifen musste, mag durch einen geringfügig erscheinenden Schritt in der Untersuchungsanordnung erneut in Erinnerung gerufen werden: durch die Rückbindung, Rekontextualisierung des postkolonialistischen Hybriditätsbegriffes an die für seine Genese konstitutive radikale Rekonzeptualisierung der Begriffe Nation und Kultur. Eine solche Wiederverknüpfung scheint ergiebig gerade auch für die Exilforschung, zeigt sich doch, dass die Miteinbeziehung jener Begriffe von Nation und Kultur, die grundlegend für den der Hybridisierung sind, den Blick auf das Verhältnis der deutschen Exilliteratur nach 1933 zu postkolonialistischen Dispositionen zu schärfen geeignet ist.

Eine Untersuchungsanordnung, die nach diesem Verhältnis fragt, wird – darauf wurde schon verschiedentlich in der Exilforschung hingewiesen – zugleich unweigerlich eine Reihe charakteristischer Fragen an ihre Quellen zu richten haben: nach der »Fähigkeit eines jeden Autors, sein Verhältnis zu Eigen- und Fremdkultur zu überdenken und (...) seine kulturelle Identität nicht länger in Gegensätzlichkeiten zu formulieren«[10], nach der »ausschlaggebend(en)« Bereitschaft, »sich (...) auf diese Herausforderungen« – der Uneindeutigkeit eines für die postkoloniale Situation charakteristischen »Da-Zwischen«[11] – »ein(zu)lassen«[12], sowie nach der Fähigkeit zum Verzicht auf »nationale Nabelschau«[13], auf ein »Selbstverständnis von Heimat (...), wie es eine territorial und staatlich geeinte Ethnie erfährt«, sowie auf ein »territorial verankerte(s) Kulturverständnis«[14], schließlich gar auf eine »wie auch immer verstandene Reinheitsvorstellung oder Vereinheitlichungstendenz«.[15] Allein eine durch solche Kriterien modifizierte Perspektive auf – für die Exilforschung altvertraute – Positionen des Exils mag andeuten, was ein genauerer Blick auf die Voraussetzungen des Verhältnisses zwischen deutscher Exilliteratur und der Erfahrung postkolonialistisch lesbarer Existenzbedingungen bestätigt: Für konstitutive Teile des deutschen Exils blieben jene Dispositionen, die heute als genuin postkoloniale erkennbar und beschreibbar sind, als kategorial historische Kondition unbegriffen, ihre kulturelle Produktivkraft unerkannt.

I Nation

Postkolonialistische Theoriearbeit hat einen ihrer Ausgangspunkte in einer entschiedenen Dekonstruktion des Begriffs der Nation. Schon Mitte der 1960er Jahre hatte Ernest Gellner festgestellt: »Nationalismus ist keineswegs das Erwachen von Nationen zu Selbstbewusstsein: man *erfindet* Nationen.«[16] Benedict Anderson hat diese Überlegungen dahingehend präzisiert, dass die Nation »eine vorgestellte politische Gemeinschaft (sei) – vorgestellt als begrenzt und souverän. (...) *Vorgestellt* [im Original *imagined*, S. B.] ist sie deswegen, weil die Mitglieder selbst der kleinsten Nation die meisten anderen niemals kennen, ihnen begegnen oder auch nur von ihnen hören werden, aber im Kopf eines jeden die Vorstellung ihrer Gemeinschaft existiert. (...) Die Nation wird als *begrenzt* vorgestellt, weil selbst die größte von ihnen mit vielleicht einer Milliarde Menschen in genau bestimmten, wenn auch variablen Grenzen lebt, jenseits derer andere Nationen liegen. (...) Die Nation wird als *souverän* vorgestellt, weil ihr Begriff in einer Zeit geboren wurde, als Aufklärung und Revolution die Legitimität der als von Gottes Gnaden gedachten hierarchisch-dynastischen Reiche zerstörten.«[17] »Für Anderson«, so haben María do Mar Castro Varela und Nikita Dhawan zusammengefasst, »sind Nationen imaginäre Gemeinschaften und damit keine natürlichen Entitäten, sondern Konstruktionen, die fiktiv und fantasmatisch sind.«[18] Für Homi K. Bhabhas Theoriearbeit ist diese Auffassung grundlegend; auch er kennzeichnet die Nation wiederholt »als eine narrative Strategie«[19] und macht sie als eine »erfundene Gemeinschaft«[20] kenntlich, die auf eine »nationalistische Pädagogik«[21] angewiesen sei. Überdies nimmt er einen spezifischen Zusammenhang zwischen Rassismus und Nationalismus wahr: »Der archaische Charakter des kolonialen Rassismus als einer Form der kulturellen Signifikation (statt einfach eines ideologischen Inhalts) reaktiviert tatsächlich die ›Urszene‹ der modernen westlichen Nation, nämlich den problematischen historischen Übergang von dynastischen, auf Erblinien beruhenden Gesellschaften zu horizontalen, homogenen, säkularen Gemeinschaften.«[22]

Eines der offenkundigsten ideologischen Hemmnisse des deutschen Exils nach 1933, aus den Erfahrungen nicht nur der Moderne ›im Allgemeinen‹, sondern auch NS-Deutschlands im Besonderen heraus essentialistische Vorstellungen von der Nation kritisch zu überprüfen, bestand in der atemberaubend schnellen und dann sehr nachhaltig wirksamen Installation des Begriffs vom »Anderen Deutschland«. Schon im September 1933 heißt es im Editorial der ersten Nummer der *Sammlung* – nach einer stichwortartigen Charakterisierung des NS-Reiches: »Wer diese Dummheit und Roheit verabscheut, bleibt deutsch – oder er wird es erst recht –; auch wenn ihm von dem missleiteten Teil der eignen Nation dieser Titel vorübergehend aberkannt wird. Eben für dieses verstossne, für dieses zum Schweigen gebrachte, für dieses wirkliche Deutschland wollen wir eine Stätte der Sammlung sein – nach unseren Kräften.«[23] Die Zeilen verdeutlichen, wie in der Situation des Kampfes – genauer: eigentlich erst der ›Sammlung der Kräfte‹ für diesen Kampf – eine essentialistische Vorstellung von Nation neuen Auftrieb – durchaus keine Schwächung – erfährt. Indem die Formulierung vom »wirkliche(n) Deutschland« ein ›authentisches‹, ›ursprüngliches‹, ein ›Kern‹-Deutschland aufruft, bestätigt und verhärtet sie überkommene Vorstellungen von der Nation. In der Opposition zum radikal biologistischen Essentialismus nationalsozialistischer Provenienz beruft sich das Exil zwar auf eine entschieden geistig-ideelle Vorstellung von der Nation – essentialistisch ist jedoch auch sie.

Wie wenig diese Erscheinung nur einem strategischen Kalkül des Tages geschuldet war – etwa der akuten Erfordernis im Moment des Schocks von 1933, den Vertriebenen und Verfolgten moralischen und psychischen Halt zu geben –, wird deutlich in den zahlreichen Beispielen der Exilliteratur, die die Nation als unhintergehbare Entität behandeln. Dazu zählt etwa Thomas Manns *Lotte in Weimar*; die Ausführungen ihres männlichen Protagonisten über Juden und Deutsche in der berühmten Partie über den Pogrom in Eger wiederholen und variieren jene unerschütterliche Überzeugung von nationalen Essentialitäten, die nicht nur die Figurenebene und die gehaltliche Struktur großer Teile der Exilliteratur, sondern nicht weniger das Selbstverständnis vieler ihrer Autoren maßgeblich grundierte. Die Belastbarkeit dieser Auffassungen im konkreten historischen Kontext zeigt sich gerade auch im Gegenüber zur zeitgenössischen Kritik am Ideologem vom »Anderen Deutschland«. Bereits 1936 bezeichnete Joseph Roth das »andere Deutschland« exilöffentlich als »eine bisher unbekannt gewesene Art von Fata morgana, die lediglich die deutschen Idealisten erblicken können«[24]; und auch Erika Mann bestritt 1944 – in einer wichtigen Auseinandersetzung um das »Council for a Democratic Germany« – unter dem Eindruck der Nachrichten aus Deutschland und dem besetzten Europa die Existenz eines solchen ›anderen Deutschland‹.[25] Die verbreiteten Vorstellungen von einer homogenen Nation konnten von dieser Auseinandersetzung darüber, worin sich denn Deutschland, die deutsche Nation historisch offenbare, nicht nachweisbar erschüttert werden. Ja, Thomas Manns *Doktor Faustus* ist unter diesem Gesichtspunkt gerade auch lesbar als der beeindruckende Versuch, einige jener gegenläufigsten Momente, die sich in den Reaktionen von Deutschen auf die NS-Terrorherrschaft abbildeten, zu einer erneuten Vorstellung einer nationalen Entität zusammenzubinden. Pointierend lässt sich formulieren, dass noch der tiefste Schock darüber, zu was Deutsche imstande sind, einen Zweifel an der Kategorie des Nationalen in weiten Teilen des deutschen Exils nicht auszulösen vermocht hat; ja, dass – im Gegenteil – die Kategorie der Nation als unhintergehbares historisches Agens unter den Bedingungen des Exils und im Modus der Formel vom »Anderen Deutschland« eine nachhaltige Verhärtung erfahren hat.

II Kultur

Untrennbar verknüpft mit dem Begriff der Nation ist – in der postkolonialistischen Theoriearbeit – der Begriff der Kultur. Edward Said hat in seiner Untersuchung *Die Welt, der Text und der Kritiker* die spezifische Autorität von Kultur herausgestrichen. Er charakterisiert Kultur als »etwas, dem man nicht nur angehört, sondern das man besitzt; und im Zusammenhang mit diesem Aneignungsprozeß bezeichnet Kultur auch eine Grenze, durch die das, was der Kultur äußerlich ist, und das, was ihr eigentlich zugehört, in ein Spiel der Kräfte versetzt werden.«[26] Kultur übe »die Macht« aus, »kraft ihrer erhabenen oder überlegenen Stellung zu autorisieren, zu dominieren, zu legitimieren, zu degradieren, zu verbieten und zu bestätigen.«[27] Sie stelle »ein Wertesystem« dar, sei »immer mit Hierarchien verbunden« gewesen, sei beschreibbar als die »Hegemonie einer bestimmbaren Gruppe von Ideen« und fungiere als »ein System von Ausgrenzungen«.[28] In ihren historischen Verwirklichungen gehe Kultur »oft (einher) mit einem aggressiven Verständnis von Nation, Heimat, Gemeinschaft und Zugehörigkeit«, das in »Diskriminierungen« münde, »die zwischen dem, was für uns, und dem, was für die anderen angemessen ist, einen Unterschied machen; wir, das sind diejenigen, die drinnen, am rechten Ort, in die Gemeinschaft aufgenommen, zugehörig, mit einem Wort: *oben* sind; die anderen sind draußen, ausgegrenzt, absonderlich, minderwertig, mit einem Wort: *unten*.«[29] In dieser Perspektive sind »Kulturproduktionen, welcher Art auch immer, (...) nie ›unschuldig‹«, sondern stehen »in komplexer und dynamischer Beziehung zu den hegemonialen Strukturen, in denen sie hervorgebracht wurden.«[30]

Die konstitutive Funktion der Kultur für die Vorstellung der Nation kommt besonders verdichtet zum Ausdruck in Begriff und Vorstellung der Nationalkultur. In ihr wird unmittelbar offenkundig, in welchem Maß Kultur Nation regelrecht erzeugt. Die Herausgeber des *Jahrbuch Exilforschung* haben in einem ihrer jüngsten Editorials darauf hingewiesen, dass die durch die Romantik geprägte Vorstellung einer deutschen Nationalkultur in ihrem Wesen von der Emigration bewahrt werden sollte. Dieses Wesen – »mehr vergangenheits- als zukunftsorientiert, mehr statisch als dynamisch« – habe sich, so Michaela Enderle-Ristori, »dem Erhalt des Eigenen anstatt der Konfrontation mit dem Neuen, Fremden (verschrieben) und relegierte die Austragung unvermeidlich entstehender Kulturkonflikte in den individuellen Bereich. Das ›Andere Deutschland‹ repräsentierte die genuine deutsche Kultur, frei von allen nationalsozialistischen Auswüchsen, gleichzeitig aber ethnozentrisch und selbst-reflexiv.«[31] Diese Auffassung wird zu Recht als »im Grunde essentialistische(s) Kulturkonzept«[32] markiert. Die Virulenz solcher nationalkulturellen Orientierung wirkte auch dort fort, wo nationalkulturelle Grenzen vermeintlich überschritten wurden – wenn etwa Heinrich Mann im Ersten Weltkrieg »aus Deutschland heraus ›französischen Geist‹, und im Exil in Frankreich (...) den Geist des ›Anderen Deutschlands‹«[33] vertrat.

Zugleich birgt der Komplex des Kulturellen jedoch eine Anzahl von Implikationen, die unsichtbarer, teilweise mithin noch wirksamer sind als explizite Zuschreibungen und Selbstzuschreibungen nationalkultureller Einfärbung. Dazu zählt vor allem die kaum auflösbare Verwobenheit der Schriftsprache mit der Genese des Nationalismus. Benedict Anderson hat – neben anderen – ausführlich gezeigt, dass die Schriftsprachen »das Fundament für das Nationalbewusstsein«[34] schufen. Der Buchdruck habe erst eine Gruppe von Lesern geschaffen, deren jedes Mitglied in ein virtuelles Nahverhältnis zu anderen, zu »Mit-Lesern« getreten sei: »Diese Mit-Leser, mit denen sie über den Buchdruck verbunden waren, bildeten in ihrer besonderen, diesseitigen und ›ersichtlichen‹ Unsichtbarkeit den Beginn der national vorgestellten Gemeinschaft.«[35] Für den deutschen Fall hat dies Michael Giesecke im Einzelnen aufgezeigt: Schon mit dem Beginn des 16. Jahrhunderts wird die Schriftsprache »zum Symbol der Einheit, zum Totem der neuen sozialen Systeme, (...) zum Identitätsmarkierer der Nation«[36] oder, in einer Wendung von Leibniz von 1679, zum »Abdruck der nationalen Individualität«.[37] Dieses innige Bündnis zwischen Schrift- und Standardsprache und der Vorstellung der Nation als einer Entität deutet darauf, in welchem Maß gerade mit der Sprache Arbeitende, Schriftsteller und Wissenschaftler, gleichsam elementar, über ihr basales Instrumentarium, die Sprache, die Verpflichtung auf ein Nationales hin fortgesetzt generierten. Die verbreitete Klage von Exilschriftstellern über den Geltungsschwund ihrer Muttersprache am neuen, anderen, dem Zufluchtsort – Lion Feuchtwanger etwa bekannte: »In einer fremden Sprache dichten, in einer fremden Sprache gestalten, kann man nicht«[38] – artikuliert einen Zwang, in dem stets auch eine immanente nationale Qualität konserviert blieb oder gar neu aktualisiert wurde. Im Kontext neuerer Untersuchungen zur Übersetzung im Exil ist zu Recht darauf hingewiesen worden, dass eine Gleichsetzung des exilbedingten Sprachwechsels mit Identitätsverlust und Selbstaufgabe »in der Exilforschung lange Zeit unwidersprochen hingenommen«[39] wurde. Dessen ungeachtet verdeutlichen jene Zeugnisse, die vom Leiden am Sprachverlust handeln, in welchem Maß der Zusammenhang zwischen Nationalsprache und Identität in weiten Teilen des Exils seelisch internalisiert war und die entsprechende Widerständigkeit gegen jede Denkmöglichkeit einer Lockerung dieses Zusammenhangs aufwies.

Die Auffassung, dass eine Nationalsprache, erst recht aber die deutsche, nicht notwendig oder doch zumindest weniger eine Nationalkultur repräsentiere als vielmehr universell gültige Einsichten und Werte, hatte zwar im deutschen Exil viele Vertreter, wird im Lichte neuerer, postkolonialistisch inspirierter Lektüren dagegen skeptischer bewertet werden müssen. Die von Said, Bhabha, Spivak und anderen postkolonialistischen Theoretikern geübte Kritik der Kultur hat auf den rhetorischen Charakter der Universalität von Kultur und ihre Funktionalität in verschiedenen historischen Konstellationen aufmerksam gemacht.[40] Die Erklärung der Menschenrechte in Paris 1789 bildet ein Signaldatum in der neueren europäischen Geschichte der Vorstellung universell gültiger und verbindlicher Werte; und es ist das wiederholt beobachtete, eigentümlich komplementäre Verhältnis zwischen der Aufklärung einerseits und Rassismus und Kolonialismus andererseits, das die kritische Aufmerksamkeit postkolonialistisch inspirierter Studien auf sich gezogen hat.[41] Die Ferne des deutschen Exils zu einer Revision der eigenen Universalitätsvorstellungen, d. h. auch: einer Revision des eigenen Bildes von der Epoche der Aufklärung, mag vor allem zwei Gründen geschuldet gewesen sein: zum einen der Überzeugung, Begriff und Erträge der Aufklärung seien erfolgreich aufzurüsten als Gegen-Begriffe zu Politik und Kultur des NS-Regimes – zum anderen jedoch der verbreiteten und vielfältig begründeten, wenn auch selten offen ausgesprochenen Einsicht, dass die Aufklärung in der deutschen Intelligenz, Kultur und Öffentlichkeit nie jene stabile Verankerung gefunden hatte wie etwa bei den europäischen Nachbarn Frankreich und England. Dass das Jahrhundert-Dokument einer kritischen Revision der Aufklärung – Horkheimers und Adornos *Dialektik der Aufklärung* – im kalifornischen Exil 1944 abgeschlossen wurde, darf nicht darüber hinwegtäuschen, dass die Radikalität ihrer Revision gleichsam oppositionell zur kurrenten Emphase gegenüber dem Vermächtnis der Aufklärung im Exil steht.[42]

Die Problematisierung der Universalität leitet über zu einer womöglich noch elementareren Implikation der Kultur: die vor allem von Gayatri Chakravorty Spivak prominent markierte »epistemische Gewalt«[43] einzelner Worte oder Wendungen. Die Formel weist auf die konstitutive, zugleich deformierende Organisation heterogener Erscheinungen durch Begriffe, die durch ihre homogenisierenden Wirkungen Differenzen und immanente Widersprüche in den Erscheinungen selbst einebnen und auslöschen. Die eklatante Wirkkraft von Begriffen wie »Inderin« – für die deutsche Situation nach 1933 darf man an Beispiele wie »Deutscher« oder aber »Jude« denken – wurzelt darin, dass ein Bewusstsein von der Auslöschung vielfach »unvergleichbare(r) Lebenserfahrungen«[44], die diesen Begriffen subsumiert werden, in der Regel nicht mehr bleibt.

Die Probleme, denen die Wahrnehmungs- und Theoriefähigkeit vieler Exilierter gegenüber dieser intrikaten Kraft der Sprache ausgesetzt waren, mögen erstaunen angesichts einer im öffentlichen Raum unüberhörbar verwirklichten, opulenter nicht vorstellbaren Sprachpolitik, wie sie das NS-Regime ab 1933 installiert hatte. Wenn aber etwa Heinrich Mann in einem Aufsatz von 1936 »Die Macht des Wortes« erörterte, so war hier nicht von epistemischer Gewalt die Rede, sondern von einem Vermögen der Sprache, das jener im Exil bewahrten – und konservierend gehüteten – Vorstellung von der Aufklärung geschuldet war, die schon angesprochen wurde: »Da Erkenntnisse immer im Zusammenhang stehen mit sprachlicher Genauigkeit, ist die klassische Literatur die Schöpferin des wissenschaftlichen Geistes in Deutschland.«[45] Diese Sprachlichkeit sei auf Seiten des Exils; und auch angesichts dessen, was in Deutschland geschieht, gelte: »Das Wort ist dennoch geblieben was es immer war.«[46] Diese Emphase ist ganz jenem Vorstellungskreis verhaftet, in dem sich die herausragenden Ideologeme des ›Anderen Deutschland‹ kreuzen. Ihnen zufolge äußere sich das Deutsche vorzüglich in seiner Kultur, diese sei als Ausdruck universell gültiger Einsichten mit menschheitlichem Geltungsanspruch zu begreifen, und deren endliche historische Durchsetzungsfähigkeit wird mit einem Nachdruck zu lesen gegeben, an dessen Horizont eine gleichsam teleologische Mission solcher Kultur aufscheint.

Doch zugleich haben die Schriftsteller des Exils gerade im Bereich jener anderen »Macht des Wortes«, der epistemischen Gewalt, wie sie sich in der NS-Rede offenbarte, teilweise bis heute gültige Einsichten erarbeitet. Ein Abschnitt aus Bertolt Brechts »Fünf Schwierigkeiten beim Schreiben der Wahrheit« ist dafür ein Beispiel: »Wer in unserer Zeit *statt Volk Bevölkerung* und *statt Boden Landbesitz* sagt, unterstützt schon viele Lügen nicht. Er nimmt den Wörtern ihre faule Mystik. Das Wort *Volk* besagt eine gewisse Einheitlichkeit und deutet auf gemeinsame Interessen hin, sollte also nur benutzt werden, wenn von mehreren Völkern die Rede ist, da höchstens dann eine Gemeinsamkeit der Interessen vorstellbar ist. Die Bevölkerung eines Landstriches hat verschiedene, auch einander entgegengesetzte Interessen, und dies ist eine Wahrheit, die unterdrückt wird. So unterstützt auch, wer Boden sagt und die Äcker den Nasen und Augen schildert, indem er von ihrem Erdgeruch und von ihrer Farbe spricht, die Lügen der Herrschenden; denn nicht auf die Fruchtbarkeit des Bodens kommt es an, noch auf die Liebe des Menschen zu ihm, noch auf den Fleiß, sondern hauptsächlich auf den Getreidepreis und den Preis der Arbeit. Diejenigen, welche die Gewinne aus dem Boden ziehen, sind nicht jene, die aus ihm Getreide ziehen, und der Schollengeruch des Bodens ist den Börsen unbekannt. Sie riechen nach anderem. Dagegen ist Landbesitz das richtige Wort; damit kann man weniger betrügen.«[47]

Besonders nah kommt Brecht einer Vorstellung epistemischer Gewalt dort, wo er die Homogenisierung »verschiedene(r), auch einander engegengesetzte(r) Interessen« bemerkt und kritisiert. Gleichwohl lassen seine Ausführungen keinen Zweifel daran, dass seine Kritik nicht auf eine grundsätzliche Kritik epistemischer Gewalt, sondern auf die Ablösung der herrschenden durch eine andere setzt – nehmen doch auch die von ihm vorgeschlagenen Alternativbegriffe jene entschiedenen Einebnungen von Differenzen vor, die für Spivak zentral sind. Doch die Kritik an der Sprache und die ihr impliziten, oft verborgenen Dynamiken ist von den deutschsprachigen Exilautoren insgesamt mit großer Intensität geführt worden. Karl Kraus und Ernst Bloch bezeichnen unterschiedliche Positionen auf dem breiten Spektrum dieser Textarbeit; und Brecht hat am Beispiel von Heinrich Manns »Die Rede« aufgezeigt, mit welcher Wahrnehmungsgenauigkeit und mit welchem Darstellungsgeschick sich auch dieser Autor mit der Macht der NS-Sprache auseinanderzusetzen vermocht hat.[48] Es scheint, dass nicht zuletzt dieses im Exil geschulte sprachkritische Bewusstsein zusammen mit den großen Arbeiten von Klemperer, Sternberger / Storz / Süskind und später George Steiner[49] die Grundlage für eine – noch heute regelmäßig zu beobachtende – politisch begründete Sensibilität gegenüber Sprache in der deutschen Öffentlichkeit gelegt haben.

III Hybridität

Erst die Kritik am Begriff der Nation und die Rekonzeptualisierung von Kultur verleihen dem vor allem von Bhabha etablierten Epistem der Hybridität ihr spezifisches Gewicht. Hybridität ist, Bhabha zufolge, »der Name für die strategische Umkehrung des Prozesses der Beherrschung durch Verleugnung (das heißt, der Produktion diskriminatorischer Identitäten, durch die die ›reine‹ und ursprüngliche Identität der Autorität sichergestellt wird).«[50] Sie steht für die »Abwendung von einer Weltanschauung, die auf binären Begriffen beruht«[51], und charakterisiert einen »Ort (…), an dem die Konstruktion eines politischen Objekts, das neu, *weder das eine noch das andere* ist, unsere politischen Erwartungen dementsprechend entfremdet.«[52] Im Kontext überlieferter, vorherrschender Vorstellungen sei Hybridität, so Bhabha, »Häresie«.[53] Seine Aufmerksamkeit gilt vor allem den Verwirklichungen von Hybridität im Feld des Kulturellen. Sie »stellt unsere Auffassung von der historischen Identität von Kultur als einer homogenisierenden, vereinheitlichenden Kraft, die aus der originären Vergangenheit ihre Authentizität bezieht und in der nationalen Tradition des Volkes am Leben gehalten wurde, sehr zu Recht in Frage.«[54] Daher seien »hierarchische Ansprüche auf die inhärente Ursprünglichkeit oder ›Reinheit‹ von Kulturen (…) unhaltbar«[55]; den »Hauptanteil kultureller Bedeutung« trage vielmehr das »inter«: »das Entscheidende am Übersetzen und Verhandeln, am Raum *da-zwischen*«[56] in sich. In dieser Perspektive erfährt die Interpretation des Kulturellen in Konflikten eine Umkehrung: »Wenn wir das Kulturelle nicht als die *Quelle* des Konflikts – im Sinne *differenter* Kulturen –, sondern als *Ergebnis* diskriminatorischer Praktiken – im Sinne einer Produktion kultureller Differenzierung als Zeichen von Autorität – auffassen, verändern sich sein Stellenwert und seine Erkenntnisregeln. Hybridität interveniert in die Ausübung von Autorität, nicht nur, um aufzuzeigen, dass deren Identität eine Unmöglichkeit ist, sondern auch als Repräsentantin ihrer nicht mehr vorhersehbaren Präsenz.«[57] Dieses subversive Moment sieht Bhabha u. a. im Begriff der Weltliteratur, wie Goethe ihn umrissen hat, schon angelegt. Goethe schreibt in seinen »Betrachtungen zur Weltliteratur«: »(...) die sämtlichen Nationen, in den fürchterlichsten Kriegen durcheinandergeschüttelt, sodann wieder auf sich selbst einzeln zurückgeführt, hatten zu bemerken, dass sie manches Fremdes gewahr geworden, in sich aufgenommen, bisher unbekannte geistige Bedürfnisse hie und da empfunden.«[58] Bhabha kommentiert diese Zeilen so: »Nimmt man seine [Goethes, S.B.] Idee hinzu, wonach das kulturelle Leben einer Nation ›unbewußt‹ gelebt wird, dann kann sich das Verständnis herausbilden, dass Weltliteratur eine im Entstehen begriffene, präfigurative Kategorie sein könnte, bei der es um eine Art kulturellen Dissens und kulturelle Alterität geht und aus der sich nicht auf Konsens beruhende Formen von Zugehörigkeit auf der Basis von historischen Traumata entwickeln können. Das Studium der Weltliteratur könnte das Studium der Art und Weise sein, in der Kulturen sich durch ihre Projektion von ›Andersheit‹ (an-)erkennen. Während einst die Weitergabe nationaler Traditionen das Hauptthema einer Weltliteratur war, können wir jetzt möglicherweise annehmen, dass transnationale Geschichten von Migranten, Kolonisierten oder politischen Flüchtlingen – diese Grenzlagen – die Gebiete der Weltliteratur sein könnten.«[59]

Bhabhas Entfaltung des Begriffs der Hybridität hat eine vielfältige Kritik hervorgerufen.[60] Sein Anregungsgehalt für die Literatur- und Kulturwissenschaften ist jedoch unbestritten; und die Frage nach seiner Produktivität im Blick auf die deutsche Exilliteratur erfährt eine spezifische Berechtigung nicht nur durch Bhabhas literaturhistorischen Hinweis auf das Modell der »Weltliteratur«, sondern auch durch Selbstzuschreibungen Exilierter, deren Charakterisierungen teilweise verblüffende Nähe zum postkolonialen Hybriditätsbegriff aufweisen. Claus-Dieter Krohn macht in seinem Beitrag darauf aufmerksam, in welchem Maß Motive des Hybriden in einer Diskussion an der New Yorker New School for Social Research im Jahr 1937 verwendet wurden. Im Rahmen einer Rechenschaftslegung über ihre bisherige Arbeit und deren Ort in der Gesellschaft der Vereinigten Staaten nahm die Reflexion des Kulturellen unter den dort versammelten Flüchtlingen mit ihren amerikanischen Kollegen eine zentrale Rolle ein.[61] Franz Boas wies etwa darauf hin, dass »Kulturen keine autochthonen Einheiten gewesen« seien und bezeichnete die Bevölkerung der urbanen Zentren als »hybrid population«[62]. Louis Wirth lehnte sich mit seinem Begriff des »marginal man« eng an die Vorstellung seines – US-amerikanischen – Lehrers Robert Park vom »cultural hybrid« als »a man on the margin of two cultures and two societies«[63] an. An der Diskussion der New School nahmen auch Thomas Mann und der Theologe Paul Tillich teil, deren Beiträge hier genauere Betrachtung verdienen, markieren sie doch recht genau die charakteristische Grenze, von der das Denken des Hybriden im deutschen Exil gezeichnet blieb.

In seinem Vortrag »The Living Spirit« beschreibt Mann die New School als die – höchst erfolgreiche – Anstrengung, dem »living spirit« – »driven from Germany« – ein neues Heim abseits der Heimat zu geben: »a home in this country«.[64] In seiner Feier der Freiheit des Geistes und der Wissenschaft und in den Dankesformeln an die amerikanischen Initiatoren der New School, ihren Direktor Alvin Johnson und die unterstützenden Behörden umschreibt er die zugrunde liegende Idee wie folgt: »That idea was to preserve the institution of the German university in spite of the inevitable dispersal of the German intellectuals all over the world, and to refound it here, beyond the seas. To this idea of the preservation of the German university, of its transplantation to another country – his own country, this great America with her venerable and unshakable tradition of freedom – he [Alvin Johnson, S. B.] devoted his whole energy (...).«[65]

In Wendungen wie diesen war die Vorstellung einer Bewahrung, einer Konservierung, eines Erhaltens artikuliert. Nicht nur fehlt in diesem Begriff – wie in Manns ganzem Vortrag – das Motiv eines gegenseitigen Austauschs, der Möglichkeit einer Bereicherung des Eigenen – der deutschen Universität – durch das Andere – der US-amerikanischen wissenschaftlichen Erfahrungen –; vielmehr steht die Vorstellung eines etwaigen Wandels durch die veränderten Umstände dem Motiv einer möglichst unveränderten Bewahrung kategorial entgegen. Zwar formuliert Mann: »It started out as a German university in exile, broadened into a European-American faculty and is now ready and able to be also part of American intellectual life.«[66] Doch solche Worte zielten eher auf eine Steigerung der Akzeptanz der von Exilanten geprägten New School in der amerikanischen Öffentlichkeit als auf die Umschreibung einer wechselseitigen Einflussnahme; ja, die Schlusswendung wirbt – geradezu im Gegensatz zu einer solchen Annahme – für die deutsche Universität als eine brauchbare Komponente für die US-amerikanische Öffentlichkeit. Die Komponente für sich bleibt unverändert.

An dieser Perspektive Manns ist nichts überraschend. Zu entfernt waren die Prämissen seines Denkens – wie die vieler, wenn auch wohl keineswegs der Mehrheit der deutschen Exilanten – von der Option eines Gedankenexperiments, das das erzwungene Exil auf seine Eigenschaft als Chance hin zu begreifen versucht hätte, das diese Eigenschaft des Exils hätte anerkennen können. Das unmittelbare Nebeneinander der Äußerungen Thomas Manns zu denen Paul Tillichs hingegen verdeutlicht den beachtlichen Spielraum, den die Reflexivität des deutschen Exils zu dieser Frage aufwies. Nicht nur verweist Tillich in seinem Beitrag zur New School-Debatte von 1937 auf die historische Bedeutung des »permanent emigre in the world«[67] für die Entfaltung von Intellektualität, sondern bereits in seinen einleitenden Sätzen stellt er Thesen auf, die wie wohl nur wenige weitere Textzeugnisse aus dem deutschen Exil den überkommenen Ideologemen von der Essentialität einer ursprünglichen Kultur und eines ewig binären Gegenübers von Eigenem und Fremdem opponieren: »It is my intention to show that there is not simply an accidental but an essential relationship between mind and migration, that mind in its very nature is migratory and that human mental creativity and man's migrating power belong together. All kinds of cross-fertilization of cultures are rooted in this connection, which is more than a connection; it is a basic identity.«[68]

Wendungen wie diese scheinen geradezu vorauszuweisen auf Schlüsseltheoreme postkolonialistischer Theoriearbeit. Und vor allem scheinen sie die eingangs erwähnte Prämisse für die Einsicht in heute als postkolonial beschriebene Sachverhalte eindrucksvoll zu belegen: die »Fähigkeit (...), sein Verhältnis zu Eigen- und Fremdkultur zu überdenken und (...) seine kulturelle Identität nicht länger in Gegensätzlichkeiten zu formulieren.«[69] Umso interessanter muss ein Blick auf Tillichs politische Rolle im Exil ausfallen. Denn es ist die Gründung des Council for a Democratic Germany im Mai 1944, dem er vorsaß, die den Chefredakteur des *Aufbau*, Manfred George, zu einer prinzipiellen Stellungnahme unter dem Titel »Am Scheideweg« veranlasste.

Hintergrund von Georges Wortmeldung war der im *Aufbau* sorgfältig beobachtete, sich zunehmend herausbildende »Unterschied zwischen Immigranten und Emigranten.«[70] Schon ein Jahr vor der Gründung des Council hatte George geschrieben: »Die Zeit ist gekommen, wo sich Verbände und Publikationsorgane entscheiden müssen, ob sie die Vertreter einer ins Land hineinwachsenden Immigration oder einer nur vorübergehend hier Refugium genießenden Emigration sein wollen. Der *Aufbau* hat darüber nie einen Zweifel aufkommen lassen: er ist für seine Leser die Brücke nach Amerika, nicht nach Europa.«[71] Als klassisches Einwanderungsland, für das – in explizitem Gegenüber zu den europäischen Nationalstaaten – das Ideologem einer ethnisch homogenen Bevölkerung seit seiner Gründung keine Verbindlichkeit hatte haben können, bildeten die USA für ihre Bürger gleichsam einen realhistorischen Raum für die Erfahrung kultureller Hybridität. In der Perspektive aus Deutschland exilierter Flüchtlinge in den 1930er und 1940er Jahren wurden die USA in der charakteristischen Ambivalenz wahrgenommen, einerseits das eigene, ›mitgebrachte‹ Selbstverständnis mit einer Fülle von Fremdheitserfahrungen zu überschwemmen, andererseits die Chance auf Integration und gesellschaftlichen Aufstieg – auch für den neuen Immigranten – zu bieten. Das vielfältige Vereinsleben in den USA demonstrierte auch in den 1930er und 1940er Jahren, auf welche Weise sich die soziale und kulturelle Pflege der eigenen ethnischen Herkunft mit einer aktiven, vielfach erfolgreichen sozialen Existenz als ›Amerikaner‹ vereinen ließ. Zahllose Flüchtlinge aus NS-Deutschland haben sich für diesen Weg entschieden – wobei oftmals nicht Gründe für die USA, sondern gegen eine Rückkehr nach

Deutschland ausschlaggebend gewesen waren. Manfred Georges Wortmeldungen »Klare Scheidung« von 1943 und »Am Scheideweg« vom Mai 1944 erinnern mit dem gebührenden Nachdruck daran, dass das Engagement für eine Exilorganisation, die sich auf irgendeine Weise »als Vertretung des deutschen Volkes« betrachtet und »sich auf ein theoretisches Mandat«[72] beruft, implizit, aber nicht weniger nachhaltig, gegen die Option der Einwanderung Stellung bezieht: »Es wird nun völlig klar, wo die Trennungslinie zwischen Immigranten und Exilanten verläuft. (...) Kein Immigrant (...) kann einem solchen Komitee angehören oder seine Ziele aktiv unterstützen.«[73]

So sehr für die Zeitgenossen auch politische Kriterien und Argumente im Gegenüber dieser beiden Optionen überwogen, so offenkundig ist jedoch auch schon damals die strukturelle Differenz, die diese Optionen voneinander schied: Lebten in den USA seit Langem die unterschiedlichsten Ethnien wenn auch nicht mit-, so doch nebeneinander, war das Deutschland, das die »Exilgruppen«[74] beschworen, ausgesprochen oder unausgesprochen jener einstige mitteleuropäische Nationalstaat, der sich auf dem Phantasma einer homogenen nationalen Ethnie gründete. Diese Differenz ist der Bemerkung Georges über die Strapazen der Immigration immanent: »Wir wissen (...), dass das Einwachsen in ein Land keine Angelegenheit von vierundzwanzig Stunden ist und dass manche Jahre, ja Jahrzehnte dazu brauchen und dass es viel ernsthafter Arbeit bedarf, um rein sachlich und fachlich sich die Grundlagen für eine solche Umstellung zu schaffen. Es ist aber eine bereits von den amerikanischen Beobachtern anerkannte und ausgesprochene Tatsache, dass es kaum eine Immigration in die Vereinigten Staaten bisher gegeben hat, die sich so bemüht, so schnell und so erfolgreich in ihre neue Umwelt eingefügt hat.«[75]

Diese Erinnerung an eine Reaktion auf die Gründung des Council mag verdeutlichen, dass Tillichs emphatischem Plädoyer für eine *cross-fertilization of cultures* im akademischen Bereich die Option einer unmittelbar lebenspraktischen Bereitschaft zur Hybridisierung gegenüberstand, der auch Tillich letztlich folgte – er verblieb auch nach 1945 in den USA –, der er jedoch in seinem explizit politischen Engagement zunächst opponierte. Dass dieser vor allem im Rückblick kaum mehr als marginal erscheinenden Differenz gleichwohl Symptomcharakter für einen weiterreichenden Zusammenhang anhaftet, verdeutlicht ein kurzer, ebenso wie Georges Wortmeldungen im *Aufbau* erschienener Kommentar Walter Mehrings unter dem Titel »Kleine Feststellung«: »Unwahr ist, dass die Israeliten, nach dem Auszug, einen Verein ›Plagefreies Ägypten‹ gründeten – es ist nicht wahr, dass die Juden, nach der Austreibung, einer Union ›Das andere Spanien‹ beitraten – wahr hingegen ist, dass Juden im Exil dem Vorstand des ›Council for a Democratic Germany‹ angehören.«[76] In anderen Worten: Mehring zufolge muss man schon ein *nichtjüdischer* Deutscher sein, um einem Unternehmen wie dem des Council beizutreten – dass dies auch *Juden* getan haben, sei das Unglaubliche.

IV Diaspora

Dass die Jahrtausende alte diasporische Erfahrung der Juden ein spezifisches Nahverhältnis zu jenen Existenzbedingungen aufweist, die heute als postkoloniale Disposition umrissen werden, ist früh beobachtet und wiederholt festgestellt worden. Aamir R. Mufti hat in seinem Aufsatz »Auerbach in Istanbul: Edward Said, Secular Criticism, and the Question of Minority Culture« darauf hingewiesen, dass Saids Perspektive in seiner Untersuchung der Kritik besonders gerichtet gewesen sei auf »the history of Jewishness-minority as the recurring occasion for crisis and control in post-Enlightenment secularism, and the possibilities it opens up for the distinctly modern vocation of critique.«[77] Ausführlich hat Paul Gilroy auf die Bedeutung hingewiesen, die dem historischen Beispiel der jüdischen Diaspora in der Reflexion von Afroamerikanern über die Bedingungen ihrer Existenz und das an sie geknüpfte Selbstverständnis zukam.[78] Und mit besonderer Emphase hat der US-amerikanische Historiker David N. Myers 1997 dazu aufgerufen, postkolonialistische Theoriearbeit für die Historiografie jüdischer Geschichte fruchtbar zu machen, angespornt durch offenkundige Analogien in den jeweiligen Untersuchungsfeldern.[79]

Wenn, wie Anne Kuhlmann vor einiger Zeit erneut festgestellt hat, »Judentum und Exil« als »eine Gleichung« fungiert habe, die im Exil der 1930er und 1940er Jahre »plötzlich allenthalben vollzog(en)«[80] worden sei, so deswegen, weil »der Lebensbruch und die Vertreibung (…) von jeher elementare Erfahrungen des jüdischen Volkes« gewesen seien, »grundlegender Bestandteil der jüdischen Geschichte«, gerade »nicht die große Ausnahme«.[81] Über »die Rückbesinnung auf ihr Judentum« hätten viele jüdische Autoren im Exil, so Kuhlmann, die »Vertreibung durch die Nationalsozialisten (…) als Normalität zu begreifen«[82] versucht. In den *Hebräischen Balladen* Else Lasker-Schülers erkennt sie eine symptomatische Äußerungsform dieses ›neuen‹ Selbstverständnisses. Moses erscheint hier als »eine Form der jüdischen Existenz, in der Heimatlosigkeit keinen Identitätsverlust bedeutet.«[83] Im Gegenteil: Durch die konstitutive Rolle der Schrift – im historischen Beispiel: der Thora – für das eigene Selbstverständnis sind Exil und Heimat »keine feststehenden Begriffe mehr, sondern Elemente eines narrativen Prozesses.«[84] In dem Maße, in dem »Selbstwahrnehmung und -stilisierung selbst ein Akt der innovativen Performanz« werden, verliert jener »Exilbegriff, der eine eindeutige Verwurzelung immer schon voraussetzt«[85], an Bedeutung. Durch jüdische Autoren wie Lasker-Schüler, aber auch Siegfried Kracauer oder Albert Ehrenstein wird die traditionelle messianische Heilserwartung unter dem subjektgeschichtlichen Eindruck der neuesten Vertreibung gleichsam ›säkularisiert‹ »zu einer Heilsgewissheit, die aktive Bewältigung der Diaspora fordert.«[86] Für Ehrenstein etwa werden, so Kuhlmann, »jüdische Existenzweise und die Verlorenheit des modernen Menschen (...) zu Synonymen, (...) das physische Exil nach 1933 (...) lediglich eine extreme Fortschreibung des geistigen Exils vor der nationalsozialistischen Vertreibung.«[87] Einer der wohl wichtigsten Berührungspunkte zu postkolonialistischen Konzeptionalisierungen ist in Kuhlmanns Feststellung bezeichnet, dass das solchermaßen begriffene Exil »nicht auf Identität, sondern auf Überwindung der Identitätszwänge gerichtet« ist.[88] Wie wenig dieses Motiv auf eine schmale Elite intellektueller und künstlerischer Avantgardisten beschränkt war, mag darin deutlich werden, dass es nicht weniger etwa den deutschnationalen Juden betraf, der vor dem NS-Antisemitismus und der in ihm verdichteten Neufassung von ›Deutschtum‹ seine Heimat verlassen musste. Eine besondere Relevanz solcher aktualisierten Bedeutung des jüdischen Exils für das intellektuelle und künstlerische Exil der 1930er und 1940er Jahre ist hingegen in der schon angedeuteten »Tradition des Judentums« angelegt, »die Exilerfahrung auch zuallererst als eine Form der Textarbeit zu betrachten.«[89]

Doch auch Daniel und Jonathan Boyarin haben auf jene Momente jüdischer Überlieferung hingewiesen, die die Opposition zum nationalstaatskonstituierenden Bündnis zwischen Ethnie und Boden wie eine Präfiguration zentraler postkolonialer Dispositionen erscheinen lassen. Die Boyarins beobachten in verschiedenen jüdischen Quellen »a consciousness of a Jewish collective as one sharing space with others, devoid of exclusivist and dominating power.«[90] Die Autoren zeigen auf, in welchem Maß eine vermeintlich natürliche Verbindung der Juden zu einem bestimmten Land in biblischer wie nachbiblischer Zeit begleitet worden sei von einer Kritik dieser Auffassung.[91] Auch W.D. Davies stellt in seinem Standardwerk *The Territorial Dimension of Judaism* fest: »The Land of Israel was not the birthplace of the Jewish people, which did not emerge there (as most peoples have on their own soil). On the contrary it had to enter its own Land from without; there is a sense in which Israel was born in exile.«[92]

Die Diaspora bedeute, so Boyarin / Boyarin, nicht nur die Abkehr von Vorstellungen der Ursprünglichkeit, sondern wird – in einer Welt fortgesetzten Wandels – erkennbar als Bedingung von Kontinuität: »Within conditions of Diaspora, tendencies toward nativism were also materially discouraged. Diaspora culture and identity allows (and has historically allowed in the best circumstances, such as in Muslim Spain) for a complex continuation of Jewish cultural creativity and identity at the same time that the same people participate fully in the common cultural life of their surroundings. The same figure, a Nagid, an Ibn Gabirol, or a Maimonides, can be simultaneously the vehicle of the preservation of traditions and of the mixing of cultures. This was the case not only in Muslim Spain, nor even only outside of the Land. The Rabbis in Diaspora in their own Land also produced a phenomenon of renewal of Jewish traditional culture at the same time that they were very well acquainted with and an integral part of the circumambient late antique culture. Diasporic cultural identity teaches us that cultures are not preserved by being protected from ›mixing‹ but probably can only continue to exist as a product of such mixing.«[93]

Die jüdische Überlieferung stellte ein Dispositiv zur Verfügung, dass jüdischen Flüchtlingen vor NS-Deutschland eine Interpretation der akuten historischen Lage erlaubte, die in manchen Zügen – von heute aus betrachtet – deutlich moderner anmutet als die vieler nichtjüdischer Exilanten. Ein Moment des Ironischen mag dem Sachverhalt anhaften, dass dieses Avancierte einem historischen Blick zurück geschuldet war, der eben deutlich weiter – nicht kürzer – zurückreichte als der vieler nichtjüdischer Exilanten: weit zurück hinter jene vergleichsweise kurze Epoche, in der der Nationalstaatsgedanke das europäische politische Denken beherrschte.

V Schluss

Der kursorische Blick auf das Verhältnis zwischen deutschem Exil und jenen existenziellen Konditionen, die heute mit Begriffen der postkolonialistischen Theorie neu beschreibbar geworden sind – ein Verhältnis, dessen archimedischer Punkt von der Befähigung der Exilanten gebildet wird, diese Konditionen in ihrer Modernität und potenziellen Produktivität zu erkennen –, ergibt ein ambivalentes Bild. Zwar waren fast alle deutschen Exilanten tief greifenden subjektgeschichtlichen Erfahrungen ausgesetzt, die eine grundlegende Neukonzeptionalisierung von Kategorien wie Nation oder Kultur provozieren mussten. Die ideologischen Implikationen einer politischen Opposition gegen das NS-Regime, noch stärker aber die elementaren ideologischen Voraussetzungen weiter Teile des deutschen Exils haben diese Neukonzeptionalisierung jedoch blockiert. Dieses Bild wird differenziert durch eine Konstellation wie die der New School, in der neu über die Verschränkung von Migration und intellektueller Produktivität nachgedacht wird – aber auch durch das jüdische Traditionswissen um die Diaspora, mit weit reichenden Folgen für die deutschsprachige Exilliteratur jüdischer Autoren; diese Folgen wurden hier nur mit wenigen Verweisen angedeutet. Eine literatur- und kulturhistorisch kohärente Kritik an den Defiziten, aber auch an den Leistungen des deutschen Exils wird einmal mehr – hier: in Hinblick auf sein Verhältnis zu jenen Bedingungen in seiner Umgebung, die heute als postkolonial beschreibbar sind – nicht von der Nachtragsweisheit des

Historikers ihren Ausgang nehmen, sondern von jenem objektiven Spielraum der Möglichkeiten, der wie meist in der Arbeit Einzelner, oft Marginalisierter am konsequentesten ausgeschritten wurde.

Auch in dieser Hinsicht kommt erneut der Differenz zwischen jüdischer und deutscher Erfahrung eine Schlüsselrolle zu. Ihr Gewicht auch für die Exilliteratur ist nicht annähernd abgemessen. Es ist ablesbar noch in jener kurzen, lakonischen Bemerkung Walter Benjamins in einem Brief an Gershom Scholem vom 11. Januar 1940, in dem er – unter Anspielung auf den Hitler-Stalin-Pakt – von »Veranstaltungen des Zeitgeistes« spricht, »der die Wüstenlandschaft dieser Tage mit Markierungen versehen hat, die für alte Beduinen wie wir unverkennbar sind.«[94] Nur »alte Beduinen« verstehen die Zeichen dieser Landschaft – es ist die der Geschichte – zu lesen. Einen eigentlichen Zufluchtsort haben auch sie nicht; nicht Siedlung, gar Staatengründung, sondern die nomadische Lebensweise, die Bewegung des permanenten, unsteten Ausweichens, ist ihr Überlebensmittel. Die Nähe dieses Bildes zur Tradition diasporischer Existenz ist offenkundig. Doch kaum weniger augenfällig ist ein zweites. Dass ein nichtjüdischer deutscher Exilant aus der intellektuellen und künstlerischen Elite der Emigration der 1930er und 1940er Jahre eine solche Zuschreibung – ein »alter Beduine« zu sein – jemals für sich gewählt hätte: Das ist nahezu unvorstellbar.

1 Sigmund Freud: *Der Witz und seine Beziehung zum Unbewussten.* Frankfurt/M. 1989, S. 26 f. — **2** Vgl. Alfrun Kliems: »Transkulturalität des Exils und Translation im Exil. Versuch einer Zusammenbindung«. In: Claus-Dieter Krohn, Erwin Rotermund, Lutz Winckler, Wulf Koepke unter Mitarbeit von Michaela Enderle-Ristori (Hg.): *Übersetzung als transkultureller Prozess* (= *Exilforschung. Ein internationales Jahrbuch.* Bd. 25). München 2007, S. 30–49, hier S. 31 f. — **3** Sarah Kofman: *Die lachenden Dritten – Freud und der Witz.* München – Wien 1990, S. 48. — **4** J. Hillis Miller: *Topographies.* Stanford 1995, S. 320. — **5** Ebd., S. 322 f. — **6** Ebd., S. 323. — **7** Ebd., S. 332. — **8** Ebd., S. 335. — **9** Vgl. beispielsweise die Beiträge in Hartmut Böhme (Hg.): *Topographien der Literatur – Deutsche Literatur im transnationalen Kontext.* Stuttgart – Weimar 2005, sowie Krohn, Rotermund u. a. (Hg.): *Übersetzung als transkultureller Prozess* (s. Anm. 2). — **10** Vgl. Michaela Enderle-Ristori: »Vorwort«. In: Krohn, Rotermund u. a. (Hg.): *Übersetzung als transkultureller Prozess* (s. Anm. 2), S. IX–XII, hier S. X. — **11** Michaela Wolf, Georg Pichler: »Übersetzte Fremdheit und Exil. Grenzgänge eines hybriden Subjekts. Das Beispiel Erich Arendt«. In: Ebd., S. 7–29, hier S. 14. – Zur kritischen Diskussion dieses Begriffs vgl. Kliems: »Transkulturalität des Exils« (s. Anm. 2), S. 31 f., und Leslie Adelson: »Interkulturelle Alterität: Migration, Mythos und Geschichte in Jeannette Landers ›postkolonialem‹ Roman *Jahrhundert der Herren*«. In: Sabine Fischer, Moray McGowan (Hg.): *Denn du tanzt auf einem Seil. Positionen deutschsprachiger Migrantenliteratur.* Tübingen 1997, S. 35–52, hier S. 35. — **12** Wolf, Pichler: »Übersetzte Fremdheit im Exil« (s. Anm. 11), S. 14. — **13** Kliems: »Transkulturalität des Exils« (s. Anm. 2), S. 30 f. — **14** Ebd., S. 35. — **15** Ebd., S. 46. — **16** Ernest Gellner zitiert nach Benedict Anderson: *Die Erfindung der Nation. Zur Karriere eines folgenreichen Konzepts.* Frankfurt/M. – New York 1996, S. 16. — **17** Ebd., S. 15 ff. — **18** María do Mar Castro Varela, Nikita Dhawan: *Postkoloniale Theorie. Eine kritische Einführung.* Bielefeld 2005, S. 17. — **19** Homi K. Bhabha: »DissemiNation. Zeit, narrative Geschichte und die Ränder der modernen Nation«. In: Ders.: *Die Verortung der Kultur.* Tübingen 2000, S. 207–253, hier S. 209. — **20** Ebd., S. 215. — **21** Ebd., S. 217. — **22** Homi K. Bhabha: »Schluß: ›Rasse‹, Zeit und die Revision der Moderne«. In: Ders.: *Die Verortung der Kultur.* (s. Anm. 19), S. 375 f. — **23** Klaus Mann, Fritz H. Landshoff: »Die Sammlung« (= Editorial zum ersten Erscheinen der *Sammlung*). In: *Die Sammlung,* Jg. 1. (1934) H. 1, S. 1 f., hier S. 2 (nach dem photomechanischen Nachdruck München 1987). — **24** Joseph Roth: »Statt eines Artikels«. In: *Das Neue Tage-Buch* Jg. 4 (1936), H. 42, S. 995–997, zitiert nach Ernst Loewy (Hg.): *Exil – Literarische und politische Texte aus dem deutschen Exil 1933–1945. Bd. 1: Mit dem Gesicht nach Deutschland.* Frankfurt/M. 1981, S. 382–385, hier S. 384. — **25** Vgl. Erika Manns Beiträge »Eine Ablehnung« und »Offene Antwort an Carl Zuckmayer«, ersterschienen im New Yorker *Aufbau* 1944, wiederabgedruckt in Ernst Loewy (Hg.): *Exil – Literarische und politische Texte aus dem deutschen Exil 1933–1945. Bd. 3: Perspektiven.* Frankfurt/M. 1982, S. 1160 ff. — **26** Edward Said: *Die Welt, der Text und der Kritiker.* Frankfurt/M. 1997, S. 17. — **27** Ebd. — **28** Ebd., S. 18 f. und S. 21. — **29** Ebd., S. 22 und S. 24. — **30** Castro Varela, Dhawan: *Postkoloniale Theorie* (s. Anm. 18), S. 51. — **31** Enderle-Ristori: »Vorwort« (s. Anm. 10), S. IX. — **32** Ebd. — **33** Michaela Enderle-Ristori: »Kulturelle Übersetzung bei Heinrich Mann. Der ›Dritte Raum‹ als permanente Herausforderung«. In: Krohn, Rotermund u. a. (Hg.): *Übersetzung als transkultureller Prozess* (s. Anm. 2), S. 71–89, hier S. 73. — **34** Anderson: *Die Erfindung der Nation* (s. Anm. 16), S. 51. — **35** Ebd. — **36** Vgl. Michael Giesecke: *Der Buchdruck in der frühen Neuzeit. Eine historische Fallstudie über die Durchsetzung neuer Informations- und Kommunikationstechnologien.* Frankfurt/M. 1998, S. 494 und S. 496. — **37** Vgl. ebd., S. 496. Die Wendung entstammt Leibniz' »Ermahnung an die Teutschen, ihren Verstand und Sprache besser zu üben«. — **38** Lion Feuchtwanger: »Arbeitsprobleme des Schriftstellers im Exil«. In: *Freies Deutschland* Jg. 3 (1943) H. 4, S. 27 f., zitiert nach Ernst Loewy (Hg.): *Exil – Literarische und politische Texte aus dem deutschen Exil 1933–1945. Bd. 2: Erbärmlichkeit und Größe.* Frankfurt/M. 1982, S. 676–680, hier S. 678. — **39** Kliems: »Transkulturalität des Exils« (s. Anm. 2), S. 47 f. — **40** Vgl. Castro Varela, Dhawan: *Postkoloniale Theorie* (s. Anm. 18), S. 51. — **41** Vgl. etwa Susan Buck-Morss: »Hegel und Haiti«, und Michel-Rolph Trouillot: »Eine undenkbare Geschichte. Zur Bagatellisierung der haitianischen Revolution«. Beide in: Haus der Kulturen der Welt in Zusammenarbeit mit Tina Campt und Paul Gilroy (Hg.): *Der Black Atlantic.* Berlin 2004, S. 69–98 und S. 180–198. — **42** Die von der postkolonialistischen Theorie vorgetragenen Vorbehalte gegenüber einer Rhetorik der Universalität scheinen auch in neueren Untersuchungen zur deutschen Exilliteratur zuweilen aus dem Blick zu geraten. Wenn es in Michaela Enderle-Ristoris Studie unter dem Titel »Kulturelle Übersetzung bei Heinrich Mann. Der ›Dritte Raum‹ als permanente Herausforderung« (s. Anm. 33) etwa heißt, der »Zola«-Essay sei »sein Modell des transnationalen, allein der Menschheit und dem souveränen Geist verpflichteten Intellektuellen« (S. 77), wenn formuliert wird, im »Hass« reklamiere er »für sich die Mitteilung einer supranationalen, allgemein-menschlichen Wahrheit« (S. 79), und Mann seinen Gebrauch des Französischen »als die ›universale‹ Sprache der Aufklärung darstellt« (S. 80), dann bleibt nicht nur undeutlich, wie sich solche universalistisch begreifenden Selbstäußerungen Manns mit dem ihm zugeschriebenen Ort des »Dritten Raums« vertragen können, sondern auch, in welchem Maß die Kategorien, die in den zitierten Paraphrasierungen der Mann-Texte verwendet werden, für die Untersuchung selbst verbindlich sind. — **43** Vgl. Gayatri Chakravorty Spivak: »Three Women's Texts and a Critique of Imperialism«. In: *Critical Inquiry* Nr. 12 (Herbst 1985) H. 1, S. 243–261, besonders S. 251 und S. 254, sowie Castro Varela, Dhawan: *Postkoloniale Theorie* (s. Anm. 18), S. 56. — **44** Ebd. — **45** Heinrich Mann: »Die Macht des Wortes«. In: Ders.: *Es kommt der Tag. Ein deutsches Lesebuch.* Zürich 1936, S. 224–232, hier zitiert nach Loewy (Hg.): *Exil. Bd. 2* (s. Anm. 38), S. 686–689, hier S. 686. — **46** Ebd., S. 687. — **47** Bertolt Brecht: »Fünf Schwierigkeiten beim Schreiben der Wahrheit«. In: Ders.: *Gesammelte Werke.* Bd. 18. Frankfurt/M. 1967, S. 222–239, zitiert nach Loewy: *Exil. Bd. 2* (s. Anm. 38), S. 769–781, hier S. 775. — **48** Vgl. Stephan Braese: *Das teure Experiment.*

Satire und NS-Faschismus. Opladen 1996, S. 188 ff. — **49** Victor Klemperer (1947): *LTI – Notizbuch eines Philologen.* Leipzig 2001; Dolf Sternberger, Gerhard Storz, Wilhelm Emanuel Süskind: *Aus dem Wörterbuch des Unmenschen.* Hamburg 1957; George Steiner: »The Hollow Miracle«. In: *The Reporter* Nr. 16 (Februar 1960). — **50** Homi K. Bhabha: »Zeichen als Wunder. Fragen der Ambivalenz und Autorität unter einem Baum bei Delhi im Mai 1817«. In: Ders.: *Die Verortung der Kultur.* Tübingen 2000, S. 151–180, hier S. 165. — **51** Homi K. Bhabha: »Einleitung. Verortungen der Kultur«. In: Ebd., S. 1–28, hier S. 22. — **52** Homi K. Bhabha: »Das theoretische Engagement«. In: Ebd., S. 29–58, hier S. 38. — **53** Homi K. Bhabha: »Wie das Neue in die Welt kommt. Postmoderner Raum, postkoloniale Zeiten und die Prozesse kultureller Übersetzung«. In: Ebd., S. 317–352, hier S. 336. — **54** Bhabha: »Das theoretische Engagement« (s. Anm. 52), S. 56. — **55** Ebd., S. 57. — **56** Ebd., S. 58. — **57** Bhabha: »Zeichen als Wunder« (s. Anm. 50), S. 169. — **58** Johann Wolfgang von Goethe zitiert nach Bhabha: »Einleitung« (s. Anm. 51), S. 17. — **59** Ebd., S. 17 f. — **60** Vgl. Wolf, Pichler: »Übersetzte Fremdheit und Exil« (s. Anm. 11), S. 12; sowie für einen Überblick Castro Varela, Dhawan: *Postkoloniale Theorie* (s. Anm. 18), S. 101 f. — **61** Claus-Dieter Krohn: »Differenz oder Distanz? Hybriditätsdiskurse deutscher *refugee-scholars* im New York der 1930er Jahre«, in diesem Band S. 20–39. — **62** Vgl. ebd., S. 34. — **63** Vgl. ebd., S. 33 f. — **64** Thomas Mann: »The Living Spirit«. In: *Social Research* Jg. 4 (1937), S. 265–272, hier S. 272. — **65** Ebd., S. 267. — **66** Ebd., S. 267 f. — **67** Paul Tillich: »Mind and Migration«. In: *Social Research*, ebd., S. 295–305, hier S. 305. — **68** Ebd., S. 295. — **69** Enderle-Ristori: »Vorwort« (s. Anm. 10), S. X. — **70** Manfred George: »Klare Scheidung«. In: *Aufbau* Jg. 9 (1943) H. 12, S. 4, zitiert nach Loewy (Hg.): *Exil. Bd. 2* (s. Anm. 38), S. 532 f., hier S. 532. — **71** Ebd., S. 532 f. — **72** Manfred George: »Am Scheideweg«. In: *Aufbau* Jg. 10 (1944) H. 19, S. 4, zitiert nach Loewy (Hg.): *Exil. Bd. 3* (Anm. 25), S. 1166 f., hier S. 1166. — **73** Ebd. — **74** Ebd., S. 1167. — **75** Ebd. — **76** Walter Mehring: »Kleine Feststellung«. In: *Aufbau* Jg. 10 (1944) H. 19, S. 4, zitiert nach Loewy (Hg.): *Exil. Bd. 3* (s. Anm. 25), S. 1167. — **77** Aamir R. Mufti: »Auerbach in Istanbul. Edward Said, Secular Criticism, and the Question of Minority Culture«. In: *Critical Inquiry* Nr. 25 (Herbst 1998), S. 95–125, hier S. 104. — **78** Vgl. Paul Gilroy: *The Black Atlantic. Modernity and Double Consciousness.* London – New York 1993, S. 205–212. — **79** Vgl. David N. Myers: »›The Blessing of Assimilation‹ Reconsidered. An Inquiry into Jewish Cultural Studies«. In: Ders., William V. Rowe (Hg.): *From Ghetto to Emancipation. Historical and Contemporary Reconsiderations of the Jewish Community.* Scranton 1997, S. 17–35. — **80** Anne Kuhlmann: »Das Exil als Heimat. Über jüdische Schreibweisen und Metaphern«. In: Claus-Dieter Krohn, Erwin Rotermund, Lutz Winckler, Wulf Koepke (Hg.): *Exile im 20. Jahrhundert* (= *Exilforschung. Ein internationales Jahrbuch.* Bd. 17). München 1999, S. 198–213, hier S. 198. — **81** Ebd. – Zwar greift auch Kuhlmann hier auf Begrifflichkeiten zurück, die die postkolonialistische Theorie dekonstruieren müsste. Doch scheint die Verfasserin mir hier – im Unterschied zu Michaela Enderle-Ristori (s. Anm. 42) – vor allem eine geschichtsmächtige kollektive Selbstzuschreibung zu zitieren, die eine paradigmatische Erfahrung repräsentiert: dass im Wege konstruierender Selbstzuschreibungen, denen unübersehbar epistemische Gewalt anhaftet, in der konkreten historischen Konstellation eine neue (alte?) Autonomie gegenüber sozial und kulturell vorherrschenden Auffassungen gewonnen werden kann. — **82** Ebd., S. 201. — **83** Ebd., S. 202. — **84** Ebd., S. 203. — **85** Ebd., S. 204. — **86** Ebd., S. 205. — **87** Ebd. — **88** Ebd., S. 206. — **89** Ebd., S. 207. — **90** Daniel Boyarin, Jonathan Boyarin: »Diaspora. Generation and the Ground of Jewish Identity«. In: *Critical Inquiry* Nr. 19 (Sommer 1993), S. 693–725, hier S. 713. — **91** Ebd., S. 715. — **92** W. D. Davies zitiert nach ebd., S. 718. — **93** Ebd., S. 720 f. — **94** Walter Benjamin an Gershom Scholem, 11. Januar 1940. In: Walter Benjamin: *Gesammelte Briefe. Bd. VI: 1938–1940.* Hg. v. Christoph Gödde und Henri Lonitz. Frankfurt/M. 2000, S. 378–382, hier S. 379. Vgl. auch Gershom Scholem: *Walter Benjamin – die Geschichte einer Freundschaft*, Frankfurt/M. 1990, S. 274.

Claus-Dieter Krohn

Differenz oder Distanz?

Hybriditätsdiskurse deutscher *refugee scholars* im New York der 1930er Jahre

I Das postkoloniale Hybriditätstheorem

Thema dieser Untersuchung ist die Identitätsdebatte ins Exil getriebener deutscher Wissenschaftler im New York der 1930er Jahre, die das vorwegnahm, was das Hybriditätskonzept heute bestimmt. Der im Prozess der Entkolonisierung von Intellektuellen der Peripherien formulierte Analyseansatz – zu nennen sind hier vor allem Edward Said und Homi Bhabha[1] – verweist auf deren gewachsenes Selbstbewusstsein im Dialog mit den alten imperialen Zentren. Für einen späteren Vergleich seien hier seine wesentlichen Merkmale knapp genannt. Zu ihnen gehören

1. dass er auf gleicher Augenhöhe die intellektuellen und sozialen Mischungsverhältnisse im Austausch von westlichen und nicht-westlichen Lebensweisen herausstellen will, also eine Art Emanzipationsprozess darstellt;
2. dass er sich als Gegenmodell zu homogenen Hegemonial- oder nationalen Deutungsmustern versteht, an deren Stelle
3. die Annahme antagonistischer Kulturen und Differenzen in der gesellschaftlichen Dynamik tritt.
4. Er richtet sich aber auch gegen die Multikulturalismus-Vorstellungen, denn er lehnt die simple Pluralität im Nebeneinander unterschiedlicher kultureller Sinnerklärungen ab.
5. In einem permanenten Prozess des unabgeschlossenen »Aushandelns« sollen stattdessen soziale und intellektuelle Konfliktmauern zwischen Klassen, Ethnien, Geschlechtern und anderen sozialen Gruppen überwunden werden.
6. Hybridität zielt damit nicht auf Vermischungen oder Einebnungen, sondern auf Kenntlichmachung heterogener Selbstrepräsentationen der Prozessbeteiligten und auf diskursstiftende und politische Aufbrüche, auf Mehrschichtigkeiten der Kulturen in »dritten Räumen« als Orten der Gleichzeitigkeit von Ungleichzeitigkeiten.[2]

Das alles könnte als postmodern verformter Hegelianismus begriffen werden, denn dialektische Fortschrittsimpulse sind nicht ohne weiteres erkennbar. Und so kann der Hybriditätsansatz oberflächlich als Konsens- oder Integrationstheorie in Zeiten der Globalisierung kritisiert werden, über den sich umso leichter streiten lässt, je mehr seine Analysen auf die der realen Machtverhältnisse und Widerstände verzichten. Trotz solcher realgeschichtlichen Zurückhaltung hat er gleichwohl eine Tiefendimension, die Ungleichheiten, Andersartigkeiten, Brüche, Entfremdungen oder Entwurzelungen trennscharf markieren kann. Nicht von ungefähr sieht Homi K. Bhaba, aus Indien gebürtiger Kulturtheoretiker an der Universität Chicago, in den »Grenz-Gemeinschaften« der Intellektuellen, Künstler und Migranten mit ihren Zwischen-Existenzen und Mehrfachzugehörigkeiten die Repräsentanten jener Hybridität.[3] Die Bedeutung dieser Forschungsperspektive für die Exilforschung ist unverkennbar, wobei ihr aus der Kulturanthropologie stammender Akkulturationsansatz bereits wichtige Elemente der Hybridforschung antizipiert, allerdings ist der mehr am Wandel von Werten, Einstellungen und Lebensstilen durch Kulturkontakte interessiert als an den Aushandlungsprozessen, die dorthin führen.[4]

Inzwischen wird die Hybridforschung in einem weitaus umfassenderen Kontext praktiziert als von den Postcolonial Studies vorgegeben worden ist. Neuere Untersuchungen nutzen sie gar verallgemeinernd zur Analyse der Modernisierungsprozesse in den westlichen Zivilisationen, also ohne den kontrastierenden Blick auf die Begegnung von westlichen und nicht-westlichen Praktiken und kulturellen Codes zu richten. Die provokative These, dass die Träger der modernen bürgerlichen Gesellschaft mit ihren schnellen Wandlungsprozessen a priori Hybride seien, bedeutet in der Tat eine fundamentale Herausforderung der klassischen Gesellschafts- und Sozialwissenschaften mit ihrer seit Adam Smith, Karl Marx, Auguste Comte und anderen normativ gesetzten linearen Fortschritts- und Modernisierungsdynamik als Grundmuster der gesellschaftlichen Entwicklung. Diese determinieren die modernen Subjekte, sei es durch Kapitalismus, Rationalisierung oder Technisierungsprozesse, und lassen kulturelle Erscheinungen lediglich als strukturelle Derivate des geistigen Überbaus gelten. Demgegenüber situiert der Hybrid-Ansatz die kulturelle Ebene autonom neben der sozialökonomischen und sucht dabei nachzuweisen, dass die Träger der bürgerlichen Gesellschaft nicht allein von äußeren, durch die Sozialverhältnisse gesteuerten homogenen Subjektstrukturen, sondern von vielfachen Differenzen, diversen Interaktionsvariablen, Diskontinuitäten, kurz: durch spezifische Hybriditäten und weitgehende Kontingenzen bestimmt werden.[5] Um nur ein Beispiel zu geben: Der seit der Aufklärung von der klassischen Politischen Ökonomie postulierte, rational entscheidende »Homo oeconomicus« hat so nie existiert, er verfügte immer über eine viel breitere Präferenzskala als nur die profitorientierte Nutzenmaximierung.

So breit soll hier nicht ausgeholt werden, immerhin wird in dem vorzustellenden Ausschnitt aus der Wissenschaftsemigration deutlich, dass Hybriditätsdiskurse offenbar typisch in Zeiten sozialer Desorganisation, Umbrüche und Orientierungskrisen sind. Die hier im Mittelpunkt der Betrachtung stehende Gruppe aus Deutschland nach 1933 vertriebener Intellektueller hatte bereits in den Jahren nach dem Ersten Weltkrieg eine Selbstverständigungsdebatte begonnen, die durch den existenziellen Bruch ihrer Exilierung in New York nach Abschluss einer ersten Phase von Erfahrungen in der neuen Lebenswelt der USA Mitte der 1930er Jahre fortgesetzt und intensiviert worden war. In ihr werden Motive, Ideen und Erwartugen erkennbar, die die heute geführten Auseinandersetzungen in erstaunlicher Kongruenz antizipieren. Das, was seit dem *postcolonial turn* zum innovativen epistomologischen und methodologischen Innovationsschub in den Kulturwissenschaften erklärt worden ist, erscheint damit in vielem nur Reprise zu sein. Eine Durchsicht einschlägiger Werke zeigt, dass jene in den 1920er und 1930er Jahren geführten Debatten heute weitgehend unbekannt sind. Dieses restringierte Bewusstsein der heutigen Diskurse, das auf Originalität zielt, aber Traditionen nicht mehr erkennt und in zeitdiagnostischem Präsentismus verharrt, hat Norbert Elias einmal als soziologischen »Rückzug auf die Gegenwart« kritisiert.[6]

II Identitätsdiskurse Intellektueller in der Weimarer Republik

Jene vertriebenen Intellektuellen gehörten zu einer Gruppe von *refugee scholars*, die an der New School for Social Research in New York untergekommen waren. Deren Direktor Alvin Johnson hatte als spontanen Akt mit schnell acquirierten Spenden schon im Frühjahr 1933 eine einzigartige University in Exile aufgebaut, für die er gezielt diejenigen aus Deutschland vertriebenen Gelehrten zu gewinnen suchte, die seinen wissenschaftspolitischen Überzeugungen entsprachen. Als Herausgeber der großen amerikanischen *Encyclopaedia of the Social Sciences* kannte er die europäischen und insbesondere deutschen Wissenschaftler, aus deren Kreis er für sie diverse Mitarbeiter gewonnen hatte – die *Encyclopaedia* war überhaupt nach dem Vorbild des deutschen *Handwörterbuch der Staatswissenschaften* konzipiert worden. Und als engagierter New Dealer sah Johnson die Chance, seine kleine, Anfang der 1920er Jahre gegen den Mainstream der New Yorker Wissenschaftslandschaft gegründete Institution mithilfe der deutschen Flüchtlinge bei der theoretischen Fundierung des Krisenbekämpfungsprogramms des gerade neu gewählten Präsidenten Franklin D. Roosevelt zu profilieren.[7]

Die Wahl war auf eine Gruppe von Sozialwissenschaftlern gefallen, deren bereits prominente Vertreter zu den in den 1920er Jahren erst in ihrer Professionalisierungsphase befindlichen neuen Disziplinen gehörten; das gilt insbesondere für die Soziologie, die Politischen Wissenschaften und moderne

Teildisziplinen der Ökonomie. Zweitens zählten sie zu den kleinen intellektuellen Milieus, die der permanent krisengeschüttelten Weimarer Republik mithilfe ihrer wissenschaftlichen Analysen wie durch eingreifendes Handeln ein stabileres Fundament geben wollten. Denn charakteristisch für diese Gruppe war drittens, dass viele ihrer Angehörigen nach Verlassen der Universität kurz nach Ende des Ersten Weltkrieges zunächst in den sogenannten Demobilmachungsbehörden gearbeitet hatten und dort bei der Umstellung der Weimarer Republik von der Kriegs- auf die Friedensordnung mit Strukturproblemen in einem bisher nicht bekannten Ausmaß konfrontiert worden waren, die ihr künftiges Wirken bestimmten, als sie universitäre Karrieren begannen.

Zum Merkmal der Gruppe gehörte viertens – und das führt zum Thema – ein hohes Maß an Selbstreflexivität. Viele kamen aus ehemals jüdischen Elternhäusern, sie hatten dort die brüchige Assimilation erlebt, sich aber längst von religiösen Bindungen gelöst und die Chancen ergriffen, als die junge Republik die bisher existierenden Barrieren für Juden im öffentlichen Dienst beziehungsweise an den Universitäten beseitigt hatte. In einem permanenten Prozess der Selbstverständigung suchten sich diese Intellektuellen zu einer Zeit, als Traditionen zerfallen und neue Orientierungen und Verhaltenslehren noch nicht vorhanden waren, über die Rolle des Wissenschaftlers in der Gesellschaft wie der neuen Demokratie klar zu werden. Sie verstanden sich nicht als Elfenbeinturm-Gelehrte, sondern als neuen Typus des unabhängigen »politischen Wissenschaftlers«. Einen wissenschaftsmethodischen Niederschlag hatte diese Debatte Ende der 1920er Jahre in dem vor allem von Karl Mannheim angestoßenen Streit um die Wissenssoziologie gefunden, der zu den großen Wissenschaftskontroversen in den Sozialwissenschaften in Deutschland neben dem Methodenstreit der 1880er Jahre, der Werturteilsdebatte nach 1909 und dem Positivismusstreit um 1969 zählt. Im Kern ging es dabei um die Reformulierung oder Überwindung einmal der Ideologiekritik des Marxismus mit seiner von den Nachfolgern seit Ende des 19. Jahrhunderts zunehmend dogmatisierten Reduktion der Bewusstseinsformen und geistigen Gebilde auf platte Widerspiegelungen der ökonomischen Verhältnisse, zum anderen stand die von Max Weber postulierte Werturteilsfreiheit der Wissenschaften auf dem Prüfstand.

Mannheims Konzept, das er zuerst 1928 auf dem Soziologentag in Zürich vorgetragen und kurz darauf in seinem Hauptwerk *Ideologie und Utopie* systematisiert hatte, ist sichtlich vom Krisenbewusstsein nach dem Zivilisationsbruch des Ersten Weltkrieges geprägt. Er ging von dem viele seiner Generation bewegenden Problem aus, dass sich zwischen dem Regulierungsbedarf der modernen Gesellschaften und den Möglichkeiten angemessener Entscheidungsfindungen ein wachsender Gegensatz auftat. Die moderne Gesellschaft mit ihren Komplexitätszuwächsen habe ebenso differenzierte Subjekte hervorgebracht, deren jeweiliges Bewusstsein oder – wie Mannheim sagt – »Seinsverbundenheit« zu einer Vielzahl interessenbestimmter Standorte oder Ideologien mit immer schwierigeren Konsensfindungen geführt habe. Der neuen Wissenssoziologie als Lehre von den Ablauf- und Aufbaugesetzlichkeiten der sozialen Prozesse und Beziehungen käme deshalb die Aufgabe zu, diese Bewusstseinsformen jenseits der pauschalen Kollektiv- oder Klassenidentitäten durch vergleichende oder »relationierende« Analysen zu ermitteln mit der Absicht, durch valide »Synthesen« die nötigen Konsense politisch und sozial zu ermöglichen. Methodische Voraussetzung dafür sei interessenpolitische Distanz, die Mannheim allein der »freischwebenden Intelligenz« zuschrieb – verstanden als orientierendes, idealtypisches Konstrukt. Sie sei sozial indeterminiert, ideologisch indifferent und ihre breite Bildung befähige sie, gesellschaftliche Schranken und ideologische Fronten in einem Prozess der Selbstprüfung und der Überwindung eigener Interessen und Ideologien zu transzendieren.[8]

Nicht von ungefähr hat Mannheim eine Debatte entzündet, an der sich nahezu alle Sozial- und Geisteswissenschaftler beteiligt haben. Er brachte damit das Selbstverständnis jener jüngeren experimentellen Linken auf den Punkt, die als Außenseiter die Verkrustungen des Marxismus zu überwinden und neue Antworten auf die Ambivalenzen der Moderne zu gewinnen suchten. Dazu zählten, um nur einige bekannte Beispiele anzuführen, Siegfried Kracauer, der aus der Position der »Exterritorialität« die neue, medial geformte Massengesellschaft analysierte und den Intellektuellen als Mythenzerstörer definierte, oder Walter Benjamin, dessen Figur des »Flaneurs« schlechthin für den distanzierten Beobachter steht.[9] Beide definierten sich als »Detektive« oder »Apachen«, die in der »Exotik der Alltagswelt« die Physiognomie der modernen Massenkultur mit ihrer Doppelnatur zu dechiffrieren suchten, einmal die in ihrer Zerstreuungs- und Vergnügungsindustrie eingeschriebenen Manipulationen, zum anderen jedoch auch ihren Charakter als Medium der Selbsterkenntnis und der demokratischen Möglichkeiten.

Die gleichen Ziele verfolgte der philosophische Anthropologe Helmuth Plessner. Scharf hatte er in der Unordnung der Nachkriegsjahre die Suche nach Geborgenheit in den Gemeinschaften wie der Jugendbewegung oder den radikalen Weltanschauungsparteien, Kommunisten und Nationalsozialisten, kritisiert, an deren Stelle er die Lebenskunst der Entfremdung pries, die für die moderne Gesellschaft typisch sei. Plessners Einmischungen bedeuteten eine Umwertung nicht nur der von Ferdinand Tönnies übernommenen Sozialkategorien »Gemeinschaft« und »Gesellschaft«, sondern auch der herrschenden geistigen Strömungen, Marxismus und konservativer Lebensphilosophie, deren Polaritäten kurzerhand positiv gewendet wurden. Die Entfremdung in der Gesellschaft ist bei ihm nicht Unterdrückung, sondern

»Distanz« gewährender Raum. Wie von den anderen modernitätsoffenen Denkern wird ihre Anonymität auch von Plessner positiv gesehen, hinter deren Spielregeln und Masken die Menschen ihre Individualität bewahren könnten. Seine Schlüsselbegriffe »Distanz«, »Indifferenz« und »Kälte« konstituieren eine Verhaltenslehre der »Starken« und »Optimisten des Maschinenzeitalters«, die sich offensiv dem aggressiven Radikalismus wie dem resignativen Kulturpessimismus der unterschiedlichen Gemeinschaftsapologeten entgegenstellen.[10] Auch in Plessners Anthropologie werden also frühe hybriditätstheoretische Antizipationen sichtbar, denen von Kracauer euphorisch zugestimmt wurde, da ihre »Dekonstruktion« der romantischen Zivilisationsflüchtigkeit sowie aller radikalen Utopien genau seinen eigenen Auffassungen entsprach.[11]

Einen Sturm der Entrüstung provozierte Mannheim im Lager der konservativen Geisteswissenschaftler, die die Vorherrschaft der Philosophie und damit sich selbst gefährdet sahen. Für sie war Mannheims Arbeit lediglich Ausdruck des »europäischen Nihilismus ... entwurzelter moderner Intellektuellenschichten« und sie sahen sich darin bestätigt, dass die Soziologie keine Wissenschaft, sondern bestenfalls eine jüdische Sekte sei. Damit waren von den deutschen akademischen Mandarinen die Fremd- und Feindprojektionen fixiert, die wenige Zeit später in der NS-Volksgemeinschaft zur Staatsdoktrin wurden.[12] Während die Debatte damit in Deutschland jäh abgebrochen wurde, konnte sie im Exil, nunmehr unter anderen Vorzeichen, fortgesetzt werden. Die nicht nur von Mannheim aufgeworfenen Fragen boten sich dabei als produktive Grundlage an, denn es ging bei ihnen nicht um individuelle Befindlichkeiten, sondern um Beziehungen und Konstellationen.

Dafür steht auch die Diskussion an der New School, deren *refugees* überwiegend von den Universitäten Frankfurt am Main, Heidelberg und Kiel kamen, den Zentren der modernen Sozialwissenschaften und deshalb mit der höchsten Vertreibungsquote nach 1933. Auch Karl Mannheim, der ebenfalls in Heidelberg und Frankfurt gelehrt hatte, war von Johnson eingeladen worden, doch hatte er zuvor schon eine Einladung an die London School of Economics und die Universität London angenommen. Nach vierjähriger Tätigkeit der University in Exile, aus der inzwischen die verstetigte Graduate Faculty of the Social Sciences der New School geworden war, hatten sich ihre Mitglieder versammelt, um unter den Stichworten »Intellectual Freedom and Responsibility« und »The Interrelations of Culture« ihr Tun und ihre Erfahrungen in der neuen Welt Amerikas kritisch unter die Lupe zu nehmen. Wie schon die Konferenztitel, noch mehr aber die Diskussionen dokumentieren, ging es dabei nicht allein um die Selbstverortung des Exilanten, sondern zugleich um das Rollenverständnis des Intellektuellen. Dabei wurden Konturen eines analytischen Modells erkennbar, die sich in den heutigen Auseinandersetzungen in erstaunlicher Übereinstimmung wieder finden, allerdings mit einigen charakteristischen Unterschieden.[13]

Bestritten wurde die Diskussion vor allem von Alvin Johnson, dem ehemaligen Heidelberger Ökonom Emil Lederer, dem früheren Mannheim-Assistenten und Dozenten an der Berliner Hochschule für Politik Hans Speier, dem einstigen Frankfurter Theologen Paul Tillich, der vom benachbarten Union Theological Seminary herübergekommen war, sowie von Thomas Mann, der sich zu der Zeit in Princeton aufhielt. Zu den Referenten gehörten weiterhin der amerikanische Anthropologe Franz Boas und der Soziologe Louis Wirth aus Chicago neben anderen amerikanischen Ökonomen. Die Fakultätsmitglieder Frieda Wunderlich, Eduard Heimann, Gerhard Colm sowie ihr früherer Kollege, der Ökonom Adolf Löwe, früher Kiel, jetzt an der Universität Manchester, und der Pädagoge Robert Ulich, der an der Harvard University Zuflucht gefunden hatte, waren Zuhörer, sie bestritten jedoch eine andere, hier nicht interessierende Tagungssektion über die Deformationen der Erziehung in den europäischen Ländern, die zu totalitären Staaten geworden waren.[14]

III Selbstwahrnehmungen nach 1933

Die unterschiedlichen Ebenen der Selbstverortungsdiskussion, zum einen die unmittelbar mit der Vertreibung gemachten realgeschichtlichen Erfahrungen, zum anderen die vor 1933 begonnene Rollenreflektion waren durchaus von der Einsicht in die eigene privilegierte Lage beeinflusst, die die relativ geräuschlose Kontiunuität der Arbeit ermöglichte. Die gewohnte frühere Sicherheit war damit allerdings nicht verbunden, da die Arbeitsverträge angesichts der ungewissen Spendenzuflüsse in den frühen Jahren der Graduate Faculty immer nur für zwei Jahre geschlossen werden konnten. Unisono stimmten die Diskutanten darin überein, dass ihre Bezeichnung als »Refugee Intellectuals« ebenso wie ihre Zugehörigkeit zur University in Exile Tautologien, wenn nicht gar Widersprüche in sich darstellten, da Universitäten wie Intellektuelle nicht im Exil sein könnten, sondern per se die Universalität der Kultur verkörperten.[15]

Der Theologe Tillich lieferte dafür mit griffigen Formeln die nötige Einstimmung: »Mind in its very nature is migratory« und die *cross-fertilization of cultures* sei das Prinzip dieses Prozesses und die *basic identity* für die Intellektuellen. Ja, mit der Herleitung dieser Annahmen von der biblischen Vertreibung aus dem Paradies nach dem Genuss vom Baume der Erkenntnis wurden die menschliche Entfremdung sowie die Suche nach Wahrheit und Identität quasi zu anthropologischen Konstanten erklärt. Ohne die in der gesellschaftlichen Entwicklungsdialektik immer wiederkehrende Selbstentfremdung, sei es materiell, räumlich oder mental, gebe es keine Selbsterkenntnis, keinen Fortschritt und damit auch keine Kultur, wie Tillich an zahlreichen historischen Beispielen der europäischen Geschichte veranschaulichte.

In diesem Lichte wurden die jüngsten Erfahrungen als Chance begriffen, sich von eigenen provinziellen Fesseln im Denken und Verhalten zu befreien und in der erlebten Zwangssituation zur nachdrücklich reflektierten Identitätsdiskussion zu kommen.[16] Solche Auseinandersetzungen über die eigenen Traditionsbestände, über deren Bedeutung für das neue Leben im Zufluchtsland und über die nötige Transformation von Sprache, Ideen und Verhalten zeichneten den Intellektuellen aus, für den die Existenz des »permanent emigré in the world«[17] also nichts Beängstigendes haben könne. Er sei der kreative Humanist, dessen Antityp der intellektuelle und soziale Nomade sei. Diese für Tillich »futurists by definition« legten sich keine Rechenschaft über ihre Vergangenheit ab und würden deshalb auch ihre Gegenwart nicht erleben. Man finde sie in den großen Städten, wo sie die Cafés oder Lobbies der immer gleichen Hotels bevölkerten[18] – heute würde man sie als Repräsentanten der Globalisierung bezeichnen.

Ähnlich weit ausholend argumentierten auch andere. Hans Speier griff auf die kulturelle Einheit des lateinischen Mittelalters mit seinen mobilen Gelehrten zurück, die ihre Standorte wechseln konnten ohne Fremde zu werden. Mit der Entstehung des Absolutismus und der Nationalstaaten wurden solche unabhängigen Geister immer weiter marginalisiert, ehe sie in den imperialen, aber auch in den in zunehmender ökonomischer Konkurrenz stehenden demokratischen Ordnungen des 20. Jahrhunderts mehr und mehr verschwänden. Erwartet würden hier nur noch bedingungslose Loyalitäten sowie der Nutzen und der Profit, den die Geistesarbeiter liefern könnten. Aus der Perspektive der heutigen Globalsierung ist Speiers Hinweis auf einen voll ausgeprägten und weiter wachsenden internationalen Arbeitsmarkt für nützliche Spezialisten in sonst xenophoben Gesellschaften visionär zu nennen. Das von Tillich gezeichnete optimistische Bild der intellektuellen Migration ließ er daher nicht ohne weiteres gelten, sondern band es an die Voraussetzung, dass die soziale Topografie von Herkunfts- und Zufluchtsorten der Wanderungsbewegungen nicht allzu verschieden und sich die Migranten in einer Umgebung bewegten, deren Angehörige emotional nicht allzu fest verwurzelt sein dürften, d.h. die wie sie über die nötige Distanz der Weltwahrnehmung verfügten.[19]

Immerhin definierte Speier das Exil als Chance zur Rückgewinnung der verlorenen intellektuellen Universalität. In der Endogamie seiner Gruppe entdecke der Migrant im Kollegen den Mitintellektuellen und nicht den Angehörigen einer anderen Nation, Klasse oder Partei. Das Exil erzwinge geradezu die nachhaltige Auseinandersetzung mit diesen sozialen und kommunikativen Prozessen. Am Ende stehe der Weltbürger, dessen Identität und Stabilität »follows from the ubiquitous character of the relationships which dominate his life.«[20]

Etwas bescheidener setzte Alvin Johnson bei der Begründung seiner Auswahl der Flüchtlinge an. Pragmatisch betonte er einerseits seine hohen Erwartungen an deren Beiträge zur ökonomischen und gesellschaftspolitischen Debatte des New-Deal-Aufbruchs, ebenso wichtig war für ihn jedoch die Demonstration, dass mit den Flüchtlingen die in Deutschland ausgelöschten intellektuellen Traditionen in den USA weiterexistieren konnten.[21] Das hatte auch Thomas Mann in seiner Einführung unter dem Titel »The Living Spirit« hervorgehoben. Sie nahm die peinliche Tatsache auf, dass die Universität Heidelberg ihre über ihrem Eingang stehende, von dem Germanisten Friedrich Gundolf formulierte Inschrift »Dem Lebendigen Geiste« habe entfernen lassen.[22] Das Motto »To the Living Spirit« wurde daher von der Graduate Faculty der New School adoptiert, um auf die in Deutschland zerstörten und von ihr bewahrten Traditionen hinzuweisen.[23]

Die Transnationalisierung der Wissenschaften im Austausch von Forschern – gegenläufig zu den Nationalstaatsbildungen und Abschottungen in und nach der Industriellen Revolution zur Bewahrung des eigenen Know How – sei, so Johnson weiter, seit dem 19. Jahrhundert zwar ein normaler Prozess geworden. Der kulturell unverständliche, zwangsweise Gelehrten-Exodus aus Deutschland nach 1933 sei jedoch einzigartig und biete die unerwartete Chance zu Ideen-Transfers, weil ganze Schulen und akademische Netzwerke mit den Kollegen der amerikanischen Wissenschaftsgemeinschaft zu gegenseitigem Nutzen in direkten Austausch treten könnten. Zu Anfang standen dem allerdings bei vielen sprachliche Schwierigkeiten entgegen, denn deutsche Wissenschaftler beherrschten in jener Zeit eher alte Sprachen und Französisch als das Englische.

Der forcierte Zwang des Spracherwerbs und die mit Gründung eines eigenen, seit Frühjahr 1934 erscheinenden Publikationsorgans, der Zeitschrift *Social Research*, verlangte öffentliche Präsentation eigener Texte in dem neuen Medium überwanden bald diese Hürden, wenngleich das berüchtigte »New Schoolese«, eine Variante des in anderen Kreisen praktizierten »Emigranto«, vorherrschend blieb und die Kommunikationsmöglichkeiten keineswegs einschränkte. Es gibt zahllose Geschichten über das *terrible English* der Professoren, an das sich der bekannte Ökonom Robert Heilbroner sogar noch aus der Zeit nach dem Zweiten Weltkrieg erinnerte, als er an der Graduate Faculty zu studieren begann. Aber, so fügte er gleich hinzu, diese Lehrer seien »extraordinary« gewesen; »each knew from his or her own life that thinking was not the safest, but the most dangerous; not the most sheltered, but the most exposed social activity.«[24]

Jene elementaren instrumentellen Lernprozesse zeigten für den noch jüngeren Speier die Realität des Exils als eine Art Jungbrunnen. Nicht nur machten die Flüchtlinge neue Erfahrungen, sie mussten in vielem auch ganz von vorn anfangen, sodass jeder Emigrant »in a sense (...) passes through a second period of youth« mit all ihren Irrtümern, aber auch belebenden Hoffnungen.[25] Da sprach natürlich auch der Mannheim-Schüler, für dessen Lehrer die Generationenfrage eine Frage der gesellschaftlichen Dynamik war.[26]

Eine andere Art der Lernerfahrungen machte Emil Lederer, einer der großen, Schule bildenden Sozialwissenschaftler ehedem von der Heidelberger Universität, dessen ökonomische Analysen etwa zur Wachstumsdynamik und zum Verhältnis von technologischer Entwicklung und Arbeitslosigkeit nicht nur in seiner Zeit bahnbrechend waren. Als linker Sozialdemokrat hatte er in den 1920er Jahren der utopischen Vision der klassenlosen Gesellschaft angehangen, aber nach den Erfahrungen der Vertreibungen aus Deutschland und den gesellschaftspolitischen Aufbrüchen der Roosevelt'schen Präsidentschaft in rigoroser Selbstprüfung seine bisherigen Gewissheiten dekonstruiert und neu justiert.

Nach wie vor beharrte Lederer zwar darauf, dass wissenschaftliche Arbeit kein werturteilsfreier geistiger Prozess sei, wie Max Weber einst gefordert hatte, sondern vom politischen Standort, dem Charakter und der Unabhängigkeit des Gelehrten sowie seinem Verantwortungsbewusstsein abhinge.[27] Das Objektivitätskriterium werde durch den *living spirit* ständiger Überprüfung – wie Thomas Mann nahm er das Motto seiner früheren Alma Mater auf – im freien Austausch mit anderen erfüllt.[28] Nunmehr standen aber weniger ökonomische Fragen im Mittelpunkt seiner Forschungen, sondern die Analyse der neuartigen von ihm sogenannten »amorphen Massen«, die angesichts der Unsicherheiten in der modernen Industriegesellschaft immer desorientierter und zu eigenständigen Aktionen kaum mehr fähig sein würden. Die Herrschaft des Nationalsozialismus zeige, wie diese Schichten durch blinde Emotionalisierung in den Zustand permanent mobilisierbarer Erregungs- und Eruptionsbereitschaft versetzt werden konnten. Seine kurz darauf erschienene Studie – kurz nach Lederers plötzlichem Tod 1940 von Hans Speier ediert – hob das bereits unter dem programmatischen *State of the Masses* hervor. Sie war ein erster umfassenderer erfahrungswissenschaftlicher Beitrag zur später auch von anderen Emigranten in den USA begründeten Totalitarismustheorie. Die hier von Lederer neu vorgetragene Vision einer demokratischen Gesellschaft, die nur als nicht-egalitäre, sozial differenzierte pluralistische Ordnung gegen die totalitären Bedrohungen und deren Drang zum Meinungs-, Macht- und Terrormonopol gefeit sei, wurde richtungweisend und sollte später von David Riesman in seiner *Lonely Crowd* (1950) und in Daniel Bells Standardwerk *End of Ideology* (1961) wieder aufgenommen werden.[29]

Aus den wenigen hier vorgestellten Beiträgen lassen sich Merkmale identifizieren, die konstitutiv für die Selbstreflexion der Exilanten waren. Sie hatten eine Chance zu neuen Lernprozessen bekommen, die bisherige Weltsichten erweiterten und Provinzialisierungen überwanden. Sie verstanden sich als mobile Intellektuelle, nicht so sehr als Fremde in einer neuen Umwelt, die sich gerade wegen ihrer Detachiertheit und ihres distanzierten Blicks überall schnell zurechtfanden. Ihre vergleichsweise geräuschlose Akkulturation nach der existenziellen Zäsur wurde an einen relativ homogenen sozialen und geistigen Raum als Bewegungsfeld gebunden. Die Emigranten verstanden sich einerseits als Repräsentanten der modernen Fortschrittsdynamik, die Gegenstand ihrer sozialwissenschaftlichen Analysen war, sie stellten sich andererseits aber auch in die große historische Tradition Europas. Dieser vergleichsweise breite Rekurs auf die statisch-universale Vergangenheit mag gewisse Zweifel an der optimistischen Selbstinszenierung andeuten und sollte womöglich in solcher »Relationierung« das eigene Schicksal erträglicher machen und normalisieren – man denke nur an die gleichlautende Lyrik Bertolt Brechts aus den 1930er Jahren.[30]

Der Rekurs hatte aber womöglich noch eine andere Dimension. Wie erwähnt, fügte sich die Auseinandersetzung in den weiteren Horizont der in den 1920er Jahren begonnenen Diskussion um die Rolle des Intellektuellen in der Gesellschaft ein, die vor allem im linken Spektrum offensiv geführt wurde und hinter der schemenhaft auch die alte Marx'sche Vision aufschien, nach der die Intellektuellen der Kopf und die Proletarier das Herz der sozialen Emanzipation seien.[31] Kurz, es ging um die alte Beziehung der Intellektuellen zur Macht, wie sie sich etwa im aktiven Engagement für die Funktionsfähigkeit der Weimarer Republik gezeigt hatte. Nach 1933 war den Exilanten zunächst der Gegenstand und Adressatenkreis für ihr Tun abhanden gekommen und sie machten, ähnlich dem Beispiel Emil Lederers, zudem neue Erfahrungen, die ihre bisherigen politischen Überzeugungen grundlegend infrage stellten.

Die Phase war allerdings nur von kurzer Dauer. Anders als jene Exilanten, die – wie die meisten Schriftsteller und Vertreter der Parteien – auf eine Rückkehr hofften und deren Ansprechpartner zumeist die eigenen Schicksalsgenossen waren, hatten sich die Wissenschaftler wie an der New School sehr bald als Immigranten begriffen, die sich im Lande zu integrieren suchten. Wie schon in den Verlautbarungen der einzelnen Gelehrten lässt sich auch hier auf der kollektiven Ebene die Überwindung, nicht Aufgabe, kurz, die Dekonstruktion der bisherigen Gewissheiten ausmachen, während jene dem »anderen Deutschland« verpflichteten Repräsentanten im Hermetismus der alten Eigenkultur gefangen blieben.[32] Die Entscheidung, bereits in den frühen Jahren der Ungewissheit über die Dauer der NS-Herrschaft nach Amerika zu gehen, das zu dieser Zeit als *point of no return* galt, war bereits eine der Nicht-Rückkehr und Immigration. Das bedeutete zugleich eine Änderung des Adressatenkreises, schloss jedoch eine Beschäftigung mit Deutschland nicht aus. Im Gegenteil, die New-School-Wissenschaftler – wie viele emigrierte Kollegen an anderen Institutionen – wurden zu interdisziplinären und transnationalen Vermittlungsexistenzen, die die in weiten Teilen xenophobe amerikanische Öffentlichkeit über die Lage in Deutschland und Europa aufzuklären hofften.

Vor allem Wissenschaftler waren es, deren Engagements weniger von unmittelbaren, für aussichtslos gehaltenen Aktionen gegen den Nationalsozialismus bestimmt wurden, sondern von viel grundsätzlicheren Perspektiven, sahen sie doch den gesamten modernen Zivilisationsprozess auf dem Prüfstand. Das zeigen auch die Aktivitäten der Immigranten an der Graduate Faculty der New School. Nachdem sie sich zunächst mit begleitenden Forschungen zur Entwicklung des New Deal profiliert hatten, erhielten sie neue Aufgaben und gewannen neue Adressaten in der Roosevelt Administration ab Ende der 1930er Jahre und nach dem Kriegseintritt der USA. Mit ihren Erfahrungen aus der Zeit nach dem Ersten Weltkrieg wurden sie bald zu gesuchten Experten in Washington, die ihre intimen Kenntnisse der Verhältnisse in Deutschland mit der intellektuellen Distanz der neuen Amerikaner verbanden. Da die USA bis dahin kaum über international ausgerichtete Forschungsstäbe verfügten, waren sie zunächst an den Planungen des *war effort* beteiligt, ehe sie in einem eigens gegründeten, öffentlich finanzierten Institute of World Affairs mit einem großen *peace research project* Grundlagenforschung für die europäische Nachkriegsordnung lieferten. Nur am Rande sei erwähnt, dass ein Mitglied der New School, der vor 1933 an der Universität Kiel lehrende Finanzwissenschaftler Gerhard Colm, der während des Krieges bis in den Stab der amerikanischen Präsidentenberater aufgestiegen war, zu den Vätern der deutschen Währungsreform zählt.[33]

IV Der Hybride als *marginal man*

Das Rollen- und Selbstverständnis der Emigranten wurde von den teilnehmenden Amerikanern in den Kontext der einheimischen sozialwissenschaftlichen Forschung gestellt. Bemerkenswert ist, dass sich unter ihnen zwei der bedeutendsten Vertreter ihrer Disziplinen befanden, die einst unter anderen Bedingungen ebenfalls aus Deutschland in die USA eingewandert waren. Kein Aperçu war deshalb ihre Bemerkung, dass die theoretische Beschäftigung mit Migrationsaspekten in Amerika, der Einwanderungsgesellschaft, bei fast jedem in letzter Instanz autobiografische Züge trage. Einmal war das der schon ältere, fast 80-jährige, 1881 in Kiel als Geograf promovierte, 1886 in Berlin als Ethnologe habilitierte und kurz darauf in die USA ausgewanderte Franz Boas, der an der Columbia University Schule bildend und zum Begründer der Kulturanthropologie wurde. Von seinen zahlreichen Schülern sind insbesondere Edward Sapir, Melville J. Herskovits und Margaret Mead weit über die Grenzen ihres Faches hinaus bekannt geworden. Schon vor der Machtübertragung an die Nationalsozialisten hatte er mit Vorträgen in Deutschland gegen deren Rassenwahn gekämpft und später in Briefen an Reichspräsident Hindenburg und führende deutsche akademische Institutionen gegen die Verfolgung der Intellektuellen und die Selbsterniedrigung der deutschen Wissenschaften zu Handlanger-Diensten des Faschismus protestiert.[34]

Boas' Kollege Louis Wirth, eine Generation jünger (1897 im Hunsrück geboren), war dagegen mit 14 Jahren von seinen Eltern 1911 zu einem Onkel in Nebraska geschickt worden, von wo er nach Abschluss der High School an die wenige Jahre zuvor gegründete Universität Chicago ging. Dort studierte er am weltweit ersten Institut für Soziologie, das federführend für die Erforschung der amerikanischen Einwanderungsgesellschaft wurde. Seine Mitglieder waren mit der deutschen sozialwissenschaftlichen Diskussion nicht nur vertraut, sondern von ihr sogar weitgehend geprägt, da die meisten in Deutschland studiert und dort häufig auch promoviert hatten. Während eines Studienaufenthalts in Deutschland in den 1920er Jahren war Wirth stark von Georg Simmel, der allerdings 1917 gestorben war, Ferdinand Tönnies, einem Studienkollegen von Boas, und Karl Mannheim beeinflusst; Mannheims *Ideologie und Utopie* hatte er nach seiner Rückkehr mit einem Kollegen ins Amerikanische übersetzt.[35] Die enge Verbindung wird noch deutlicher bei Wirths Chicagoer Lehrer Robert Ezra Park, der direkt bei Simmel studiert und 1903 bei Wilhelm Windelband in Heidelberg über *Masse und Publikum* promoviert hatte.[36]

So erhielt die aus aktuellem Anlass begonnene kritische Selbstreflexion der Emigranten an der New School for Social Research schnell eine neue erkenntnistheoretische Aufladung, indem sie zum einen von den amerikanischen Kollegen auf die einschlägige frühe deutsche Soziologie rückbezogen und verbreitert wurde und zum anderen der jungen, noch wenig etablierten amerikanischen Forschungsrichtung weitere Konturen gab. Paradigmatisch war diese Diskussion aber nicht nur für die Erforschung von Fremdheit und Migration, sondern sie lieferte auch Einsichten in den weiteren Zusammenhang der Moderne, d. h. der bürgerlichen Gesellschaft, die bis heute wichtig geblieben sind. Diese amerikanischen Wissenschaftler verstanden sich nämlich nicht als Migrationsforscher, sondern als Urbanisten, heute würde man sie als Stadtsoziologen bezeichnen.

Wirths Verständnis des intellektuellen Immigranten als »curtain raiser«[37], der die verborgenen Verbindungen der Kulturen offen lege, nahm direkt zentrale Denkmuster von Tönnies und Simmel auf. Kulturen definierte er als in hohem Maße naiv, selbstbezogen und damit provinziell, während die Säkularisierung der letzten 200 Jahre neue Formen der Gesellschaft geschaffen habe, deren Rationalität und Dynamik keine individuelle oder gruppenspezifische Angelegenheit seien, sondern umfassender als kollektive Akte verstanden werden müssten. Das war eine nahezu direkte Paraphrase von Tönnies' Unterscheidung zwischen einheitlicher, identitärer »Gemeinschaft« und der modernen rationalen »Gesellschaft«, in der »ein jeder für sich allein (ist), und im Zustande der Spannung gegen alle übrigen.«[38] In den modernen Rationalisierungsprozessen, so auch Wirth, gehöre die Entstehung von Konflikten, Widersprüchen oder Spannungen und deren Lösung zu den notwendigen Abläufen, die statische Routine verhinderten. Überkommene unterschiedliche kulturelle Residuen blieben gleichwohl bestehen, sie würden nur von der alle ergreifenden Zivilisation überlagert. Wie der Immigrant auf der internationalen Ebene so seien die Intellektuellen im innergesellschaftlichen Bereich auf der Grenze der Zivilisationsbereiche und den traditionellen kulturellen Räumen positioniert, und beide sah Wirth im Sinne der Mannheim'schen freischwebenden Intelligenz als detachierte Mittler von Unterschieden und Gegensätzen.

Historisch hatte er diese Transaktionsbezüge bereits in seiner stadtsoziologischen Studie *The Ghetto* von 1928 hergeleitet, die genealogisch ebenfalls auf Simmel zurückgeht. Dort ist der Jude der Prototyp des sozialen Hybriden. Seine Lebensweise im Ghetto und die Bewahrung der religiösen und kulturellen Traditionen nach dem Fall der Ghettomauern zeigten, dass es menschliche Bedürfnisse und soziale Funktionen gebe, denen auch das moderne Zusammenleben Rechnung tragen müsse. Was einst die *segregated areas* des Ghettos gewesen waren, seien heute die *natural areas* der China-Towns und Little Italys in den modernen Großstädten geworden, in deren Schutz Traditionen und Kulturen vor der nivellierenden technisch-industriellen Dynamik gepflegt würden. Waren einst die Juden Pioniere der sozialen Verknüpfung und damit die ersten Repräsentanten des Kosmopolitismus – deren kulturelle Eigenart, das betont Wirth ausdrücklich, »does not so much disappear as become invisible«[39] –, so habe diese Rolle heute der Intellektuelle eingenommen. Auch bei ihm ist für Wirth jene in der historischen Transformation des jüdischen Lebens erkennbar gewordene Zuspitzung kultureller und sozialer Distanzen zum Denk- und Operationsfeld geworden; Distanz und Detachiertheit gehörten geradezu zur Signatur des Intellektuellen, das mache ihn ebenso wie den Immigranten zum typischen »marginal man«, der sich überall zurechtfinde, aber nirgendwo richtig dazu gehöre.[40]

Diesen Begriff hatte Wirth von seinem Lehrer Robert Park übernommen, einem der zwischen 1920 und 1940 meist zitierten amerikanischen Soziologen.[41] Und dort ist er ebenfalls schon eine Weiterentwicklung von Georg Simmels Figur des »Fremden« gewesen, der als Händler der jüdischen Sozialgeschichte entstammte und als universaler Typus paradigmatisch für die Moderne steht.[42] Seine Eigenschaften Distanz, Vorurteilslosigkeit, Ratio und Objektivität – die später auch bei Mannheim zu den Merkmalen der »freischwebenden Intelligenz« zählten – machten ihn zum Prototypen der Infragestellung des Bestehenden. Damit sei er Träger von Freiheit und des gesellschaftlichen Fortschritts wie auch Mediator ihrer Widersprüche. Die Janusköpfigigkeit des Fortschritts, der Vergesellschaftung einerseits und der Individuation andererseits, hatte Simmel zur gleichen Zeit in seinem heute nach wie vor zur kanonischen Literatur zählenden Aufsatz *Die Großstädte und das Geistesleben* als Charakteristik der Moderne dargestellt, in der sich nur behaupte, wer die »Kultur der Indifferenz« beherrsche und die von der anonymisierenden Geldwirtschaft freigesetzte gesellschaftliche Dynamik mit ihren rasch wechselnden Eindrücken und Verhaltensanforderungen mental bewältige.[43]

In Parks stadt- und kultursoziologischer Verarbeitung des Simmel'schen Ansatzes ist der Fremde »a new type of personality, a cultural hybrid, a man … on the margin of two cultures and two societies« und der emanzipierte Jude historisch und typologisch der Prototyp der modernen Gesellschaft, »the marginal man, the first cosmopolite and citizen of the world«, wie er 1928 parallel zu Wirth schrieb.[44] Früh taucht hier also der Begriff des Hybriden auf, der synonym mit dem Fremden/Migranten und dem »marginal man« gesetzt wird.

Ergänzt wurde diese begriffliche Trias in der New-School-Diskussion von Franz Boas, der seinen auf jahrelange Feldforschungen zum indianischen Tribalismus zurückgehenden akkulturationstheoretischen Ansatz als Interaktionsrahmen des Hybriden vorstellte. Bereits zu archaischen Zeiten seien Kulturen keine autochthonen Einheiten gewesen, sondern immer fremden Einflüssen begegnet, meistens durch Kriege und gewaltsame Unterwerfungen, seltener im friedlichen Austausch. Die moderne Entwicklung mit immer besseren Kommunikationsmöglichkeiten hätte diesen Prozess quantitativ und qualitativ ungeheuer beschleunigt. Beispiele dafür nannte er aus der Großstadt New York mit ihren weltläufigen Kontakten, die nicht nur von ökonomischen Abläufen bestimmt würden, sondern auch von kulturellen Wechselbeziehungen. In ihrer Dynamik, ihren Bevölkerungsverschiebungen und raschem Ideen-Wechsel – Simmel hatte das »Steigerung des Nervenlebens« genannt[45] – seien die urbanen Zentren die markantesten Beispiele für den sozialen Raum, der den neuen Typ der »hybrid population« schaffe.[46]

Boas' Bemerkungen zeigen, dass in dieser frühen Phase Aspekte der Hybridität zum Kern der Akkulturationsforschung gehörten. Der in der heutigen Rückschau entstehende Eindruck einer Entkoppelung mag der Tatsache geschuldet sein, dass zur Zeit der an der New School geführten Debatte die Akkulturationsforschung das engere Feld ihrer kulturanthropologischen

Herkunft gerade zu verlassen begann. Auf Initiative des amerikanischen Social Science Research Council wurde sie zu einem breiteren, alle Sozialwissenschaften einbeziehenden Forschungsprogramm erweitert, um vor dem Hintergrund der dynamischen Veränderungen der amerikanischen Gesellschaft, nicht zuletzt vor dem Hintergrund der jüngsten Einwanderungswellen, alle jene Phänomene zu untersuchen »which result when groups of individuals having different cultures come into continuous first-hand contact with subsequent changes in the original cultural patterns of either or both groups.«[47] Zu den Mitverfassern dieses bewusst allgemein gehaltenen Council-Memorandums, das unterschiedliche Gewichtungen, Fragestellungen und methodische Zugriffe in den einzelnen Forschungen erlaubte, gehörte der erwähnte Boas-Schüler Melville J. Herskovits, auf dessen Arbeiten sich die später von Herbert A. Strauss angestoßene Rezeption der Akkulturationstheorie für die Exilforschung beruft.

Fortgesetzt wurde der Diskurs in Alfred Schütz' Studie *The Stranger* aus dem Jahr 1944, die ebenfalls direkt von dem Simmel'schen Sozialtypus ausgeht. Der Autor, ein erst 1938 nach dem »Anschluss« Österreichs zur Graduate Faculty gestoßener Emigrant, ging über die Debatte von 1937 insofern hinaus, als bei ihm nicht mehr typologische Fragen, semantische Definitionen und soziologische Identitätsaspekte im Zentrum stehen. Vielmehr interessieren ihn die psychologischen Prozesse der Ablösung und Dekonstruktion von alten vertrauten Verhaltensweisen und Denkmustern bei Migranten sowie vergleichbaren Personen in komplexen, sozial differenzierten Gesellschaften sowie deren Annäherung an neue Umgebungen mit anderen Relevanz- und Präferenzsystemen und die dabei auftretenden »Übersetzungs«-Probleme. Diese Perspektive führt auch zu Bedeutungsverschiebungen der Begriffe, wie die Schütz'sche Verwendung von Parks »marginal man« zeigt. Der ist bei ihm nicht der Kultur vermittelnde Kosmopolit, sondern wird einseitig aus der Sicht der aufnehmenden Gruppe als Gegentypus dargestellt. Bei Schütz ist der »marginal man« oder »cultural hybrid« der kulturelle Bastard, der sich nicht akkulturiert und draußen bleibt; zumindest solange er die Zivilisationsmuster der Gruppe nicht als »schützendes Obdach« betrachtet, sondern als ein Labyrinth, in welchem er sich noch nicht zurechtfindet.[48]

Eindeutiger und klarer war Wirth dagegen; bei ihm sind diese Antitypen zum »marginal man« wie auch zum Hybriden entweder »Nostalgiker«, in der Exilforschung kennt man sie als sogenannte »Bei-unskis« oder »Chez nous«, oder überangepasste, sykophantische »yes men«.[49] Immerhin hat Schütz das in der neueren Hybrid-Forschung als »dritter Raum« bezeichnete Feld des »Aushandelns« bereits als »Grenzraum« identifiziert, einen Ort der mentalen Topografie, in dem der Fremde sein bisheriges »Denken-wie-üblich« Schritt für Schritt mit dem neu erworbenen Erfahrungsvorrat überprüft und versetzt.

V Unterschiede

Unschwer ist zu erkennen, dass die Analysen der aus Deutschland exilierten Sozialwissenschaftler mit ihren amerikanischen Kollegen zur Rolle des Migranten und Intellektuellen terminologisch und vom theoretischen Verständnis her bereits das umrissen, was heute von der Hybrid-Theorie vorgetragen wird, ohne dass sich deren Vertreter offenbar dieser Vorläufer bewusst sind. Das mehrheitlich jüdische Herkunftsmilieu jener Wissenschaftler, das sie längst hinter sich gelassen hatten, mit dem sie durch Fremdzuschreibung von außen aber immer wieder existenziell konfrontiert worden waren, hatte sie selbst bereits zu Hybriden par excellence gemacht. Im Unterschied zu heute waren ihre Diskurse daher viel stärker auf den gesamtgesellschaftlichen Prozess hin orientiert, der den Blick nicht nur für individuelle Befindlichkeiten, sondern auch für kollektive Interaktionen schärfte. Die Impulse, die von Simmel, Mannheim und ihrem geistigen Umfeld gegen die konservative Kulturkritik und deren Ablehnung der Moderne im ersten Drittel des 20. Jahrhunderts gegeben worden waren, sind von Amerikanern sehr schnell interessiert aufgenommen und nach der Vertreibung ihrer Kollegen aus Deutschland in den USA dann gemeinsam weiter ausgebaut und systematisiert worden.

Eine vergleichende Sicht auf den heute aus der neueren postkolonialen Debatte stammenden Hybriden macht deutlich, dass der für die Emanzipation von den hegemonialen Leitkulturen der Metropolen steht. Er lässt, wie Homi Bhabha sagt, originäre Identitäten und homogene Traditionen als beschränkte oder entfremdete Atavismen, Erfindungen oder Konstruktionen erscheinen.[50] Diese Interpretation ist zwar offen für Erweiterungen, die jedoch nicht das Thema von Bhabha und seinen Mitstreitern sind. Die Denkfiguren der Wissenschaftsemigranten in den 1930er Jahren sind nahezu die gleichen. Der Hybride dort ist allerdings nicht der sich Emanzipierende, also aus einer Unmündigkeit Heraustretende oder von Zwängen Befreiende, sondern der Intellektuelle, der als Typus der Moderne mit vermittelnden Eigenschaften zwischen kulturellen Differenzen viel weiter gefasst ist. Nicht das Andere, die *otherness*, und die Differenz wie bei den postkolonialen Hybriden ist bei ihm Ursache und Antrieb für die Aushandlungs- und Akkulturationsprozesse, sondern Distanz und Objektivität, kurz, der souveräne Blick auf Unterschiede und Widersprüche.

Die von den Emigranten in den 1930er Jahren betonte Distanz als Konstellationsbezug des Fremden war womöglich von der Tatsache beeinflusst, dass diese Figur in Deutschland durch die Freund-Feind-Analysen Carl Schmitts in den 1920er Jahren belastet worden ist. Der Andere oder Fremde ist dort grundsätzlich der Feind, mit dem nicht verhandelt, sondern der bekämpft wird.[51] Auf jeden Fall aber verweist die Distanz des Intellektuellen auf die Möglichkeit eines gleichgültigen Nebeneinanders, das bereits Simmel als Signatur der Großstadt beziehungsweise Moderne herausgestellt hat. Der hybride Intellektuelle agiert hier als Nonkonformist und Pionier für das Nicht-Alltägliche, dessen ubiquitärer, kosmopolitischer Horizont mehr sieht als die anderen.

Gemeinsam jedoch ist beiden Ansätzen, dass die Bedingungen für das erfolgreiche Agieren der Hybride, sei es bei den Selbstverortungsprozessen in der gesellschaftlichen Dynamik oder den Akkulturationsprozessen der Migranten, an relativ homogene Voraussetzungen gebunden sind. Die Akteure und ihre Handlungsräume dürfen sozial und kulturell nicht allzu verschieden sein; ein Minimum kommunikativer, mentaler und sozial-struktureller Übereinstimmungen ist notwendig für die interkulturellen Aushandlungsprozesse. So wichtig diese analytischen Ansätze für das Verständnis der Moderne bis hin zur Globalisierung mit ihrem Idealtypus der Patchwork-Existenz sein mögen, es sind Elitendiskussionen und daher von begrenzter Reichweite. Ob sie etwas für andere Migrationsprozesse bringen, gar zur Lösung der heutigen massenweisen Armuts- und Arbeitsmigration beitragen können, kann hier nicht geklärt, soll aber wenigstens als Frage gestellt werden.

1 Edward W. Said: *Orientalism.* London 1978; Ders.: *Reflections on Exile and Other Essays.* Cambridge – Mass. 2000; Homi K. Bhaba: *The Location of Culture.* London – New York 1993. Dt. Übersetz. *Die Verortung der Kultur.* Tübingen 2000, [2]2006. — **2** Allgemein dazu Doris Bachmann-Medick: *Cultural Turns. Neuorientierungen in den Kulturwissenschaften.* Reinbek 2006, bes. S. 184 ff.: »Postcolonial Turn«. — **3** Homi K. Bhaba: *Die Verortung der Kultur* (s. Anm. 1), S. 12 passim. — **4** Christhard Hoffmann: »Zum Begriff der Akkulturation«. In: Claus-Dieter Krohn u.a. (Hg.): *Handbuch der deutschsprachigen Emigration 1933–1945.* Darmstadt 1998, Sp. 117–126. — **5** Vgl. u.a. Andreas Reckwitz: *Das hybride Subjekt. Eine Theorie der Subjektkulturen von der bürgerlichen Moderne zur Postmoderne.* Göttingen 2006. — **6** Norbert Elias: »Über den Rückzug der Soziologen auf die Gegenwart«. In: *Kölner Zeitschrift für Soziologie und Sozialpsychologie* Nr. 35 (1983), S. 29–40. — **7** Dazu im Einzelnen meine Studie: Claus-Dieter Krohn: *Wissenschaft im Exil. Deutsche Sozial- und Wirtschaftswissenschaftler in den USA und die New School for Social Research.* Frankfurt/M. – New York 1987. — **8** Karl Mannheim: »Die Bedeutung der Konkurrenz im Gebiete des Geistigen«. In: Deutsche Gesellschaft für Soziologie (Hg.): *Verhandlungen des Sechsten Deutschen Soziologentages vom 17. bis 19. September 1928 in Zürich.* Tübingen 1929, S. 35–83; Ders.: *Ideologie und Utopie.* Bonn 1929, bes. S. 122 ff. — **9** Siegfried Kracauer: »Minimalforderungen an die Intellektuellen« (1931). In: Ders.: *Schriften Bd. 5.2: Aufsätze 1927–1931.* Frankfurt/M. 1990, S. 352 ff. — **10** Helmuth Plessner: *Grenzen der Gemeinschaft. Eine Kritik des sozialen Radikalismus.* Bonn 1924; Neuaufl. Frankfurt/M. 2002, S. 14 passim. Zu der auf Ferdinand Tönnies zurückgehenden Unterscheidung von Gemeinschaft und Gesellschaft sowie Plessners Anknüpfung an die Gesellschaftsanalysen Georg Simmels s. weiter unten (s. Anm. 28 ff.). Von Plessners Anthropologie hat Helmut Lethen in den 1990er Jahren die »Verhaltenslehren der Kälte« abgeleitet, die für ihn die Literatur der Neuen Sachlichkeit bestimmen. Vgl. Helmut Lethen: *Verhaltenslehren der Kälte. Lebensversuche zwischen den Krie-*

gen. Frankfurt/M. 1994. — **11** Siegfried Kracauer: »Philosophie der Gemeinschaft« (1924). In: Ders.: *Schriften Bd. 5.1: Aufsätze 1915–1926.* Frankfurt/M. 1990, S. 268 ff. — **12** So etwa der Romanist Ernst Robert Curtius, Wiederabdruck der Beiträge in Volker Meja und Nico Stehr (Hg.): *Der Streit um die Wissenssoziologie.* 2 Bde. Frankfurt/M. 1982; vgl. dort vor allem den Beitrag von Ernst Robert Curtius: »Soziologie – und ihre Grenzen«. Bd. 2, S. 417 ff. Dazu auch Wolf Lepenies: *Die drei Kulturen. Soziologie zwischen Literatur und Wissenschaft.* München – Wien 1985, S. 350 und S. 377 ff. — **13** Für dies und das Folgende vgl. die in der von der New School publizierten Zeitschrift *Social Research* Jg. 4 (September 1937) H. 3 abgedruckten Beiträge. — **14** Die Referate und Diskussionen aus dieser Sektion sind abgedruckt in: Ebd. S. 338 ff. — **15** Ebd., S. 263 f. — **16** Am Beispiel seines eigenen theologischen Denkens hat er das später eingehender dargelegt in Paul Tillich: »The Conquest of Theological Provincialism«. In: W. Rex Crawford (Hg.): *The Cultural Migration. The European Scholar in America.* Philadelphia 1953, S. 138 ff. — **17** *Social Research* Jg. 4 (September 1937) H. 3 (s. Anm. 13), S. 305. — **18** Ebd., S. 298. — **19** Ebd., S. 316 ff. — **20** Ebd., S. 321. — **21** Ebd., S. 282 ff. — **22** Ebd., S. 271. — **23** Vgl. dazu u.a. die Selbstdarstellung der New School in der Broschüre mit dem Titel *To the living spirit.* o.O.u.J. (New York 1942). — **24** Zuletzt darüber: New School for Social Research: *75th Anniversary of the Founding of the University in Exile.* 19. und 20. Februar 2009 an der American Academy in Berlin, o.S. — **25** *Social Research* Jg. 4 (September 1937) H. 3 (s. Anm. 13), S. 326. — **26** Karl Mannheim: »Das Problem der Generationen« (1928). Wiederabgedr. in: Ders.: *Wissenssoziologie. Auswahl aus dem Werk,* eingel. u. hg. von Kurt H. Wolff. Neuwied 1970, S. 509 ff., bes. S. 540 f. — **27** Dazu auch Emil Lederer: »Freedom and Science«. In: *Social Research* Jg. 1 (1934) H. 2, S. 219–230. — **28** *Social Research* Jg. 4 (September 1937) H. 3 (s. Anm. 13), S. 281. — **29** Emil Lederer: *State of the Masses. The Threat of the Classless Society.* New York 1940; dt. Übersetzung Emil Lederer: *Der Massenstaat. Gefahren der klassenlosen Gesellschaft.* Hg. u. eingel. von Claus-Dieter Krohn. Graz – Wien 1995; David Riesman: *The Lonely Crowd. A Study of the Changing American Character* (1950). New Haven [44]1989; Daniel Bell: *The End of Ideology. On the Exhaustion of Political Ideas in the Fifties.* Glencoe 1960. — **30** Dazu exemplarisch Bertolt Brecht: »Die Auswanderung der Dichter«. In: Ders.: Gesammelte Werke. Bd. 9. Frankfurt/M. 1967, S. 495. — **31** Karl Marx: »Zur Kritik der Hegelschen Rechtsphilosophie. Einleitung«. In: *Marx-Engels-Werke.* Bd. 1. Berlin 1967, S. 371. — **32** Siehe auch Stephan Braese: »Exil und Postkolonialismus« in diesem Band S. 1–19. — **33** Zum sogenannten CDG-(Colm-Dodge-Goldsmith-)Plan für die Währungsreform vgl. Wolfram Hoppenstedt: »Die Rolle Gerhard Colms und anderer Emigranten bei der Vorbereitung der westdeutschen Währungsreform im Jahre 1948«. In: Claus-Dieter Krohn, Martin Schumacher (Hg.): *Exil und Neuordnung. Beiträge zur verfassungspolitischen Entwicklung in Deutschland nach 1945.* Düsseldorf 2000, S. 321 ff. — **34** Vgl. Franz Boas: *Arier und Nicht-Arier.* Oslo 1934. — **35** Karl Mannheim: *Ideology and Utopia. An Introduction to the Sociology of Knowledge.* Transl. and with a Preface by Louis Wirth and Edward Shils. London-New York 1936. — **36** Robert E. Park: *Masse und Publikum. Eine methodologische und soziologische Untersuchung.* Berlin 1904. — **37** *Social Research* Jg. 4 (September 1937) H. 3 (s. Anm. 13), S. 328. — **38** Ferdinand Tönnies: *Gemeinschaft und Gesellschaft. Grundbefriffe der reinen Soziologie* (1887). Berlin [6,7]1926, S. 39. — **39** Louis Wirth: *The Ghetto.* Chicago 1928, S. 282 passim. — **40** *Social Research* Jg. 4 (September 1937) H. 3 (s. Anm. 13), S. 331. — **41** So Werner J. Cahnmann in seinem Eintrag zu Robert E. Park. In: *Internationales Soziologenlexikon.* Hg. v. Wilhelm Bernsdorf, Horst Knospe. 2., neubearb. Aufl. Bd. 1. Stuttgart 1980, S. 328. — **42** Georg Simmel: »Exkurs über den Fremden«. In: Ders.: *Soziologie. Untersuchungen über die Formen der Vergesellschaftung.* Leipzig 1908, zitiert nach d. 6. Aufl. Berlin 1983, S. 509–512. — **43** Georg Simmel: »Die Großstädte und das Geistesleben«. In: Ders.: *Aufsätze und Abhandlungen 1901–1908.* Bd. 1. Frankfurt/M. 1995 (= G.S. Gesamtausgabe Bd. 7), S. 116 ff. — **44** Robert E. Park: »Human Migration and the Marginal Man«. In: *The American Journal of Sociology* Jg. 33 (Mai 1928) H. 6, S. 881 ff., hier S. 892. — **45** Simmel: *Großstädte* (s. Anm. 43), S. 116. — **46** *Social Research* Jg. 4 (September 1937) H. 3 (s. Anm. 13), S. 293. — **47** Robert Redfield, Ralph Linton, Melville J. Herskovits: »Memorandum for the Study of Acculturation«. In: *The American Anthropologist* Nr. 38 (1936), S. 149 ff.; Hoffmann: »Zum Begriff der Akkulturation« (s. Anm. 4), S. 117. — **48** Alfred Schütz: »The Stranger. An Essay in Social Psychology«. In: *The American Journal of Sociology* Jg. 49 (1944), S. 499 ff., bes. S. 507; dt. Alfred Schütz: »Der Fremde. Ein sozialpsychologischer Versuch«. In: Ders.: *Gesammelte Aufsätze.* Bd. II: *Studien zur soziologischen Theorie.* Hg. von Arvid Brodersen. Den Haag 1972, S. 53 ff. — **49** *Social Research* Jg. 4 (September 1937) H. 3 (s. Anm. 13), S. 331. — **50** Bhaba: *Verortung der Kultur* (s. Anm. 1), S. 3. — **51** Carl Schmitt: *Der Begriff des Politischen.* Text von 1932 mit einem Vorwort und drei Corallarien. Berlin 1963, S. 27.

Patrick Farges

»I'm a hybrid« (W. Glaser)

Hybridität und Akkulturation am Beispiel deutschsprachiger Exilanten in Kanada

Ein Marginaler, ein kultureller Hybride,
der auf der Grenze zwischen zwei Kulturen lebt.[1]
(Alfred Schütz)

Der vorliegende Artikel gründet auf meinen zwischen 1998 und 2005 geführten Forschungen über die Akkulturation deutschsprachiger Exilanten in Kanada. Ca. 5.000 bis 6.000 Exilanten fanden in diesem Land Zuflucht, darunter zwei Hauptgruppen von je etwa 1.000 Personen: eine Gruppe sozialdemokratischer Flüchtlinge aus dem Sudetenland und die Gruppe der in England als *enemy aliens* internierten Männer, die im Frühsommer 1940 nach Kanada transferiert wurden. Die anderen Exilanten konnten – meist dank persönlicher und beruflicher Kontakte in Kanada – die strengen Einwanderungsbedingungen erfüllen bzw. umgehen und in diesem »anderen Amerika« eine neue Existenz aufbauen. In diesem Artikel geht es darum, anhand von individuellen Fallbeispielen zu zeigen, dass die Lebenswege der Exilanten nicht nur durch die erzwungene Migration, sondern nicht selten auch schon *vor* dem Exil transnational waren. Und in vielen Fällen war dies sogar die Bedingung für eine gelungene Flucht vor dem Nazi-Regime.[2]

I Eine »postkoloniale Wende« in der Exilforschung?

Genauso wie sie an die akademischen Debatten der Alltagsgeschichte, der Kulturgeschichte und der *Gender*-Problematik anknüpfen konnte, so ist es für die Exilforschung wichtig, sich gegenüber dem *postcolonial turn* und der Transnationalismus-Debatte zu positionieren, die europäisch zentrierte bzw. westlich hegemoniale Identitätsperspektiven zunehmend infrage stellen und eine polyzentrale Geschichtsauffassung durchzusetzen versuchen. Für John McLeod zum Beispiel ist die postkoloniale Interpretation vor eine dreifache Aufgabe gestellt: »Reading texts produced by writers from countries with a history of colonialism (…). Reading texts produced by those who have migrated from countries with a history of colonialism (…). [R]e-reading texts produced during colonialism.«[3] Dies sind die drei Dimensionen des Perspektivenwechsels, den die »postkoloniale Wende« hervorzubringen versucht. Diese hat nämlich den Kulturbegriff neu besetzt im Sinne eines anthropologischen Verständnisses von Kultur als »selbstgesponnenem Bedeutungsgewebe« (Clifford Geertz). Kultur als »eine Konstellation von Texten, die – über das geschriebene oder gesprochene Wort hinaus – auch in Ritualen, Theater, Gebärden, Festen usw. verkörpert sind«[4], zu sehen, bedeutet nämlich, dass verschiedene Lesarten, Interpretationstraditionen, Tradierungsformen und – vor allem – Übersetzungspraktiken möglich sind.

In diesem Sinne rückt der *postcolonial turn* in die Nähe des *translational turn* in den Kulturwissenschaften. So haben Homi Bhabha sowie andere Vertreter der »translatorischen Wende« gezeigt, dass Kulturen immer nur als übersetzte Kulturen wahrnehmbar seien. Dies führt zu einer allmählichen Auflösung der Kategorien eigen/fremd zugunsten von hybriden oder synkretischen Zwischenräumen, die aber nicht als unvollständig gesehen werden dürfen, sondern als Orte des kulturellen Aushandelns, Interferierens und produktiven Übersetzens – als Orte der Kulturproduktion also. Und kulturelle Interferenzen werden nunmehr anhand von neuen Konzepten erfasst wie den verwandten und dennoch nicht sinnesgleichen Konzepten der »Hybridität«, des *métissage* und des *recyclage* (des transkulturellen »Recyclings« also), die jeweils Kultur produzieren und gleichzeitig transformieren, kurz: Kultur neu »ver-orten«.[5] Somit werden Phänomene der Kulturenüberlappung und der Überlagerung kultureller Zugehörigkeiten in den Vordergrund gestellt. Nicht mehr gefragt sind die Aufweisung statischer kultureller Identitäten, Analysen zur Anpassung an feststehende kulturelle Normen oder gar Untersuchungen über einen Kulturtransfer (bzw. -retransfer) zwischen fixen Polen. Zentral werden im Gegenteil die Aufweisung von langfristigen Kulturkontakten[6], die Vernetzung und Verflechtung kultureller Identitäten, der produktive Umgang mit kulturellen Standards und Traditionen, sowie das Nachweisen dominierender Kulturansprüche. Diese Überlegungen schaffen also neue, dynamische Erkenntnishorizonte in der Geschichtswissenschaft und erfordern eine Erweiterung des Vergleichsbegriffs im Sinne der »entangled histories«[7], der »Verflechtung« oder der »Histoire croisée«.[8] Hier soll gezeigt werden, wie anhand produktiver Dezentrierungseffekte eine Erneuerung der Exilforschung geschaffen werden kann, wenngleich die wenigsten Exilanten solche Tatbestände selbst zu reflektieren imstande waren. In seinem vorangehenden Beitrag meint Stefan Braese hierzu: »Für konstitutive Teile des deutschen Exils blieben jene Dispositionen, die heute als genuin postkoloniale erkennbar und beschreibbar sind, als kategorial historische Kondition unbegriffen, ihre kulturelle Produktivkraft unerkannt.«[9]

Für die Erforschung des Exils in Kanada und dessen Folgen bedeutet dies einen verschärften Blick auf den polyzentralen Diaspora-Charakter des Exils (zum Beispiel hatten Exilanten in Kanada Verwandte oder Bekannte in Israel, den Vereinigten Staaten oder Argentinien), auf wechselseitige Akkulturationsprozesse, insbesondere auf die Produktion alltäglicher und lebensweltlicher »Wurzeln« im Kontext der Ent-Ortung, kurz: auf das Zusammenwirken von Entwurzelung und Neu-Verwurzelung innerhalb der postkolonialen und allmählich multikulturell werdenden kanadischen Gesellschaft. Wie andere, neuere Studien der Exilforschung zielt auch der vorliegende Artikel darauf ab, die methodologischen und epistemologischen Auseinandersetzungen innerhalb der Migrationsgeschichte und -soziologie zu reflektieren. Außerdem knüpft er direkt an die Diskussionen über kulturelle Übersetzungspraktiken im Exil, die Gegenstand des 25. Bandes vom Jahrbuch *Exilforschung* waren, an.[10] Außerdem ist ein vergleichender Blick auf andere Formen von Exil und Migration mehr denn je notwendig, um das akademische Interesse am Phänomen »deutschsprachiges Exil nach 1933« wach zu halten. Dies geht einher mit einer historisierenden Wahrnehmung des deutschsprachigen Exils nach 1933 im Zusammenhang mit den außerordentlichen Migrationswellen des 20. Jahrhunderts. Vor einigen Jahren hatte Karl Holl bereits »eine über die bisherige Praxis hinausreichende engere Zusammenarbeit [gefordert] zwischen der Migrationsforschung und einer Exilforschung, die sich in komparatistischer Sicht Gegenständen auch außerhalb des durch das NS-Regime erzwungenen Exils zuwenden würde.«[11]

Denn das deutschsprachige Exil nach 1933 ist lediglich ein – besonders markantes – Beispiel einer Migration diasporischer Art, die von einem ursprünglichen geografischen Raum in eine Vielfalt von Aufnahmeländern führt. Die Vielfalt der Exilerfahrungen erfordert also eine transnationale und transdisziplinäre Herangehensweise, wie sie just von der Migrationsforschung postuliert wird. In meiner Forschungsarbeit ging es außerdem darum, die Selbstzeugnisse von Exilanten in Kanada, so weit es geht, zu sammeln und sie sorgfältig zu lesen bzw. anzuhören. Fachübergreifend wurden mehrere Methoden herangezogen – von der Biografieforschung bis hin zur Mikro- und Alltagsgeschichte. Immer mehr Migrationsforscher zeigen, dass Migranten nicht bloß als »Entwurzelte« gesehen werden dürfen, die irgendwann im »Schmelztiegel« der neuen Heimat verschwinden, sondern als individuelle Aneignungs- und Übersetzungsinstanzen, die dauerhaft *zwischen den Kulturen* verortet sind. Und in diesem Prozess wird durch die Migranten die Kultur in den jeweiligen Aufnahmegesellschaften verändert.[12] Auswandern, bedeutet natürlich, dass man eine Sprache, eine Heimat verliert und dass man von den anderen als fremd bezeichnet wird. Aber auf der Mikro-Ebene verändert der Migrant selbst – sei es nur am Rande – sein Umfeld und gestaltet es mit. Die Folgen von Migrationen sind also vielfältig: Migrationen verändern die Kultur derer, die auswandern, die Kultur der Aufnahmeländer und im Endeffekt auch die Kultur der Ursprungsländer. Im Zentrum des Migrationsprozesses stehen stets interkulturelle Kontakte, die sich zu neuen sozialen Vernetzungen und Strukturen kristallisieren.

Schließlich soll auch der Versuchung standgehalten werden, die Exilsituation entweder als Vorläuferin eines allgemein »postmodernen« Migrantendaseins und Entwurzelt-Seins oder als Zustand permanenten Identitätsverlustes zu sehen. Es besteht nämlich durchaus das Risiko, die Exilanten als Vorläufer zeitgenössischer »transnationaler« Kosmopoliten zu sehen, die sich in einem ständigen Hin-und-Her und einer ständigen Übersetzungssituation zwischen den Sprachen zurecht finden. So war es nicht: Für viele war kein Pendeln möglich – oder nur äußerst zögernd. Doch genauso wenig bedeutete die Exilsituation nach 1933 *nur* Verlust. Für viele Exilanten (und Exilantinnen) bot die veränderte soziokulturelle Situation eine Chance zur Emanzipation und Neu-Verortung. Es geht also darum, einen Ansatz zu finden, der beiden Aspekten gleichzeitig gerecht wird: einerseits dem Problem des Verlustes, der Verwirrung und des Entwurzelt-Seins; andererseits dem Problem der Akkulturation, Identitätsfindung und Neu-Verwurzelung. Das erzwungene Exil war für diejenigen, die im Ausland zu Schöpfern ihrer eigenen Geschichte wurden, ein Ort der Produktion alltäglicher und lebensweltlicher Kultur. Und gerade diese *Erfahrung* vermitteln sie in ihren Selbstzeugnissen, in denen sie eine hybride »narrative Identität«[13] (Paul Ricœur) auf individuelle Weise ausdrücken. Um mit Georg Simmel zu sprechen, ist der Exilant »nicht (...) der Wandernde, der heute kommt und morgen geht, sondern (...) der, der heute kommt und morgen bleibt – sozusagen der potentiell Wandernde, der, obgleich er nicht weitergezogen ist, die Gelöstheit des Kommens und Gehens nicht ganz überwunden hat.«[14] Diese Erweiterung der Exilforschung sprengt den Rahmen 1933–1945, denn nur eine längerfristige Analyse kann die zahlreichen Interaktionen mit dem Aufnahmeland hervorheben. Außerdem kennen Selbstzeugnisse, Lebensberichte, Memoiren und Autobiografien keine rein *chronologische* Zeitmessung, sondern vorwiegend ein *biografisches* Zeitgefühl.

Im Laufe des Artikels sollen drei Bereiche veranschaulichen, inwieweit die postkoloniale und transnationale Debatte sowie der Hybriditätsbegriff für die Exilforschung fruchtbar angewandt werden können. Diese Bereiche sind: die Diskursebene der kanadischen Multikulturalismusdebatte, die aus diesem besonderen Kontext gewonnenen kollektiven Identitäten, die individuelle Ebene, auf der Hybridisierungen konkret stattfinden.

II Mosaik, Multikulturalismus und »interculturalité«: hybride Räume in Kanada

Die kanadische Gesellschaft der zweiten Hälfte des 20. Jahrhunderts eignet sich besonders gut, um Kulturtransformationsprozesse zu verfolgen. Es gibt nämlich spezifische nordamerikanische (und kanadische) politisch-akademische Paradigmen der kulturellen Vielfalt, die Relationalität sowie Konzepte wie »melting pot«, »Mosaik der Völker«, »Multikulturalismus«, »interculturalité« (die Antwort Quebecs auf den Multikulturalismus angelsächsischer Prägung) und »Transnationalismus« in den Vordergrund gestellt haben. In Nordamerika allgemein setzte die politische Reflektion über kulturelle Vielfalt früher an als in Europa. Bis weit in die 1960er Jahre hinein war das Modell der »Assimilation« die einzige soziokulturelle Norm für Einwanderer. Im kanadischen Fall verlangte man sogar eine strikte »Anglo-Konformität«. Erst die Feldforscher der Ethnic Studies in den 1960er und 1970er Jahren nuancierten diese Norm. In Kanada fand die Debatte innerhalb der seit 1969 an der Universität Alberta in Edmonton veröffentlichten Zeitschrift *Canadian Ethnic Studies/Études ethniques au Canada* statt. Darin beobachteten Soziologen, Ethnologen und Zeithistoriker immer häufiger, dass in manchen Zuwanderergruppen Kulturmerkmale über mehrere Generationen hinweg als »symbolische Ethnizität« überlebten. Interessant ist, dass im nordamerikanischen Verständnis die Migranten bald nicht mehr bloß als »Entwurzelte« oder *uprooted* (Oscar Handlin) gesehen wurden, sondern als »Neu-Verwurzelte« oder *transplanted* (John Bodnar).[15] Die »ethnische« Geschichtsschreibung machte deutlich, wie verbreitet die *cultural retention* in Migrantengemeinschaften war. Im Endbericht der kanadischen Royal Commission on Bilingualism and Biculturalism, welche das kanadische Verständnis der kulturellen Vielfalt grundlegend beeinflusste, wurde bereits Ende der 1960er Jahre das Recht der kulturellen Minderheiten auf ein Fortdauern ihrer kulturellen Merkmale behauptet.[16]

Doch die Debatte blieb nicht lange rein akademisch, sondern zeigte bald ihr äußerst politisches Gesicht. Es ist also kein Zufall, wenn gerade in Kanada die akademische Reflektion über Hybridität, *métissage* und *recyclage* früh anfing. Denn sie fand just in dem Moment statt, wo die doppelte Kultur in Kanada mit der Geburt einer separatistischen Bewegung zu einem immer brisanteren Problem und wo die Multikulturalität des Landes als Lösung bzw. Auflösung des »französischen Problems« entdeckt wurde. Die verschiedenen »ethnischen Minderheiten«, deren Beitrag zur kanadischen Nationsbildung gerade historiografisch entdeckt wurde, dienten der »englischen« Mehrheit, ihren (post)kolonialen Machtanspruch weiter zu behaupten, indem die Quebecer beinahe wie eine kulturelle Minderheit unter vielen anderen gesehen werden konnten.

In vielerlei Hinsicht ist Kanada eine postkoloniale Gesellschaft und bis heute ist das Erbe der französischen und englischen Kolonisation spürbar. Weiterhin leben zwei parallele Nationen weitgehend *nebeneinander*: ein englischsprachiges Kanada und ein französischsprachiges Quebec (zuzüglich der lange Zeit marginalisierten *native Canadians* und der französischsprachigen Kanadier außerhalb Quebecs), die jeweils andere Konzepte der kulturellen Vielfalt entwickelt haben: Multikulturalismus vs. *interculturalité*, wobei letztere bereits eine postkoloniale Reaktion der französischsprachigen Minderheit gegenüber der englischsprachigen Mehrheit darstellt. Eine andere, jüngere Komponente der »postkolonialen« Realität in Kanada bilden außerdem die verschiedenen Migrationswellen aus Übersee. Denn seit den 1970er Jahren hat Kanada seine Grenzen für eine Zuwanderung aus Ländern mit kolonialem Hintergrund geöffnet. Natürlich hat jene kulturelle Vielfalt des Landes den Akkulturationsweg der deutschsprachigen Exilanten maßgebend geprägt.

Anfangs zielten Überlegungen über einen Multikulturalismus der kanadischen Gesellschaft auf eine – scheinbare – Auflösung der Hegemonien. Die Deklarierung Kanadas zu einem offiziell zweisprachigen und multikulturellen Land erfolgte durch Premierminister Pierre Eliott Trudeau im Oktober 1971. Diese Politik sollte allen kanadischen Staatsbürgern ermöglichen, ihr kulturelles Erbe zu pflegen und Interaktionen zwischen den »ethnischen Gruppen« zu entwickeln. Eigentlich zielte diese Politik auf eine schmerzlose Anpassung der Einwanderer, nicht aber auf die Schaffung permanenter Minderheiten. Der kanadische Multikulturalismus entwickelte sich damit in drei verschiedene Richtungen. Zum einen war er eine *demografische* Realität innerhalb der kanadischen Gesellschaft, die sich schon ab den 1950er Jahren durch internationale Einwanderungsströme grundlegend verändert hatte. Dann hatte er einen *symbolischen* Repräsentationswert für eine Nation, die sich im Gegensatz zum »Schmelztiegel« USA als »Mosaik der Völker« verstand. Schließlich, und das ist vielleicht der wichtigste Punkt, ging die Multikulturalismuspolitik mit einem *institutionellen* System einher, durch das bestimmte provinzielle wie föderale Programme finanziert wurden. Ethnische Profilierung diente zur Finanzierung von historischen Forschungsprojekten, Museumsgründungen, Schulen und kulturellen Veranstaltungen, die den wesentlichen Beitrag der eigenen ethnischen Gruppe hervorheben sollten. Jene »Politics of Recognition«, wie sie der kanadische Philosoph Charles Taylor genannt hat, beherrschte die kanadische Öffentlichkeit.[17] Der Historiker Richard Day, der eine langfristige Studie zum Differenzialismus der kanadischen Gesellschaft und Politik verfasste, schreibt hierzu: »While Canadian multiculturalism presents itself as a new solution to an ancient problem of diversity, it is better seen as the most recent mode of *reproduction* and *proliferation* of that problem. Far from achieving its goal, this state-sponsored attempt to design a unified nation has paradoxically led to an increase in both the number of minority identities and in the amount of effort required to ›manage‹ them. (...) The problem of the problem of diversity (...) is that the assumption of an objectively existing and problematic ethnocultural diversity covers over the work of differenciation itself.«[18] Statt das Problem der kulturellen Vielfalt zu lösen, produzierte dieses System immer subtilere Differenzierungsstrategien, sodass ein kanadischer Soziologe 1989 folgende Frage stellte: »Nonhyphenated Canadians – Where are you?« (»Kanadier ohne Bindestrich: Wo seid ihr?«).[19]

In diesem Zusammenhang ist die Frage nach der Haltung der deutschsprachigen Exilanten zur Multikulturalismus-Debatte interessant. Für diejenigen, die langfristig in Kanada blieben, bedeutete sie eine Einengung ihrer komplexen Identität auf jene in Kanada zirkulierenden (postkolonialen) Ethnizitätsnormen: Man war *entweder* »German-Canadian« (bzw. »Austrian-Canadian«) *oder* »Jewish-Canadian«; *entweder* »German-Canadian« *oder* »Czech-Canadian« (im Falle der Sudetendeutschen). In jedem Fall war man ein »Bindestrich«-Kanadier. Eine dem *postcolonial turn* gerecht werdende Perspektive auf Exilanten muss also berücksichtigen, dass sie sich mit einem mehrfach kodierten kulturellen Umfeld auseinanderzusetzen hatten, dass sie also in ihren verschiedenen sozialen Interaktionen stets konstruktive Identitätsarbeit leisten mussten. Sahen manche darin eine irreversible Unterminierung ihres Identitätsgefühls, so nutzen andere wiederum dieses schöpferische und emanzipatorische Moment. Denn anfangs bot der Multikulturalismus den »Neu-Kanadiern« aus Europa (darunter den deutschsprachigen Exilanten) einen neuen Handlungsraum innerhalb der kanadischen Gesellschaft. Wie die »Ukrainer«, »Italiener«, »Ungarn« und »Polen« profilierten sich die sudetendeutschen Exilsozialdemokraten in Kanada, die aus eigener Kraft und mit Hilfe multikultureller Finanzierungsprogramme ein dichtes und langfristiges Vereinsnetz aufbauen konnten.[20]

Mit der Zeit veränderten sich die Einwanderungsströme dermaßen, dass die »alten Einwanderergruppen« bald auf dem multikulturellen Schachbrett marginalisiert wurden zugunsten »neuer« Migranten (aus Asien zum Beispiel). Zunehmend gingen die Multikulturalismusgelder an »sichtbare Minderheiten«. Überhaupt erreichte nach den 1950er Jahren die Einwanderung aus europäischen Ländern nie wieder ein vergleichbares Niveau. Somit veränderte sich das Gesicht Kanadas grundlegend. Doch das Verständnis, das die Exilanten vom »Mosaik der Völker« und vom Multikulturalismus hatten, bezog sich nicht auf jene »sichtbaren Minderheiten«. Mit anderen Worten: ihre Definition der Ethnizität war weiß. Doch neue ethnische Gruppen waren sichtbar geworden und hatten ihrerseits ein Recht auf symbolische Anerkennung gefordert. Diese ständige Dynamik bildet den Kern des multikulturellen Differenzialismus. Jene, über die man sich 20 Jahre zuvor noch lustig machen konnte, nämlich die Kanadier asiatischen, ozeanischen oder karibischen Ursprungs, waren in den 1980er Jahren in der multikulturellen Landschaft Kanadas unumgänglich geworden – zum Nachteil ihrer Vorgänger.

Verglichen seien hier zwei Reden, die im Abstand von 20 Jahren gehalten wurden. In der ersten aus dem Jahre 1966 wendet sich Ernst Paul, Mitglied des deutschen Bundestages an seine sudetendeutschen Landsleute in Kanada, die gerade begonnen hatten, sich als »ethnische Gruppe« zu profilieren: »Wenn im Fernsehen ein Völkerstamm von einer entlegenen Insel im Pazifischen Ozean seine Tänze zeigt und Lieder singt, dann ist dies Folklore, wenn sudetendeutsche oder schlesische Mädels und Jungen die Trachten ihrer Heimat zeigen und deren Lieder singen, ist es in den Augen mancher Menschen Nationalismus. Wo bleibt da die Gerechtigkeit?«[21] Die zweite Rede wurde 1986 anlässlich einer Generalversammlung des Zentralverbandes sudetendeutscher Organisationen in Kanada von Fritz Wieden, dem Kulturrat des Verbandes, gehalten. Hier bringt er seine Frustration zum Ausdruck: »Obwohl die Verkündigung des Multikulturalismus nun schon fast fünfzehn Jahre zurückliegt, scheinen die Verantwortlichen noch immer keine klaren Vorstellungen vom Wesen der Kultur zu besitzen. Stattdessen verfallen sie auf Irrelevanzen wie etwa die Hautfarbe.«[22] Der Redner verkennt hier, dass der symbolische Wert der *sichtbaren Ethnizität* bereits über denjenigen der *ethnischen Sichtbarkeit* hinausgeht. Durch ihre Anpassung an die Mosaik-Nation und ihre Nutzung des Multikulturalismus waren die sudetendeutschen Exilanten in ihre eigene Falle gelaufen.

Seit den 1990er Jahren ist in Kanada die Kritik gegenüber dem Multikulturalismus immer stärker geworden. Als Gegenmetapher zum »Mosaik« wurde der Begriff der »Salatschüssel« (*salad bowl*) geprägt, der das lose Nebeneinander von ethnischen Gruppen betont. 1994 äußerte der »multikulturelle« kanadische Schriftsteller Neil Bissoondath eine vehemente Kritik gegenüber dem großen Missverständnis des Multikulturalismus: *selling illusions*.[23]

III Kollektive Verortung? »Jeckes« in Kanada

In der Nachkriegszeit fand also in Kanada eine starke »Ethnisierung« der soziokulturellen Beziehungen statt, die im Multikulturalismus gipfelte. Damit wurden Regeln festgeschrieben über die symbolische Zuweisung kultureller Identitäten. Wenngleich manche mit diesem Rahmen übereinstimmten und sogar einen gewissen (symbolischen) Nutzen daraus zogen, zum Beispiel die sozialdemokratischen Exilanten aus dem Sudetenland, so fanden andere nur schwerlich einen Platz innerhalb des multikulturellen Mosaiks. Für die Juden aus Deutschland und Österreich, die nach Kanada emigriert waren, war der Akkulturationsprozess besonders komplex. Denn die Identitäten derer, die Europa verließen, weil man sie als »Juden« bezeichnet hatte, waren – mehr noch als andere – äußerst vielschichtig. Stefan Braese schreibt in seinem Beitrag über die schon *vor* dem Exil hybride Identität der jüdischen Deutschen: Der Differenz zwischen jüdischer und deutscher Erfahrung komme eine Schlüsselrolle zu in einer historiografischen Perspektive, die die Positionierungen im deutschen Exil zu den heute als postkolonialistisch lesbaren Konditionen mustert.[24] Die Lostrennung von Europa war besonders abrupt gewesen. Die »Rassengesetze« hatten die alte Frage des »Jude-Seins« reaktiviert. In den Selbstzeugnissen erscheinen jene düsteren Jahre oftmals als ein tiefes Trauma und die meisten Exilanten berichten von der Überraschung ihrer Familien, als die Nürnberger »Rassengesetze« in Kraft traten. Plötzlich standen sie einer völlig veränderten Realität gegenüber. Erwin Schild erinnert sich: »Almost overnight we became foreigners, outlaws, enemies, lepers – outcasts in our own country.«[25] Mit ihrer rassischen Abstufung regelten die »Rassengesetze« auf brutalste Weise die »jüdische Assimilationsfrage«. Das spätere Schicksal derer, die damals als »Juden« (oder eher als »Nicht-Arier«) bezeichnet wurden, hing wesentlich von dieser Identitätszuweisung ab.

Die »Jeckes« – so wurden sie zwar in Israel halb spöttisch, halb liebevoll genannt[26], aber der Begriff kursiert auch in Nordamerika – waren die Träger jener deutsch-jüdischen Kultur, die im Holocaust unterging. Für sie wurde es unmöglich, nach dem Holocaust den hybriden »Erinnerungsort« »deutsch-jüdische Kultur« emotional weiterzubesetzen. In Kanada litten sie unter Integrationsschwierigkeiten, im Gegensatz zu den USA etwa, die zahlreichere kulturelle »Nischen« boten. Sie waren die Träger eines alternativen Gedächtnisses gegenüber dem innerhalb der kanadisch-jüdischen Gemeinschaft dominierenden und lösten eine gewisse Ablehnung aus. Dies erschwerte ihre Integration in die vorwiegend »ostjüdisch« geprägte jüdisch-kanadische Gemeinschaft. Außerdem empfanden sie die Kanadier als engstirnig und die kanadische Kultur als oberflächlich. 1944 beschreibt ein aus Deutschland stammender jüdischer Exilant in einem Brief Kanada folgendermaßen: »Life here is horribly monotonous as the people are very primitive and the country is like a big village. (…) Everyone's counting the days when they will be able to travel back to Europe.«[27] Kein Wunder, dass der Brief damals von den kanadischen Behörden zensiert wurde! Selbst kanadische Großstädte wie Montreal, Toronto, Ottawa oder Winnipeg schienen klein und provinziell. Lucy Langer-Laufer erinnert sich, dass ihre Eltern bei ihrer Ankunft an der Diskrepanz zwischen Wien und Vancouver litten: »They themselves certainly did not feel part of the Vancouver Jewish community. We spoke German at home (…) even if it was the enemy language.«[28] In seiner Autobiografie gesteht W. Gunther Plaut, dass er und andere Exilanten oft den Eindruck von »arrogant know-it-alls who were not properly grateful for the marvellous opportunity afforded them in the New World«[29] vermittelten. Dies wird von Helmut Kallmann bestätigt: »I guess everyone went through a little bit of the ›zuhause war alles besser‹ attitude, perhaps as a self defence, even when you came from Nazi Germany!«[30] Die aus Berlin, Frankfurt oder Wien stammenden jüdischen Exilanten wurden mehrfach stigmatisiert: als »Flüchtlinge«, als »Deutsche«, als »Juden« und als »deutsche Juden«. Eric Koch meint dazu: »We thus had the distinction of being the targets of two kinds of prejudices, the anti-Semitic prejudice and the anti-German prejudice.«[31]

In Kanada trafen die assimilierten »Jeckes« auf jiddischsprachige, durch die »Schtetl-Kultur« stark geprägte Juden. In den Interaktionen mit ihnen lebten die aus Europa hergebrachten Vorurteile gegenüber »ostjüdischen Schlemihls« wieder auf. Die kanadischen Juden hingegen empfanden eine Mischung aus Mitleid und Verachtung für die *refugees*, die alles verloren hatten, außer einem lächerlich gewordenen bildungsbürgerlichen Habitus. Dies bringt der 1920 in Köln geborene Erwin Schild im Interview zum Ausdruck. Er bezieht sich insbesondere auf den Unterschied zwischen Toronto und New York, wo seine Schwester lebte: »If I look at my sister, bless her memory, and her husband – they remained in an environment that was very similar to the one that they left in Germany, because the numbers were there. In New York, in Washington Heights, you had a German congregation, so they didn't have to adapt to that extent. They lived in an environment that they, or people like them, determined, shaped and coloured, whereas here, in Toronto, I had to adjust into a totally different community. I came from a city, Cologne, and, well, I don't know, it seemed to me, at the beginning at least, that the people here, when I came in the 1940s, they were still closer to the immigrant beginning of the community, which was of much lesser sophistication than the environment I had left behind. You see, from time to time, there were new immigrants from Europe, but they were always from a similar background to their own: from Poland, from Russia. They came from small towns, they didn't have higher education, they didn't speak the language, they didn't have the facility of learning the language. They were called the ›Greenies‹, you know, ›Greenies‹. They were green and they didn't know anything and so on. And they couldn't get over that we were not ›Greenies‹, that we probably understood the Canadian environment better than they themselves did.«[32]

Viele »etablierte« Juden legten keinen großen Wert auf die Neuankömmlinge. Hier widerspiegelte sich auch die klassische Hierarchie zwischen »alten« und »neuen« Zuwanderern: »I did not feel accepted in Toronto. On the totem pole of the social order, refugees ranked near the bottom. (...) It seemed to me that the established Jewish citizens looked down on us. Sure, they were happy that they had saved us (...), for which we ought to be grateful. Their feeling for us was one of pity mixed with a bit of contempt. (...) A prejudice against German Jews was also apparent to me. The fact that we were pitiable refugees, dependent for freedom and sustenance on Jews of eastern-European origin, was our just come-uppance for the stinging slights and derogation that Polish and Russian Jews had suffered at the hands of German Jews when they had migrated to German cities in the early part of the twentieth century.«[33]

Die Exilanten verkörperten die aus deutschen Städten kommende jüdische Modernität sowie die »deutschen Tugenden«. W. Gunther Plaut schreibt: »I have often asked myself (and have been asked by others) whether this adherence to discipline is in any way connected with my early training in Germany, whether the performance expected from a German student – described by the Yiddish term *yekke* – is reflected in this meticulous application, punctuality and the like. No doubt there was an educational carry-over from those days and also from the fact that my parents held to a strict schedule in their work. One does not really have to be born in Germany to be a student, but, as a friend of mine used to say, ›it helps‹.«[34]

Innerhalb der ostjüdisch geprägten Gemeinschaft fanden die jüdischen Exilanten kein unmittelbar aufnahmefähiges Milieu. Ihnen wurde ihre Assimilation und ihre hybride deutsch-jüdische Kultur vorgeworfen. Denn als sie nach Kanada kamen, waren sie es, die von den kanadischen Juden als »kulturelle Hybride« gesehen wurden.

Nach dem Krieg, als die Nazi-Greuel jenseits des Atlantiks schrittweise ins kollektive Bewusstsein drangen, eröffnete sich für die kanadischen Juden eine tiefe Identitätskrise. Denn im nationalen Rahmen Kanadas hatten sie sich nicht immer von den Geschehnissen in Europa betroffen gefühlt. Plötzlich tauchte eine neue Dimension der Identität auf: Wie konnte man als Jude in einer Welt nach Auschwitz weiterleben? Stärker noch als innerhalb der jüdischen Gemeinde in den USA schien in Kanada darüber Einstimmigkeit zu herrschen. Als Chronist der kanadisch-jüdischen Geschichte der Nachkriegszeit schreibt Irving Abella: »The world had become too dangerous a place for Jews to allow themselves the luxury of internal dissent and divisiveness. The radicalism and class struggles of the 1920s and 1930s seemed sadly out of place in the changed circumstances of the 1950s and 1960s. Jewish energies were now totally devoted to protecting the State of Israel, to welcoming the influx of Holocaust survivors and to breaking down the barriers in Canadian society. One Yiddish pundit labelled the postwar Jewry the ›sha-shtill generation‹, literally, the silent generation, afraid to rock the boat for fear of sinking with it.«[35] Abella unterstreicht hier die dominante Konsenskultur der Nachkriegszeit und das Fehlen kritischer Stimmen.

Der Holocaust als kollektive Erinnerung an den von den Nazis verübten Genozid der Juden Europas wurde erst mit Verzögerung und mit einem

»delayed impact« (Franklin Bialystock) in Kanada wahrgenommen. Die kollektive Erinnerung an den Holocaust wurde allmählich zur wesentlichen Komponente der jüdisch-kanadischen Identität. Denn zeitgleich entwickelte sich die Multikulturalismusfrage, die eine zunehmende »Ethnisierung« der kulturellen Identitäten förderte. Rückblickend haben Historiker festgestellt, dass Ende der 1960er Jahre der Holocaust im Identitätsdiskurs der kanadischen Juden einen zentralen Platz bekam – egal welche tatsächliche Beziehung zu den Ereignissen selbst bestand.[36] Stuart Schoenfeld spricht sogar von der »Gegenwärtigkeit des Holocaust im Leben der kanadischen Juden.«[37] Polemischer noch meint Franklin Bialystock: »By 1985 most Canadian Jews felt that the destruction of European Jewry was *their* loss as well, even though most were both too young to have remembered the war and not descendants of those who had survived.«[38]

Im Allgemeinen hatten die Jeckes aufgrund ihres sozialen und kulturellen Hintergrundes eher Abwechslung in die internen Debatten der etwas eintönigen und »stillen« jüdischen Gemeinschaft in Kanada gebracht. Nachdem sie oftmals keinen wirklichen Platz fanden, waren sie es, die die kritischen Fragen stellten. Denn in Kanada gab es wenige Orte, an denen die deutsch-jüdische Kultur überleben konnte. Diese Feststellung macht Manuel Meune für Montreal: »Die Teilnahme der Juden am deutschen Kulturleben in Montreal [Anfang der 1990er Jahre] kann nunmehr nur auf individueller Basis erfolgen, da es seit dem Verschwinden der »German-Jewish Historical Association« mit dem Tode seines letzten Vorsitzenden, Julius Pfeiffer, keinen deutsch-jüdischen Verein mehr gibt.«[39] Folglich mussten sich die Exilanten innerhalb dieser Gemeinschaft selbst einen Platz schaffen, denn sie waren nicht im Einklang mit den kanadischen Identitätsmustern. Sie befanden sich sozusagen in den hybriden Zwischenräumen des Mosaiks. Dies ist wohl einer der Gründe, weshalb so viele Selbstzeugnisse auf das Skript der *success story* zurückgreifen.

Außerdem müssen die Erinnerungsarbeit und die Bemühungen einiger Exilanten, den Erinnerungsort des »deutschen Judentums« am Leben zu halten, hervorgehoben werden. In einem langen Artikel über sein vielschichtiges Identitätsgefühl unterstreicht Helmut Kallmann die Bedeutung des im Exil erfolgten Kulturtransfers: »Obwohl wir Kanadier, Amerikaner, Briten, Israelis, Südamerikaner und Bürger vieler anderer Länder geworden sind, stehen die meisten von uns mit einem Fuß immer noch im Heimatland, ganz gleich ob manch einer das verleugnen möchte. Die jüdischen Flüchtlinge haben viel deutsches Gedankengut und deutsches Wissen in der weiten Welt verteilt. Es ist fast wie eine Rache an den Nazis: es ist ihnen nicht gelungen das deutsche Element in uns ›Un-Deutschen‹ zu ersticken.«[40]

Anstatt ihre deutsche Vergangenheit und ihr deutsches Erbe abzulehnen, empfanden viele jüdische Exilanten das Bedürfnis, ihre Verwurzelung in

Deutschland unter Beweis zu stellen. Als Erben einer hybriden deutsch-jüdischen Kultur, die im Holocaust vernichtet wurde, mit ihrer Sehnsucht nach jenem soziokulturellen, »symbiotischen« Umfeld, das ihre Jugendjahre in Deutschland geprägt hatte, haben die Jeckes ihren Platz in Kanada bis zuletzt nicht wirklich gefunden. Weder als »German-Canadians« noch »Jewish-Canadians« befanden sie sich in den Zwischenräumen des Mosaiks. Ihre im Aufschub befindliche Kultur und ihr kollektives Gedächtnis ohne gesellschaftlichen Nährboden konnten lediglich hier und dort in Nischen und Geheimgärten überleben. Zum Teil war diese Zwischenposition eine direkte Folge des multikulturellen Systems, das laufend kulturelle Hierarchien produzierte und – in postkolonialer Manier – den dominierenden Machtanspruch der englischsprachigen Mehrheit in Kanada unterstützte. Jene deutsch-jüdische Kultur, die zu einem Zugehörigkeitsgefühl gewachsen war, wurde bruchstückweise an die zweite Generation übertragen, die mit diesem schwierigen Erbe heute wenig anzufangen weiß.

IV Individuelle narrative Verortungspraktiken

Wenn ein Mensch aus seinem ursprünglichen Milieu herausgerissen wird, tritt ein radikaler Individuationsprozess ein, den Homi Bhabha wie folgt beschreibt: »The individuation of the agent occurs in a moment of displacement. It is a pulsional incident, the split-second movement when the process of the subject's designation – its fixity – opens up beside it, uncannily *abseits*, a supplementary space of contingency.«[41]

In den Selbstzeugnissen von Exilanten ist von jenem flüchtigen Augenblick die Rede, einem Schlüsselmoment, in dem sich das Individuum der veränderten Umgebung bewusst wird. Die schmerzliche Entwurzelung öffnete auch gleichzeitig einen Raum der Neu-Verwurzelung und Neudefinition der eigenen Identität. Plötzlich wurde die soziokulturell verankerte und genderspezifische Identität durch die Abseitsposition hinfällig. Dies bot neue Möglichkeiten der Designation und Selbst-Designation, insbesondere für die jüngere Generation unter den Exilanten. Gregory Baum meint: »Für uns, die ganze Jugend – ich meine, wenn man älter war, ist irgendwie eine Welt zerstört worden, aber meine Welt hatte doch gar nicht erst richtig angefangen.«[42] In meiner Forschungsarbeit wurden vorwiegend narrative Quellen herangezogen (Selbstzeugnisse, Autobiografien und Oral History Interviews), die das Geschehene, Erfahrene und Erinnerte aufarbeiten. Dass es solche Quellen überhaupt gibt, zeugt schon von einer beträchtlichen Verankerungsarbeit, von einem kontinuierlichen Versuch, sich im eigenen Lebensweg zurecht zu finden. In diesem Zusammenhang kann man nur der Ansicht Paul Ricœurs zustimmen, der in der »narrativen Identität« die einzig wahre

Identität sieht. Nur in der Narration würden biografische Brüche überwunden und hybride Identitäten geschaffen. Wichtigster Verankerungspunkt der Identität ist die Sprache. Gregory Baum sagt über sich selbst: »Ich habe einen deutschen Akzent im Englischen, und ich habe einen deutschen Akzent im Französischen, und ich habe einen irgendwie fremden Akzent im Deutschen, das heißt, wenn ich ein paar Worte in Deutsch sage, merkt man das nicht, wenn ich einen Vortrag in Deutsch gebe, dann merken die Leute, dass ich hin und wieder nachdenken muss, und das richtige Wort kommt nicht, und dann ist hin und wieder die Betonung auch nicht die richtige.«[43] Doch obgleich seine Sprache hybride ist, ist sein Zugehörigkeitsgefühl stabil: Baum fühlt sich nicht etwa als Kosmopolit, sondern als (neu) verankerter Quebecer, der 1986 Toronto verließ und nach Montreal übersiedelte. Für ihn sei es wichtig, da wo er sich gerade befinde, »mitzumachen«, wie er im Interview vermittelt.

Zum Schluss soll der komplexe Akkulturationsprozess eines besonderen Exilanten vorgestellt werden, der auf seinem transnationalen Lebensweg ein hybrides und dennoch kohärentes (narratives) Identitätsgefühl entwickelt hat. Als ich Wilhelm (Willie) Glaser 2003 in Montreal traf, war er als unbezahlter Mitarbeiter im Archiv des Jüdischen Kongresses tätig. Erst seitdem er pensioniert war, hatte er sich wieder mit Geschichte befasst – und zwar mit jüdischer Geschichte, ganz besonders mit Holocaust-Geschichte. Was ihn damals beschäftigte, war den Leidensweg seines Vaters zu rekonstruieren, Ferdinand Glaser, der 1943 von Paris nach Auschwitz deportiert wurde. Willie wurde 1921 in Fürth geboren. Sein Vater, 1890 in Leipzig geboren, dessen Eltern aus Galizien stammten, war Schuster. Seine Mutter war in Auschwitz (Oświęcim) geboren. Ein wichtiger Aspekt der Identität Willies ist, dass seine Familie eine »ostjüdische« Familie war. Bei Glasers wurde »Jiddisch« gesprochen, manchmal auch Polnisch, aber nur als Geheimsprache der Eltern. Willie und seine vier Geschwister verständigten sich ihrerseits fast ausschließlich auf Deutsch. Glasers waren offiziell polnische Staatsangehörige und mussten bis nach München zum dortigen polnischen Konsulat reisen, wenn sie neue Ausweispapiere brauchten. Nach der Grundschule wurde Willie 1933 von seinen Eltern auf eine technische Schule geschickt: Dort sollte er »für alle Fälle« ein Handwerk lernen. Gleichzeitig wandte sich Willies Vater der Ein- und Ausfuhr von Spielwaren zu, einem Geschäft, das von der lokalen Kundschaft – sprich: vom politischen Kontext – weniger abhing als die Schusterei. Nach der Reichskristallnacht im November 1938 beschleunigten Glasers ihre Bemühungen zur Emigration. Ferdinand reiste nach Paris, während Willie seine Schlosser- und Tischlerlehre in München fortführte. Gleichzeitig wurde eine Schwester mit dem »Kindertransport« nach England geschickt. Dank der Bemühungen der Pflegefamilie erhielt auch Willie noch vor Ausbruch des Krieges ein Visum für

Großbritannien und emigrierte nach Belfast. Für den Vater wurde Paris leider zur Falle: 1943 wurde er festgenommen, ins Sammellager Drancy geführt, und von dort mit dem Transport Nr. 64 (am 7.12.1943) nach Auschwitz deportiert. Dieses Schicksal teilte er mit seinen in Deutschland verbliebenen Familienangehörigen

1940 meldete sich Willie freiwillig, um gegen Nazi-Deutschland zu kämpfen. Da er jedoch einen polnischen Ausweis besaß, musste er innerhalb der polnischen Exilarmee dienen, die unmittelbar nach der Flucht aus Dünkirchen gegründet worden war. Also lernte er Polnisch, um sich mit seinen polnischen »Landsleuten« zu verständigen. Nach dem Krieg weigerte er sich jedoch nach Polen umzusiedeln und bevorzugte die »kanadische Lösung«. Denn Kanada hatte 1946 die Einwanderung von 5.000 polnischen Kriegsveteranen bewilligt. 1947/48 arbeitete Willie also auf einer Farm in Quebec und lernte dort Französisch. Später siedelte er sich permanent im englischsprachigen Teil Montreals an und heiratete eine englischsprachige Stamm-Kanadierin. Die in Irland zum ersten Mal begegnete englische Sprache wurde nun zur Hauptsprache seines beruflichen wie persönlichen Lebens. Den starken deutschen Akzent konnte er jedoch niemals verheimlichen, obwohl ihm die deutsche Sprache mit der Zeit immer fremder wurde. Nur wenn Willie Ereignisse aus seiner Jugend in Deutschland erzählt, wird diese vergessene Sprache für kurze Zeit wieder lebendig. Seinen eigenen Lebensweg fasst er wie folgt zusammen: »As far as that goes, it's very interesting with languages: I'm a hybrid. German is my mother language, I spoke English in England, then I had to learn Polish in the Army, then I spent a year on the farm speaking a fairly good French already. The wind up is that my German, after 60 odd years is very rusty, you know. My French is very, very bad, even though I was quite good, because I don't speak it and you end up not speaking any language good. At the moment I don't speak good German, I don't speak good French, I don't speak a good English.«[44]

Für Willie ist Entwurzelung vor allem eine Frage der Sprache. Jedenfalls ist ihm dieses Problem im Laufe seines Lebens in dieser Form begegnet. Alle Sprachen spricht er mit starkem Akzent. Dies hindert ihn aber nicht daran, sich als völlig integriert und als wahrer Kanadier zu fühlen. Deshalb leugnet er jegliche »Bindestrich-Identität« ab, einen Begriff, der für ihn persönlich keinen Sinn mache und der gar abwertend oder diskriminierend wirke. »Hyphenated Ethnics« – das treffe nicht auf ihn zu.

Eine letzte Perspektive liefert ein anderer Gesprächspartner: Gerry Waldston. Als er 1923 in Berlin geboren wurde, hieß er noch Gerd Waldstein. Seine Eltern gehörten zur »assimilierten« jüdischen Oberschicht in Schöneberg. Kurz nach Hitlers Machtergreifung ging die Familie ins englische Exil. Im Frühjahr 1940, wurde Gerd, der gerade erst 16 Jahre alt war, als *enemy alien* interniert und kurz darauf nach Kanada transferiert. Erst 1941 wurde er in Kanada wieder freigelassen und siedelte sich permanent dort an. In Bezug auf »Bindestrich-Identitäten« meint er: »The moment you leave your nest, the moment you leave your place of birth and you emigrate, wherever to, be it a new district, a new city, a new country, you are now a hyphenated person, and you're never the same again, as soon as you've left your place of birth.«[45] Doch gleichzeitig sei eine »Bindestrich-Identität« eine bloße Frage der Etikettierung, gerade im Falle vielfältiger und konkurrierender Identitäten: »So what is my label? Am I a ›German-Canadian‹, am I a ›Jewish-Canadian‹, am I a ›refugee-Jewish-German-Canadian‹ and so on? I mean, those are tags, OK, which we put on ourselves as well. You cannot change yourself, and there I'll give you a piece of wisdom that my late Rabbi gave me. He said: ›A marinated herring is still a herring‹.«[46] Durch diesen Witz über den Rollmops, der ja bloß ein Hering sei, gibt Gerry Zugang zu *seiner eigenen* Auffassung der Identität.

Für Willie Glaser wie für Gerry Waldston gehören »Bindestrich-Bezeichnungen« zum in Kanada üblichen Vorstellungshorizont. Einerseits widerspiegeln diese Bezeichnungen einen institutionellen Prozess der Differenzierung je nach Herkunft. Und weil sie rezipiert, kommentiert und weitergeleitet werden, tragen sie zur Verfestigung empfundener ethno-kultureller Unterschiede bei. Hier liegt also ihre soziale »Performativität«, denn Namen und Bezeichnungen bringen konkrete soziale Folgen mit sich. Andererseits sind »Bindestrich-Bezeichnungen« auch Zeichen eines komplexen und transnationalen Lebensweges, denn manchmal wird dieser Bindestrich durch einen Akzent verfestigt, der als Stigma des Andersseins wirkt. In diesem Fall ist der Bindestrich die metaphorische Materialisierung eines komplexen Migrantenweges. Indem sie von einem Land, einem Kontinent zum anderen übergingen, gehören Exilanten zwei Welten an und der Bindestrich, der sowohl verbindet, als auseinander hält, markiert sprachlich die komplexe und wechselhafte Stabilisierung ihrer Migrantenidentität. Willie Glasers unsichere Sprache, sein Stammeln, sein starker Akzent, sind lauter körperliche Abdrücke seiner Entwurzelung.[47]

Denn das Exil führt zu einer notwendigen Anpassung der Körper, der Sprache und des Verhaltens. Gerade dieser Aspekt steht im Zentrum des »Gartens des Exils und der Emigration« im Jüdischen Museum Berlin des Architekten Daniel Libeskind.[48] Der »Garten des Exils« ist ein Viereck und besteht aus 49 quadratischen, 6-Meter-hohen Betonpfeilern. Jede Seite des Vierecks enthält also 7 Pfeiler. Diese stehen rechtwinklig auf einer Plattform, die selbst flach, aber nicht horizontal ist. Wenn er zwischen den Pfeilern steht, hat der Besucher also das *visuelle* Gefühl, er befinde sich auf einer gewöhnlichen, waagerechten Ebene. Doch sobald er sich entlang der schmalen Gänge zwischen den Pfeilern bewegt, wird er sich seiner Sinnestäuschung bewusst: Er *fühlt* nun, dass der Boden unter seinen Füßen nicht horizontal sein *kann.*

Das körperliche Wahrnehmungsvermögen dient Libeskind dazu, das existenzielle Unbehagen der Exilanten wiederzugeben. Einerseits fühlen sich die exilierten Körper im Garten de-zentriert und ent-ortet, andererseits bemüht sich der Verstand gleichzeitig, das Gleichgewicht wieder herzustellen. In diesem Garten wird also versucht, die Gesamtheit der Exilerfahrung nachzuvollziehen und der Besucher soll die Exilsituation am eigenen Leibe erfahren.

1 Alfred Schütz: »Der Fremde. Ein sozialpsychologischer Typus« (1944). In: Ders.: *Gesammelte Aufsätze.* Bd. 2: *Studien zur soziologischen Theorie.* Den Haag 1972, S. 52. Zu Alfred Schütz und zum Einfluss der Simmel'schen Soziologie vgl. den Beitrag von Claus-Dieter Krohn in diesem Band. — **2** Zum Thema Exil in Kanada vgl. Waltraud Strickhausen: »Kanada«. In: Claus-Dieter Krohn, Patrik von zur Mühlen, Gerhard Paul, Lutz Winckler (Hg.): *Handbuch der deutschsprachigen Emigration 1933–1945.* Darmstadt 1998, Sp. 284–296; Annette Puckhaber: *Ein Privileg für wenige. Die deutschsprachige Migration nach Kanada im Schatten des Nationalsozialismus.* Münster 2002; Patrick Farges: *Le trait d'union ou l'intégration sans l'oubli. Itinéraires d'exilés germanophones au Canada après 1933.* Paris 2008. 2010 erscheint vermutlich die deutsche Übersetzung (Bremen, Edition Lumière). — **3** John McLeod: *Beginning Postcolonialism.* Manchester 2000, S. 33. — **4** Doris Bachmann-Medick, »Einleitung«. In: Dies. (Hg.): *Kultur als Text. Die anthropologische Wende in der Literaturwissenschaft.* Tübingen – Basel 2004, S. 10. — **5** Für Homi K. Bhabha ist Hybridität »der Name für die strategische Umkehrung des Prozesses der Beherrschung durch Verleugnung (das heißt, der Produktion diskriminatorischer Identitäten, durch die die ›reine‹ und ursprüngliche Identität der Autorität sichergestellt wird)«. Vgl. Ders.: *Die Verortung der Kultur* (1994). Übersetzt von Jürgen Schiffmann, Jürgen Freundl. Tübingen, 2000, S. 165. Zur »Hybridität«, vgl. auch Sherry Simon: *Hybridité culturelle.* Montreal 1999; sowie den Beitrag von Claus-Dieter Krohn in diesem Band. Zum *métissage*, vgl. François Laplantine, Alexis Nouss: *Le métissage.* Paris 1997. Zum *recyclage* vgl. Claude Dionne, Silvestra Mariniello, Walter Moser (Hg.): *Recyclages. Économies de l'appropriation culturelle.* Montreal, 1996. — **6** Hierzu das umfangreiche Buch des Migrationshistorikers Dirk Hoerder: *Cultures in Contact. World Migrations in the Second Millennium.* Durham 2002. — **7** Sebastian Conrad, Shalini Randeria (Hg.): *Jenseits des Eurozentrismus. Postkoloniale Perspektiven in den Geschichts- und Kulturwissenschaften.* Frankfurt/M. 2002. — **8** Vgl. Michael Werner, Bénédicte Zimmermann: »Vergleich, Transfer, Verflechtung. Der Ansatz der *Histoire croisée* und die Herausforderung des Transnationalen«. In: *Geschichte und Gesellschaft* Nr. 28 (2002), S. 607–636. — **9** Vgl. den Beitrag von Stefan Braese in diesem Band: »Exil und Postkolonialismus«, S. 1–19. — **10** Claus-Dieter Krohn, Erwin Rotermund, Lutz Winckler, Wulf Koepke, Michaela Enderle-Ristori (Hg.): *Übersetzung als transkultureller Prozess* (= *Exilforschung. Ein internationales Jahrbuch* Bd. 25). München 2007. Siehe insbesondere die Beiträge von Michaela Wolf und Georg Pichler (S. 7–29) und Alfrun Kliems (S. 30–49). — **11** Karl Holl: »Exil und Asyl als Gegenstand universitärer Lehre. Erfahrungsbereich über ein Projekt an der Universität Bremen«. In: Claus-Dieter Krohn, Erwin Rotermund, Lutz Winkler, Wulf Koepke (Hg.): *Exile im 20. Jahrhundert* (= *Exilforschung. Ein internationales Jahrbuch.* Bd. 18) München 2000, S. 262 f. — **12** Vgl. Jean Burnet, Danielle Juteau, Enoch Padolsky, Anthony Rasporich, Antoine Sirois (Hg.): *Migration and the Transformation of Cultures.* Toronto 1992. — **13** Paul Ricœur: »L'identité narrative«. In: *Revue des sciences humaines* Nr. 221 (1991), S. 35–47. — **14** Georg Simmel: »Exkurs über den Fremden«. In: Ders.: *Soziologie. Untersuchungen über die Formen der Vergesellschaftung.* Leipzig 1908, S. 685. Zu Simmel vgl. den Beitrag von Claus-Dieter Krohn in diesem Band, S. 20–39, hier S. 32 ff. — **15** Vgl. Oscar Handlin: *The Up-*

rooted: The Epic Story of the Great Migrations that Made the American People (1951). Philadelphia 2002; John Bodnar: *The Transplanted: A History of Immigrants in Urban America.* Bloomington 1985. — **16** Royal Commission on Bilingualism and Biculturalism: *Final Report.* Bd. 4 (*The Cultural Contribution of the Other Ethnic Groups*). Ottawa 1969. — **17** Charles Taylor: *Multiculturalism and »the Politics of Recognition«.* Princeton 1992. — **18** Richard J. F. Day: *Multiculturalism and the History of Canadian Diversity.* Toronto 2000, S. 3 und S. 5. — **19** Joseph E. DiSanto: »Nonhyphenated Canadians – Where Are You?«. In: James S. Frideres (Hg.): *Multiculturalism and Intergroup Relations.* Westport 1989, S. 141–148. — **20** Vgl. Patrick Farges: »Die Akkulturation deutschsprachiger Exilanten in Kanada (1933–2003): Zwischen Mikro- und institutioneller Geschichte«. In: Fawzi Boubia, Anne Saint Sauveur-Henn, Frithjoff Trapp (Hg.): *Migrations-, Emigrations- und Remigrationskulturen* (Akten des 11. Internationalen Germanistenkongresses). Bern – Frankfurt/M. – New York 2007, S. 81–86; Ders.: »Associating or Quarrelling? Migration, Acculturation, and Transmission among Social-democratic Sudeten Germans in Canada«. In: Mathias Schulze, James M. Skidmore, David G. John, Grit Liebscher, Sebastian Siebel-Aschenbach (Hg.): *German Diasporic Experiences. Identity, Migration, and Loss.* Waterloo 2008, S. 245–258. — **21** Seliger-Archiv (Bonn): Archiv der »Treuegemeinschaft Kanada«. Karton 1, Rede von Ernst Paul, 1966. — **22** Seliger-Archiv (Bonn): Archiv der »Treuegemeinschaft Kanada«. Karton 3, Protokoll der Generalversammlung des »Zentralverbandes sudetendeutscher Organisationen«, 19.07.1986. — **23** Neil Bissoondath: *Selling Illusions. The Culture of Multiculturalism in Canada.* Toronto 1994. — **24** Stefan Braese: »Exil und Postkolonialismus«, in diesem Band, S. 17. — **25** Erwin Schild: *The Very Narrow Bridge. A Memoir of an Uncertain Passage.* Toronto 2001, S. 99. — **26** In Israel bezeichnet der Begriff »Jeckes« jene aus den urbanen Zentren Deutschlands und Österreichs stammenden (hoch)deutschsprachigen Juden, die sich überwiegend in der Region von Naharija ansiedelten. Unter den Einwohnern Palästinas und später Israels waren sie erkennbar an ihren besonders starren und altmodischen Umgangsformen und vor allem ihrer für das orientalische Klima völlig ungeeigneten Kleidung: Die Männer trugen das bis oben zugeknöpfte Jackett (Jäcke oder Jecke). Vgl. Curt D. Wormann: »German Jews in Israel«. In: *Leo Baeck Institute Yearbook* Nr. 15 (1970), S. 73–103; Neima Barzel: »The Attitude of Jews of German Origin in Israel and Germans after the Holocaust. 1945–1952«. In: *Leo Baeck Institute Year Book* Nr. 39 (1994), S. 271–301; Anne Betten, Miryam Du-nour: *Wir sind die Letzten. Fragt uns aus. Gespräche mit den Emigranten der dreißiger Jahre in Israel.* Gerlingen 1995; Deutsch-Israelitische Gesellschaft (Hg.): *Die »Jeckes« in Israel. Der Beitrag der deutschsprachigen Einwanderer zum Aufbau Israels.* Bad Honnef 1995. — **27** Es handelt sich hier um einen Zensurbericht vom 13.11.1944. Zitiert nach Paula J. Draper, Harold Troper (Hg.): *Archives of the Holocaust. An International Collection of Selected Documents.* Bd. 15 (*National Archives of Canada, Ottawa & Canadian Jewish Congress Archives, Montreal*). New York 1991, S. 278. — **28** Archiv der Jewish Historical Society of British Columbia: *Oral History Project.* Interview 2001:41 von Lucy Laufer durch Jackie Berger, 27.06.2001. — **29** W. Gunther Plaut: *Unfinished Business. An Autobiography.* Toronto 1981, S. 58. — **30** National Archives of Canada (Ottawa): MG30–C192 »Eric Koch«. Karton 1, Brief von Helmut Kallmann an Eric Koch, 22.01.1979. — **31** Eric Koch: »Enemy Aliens in Canada. The Genesis of *Deemed Suspect*«. In: Peter Liddell (Hg.): *German Canadian Studies. Critical Approaches,* Vancouver 1983, S. 91. — **32** Interview mit Erwin Schild, Toronto, 10.05.2004. — **33** Schild: *The Very Narrow Bridge* (s. Anm. 25), S. 248 f. — **34** Plaut: *Unfinished Business* (s. Anm. 29), S. 218. — **35** Irving Abella: *A Coat of Many Colours. Two Centuries of Jewish Life in Canada.* Toronto 1990, S. 226. — **36** Eine ähnliche Entwicklung fand in den USA statt. Dies geht aus den Studien von Peter Novick (*The Holocaust in American Life.* New York 1999) und Hilene Flanzbaum (*The Americanization of the Holocaust.* Baltimore 1999) hervor, die die Aneignungsprozesse dieses historischen Ereignisses bzw. dessen Verwendung als strategische Gedächtnispolitik beschreiben. Zwischen den USA und Kanada besteht jedoch nach wie vor ein grundlegender Unterschied: Die vielseitigere und zahlreichere jüdische Gemeinschaft in den USA lässt im Allgemeinen viel hitzigere Debatten zu als die kanadische. — **37** Stuart Schoenfeld: »The Religious Mosaic: A Study in

Diversity«. In: Ruth Klein, Frank Dimant (Hg.): *From Immigration to Integration. The Canadian Jewish Experience: A Millenium Edition.* Toronto 2001, S. 175. — **38** Franklin Bialystock: *Delayed Impact. The Holocaust and the Canadian Jewish Community.* Montreal – Kingston 2000, S. 6. — **39** Manuel Meune: *Les Allemands du Québec. Parcours et discours d'une communauté méconnue.* Montreal 2003, S. 166 f. Aus dem Französischen übersetzt von Patrick Farges. — **40** Helmut Kallmann: »In Sachen Identität«. In: *Berlin Aktuell. Zeitschrift für exilierte Berliner* Nr. 69 (Juni 2002), S. 21. — **41** Homi K. Bhabha: *The Location of Culture.* London – New York 1994, S. 185. — **42** Interview mit Gregory Baum, Montreal, 25.03.2003. **43** Ebd. — **44** Interview mit Willie Glaser, Montreal, 24.03.2003. — **45** Interview mit Gerry Waldston, Toronto, 13.05.2004. — **46** Ebd. — **47** Laut Pierre Bourdieu und Abdelmalek Sayad lasse sich Entwurzelung (*déracinement*) am ehesten an den Körpern der Migranten ablesen, an ihrem Schritt, ihrer Körper- und Kopfhaltung. Vgl. Pierre Bourdieu, Abdelmalek Sayad: *Le déracinement. Crise de l'agriculture traditionnelle en Algérie.* Paris 1964, S. 154. — **48** Vgl. die Homepage des Jüdischen Museums, Berlin (www.jmberlin.de) sowie Arnt Cobbers: *Daniel Libeskind.* Berlin 2001; Bernhard Schneider: *Jüdisches Museum Berlin.* München 1999.

Thomas Pekar

Japan-Rezeptionen der Exilanten Karl Löwith, Kurt Singer und Kurt Bauchwitz

I Einleitung

Wenn man einmal seine Untersuchungsperspektive auf die »positiven Aspekte des Exils« richtet, wie dies unlängst Manfred Briegel in einer kurzen Notiz im *Nachrichtenbrief der Gesellschaft für Exilforschung* (2007) forderte[1] – ohne dabei aber auch den Blick blind werden zu lassen für die grundsätzliche Ungerechtigkeit und das Elend des Exils (ich glaube, dass man diese negativen Aspekte doch immer zumindest im Hinterkopf behalten sollte) –, so knüpft diese veränderte Perspektive an fast schon ermüdend lange Diskussionen in den Literatur- und Kulturwissenschaften an, die unter dem Stichwort »Hybridität« geführt werden[2], welches ja auch, als Adjektiv zumindest, im Titel unserer Tagung, als »hybride Räume«, auftaucht. Eine der Matadorinnen dieser Diskussion ist die in Zürich tätige Anglistin Elisabeth Bronfen, die diesen Brückenschlag von der Hybridität zur Exilforschung leistet, wenn sie Exil als kulturellen Zwischenraum genauer so kennzeichnet: »Wir benutzen Exil (...) im Sinne eines ›dritten Bereiches‹ – zwischen einem ursprünglich verlorenen und einem sekundär erworbenen Ort, zwischen Bekannten und Fremden, zwischen einer Vergangenheit (...) und einer Zukunft (...).«[3] Und dieser kulturelle Zwischenraum, so elend es dem Einzelnen in ihm gehen mag, scheint jedenfalls oft der Kreativität keinen Abbruch zu tun, ja scheint sie sogar zu befördern, wenn man nur einmal an die im Exil entstandenen Werke von so großartigen *displaced poets*, beginnend mit Ovid bis hin etwa zu Nabokov, denkt.[4]

Zum eigentlichen Thema: Die Frage, die ich hier zu beantworten suche, lautet, inwieweit sich die erzwungene kulturelle Mobilität von drei jüdischen Exilanten aus Nazideutschland, die von Europa über Asien in die USA bzw. Australien flohen, auf ihre je eigenen Denk- und Wahrnehmungsweisen auswirkte, die sich wiederum in den ganz unterschiedlichen Werken (bzw. Texten) dieser drei Exilanten manifestierten; ich möchte in dieser Hinsicht sowohl von ›Rezeptionen‹ Asiens bzw. Japans oder des Japanischen als aber auch von ›Performanzen‹/Hervorbringungen eben hybrider Gebilde sprechen, von Texten (besser wäre vielleicht noch das Wort Texturen, um damit noch stärker den Aspekt des uneinheitlichen Gewebes/der textura hervorzuheben). Diese hybriden Gebilde möchte ich »Kultur-Texte des Exils« nennen[5], um als ihr Spezifikum hervorzuheben, dass sie sich einem bestimmten, nämlich einem erzwungenen bzw. unfreiwilligen Transpositionsvorgang verdanken, nämlich des Überwechselns ihrer Verfasser in eine ihnen zuweilen vollkommen unbekannte Kultur.

›Exil in Japan‹ also – ein widersprüchliches, kompliziertes Exil, da Japan ja bekanntlich ein Bündnispartner Nazi-Deutschlands war (auf die allgemeinen Bedingungen des Exils in Japan kann ich an dieser Stelle nicht eingehen)[6]; ich möchte hier drei Fall-Beispiele der Japan-Rezeption und gleichzeitigen Japan-Performanz vorstellen, die ich, heuristisch vereinfacht, philosophische, kulturwissenschaftliche und literarische Japan-Thematisierung nennen möchte.

II Philosophische Japan-Thematisierung: Karl Löwith

Für die philosophische Japan-Thematisierung steht der Philosoph Karl Löwith (1897–1973), der Nazi-Deutschland wegen seiner jüdischen Herkunft verlassen musste und der 1936, von Rom kommend, wo er seit 1934 faktisch als Emigrant gelebt hatte[7], nach Japan gelangte, da er einen Ruf als Gastprofessor an die renommierte Kaiserliche Universität Tohoku in der nordostjapanischen Stadt Sendai erhalten hatte.[8]

Löwith, der zum Protestantismus übergetreten war, hatte, nachdem er Kriegsfreiwilliger des Ersten Weltkrieges[9] gewesen war, bei Husserl und Heidegger in Freiburg Philosophie studiert[10], war dann Heidegger nach Marburg gefolgt, wo er sich 1928 bei ihm habilitierte – er gehörte also diesem ja durchaus ›erlauchten‹ Kreis der jüdischen Schüler Heideggers, wie Hannah Arendt, Hans Jonas und Herbert Marcuse, an.[11] Natürlich distanzierte sich Löwith später sowohl persönlich als auch philosophisch von Heidegger.[12]

Bis 1941 konnte er in Japan bleiben und emigrierte dann weiter in die USA. 1952 erhielt Löwith unter Mitwirkung seines Kollegen und auch Heidegger-Schülers aus Marburger Zeiten Hans Georg Gadamer einen Ruf nach Heidelberg, wo er bis zu seiner Emeritierung 1964 lehrte. Seine beiden kritisch-geschichtsphilosophischen Hauptwerke, die ihn international bekannt machten und zu Klassikern der philosophischen Literatur geworden sind, nämlich *Von Hegel zu Nietzsche* (Zürich 1941)[13] und *Weltgeschichte und Heilsgeschehen* (zuerst Englisch 1949 unter dem Titel *Meaning in History*)[14], hatte er in Japan aufgrund der für ihn dort guten Lebens- und Arbeitsbedingungen entweder vollenden[15] oder zumindest wichtige Vorarbeiten dafür leisten können.

Von Löwith erwartete man, wie er selbst schreibt, in Japan keine »Veröstlichung«, sondern wollte möglichst unverfälscht »europäische Geistesart lernen«.[16] Er folgte dieser Vorgabe unversehens, ja begrüßte die Möglichkeit, sich *nicht* auf die japanische Welt einstellen zu müssen. Er spricht von dem »unwahrscheinlichen Glück«, das er hatte, vor den japanischen Studenten in Sendai bei seinen Vorlesungen »dort fortfahren zu können, wo ich [Löwith, T. P.] in Marburg abbrechen mußte.«[17] Gewiss wird er nicht vorher die Kenntnisse und Aufnahmemöglichkeiten dieser japanischen Studenten eruiert, sondern er wird einfach seine Vorlesung fortgeführt haben, d.h. höchstwahrscheinlich an den Studenten vorbeigesprochen haben.[18] Für Löwith war und blieb die europäische Kultur, besonders die europäische Antike, der wesentliche Bezugsrahmen, in den er nun auch Japan, jedenfalls zum Teil, hineinpresste.[19] Wenn man es kritisch sehen will, verpasste Löwith damit die Chance zu einer persönlichen interkulturellen Begegnung mit Japan. Er kam – und er ging als Fremder! Als er, zusammen mit seiner Frau, nach immerhin viereinhalb Jahren Aufenthalt aus Japan abreiste, schreibt er erleichtert: »Schon auf dem Schiff fällt von uns alles Japanische ab, als hätte man nie damit intensiv zu tun gehabt.«[20] Und kaum war er in Amerika, schrieb er einen Aufsatz mit der Überschrift »The Japanese Mind« und dem gewiss nicht Dankbarkeit seinem ersten Exilland gegenüber ausdrückenden Untertitel »A Picture of the Mentality that We Must Understand if We are to Conquer«.[21]

So gesehen kann Löwith zwar als ein Beispiel für »positive Aspekte des Exils« gesehen werden, insoweit er in Japan wichtige philosophische Bücher schreiben konnte, nicht aber als Beispiel für eine sich aus der Exilsituation herleitende Verschmelzung oder Hybridität verschiedener Kulturen. Doch stimmt diese Sichtweise, die sich nur auf Löwiths äußerliche Distanz, ja stellenweise Ablehnung der japanischen Kultur und Lebens- bzw. Kommunikationsweise stützt, auch bei näherer Betrachtung seiner philosophischen Werke?[22]

Ich möchte die These vertreten, dass, entgegen Löwiths zuweilen ostentativ zur Schau getragenen Ablehnung des Japanischen, seine Philosophie sich in wesentlichen, grundlegenden Zügen ihren besonderen, exil-japanischen Entstehungsursprüngen verdankt.[23] Die Frage ist also *nicht* die nach Löwiths Japanbild, sondern es soll um die – auch hintergründigen und indirekten – Wirkungen von japanisch-östlichen Vorstellungen auf philosophische Theoreme Löwiths gehen.[24] Ich möchte dieses Problem am Beispiel der Kernvorstellung von Löwiths Philosophie diskutieren, nämlich an seiner »Destruktion« oder, wie er auch sagt, seinem »Abbau« der (abendländischen) Geschichtsphilosophie[25], die, wie mir scheint, in entscheidender Hinsicht von japanischen Vorstellungen angeregt wurde, vor allem von der Erkenntnis, dass der »Osten«, wie Löwith natürlich etwas pauschalisierend schreibt, die »uns bewegende Frage nach dem Ziel und Sinn der Geschichte überhaupt nie gestellt« habe.[26] Erst dieses Heraustreten aus dem europäischen Kontext ermöglichte Löwith die fundamentale Einsicht in die Begrenztheit des geschichtlichen Denkens[27], die Einsicht in seine theologischen Wurzeln[28] und die Annäherung an die Vorstellung eines möglichen »Endes der Geschichte«.[29]

Löwiths Japan- bzw. Ostasien-Rezeption bzw. -Transformation in sein eigenes Denken hinein wäre so als eine implizite zu kennzeichnen, die ihm gewissermaßen *ex negativo* – nämlich als Nichtvorhandensein des (heils)geschichtlichen Denkens – ein fundamentales Strukturelement seiner Philosophie liefert. An entscheidenden Gelenkstellen seines Denkens, wie deutlich in Passagen aus seinem Buch *Weltgeschichte und Heilsgeschehen* erkennbar ist, verweist er nämlich auf östliche Modelle, um seine Thesen zu untermauern. So kritisiert er zum Beispiel den englischen Historiker Arnold Joseph Toynbee (1889–1975), der zwar mit seinem Hauptwerk *A Study of History* (entstanden zwischen 1934 und 1954) vordergründig eine Abkehr von einem eurozentrischen Geschichtsbild vornehme, indem er den außereuropäischen Kulturen breiten Raum gebe, aber doch eine letztendlich eschatologische Perspektive verfolge, wenn er zwar gleichsam asiatische Bilder von dem ewigen ›elementaren Rhythmus von Yin und Yang‹ oder der sich ›ständigen Drehung eines Rades‹ aufrufe, aber dann doch sagt, »daß die ständige Drehung eines Rades keine zwecklose Wiederholung« sei, sondern mit jeder Umdrehung das Fahrzeug »seinem Ziel näher«[30] bringe – und dieses ›Ziel‹ dann eben eine im übrigen christlich geprägte ›globale politische Einheit‹ sein soll.

Löwith stellt deutlich die Widersprüchlichkeit dieses letzten universalhistorischen Entwurfs heraus – wie die Widersprüchlichkeiten all dieser Entwürfe davor. Rückschreitend, von dem Baseler Kunsthistoriker Jacob Burckhardt (1818–1897) ausgehend –, der allerdings nicht geschichtsphilosophisch dachte und der deshalb Löwith so sympathisch war, dass er über ihn eigens eine Monografie schrieb – über Marx[31], Hegel[32], Comte, Voltaire, Vico, Joachim von Fiore und andere bis zurück zu Augustin kommt Löwith zu dem Befund, dass die moderne abendländische Geschichtsphilosophie nicht nur ein gewaltiges Missverständnis sei, »Ergebnis unserer Entfremdung«[33] von den antik-christlichen Quellen unserer Kultur[34], sondern gleichsam aporetisch strukturiert sei: Das westliche Geschichtsbewusstsein entstamme dem Christentum, insoweit es an Ziel, Zweck und Erfüllung der Geschichte glaube, sei aber letztlich unchristlich, »denn ihm fehlt der Glaube, daß Christus der Anfang eines Endes ist.«[35] Mit anderen Worten, das christliche *saeculum* wurde weltlich; die moderne Geschichte ist »christlich von Herkunft und antichristlich im Ergebnis.«[36] Und deshalb wäre zu fragen, mit diesen Worten beendet Löwith sein Buch: »Hat sich etwa der Glaube, nach dem Bilde eines Schöpfergottes geschaffen zu sein, die Hoffnung auf ein künftiges Reich Gottes und das christliche Gebot, allen Völkern zu ihrem Heil das Evangelium zu verkünden, in die weltliche Anmaßung verwandelt, daß wir die Welt nach dem Bilde des Menschen in eine bessere umformen und primitive Völker erlösen sollen?«[37]

Löwith destruiert allerdings nicht nur die abendländische Geschichtsphilosophie, sondern ebensosehr westliche Ideen wie Fortschritt[38] oder Emanzipation[39]. Woher bezieht er seine Energien für diese umfassende Destruktion abendländisch-westlicher Geschichtsphilosophie, ja abendländisch-westlicher Denkweisen überhaupt? In *Weltgeschichte und Heilsgeschehen* ist zuweilen vom griechischen Weltdenken die Rede, von der antiken Kosmologie, sodass Jürgen Habermas kritisch über Löwith sagen konnte, dass dieser »den anspruchsvollen Kulissenwechsel von der Moderne zur Antike inszenieren möchte«[40] bzw. einen »Horizont ewiger Wahrheiten« reproduziere.[41] Habermas sah aber nur diesen – sicherlich vorhandenen – Antikenbezug Löwiths, nicht aber seine Orientierung an fernöstlicher Philosophie, wie sie etwa darin deutlich wird, dass er den auf Descartes zurückgehenden Grunddualismus von zwei verschiedenen Seinsarten, *res cogitans* und *res extensa*, den er in der »uns geläufigen Unterscheidung von Natur und Geschichte«[42] (und eben von Naturwissenschaft und Geistesgeschichte) fortgesetzt sieht, kritisiert: »Das östliche Denken«, so Löwith, »kennt nicht den Gegensatz von Natur und Geschichte.«[43] Wie in einem chinesischen Roll- und Tuschbild der Shan Shui- (= Berg Wasser), d. h. der Landschafts-Malerei, erscheint hier der Mensch ununterschieden als Teil »dieser *einen* Welt«.[44] Damit ist Löwith kein rückwärtsgewandter Idealisierer der Antike, sondern Wegbereiter einer philosophischen Öffnung auf nicht-europäische Denkweisen, die ja gegenwärtig von äußerster Aktualität ist.[45]

Viel stärker als die – bereits genannte – Fixierung auf die Antike scheint mir aber Löwiths zeitweiliger ›Austritt‹ aus dem abendländischen Kontext der eigentliche Grund und Motor dieser Destruktion zu sein, ein Zusammenhang, den Löwith selbst ausspricht – und der doch von seinen Kritikern zumeist übersehen wird. Löwith schreibt: »Um die geschichtliche Relativität auch der absolut gesetzten Geschichte zu Gesicht zu bekommen und damit eine weitere Perspektive zu gewinnen für die Frage nach dem ›Sinn‹ der Weltgeschichte, ist es nötig und heilsam, sich einmal vom Europäischen zu entfremden, um sich selbst von woandersher in seiner begrenzten Eigenart zu erkennen. Die Erfahrung des Ostens bietet dazu eine Möglichkeit.«[46] Zwar statuiert diese Aussagen eine dichotomische Aufteilung der Welt in ein ›Wir‹ und ein ›die Östlichen‹ in sicherlich recht pauschalisierender Sichtweise. Dennoch möchte ich Löwiths produktive Transformation der ›östlichen Erfahrung‹ in die Einsicht, dass »geschichtliches Denken ein europäisch begrenztes ist«[47] äußerst positiv bewerten.

III Kulturwissenschaftliche Japan-Thematisierung: Kurt Singer

Zwischen Löwith und dem Schriftsteller, Kulturwissenschaftler und Nationalökonom Kurt Singer (1886–1962) gibt es zunächst einige Parallelen: Auch Singer wurde nach Japan berufen – allerdings schon 1931, um an der führenden Universität des Landes, der Kaiserlichen Universität Tokyo, eine Gastprofessur für Nationalökonomie wahrzunehmen. Gleich Löwith war Singer jüdischer Herkunft und konnte nicht nach Deutschland zurückkehren[48], als ihm dann die Universität Tokyo nach zwei Jahren seinen Arbeitsvertrag nicht, wie sonst üblich, verlängerte. Singer fand dann ab 1936, nach einer längeren China-Reise, eine Anstellung als Deutschlehrer an einer Oberschule in Sendai (dieser Posten lag natürlich weit unter seiner Qualifikation), in jener Stadt, in der auch Löwith lebte, aber beide hatten kaum Kontakt zueinander.[49] 1939 emigrierte Singer nach Australien, schrieb dort seine kulturwissenschaftliche Studie über Japan mit dem Titel *Mirror, Sword and Jewel*, welche erst 1973 posthum – Singer starb 1962 vereinsamt in Athen – in englischer Sprache veröffentlicht wurde (erst 1991 erschien dieses Buch in der Edition Suhrkamp in deutscher Sprache).

Wenn es so zwischen Löwiths und Singers Lebensumständen einige Parallelen gibt, so ist jedoch Singers Japan-Thematisierung vollkommen anders als diejenige Löwiths. Im Unterschied zu ihm hatte sich Singer schon *vor* seinem Japan-Aufenthalt bereits in Deutschland intensiv mit japanischer Kultur beschäftigt; er behauptet sogar, dass er sich seit seiner Kindheit zu Japan »seltsam hingezogen«[50] gefühlt habe. 1907 hatte er in der *Neuen Rundschau* unter der schönen, klassisch-japonistischen Überschrift »Der Blütenzweig in der Vase« einen Artikel über den westlichen Japan-Vermittler und Japan-Promotor schlechthin, Lafcadio Hearn (1850–1904), geschrieben. Singer ging mit einem ausdifferenzierten Begriff des »Japanischen« nach Japan, der wesentlich vom westlichen Japan-Diskurs der Jahrhundertwende bestimmt war, mit klischeehaften Elementen wie z. B. der Bevorzugung der Andersartigkeit und Gegensätzlichkeit Japans, seiner Einheitlichkeit und Ästhetik.[51] Andererseits ›implantierte‹[52] er bestimmte, aus anderen Quellen, vor allem aus seiner Anhängerschaft in Deutschland an den Stefan-George-Kreis stammende, Denkweisen in Japan.

Doch Singer konnte dieses imaginierte, vollkommen ›artifizielle‹ Japan im wirklichen Japan, zudem in der nach dem großen Erdbeben 1923 gerade vollkommen neu aufgebauten Hauptstadt Tokyo, keineswegs entdecken. Er beklagte dementsprechend, dass es ihm größte Schwierigkeiten bereite, in Japan »etwas Japanisches zu finden«.[53] Daraufhin begann er Japan in semiotisch-kulturwissenschaftlicher Weise als ein »Palimpsest zu lesen« (wie dies sein Herausgeber Wolfgang Wilhelm genannt hat)[54], um hinter der Fassade und ›Kruste‹ der Modernität die seiner Meinung nach ursprünglichen »Strukturen des japanischen Lebens« – so der Untertitel seines erwähnten Japan-Buches – zu entschlüsseln.

Doch so schön diese Metapher vom Palimpsest für das Lesen von Kulturen sein mag – vielleicht ist sie ja hier falsch, vielleicht gibt es in Japan gar keine ›Schrift hinter der Schrift‹ zu lesen? Resultat dieser palimpsestischen Lektüre – soll man sagen Fehl-Lektüre? – ist jedenfalls Singers Japan-Buch *Spiegel, Schwert und Edelstein*[55], welches für mich neben Roland Barthes Buch *L'empire des signes/Das Reich der Zeichen* (1970) zu den faszinierendsten und verführerischsten westlichen Japan-Büchern – oder besser Japan-Fiktionen – gehört.

Dieses Fehl-Lesen Japans bzw. den Vorgang der Implantierung westlicher Ideen in Japan möchte ich nur an einem Beispiel zeigen, nämlich an Singers Idee der »Gestaltung« Japans.[56] Er geht von einer einheitlichen Kulturphysiognomie aus, dem alles, was er in Japan vorfindet, entsprechen soll: »Die Gebärden der Männer und Frauen, die Formen der Gefäße, die Kadenz der Sätze, die Etikette eines Gastmahls, das Benehmen einer Schulklasse tragen nicht weniger als die Gedichte, Bauten, Bilder, Gärten, Blumenvasen solche Zeichen aufgeprägt, die diesem Land und nur ihm eigen sind und zwischen denen ein Sinnzusammenhang waltet, der sie zu strenger Bildungseinheit zusammenschließt.«[57] Nun, man vermutet es – diese ›strenge Bildungseinheit‹ – das ist natürlich ›Gestaltung‹ – und zwar eine ›Gestaltung‹, die nicht künstlich, von außen aufgezwungen, sondern organisch sei; Goethes *Urworte orphisch* werden bemüht: »Geprägte Form, die lebend sich entwickelt.«[58] Gleich der Urpflanze sei diese ›Gestaltung‹ als ›Muster eines Musters‹ anzusehen.[59]

IV Literarische Japan-Thematisierung: Kurt Bauchwitz

Die dritte Weise der Japan-Thematisierung, die literarische, ist schließlich in einigen Gedichten des Juristen, Essayisten und Lyrikers Kurt Bauchwitz (1890–1974) alias Roy C. Bates, wie er sich später in Amerika nannte, zu finden. Sein literarisches Werk des Exils wurde erst vor kurzem durch eine Publikation neu entdeckt.[60] Bauchwitz, der ebenfalls jüdischer Herkunft war, emigrierte 1939 mit seiner Familie von Deutschland nach Japan, von wo aus er in die USA weiterreisen wollte, was aber erst nach einer fast anderthalbjährigen Wartezeit in Japan möglich war. Diese Zeit nutzte er, um das Land kennenzulernen und sich besonders mit japanischen Gedichten, vor allem Haikus, vertraut zu machen. Diese Besonderheit seiner exilbedingten Lage, zwischen drei Sprachen zu stehen, sich also in einem wirklich hybriden Sprach-Raum zu befinden – dem Deutschen, seiner Muttersprache, die er aber ablegen möchte, dem Englischen, der Sprache des Landes seiner Zukunft, in welches er überwechseln möchte, und schließlich dem Japanischen, welches die unbekannte, ihn zugleich faszinierende Sprache seiner ersten Exilstation ist –, entbindet komplexe Gedichte, die gängige Denkweisen und Begrifflichkeiten durchbrechen und die die inter- bzw. transkulturelle Verfasstheit seiner Lebenssituation auf den Punkt bringen. Sie sind deshalb herausragende Zeugnisse für eine produktive, literarische Japan-Rezeption.

Dafür einige Beispiele: Die ›Babelisierung‹ seiner sprachlichen Situation, den Sprachverlust, aber auch einen gleichsam ›transgressiven‹ Sprachenwechsel ironisiert Bauchwitz in dem Gedicht *Gute Erziehung*:

> Ich begrüße mit
> Ohayo gozaimasu! den chief officer.
> Hätte auch good morning! sagen können,
> Mein Englisch ist beinah
> So schlecht wie mein Nippongo,
> Und er versteht mich weder
> Noch.
> —
> *Dō shite dame deshō ka? (Ist das unmöglich zu tun?)*
> 25.IV., seit heute,
> In this year of grace '39,
> Tauschen wir Sprache.
> Der chief officer verlernt Japanisch
> Und ich Deutsch.[61]

Deutlich weist die Verwendung der englisch- und japanischsprachigen Wörter und Ausdrücke in einem – noch! – mehrheitlich deutschsprachigen Gedicht auf das Flüssigwerden der Sprachen hin. Mimetisch gleichsam, durch bloßes – und nicht ›verstehendes‹ – Nachsprechen bzw. Nachschreiben versucht Bauchwitz sich hier dem Japanischen anzunähern, wobei die paradoxe (sicherlich ironisch aufzufassende) Pointe des Gedichtes im ›Verlernen‹ der jeweiligen Muttersprachen (beim japanischen *chief officer* und ihm) besteht, was dann, allerdings unausgesprochen, die Möglichkeit eines vielleicht gemeinsamen Lernens einer ›dritten‹ Sprache, des Englischen, eröffnen könnte.

So, wie die Sprachen ins Trudeln geraten, so auch bislang verläßliche Koordinaten wie ›Heimat‹ und ›Fremde‹/›Exotik‹[62]: Die deutsche Lieder singende Japanerin in Kobe wird zur ›engsten Landsmännin‹[63]; ›Fremdheit‹ hingegen manifestiert, konkretisiert sich – in ihm selbst, ist er selbst doch am exotischen Ort:

Wo der Pfeffer wächst,
Im Paradiese,
Bin ich.[64]

Wie aber die Redewendung »wo der Pfeffer wächst« zeigt, die gemeinhin als Zielangabe für lästige Menschen verwendet wird, hat das ›Paradies‹ durchaus auch seine Schattenseiten, wie dies dann in Bauchwitz' späteren Gedichten (vor allem den beiden Zyklen *Tokyo Gedichte* und *Der Zitronenbaum*) deutlich wird, in denen negative Stimmungen wie Langeweile, Schicksalsergebenheit, Trauer, ja Resignation überwiegen. Hier ist es dann die östliche Philosophie und Religion, vor allem der Zen-Buddhismus, den Bauchwitz rezipiert und zur Bewältigung dieser schwierigen Zeit des Heimatverlustes und der Isolation aufbietet. Wenn er immer wieder nach dem ›Sinn‹ seines Lebensweges und seines Leidens fragt[65], so verflüchtigt sich aber allmählich diese Kategorie des ›Sinns‹ immer mehr durch die Einbeziehung von zenbuddhistischen Zentralvorstellungen wie ›Entzug‹, ›Leere‹ und ›Nichts‹.[66]

Diese Annäherung an östliche Denkweisen kulminiert in der Übernahme von japanischen Gedichtformen (Haiku und Tanka), die Bauchwitz die Möglichkeit geben, seiner prekären Lebenssituation des Exils auf künstlerisch gelungene Weise – und damit bleibend – Ausdruck zu verleihen: Als Beispiel dafür – und zugleich als Beispiel für einen meiner Meinung nach äußerst gelungenen, wenn auch sehr kurzen (Haikus sind nun einmal kurz) hybriden ›Kultur-Text des Exils‹ – möchte ich ein Haiku von Bauchwitz zitieren, eine Impression anläßlich eines Steingartens, den man in japanischen Zen-Tempeln, wie dem berühmten Ryōan-ji in Kyōto, finden kann:

Sand, wellig gefegt,
Steine, blumenlos Garten.
Leere lehrt Fülle.[67]

V Schluss

Ich will am Ende versuchen, die drei vorgestellten Japan-Exilanten mit meiner Ausgangsfrage nach den ›positiven Aspekten des Exils‹ zusammenzubringen, die sich durch die Transposition in die fremde japanische Welt ergaben; vielleicht könnte man diese Transposition auch als eine Art ›Selbst-Übersetzung‹ begreifen.

In geradezu klassisch-hermeneutischer Weise setzt Karl Löwith in eine ihm fremde Kultur über und kehrt, angereichert um die ›Erfahrung des Ostens‹, zurück, nicht ohne diese Erfahrung in eine radikale Destruktion der eigenen Kultur und Geschichte transformiert zu haben, die er so, in dieser Radikalität, wohl niemals hätte leisten können, wenn er diese Erfahrung nicht gehabt hätte.

Kurt Singer hingegen übersetzt sich die japanische Welt in die ihm vertrauten westlichen Denksysteme und Sprachen, teils in die klischeehaften des westlichen Japan-Diskurses, teils in die poetisch-heroische Sprache der Lyrik Georges und des George-Kreises. Resultat dieser Übersetzung ist nun keine Destruktion des eigenen Standpunktes, sondern die Transformation des Japanischen zu einem, wenn man so will, ganz eigenen poetischen Text, nämlich seinem Japan-Buch.[68]

Transgressiv, die eigene Sprache und vertraute Verstehenskoordinaten überschreitend setzt Kurt Bauchwitz Sprachen und Gedichtformen übereinander, hybridisiert sie – übrigens als Einziger von den drei hier Genannten – und bereitet so nicht zuletzt auch seine Selbst-Transformation in einen (weitgehend) anderen Menschen, nämlich in den Amerikaner Roy C. Bates, vor, eine Übersetzungsleistung in eine andere Identität hinein, die gewiss nicht leicht ist, dennoch aber von vielen Exilanten geleistet wurde.

Diese drei Modelle zeigen gerade in ihrer Unterschiedlichkeit das enorme kreative Potenzial des Exils, jenes Zwischen-Bereiches also, zwischen Orten, Zeiten, Kulturen, Sprachen; ein Potenzial, zu welchem aber nur diejenigen Zugang haben, die die Grenzen ihrer Kultur zu überschreiten bereit sind. Dass gerade Exilanten, wie die hier vorgestellten, die zu dieser Grenzüberschreitung gezwungen waren, diesen Zwischenraum kreativ nutzen konnten, mag ein tröstliches Moment am Elend des Exils sein.

1 Dort heißt es: »In der Regel bedeutet Exil Not in vielfacher Weise: materiell, physisch, psychisch, geistig. Es bedeutet Kampf um das tägliche Überleben, Einsamkeit, Krankheit, Hoffnungslosigkeit, Ausweglosigkeit bis hin zu Suizid. Ist es da denkbar, im ›Exil‹ auch positive Seiten zu sehen? (...) Es ist also zu fragen, was sich bei aller Not an Eindrücken, Erfahrungsgewinn, Wirkungsmöglichkeit abzeichnete und erkennen lässt. (...) Was bedeuten die sehr unterschiedlichen Exilländer und deren Kulturen? (...) Was an Neuem wird aufgenommen, verarbeitet und schöpferisch umgesetzt, im Exil oder auch erst später?« Manfred Briegel: »Vorschlag für ein Kolloquium: positive Aspekte des Exils«. In: *Neuer Nachrichtenbrief der Gesellschaft für Exilforschung e.V.* Jg. 30 (2007), S. 4 f., hier S. 5. — **2** Hier seien nur zwei grundlegende Titel zur »Hybridität« genannt: Homi K. Bhabha: *Die Verortung der Kultur.* Tübingen 2000 (Engl.: *The Location of Culture.* London 1994) und Elisabeth Bronfen, Benjamin Marius, Therese Steffen (Hg.): *Hybride Kulturen. Beiträge zur anglo-amerikanischen Multikulturalismusdebatte.* Tübingen 1997. — **3** Elisabeth Bronfen: »Exil in der Literatur: Zwischen Metapher und Realität«. In: *Arcadia* Jg. 28 (1993), S. 167–183, hier S. 171. — **4** Andere Namen wären z. B.: Dante, Heine, Victor Hugo, Brecht, Thomas Mann, Beckett – oder man könnte auch an das Exil in der chinesischen Kultur denken (um vom Eurozentrischen wegzukommen), z. B. an die Verbannung des in der Tang-Zeit (618–907) lebenden Dichters Du (oder Tu) Fu (712–780) in die chinesische Provinz. — **5** Dabei orientiere ich mich an dieser Definition: »Ein solcher Kultur-Text wäre als ein Bedeutungsgewebe aufzufassen, das durch Sprache, Handeln, Symbolbildungen und Artefakte, namentlich aber durch einander stützende wie einander widerstreitende Codes, durch Rede-, Schreib- und Bildordnungen, allererst gesellschaftliche Wirklichkeit erzeugt: als miteinander wirksame Besetzungen, Wahrnehmungs-, Empfindungs-, Denk- und Verhaltensstile einer Gemeinschaft.« Gerhard Neumann, Sigrid Weigel: »Einleitung«. In: Dies. (Hg.): *Lesbarkeit der Kultur. Literaturwissenschaft zwischen Kulturtechnik und Ethnographie.* München 2000, S. 9–16; hier S. 11. Kultur-Texte des Exils erzeugen die gesellschaftliche Wirklichkeit des ›Exil-Japans‹ bzw. die – wie immer lose verknüpfte – Gemeinschaft der Exilanten. — **6** Vgl. dazu: Patrik von zur Mühlen: »Ostasien«. In: Claus-Dieter Krohn, Patrik von zur Mühlen, Gerhard Paul, Lutz Winckler (Hg.): *Handbuch der deutschsprachigen Emigration 1933–1945.* Darmstadt 1998, Sp. 336–349, und Thomas Pekar: »Jüdisches Exil in Ostasien, vor allem in Japan (1933–1945)«. In: Johannes F. Evelein (Hg.): *Exiles Traveling.* Amsterdam – New York 2009, S. 51–72. — **7** Löwith selbst spricht von seiner Zeit in Rom als »freiherrlichem Exil«. Karl Löwith: *Von Rom nach Sendai. Von Japan nach Amerika. Reisetagebuch 1936 und 1941.* Hg. von Klaus Stichweh, Ulrich von Bülow. Mit einem Essay von Adolf Muschg. Marbach 2001, S. 7. — **8** Aus seiner Marburger Zeit war Löwith mit dem japanischen Heidegger-Schüler und späteren Philosophieprofessor in Kyōto, Kuki Shūzō (1888–1941), bekannt, der ihm die Professur an der Tōhoku-Universität verschaffte. Löwith fuhr daraufhin im Herbst 1936 von Rom über Neapel mit dem Schiff nach Japan. 1941 musste er aufgrund von Interventionen deutscher Nazis in Tokio (hier tat sich der Japanologe Walter Donat (1898–1970) als selbsternannter nationalsozialistischer ›Kulturwart‹ unrühmlich hervor) Japan verlassen. Zu den biografischen Japan-Bezügen Löwiths und zur Rezeption seiner Texte in Japan vgl. Wolfgang Schwentker: »Karl Löwith und Japan«. In: *Archiv für Kulturgeschichte* Jg. 76 (1994) H. 2, S. 415–449. — **9** Vgl. Karl Löwith: *Mein Leben in Deutschland vor und nach 1933. Ein Bericht.* Stuttgart 1986, S. 1. — **10** Als zweites Fach studierte er Biologie. — **11** Wolin kennzeichnet diese Schüler (und die Schülerin) als »non-Jewish Jews who thought of themselves as proverbial ›Germans of Jewish origin‹.« Richard Wolin: *Heidegger's Children. Hannah Arendt, Karl Löwith, Hans Jonas, and Herbert Marcuse.* Princeton – Oxford 2001, S. 5. — **12** So schreibt Löwith über Heideggers berüchtigte Rektoratsrede von 1933: »Der ›Arbeits- und Wehrdienst‹ wird eins mit dem ›Wissensdienst‹, so daß man am Ende des Vortrags nicht weiß, ob man Diels' *Vorsokratiker* in die Hand nehmen soll oder mit der S.A. marschieren.« Löwith: *Mein Leben in Deutschland vor und nach 1933* (s. Anm. 9), S. 33. Löwith erklärt Heideggers Parteinahme für den Nationalsozialismus »aus dem Prinzip seiner Philosophie selbst.« Ebd., S. 40. In Rom 1936, wo Löwith noch einmal mit Heidegger zusammentraf, der dort im italienisch-deutschen Kulturinstitut einen Vortrag hielt, habe Heidegger im Übrigen, so Löwith, ihm »ohne Vorbehalt« zugestimmt, als er ihm gesagt habe, »daß seine Parteinahme für den Nationalsozialismus im Wesen seiner Philosophie läge«. Ebd., S. 57. — **13** Karl Löwith: »Von Hegel zu Nietzsche – Der revolutionäre Bruch im Denken des 19. Jahrhunderts«. In: Ders.: *Sämtliche Schriften.* Bd. 4. Stuttgart 1988, S. 1–490. — **14** Karl Löwith: »Weltgeschichte und Heilsgeschehen. Die theologischen Voraussetzungen der Geschichtsphilosophie«. In: Ders.: *Sämtliche Schriften.* Bd. 2. Stuttgart 1983, S. 7–239. — **15** Wie im Vorwort zu Löwiths »Von Hegel zu Nietzsche« (s. Anm: 13) ersichtlich, hatte Löwith dieses Buch im Frühjahr 1939 in Sendai (Japan) abgeschlossen; er nennt dieses Buch auch an anderer Stelle sein in Japan ausgearbeitetes. Vgl. Löwith: *Mein Leben in Deutschland vor und nach 1933* (s. Anm. 9), S. 106. — **16** »In Japan erwartet niemand von einem Ausländer, daß er sich anpassen und also veröstlichen sollte. Man will von ihm europäische Geistesart lernen, und ich konnte in meiner Sprache unterrichten.« Karl Löwith: »Curriculum vitae«. In: Ders.: *Mein Leben in Deutschland vor und nach 1933* (s. Anm. 9), S. 146–157, hier S. 152. — **17** Ebd., S. 152; vgl. dazu auch Löwiths etwas skurril anmutende Schilderungen seiner Begrüßungsrede und Antrittsvorlesung in Sendai in seinem Reisetagebuch: Löwith: *Von Rom nach Sendai* (s. Anm. 7) S. 92 f. — **18** Was man allerdings oft bei japanischen Professoren als eine für ihre Studenten anscheinend notwendige ›Initiation‹ in ›europäische Geistesart‹ durchaus schätzte oder bis heute immer noch schätzt. — **19** So heißt es z. B. bei Löwith, wenn er über japanische Religionen schreibt: »Ich habe angesichts der volkstümlichen Konsekration aller natürlichen und alltäglichen Dinge (...) zum ersten Mal auch etwas von dem religiösen Heidentum und der politischen Religion der Griechen und Römer verstanden.« Löwith: »Curriculum vitae« (s. Anm. 16), S. 151. Japan als eine Art gegenwärtigen Wiedergänger der Antike anzusehen, war im Übrigen eine verbreitete Denkfigur. Ja, Löwith ging sogar so weit, dass ihm Japan nur ein Mittel war, die europäische Antike besser verstehen zu können. So schrieb er anläßlich seiner Abreise von Italien nach Japan emphatisch über Rom, dass ihm dort »Antike und Christentum« beständig vor Augen ständen – und fügt dann bedauernd und sich doch tröstend hinzu: »Aber nun soll alles anders werden – im ›fernen Osten‹, dessen Ferne einem ›Europa‹ vielleicht erst wieder nahebringt.« Löwith: *Von Rom nach Sendai* (s. Anm. 7), S. 8. — **20** Noch negativer heißt es an dieser Stelle weiter: »Nicht die geringste Lust, (...) mit irgend einem der Japaner zu reden – sie können ja alle nicht *reden* – offen, unmittelbar, selbst.« Ebd., S. 101. — **21** Karl Löwith: »The Japanese Mind. A Picture of the Mentality that We Must Understand if We are to Conquer«. In: Ders.: *Weltgeschichte und Heilsgeschehen* (s. Anm. 14), S. 556–570. Also *Porträt der Mentalität, die wir verstehen müssen, wenn wir siegreich sein wollen* (die erste deutsche Übersetzung dieses Aufsatzes erschien erst 2006: Karl Löwith: »Der japanische Geist«. In: *Sinn und Form. Beiträge zur Literatur* Jg. 58 (2006), S. 185–199). — **22** Diese Ablehnung trägt zuweilen recht irrationale Züge: So befindet sich Löwith z. B. einmal in dem der Akropolis angeschlossenen Museum und meint: »Einige Japaner, welche hindurchgingen und sich gegenseitig photographierten, wirkten in dieser Umgebung wie ein physischer Mißton.« Löwith: *Mein Leben in Deutschland vor und nach 1933* (s. Anm. 9), S. 107. Allerdings hebt Löwith durchaus dann »die ausgesuchte Höflichkeit und Zuvorkommenheit« der Japaner bei seiner Ankunft in Sendai hervor. Ebd., S. 111. — **23** Die Forschung hat bislang diesen Japan- bzw. Asienbezug von grundlegenden philosophischen Theoremen Löwiths entweder gar nicht oder nur beiläufig zur Kenntnis genommen; so schreibt z. B. Wolin sehr pauschal, dass bei Löwith eine »amalgamation of European and far-Eastern sensibilities« zu finden sei. Wolin: *Heidegger's Children* (s. Anm. 11), S. 76. — **24** Eine Frage, zu deren Beantwortung, neben den oben genannten Äußerungen und dem genannten Aufsatz Löwiths »The Japanese Mind« (s. Anm. 21), vor allem auf folgende Texte eingegangen werden muss: Karl Löwith: »Der europäische Nihilismus. Betrachtungen zur geistigen Vorgeschichte des europäischen Krieges«. In: Ders.: *Weltgeschichte und Heilsgeschehen* (s. Anm. 14), S. 473–540. Diesen Aufsatz, den Löwith für eine japanische Zeitschrift schrieb, erschien dort in japanischer Übersetzung; besonders Löwiths »Nachwort an den japanischen Leser« (Ebd., S. 532–540) ist für sein Japanbild aufschlussreich: »Japan's Westernization and Moral Foundation«. In: Ebd., S. 541–555 und »Bemerkungen zum Unterschied von Orient und Okzident«. In: Ebd., S. 571–601. — **25** Angeregt sein mag diese Idee des ›Abbaus‹ von Heidegger. Vgl. dazu u. a. auch Löwith: *Mein Leben in Deutschland vor und nach 1933* (s. Anm. 9), S. 28; dass der ›Abbau‹ dann allerdings in dieser Radikalität auf das geschichtsphilosophische Denken ausgedehnt wird, geht über Heidegger hinaus. — **26** Löwith: *Weltgeschichte und Heilsgeschehen.* (s. Anm. 14), S. 240–279, hier S. 245. — **27** Löwith spricht auch von »unserer maßlosen Überschätzung der Geschichte.« Karl Löwith: »Die Dynamik der Geschichte und der Historismus«. In: Ders.: *Weltgeschichte und Heilsgeschehen* (s. Anm. 14), S. 297–329, hier S. 319; oder von der ›maßlosen Ausweitung und Aufspreitzung des modernen, geschichtlichen Denkens‹. Karl Löwith: »Mensch und Geschichte«. In: Ebd., S. 346–376, hier S. 355. — **28** So sagt Löwith, dass »alle Philosophie der Geschichte ganz und gar abhängig von der Theologie [sei], d. h. von der theologischen Ausdeutung der Geschichte als eines Heilgeschehens.« Löwith: »Weltgeschichte und Heilsgeschehen« (s. Anm. 14), S. 11. — **29** Vgl. hierzu u. a.: Lutz Niethammer: *Posthistoire. Ist die Geschichte zu Ende?* Reinbek bei Hamburg 1989; Perry Anderson: *Zum Ende der Geschichte.* Berlin 1993; Reinhard Mehring: »Karl Löwith, Carl Schmitt, Jacob Taubes und das ›Ende der Geschichte‹«. In: *Zeitschrift für Religions- und Geistesgeschichte* Jg. 48 (1996) Nr. 3, S. 231–248. In positiver Hinsicht bedeutet die Verabschiedung des geschichtsphilosophischen Denkens die Entdeckung des (durchaus auch im Musil'schen Sinne aufzufassenden) ›Möglichkeitssinns‹ bei Löwith, wenn er u. a. schreibt: »Der Gedanke, daß alles auch hätte anders kommen können, ist nicht hinweg zu denken.« Löwith: »Curriculum vitae« (s. Anm. 16), S. 154. Vgl. auch

Löwiths Bemerkungen zur »Erfahrung der Kontingenz des menschlichen Dasein«. Karl Löwith: »Natur und Geschichte«. In: Ders.: *Weltgeschichte und Heilsgeschehen.* (s. Anm. 14), S. 280–295, hier S. 289. — **30** Löwith: »Weltgeschichte und Heilsgeschehen« (s. Anm. 14), S. 27. — **31** Zu Marx schreibt Löwith: »Diese Philosophie des Proletariats als eines auserwählten Volkes wird im *Kommunistischen Manifest* entwickelt, einem Dokument, das im Einzelnen seines Inhalts wissenschaftlich bedeutsam, im Ganzen seiner Konstruktion eine eschatologische Botschaft und in seiner kritischen Haltung prophetisch ist.« Ebd., S. 47. Oder: »Der ganze Geschichtsprozeß, wie er im *Kommunistischen Manifest* dargestellt wird, spiegelt das allgemeine Schema der jüdisch-christlichen Interpretation als Geschichte als eines providentiellen Heilsgeschehens auf ein sinnvolles Endziel hin.« Ebd., S. 54. — **32** Wenn Hegel vom ›Endzweck‹ der Geschichte spricht, so halte er dies für einen ›abendländischen‹ Gedanken; Löwith kritisiert dies aber: »Diese abendländische Geschichtsauffassung, die eine nichtumkehrbare Ausrichtung auf ein künftiges Ziel zur Voraussetzung hat, ist aber nicht nur ›abendländisch‹. Es ist eine spezifisch biblische Vorstellung, daß die Geschichte auf einen Endzweck hin gerichtet und von der Vorsehung eines göttlichen Willens gelenkt ist (...).« Ebd., S. 64. — **33** Ebd., S. 207. — **34** Die Antike, das klassische Altertum, »sah die Geschichte der Natur des Menschen und dem Kosmos verbunden«, war also nicht ziel- und fortschrittsorientiert, sondern glaubte an ewige Gesetze. »Nach dem Neuen Testament ist das Auftreten Christi keine besondere (...) Tatsache innerhalb der Kontinuität der Weltgeschichte, sondern das einzigartige Ereignis, das den ganzen Verlauf der Geschichte und den Gang der Natur ein für allemal in Frage stellt, indem es in ihren natürlichen Ablauf, die Verkettung von Sünde und Tod, hereinbricht.« Ebd., S. 207. »Für die ersten Christen war die Geschichte dieser Welt an ihrem Ende angelangt; Christus wurde von ihnen nicht als weltgeschichtliches Glied in der Kette historischer Begebenheiten, sondern als der einmalige Erlöser angesehen. Mit dem Auftreten Jesu Christi beginnt nicht eine neue Epoche der Weltgeschichte, die man ›christlich‹ nennen könnte, sondern der Anfang eines Endes der Geschichte. Die Zeit nach Christus ist nur insofern christlich, als sie Endzeit ist.« Ebd., S. 211. — **35** Ebd., S. 211. — **36** Ebd., S. 217. — **37** Ebd., S. 218. — **38** »Es gäbe weder eine amerikanische und französische, noch eine russische Revolution ohne die Idee des Fortschritts, und es gäbe keine Idee des weltlichen Fortschreitens zu einer Erfüllung ohne den ursprünglichen Glauben an ein Reich Gottes (...).« Ebd., S. 227 f. — **39** Löwith endet mit Nietzsches Gedanken von der ewigen Wiederkehr – allerdings sei Nietzsche »so durch und durch christlich und modern, daß ihn nur *eine* Frage beschäftigte: der Gedanke an die *Zukunft* und der *Wille*, sie zu schaffen«. Ebd., S. 237. — **40** Jürgen Habermas: »Karl Löwith. Stoischer Rückzug vom historischen Bewußtsein«. In: Ders.: *Philosophisch-politische Profile.* 3. erw. Aufl. Frankfurt/M. 1981, S. 195. — **41** Ebd., S. 201. — **42** Löwith: »Weltgeschichte und Heilsgeschehen« (s. Anm. 14), S. 240. — **43** Ebd., S. 243; vgl. auch: »Weder die klassische Antike noch der Orient haben diese uns so ausschließlich bewegende Frage nach dem Sinn oder Wozu der Weltgeschichte gestellt. Das östliche Denken kennt nicht den uns geläufigen Gegensatz von Natur und Geschichte (...).« Ebd., S. 285. — **44** Ebd., S. 244; vgl. auch: »Das Wesen der Welt ist in jedem Augenblick vollständig.« Ebd., S. 243; der Vergleich mit der chinesischen Malerei stammt allerdings nicht von Löwith, sondern von mir. — **45** Solche Fragen werden von der ›interkulturellen Philosphie‹ aufgenommen. Besonders in Löwiths Aufsatz *Weltgeschichte und Heilsgeschehen* (1950), der erstmalig in der Festschrift für Martin Heidegger zum 60. Geburtstag 1950 erschien (s. Anm. 14), stellt Löwith die ostasiatische Philosophie, besonders den von dem japanischen Philosophen Nishida Kitarō (1870–1945) geprägten Begriff des Nichts, in den Mittelpunkt seiner Überlegungen; weiter bezieht er sich hier auf Laotse, auf Suzuki Daisetsu (1870–1966), den berühmten Autor von Büchern über den Zen-Buddhismus, von ihm übernimmt Löwith insbesondere die zenbuddhistische Geschichte vom Kuhhirten; vgl. ebd., S. 246 f., und Eugen Herrigel (1884–1955), der mit seinem Buch *Zen in der Kunst des Bogenschießens* (1948) ebenfalls wie Suzuki die Zen-Philosophie im Westen popularisierte. Es ist eine interessante, an dieser Stelle aber nicht zu beantwortende Frage, warum sich Löwith ausgerechnet in dieser seinem Lehrer Heidegger gewidmeten Schrift so sehr auf die ostasiatische Philosophie bezieht. An anderer Stelle kritisiert Löwith an Heidegger einmal, dass dessen

Begriff des ›Seinsgeschicks‹ »sich auf die frühe und späte Geschichte des Abendlandes« beschränke, »als habe das universale Sein für den Okzident eine Vorliebe.« Löwith: »Mensch und Geschichte« (s. Anm. 27), S. 373; vgl. ähnlich auch Karl Löwith: »Vom Sinn der Geschichte«. In: Ders.: *Weltgeschichte und Heilsgeschehen.* (s. Anm. 14), S. 377–391, hier S. 391. — **46** Löwith: »Weltgeschichte und Heilsgeschehen« (s. Anm. 14), S. 241 f.; in sehr typisch westlicher Weise nimmt Löwith dann allerdings Topos von ›Japan als verkehrter Welt‹ auf. Diese ›Erfahrung des Ostens‹ heißt für den Philosophen die Begegnung mit einer Welt, »die (...) es vermieden [hat], Welt und Geschichte zusammenzudenken. Es fehlt dem östlichen Menschen das Pathos eines ›epochalen Bewußtseins‹ (...)«. Ebd., S. 245. — **47** Ebd., S. 247. — **48** 1933 wurde ihm von der Universität Hamburg, wo er sich habilitiert hatte, in Abwesenheit die Lehrbefugnis entzogen. — **49** Löwith hatte von Singer, der dem George-Kreis nahestand (diesen Kreis hielt Löwith im Übrigen für ›einen geistigen Wegbereiter der nationalsozialistischen Ideologie‹; vgl. Löwith: *Mein Leben in Deutschland vor und nach 1933* (s. Anm. 9), S. 19), eine schlechte Meinung, ja nennt ihn schlichtweg einen in politischer Hinsicht ›Faschisten‹ – und schreibt weiter über ihn: »Als Hitler, dessen Machtübernahme er [Singer, T. P.] nur aus der Ferne in Japan erlebt hatte, Österreich und das Sudetenland annektierte, sprach er zu mir mit strahlenden Augen und in der Haltung einer komisch wirkenden Strammheit vom werdenden ›Reich‹ (...). An sein Judentum ließ er sich nur ungern erinnern (...). Und es war nur ein dummer Zufall, daß nicht er, sondern ein eifriger Nazi und Antisemit über den ›Mythos‹ und das ›Heldische‹ in Japan Vorträge hielt.« Ebd., S. 22. — **50** Kurt Singer: *Spiegel, Schwert und Edelstein. Strukturen des japanischen Lebens.* Frankfurt/M. 1991, S. 31. Er schreibt rückblickend über seine Motivation nach Japan zu gehen: »Seit der Zeit meines geistigen Erwachens hatte mich dies Inselreich des fernsten Ostens magnetisch angezogen: das Land strengster Form in Kunst und Alltag, der Ritter und Mönche, die Dichter und Meister der Teezeremonie waren, der blumenhaften Frauen, die von anmutig-kühnem Linienspiel umschrieben, vom Sinn des Opfers wußten; ein Reich ehrfürchtig und treu bewahrter Sitte (...).« Kurt Singer zitiert nach Wolfgang Wilhelm: »Drei bedeutende Denker in Sendai: Herrigel, Löwith, Singer. Ein Kapitel internationaler Wissenschaftsgeschichte«. In: *Jahresmitteilungen der japanisch-deutschen Gesellschaft Sendai* (1988) H. 3, S. 42–58, hier S. 42. — **51** Zu diesen Topoi westlicher Japan-Wahrnehmung vgl. Thomas Pekar: *Der Japan-Diskurs im westlichen Kulturkontext (1860–1920). Reiseberichte – Literatur – Kunst.* München 2003, S. 141–226. — **52** Vgl. Tilman Allert: »Das gebrochene Pathos der Auserwähltheit. Zwischen Stefan George und Georg Simmel: Eine intellektuelle Biographie Kurt Singers«. In: Achim Eschbach, Viktoria Eschbach-Szabo, Nobuo Ikeda (Hg.): *Interkulturelle Singer-Studien. Zu Leben und Werk Kurt Singers.* München 2002, S. 9–42, hier S. 20; vgl. in diesem Band auch den aufschlußreichen Aufsatz über Singers Zeit vor dem Exil in Hamburg: Claus-Dieter Krohn: »Ökonom wider Willen. Kurt Singers frühe intellektuelle Biographie«. In: Ebd., S. 43–59. — **53** Kurt Singer: »Bericht über die japanischen Jahre«. In: *Robert Boehringer. Eine Freundesgabe.* Tübingen 1957, S. 591–603, hier S. 593. — **54** Wolfgang Wilhelm: »Zur Einführung: Kurt Singer und Japan«. In: Kurt Singer: *Spiegel, Schwert und Edelstein* (s. Anm. 50), S. 7–27, hier S. 15. — **55** Dieses Buch schrieb Singer in Australien. Es basiert auf seinen Erfahrungen in Japan in den Jahren 1931 bis 1939. In den 1950er Jahren bot Singer dieses Buch vergeblich Verlagen in Deutschland an. Es erschien dann erstmalig 1973 auf Englisch und wurde später ins Deutsch rückübersetzt und 1991 veröffentlicht. Singers ursprüngliches deutschsprachiges Manuskript ging verloren. — **56** Ich verzichte hier auf eine Auseinanderlegung der George'schen Quellen dieses Begriffs, sondern nehme es als gegeben an, dass dieser Begriff der ›Gestaltung‹ im emphatischen Sinn bei George zu finden ist; vgl. dazu z. B.: Victor August Schmitz: *Stefan George und Rainer Maria Rilke: Gestaltung und Verinnerlichung.* Bern 1978. — **57** Singer: *Spiegel, Schwert und Edelstein* (s. Anm. 50), S. 235. — **58** Ebd., S. 236. — **59** Dies nennt Singer »das Dasein einer solchen Struktur, oder genauer: *Gestaltung* (...)«. Ebd., S. 237. — **60** Vgl. Kurt Bauchwitz: *Heim-Findungen. Lebensbuch eines Emigranten.* Hg. u. mit einer Einführung von Johannes Evelein. Bonn 2006; zu Bauchwitz gibt es kaum Forschungsliteratur; vgl. jedoch: Thomas S. Hansen »Kurt Bauchwitz (Roy C. Bates)«. In: John M. Spalek, Joseph Strelka (Hg.): *Deutschsprachige Exilliteratur* *seit 1933*. Bd. 2: New York. Teil 1. Bern 1989, S. 38–50. — **61** Ebd., S. 58. — **62** Diese spätere englischsprachige Aufzeichnung Bauchwitz' läßt sich als Quintessenz zu dieser (ja doch nur angenommenen) Dichotomie von ›fremd‹ und ›eigen‹ lesen: »My one and a half years in Japan, after traveling in India and China, have convinced me that the mysterious East is as mysterious as the mysterious West.« Ebd., S. 188. — **63** Vgl. ebd., S. 59. — **64** Ebd., S. 60. — **65** Beispielhaft in den beiden Gedichten »Sinn des Weges« und »Sinn des Leidens« aus dem Zyklus *Der Zitronenbaum*. Ebd., S. 88 f. — **66** Angesichts von chinesischen Schriftzeichen, die er nicht lesen kann, bemerkt Bauchwitz: »Ich bin halt verliebt in Charaktere, / Die sich entziehn.« Ebd., S. 65. Die mit Zen in Verbindung stehende ›Leere‹ wird positiv erfahren: Sie »durchstillt« beispielsweise, so wie das ›Nichts‹ ihn »umfängt«. Ebd., S. 64 und S. 90. — **67** Ebd., S. 122 (Gedicht Nr. 126). — **68** Ganz ähnlich wie später bei Roland Barthes, wo es am Anfang seines Japanbuches heißt: »Ich kann auch ohne jeden Anspruch, eine Realität darzustellen oder zu analysieren (gerade dies tut der westliche Diskurs mit Vorliebe), irgendwo in der Welt (*dort*) eine gewisse Anzahl von Zügen (ein Wort mit graphischem und sprachlichem Bezug) aufnehmen und aus diesen Zügen ganz nach Belieben ein System bilden. Und dieses System werde ich *Japan* nennen.« Roland Barthes: *Das Reich der Zeichen*. Frankfurt/M. 1981, S. 13.

Patrik von zür Mühlen

Entwurzelung und Fremdheitserlebnis im Exilland Bolivien

Dieser Beitrag will die Entwurzelung von Emigranten und die Schwierigkeiten einer neuen Verwurzelung im Exil- und Asylland an dem besonders krassen Beispiel Boliviens verdeutlichen. Diese politische, soziale, kulturelle und mentale Entwurzelung hatte Folgen, an denen sich das Ausmaß der Entfremdung von der Welt der eigenen Herkunft und der übergroßen Distanz zur neuen Umgebung abmessen lässt. Die Folgen zeigten sich auf drei Ebenen: (1) Im Verhältnis der Flüchtlinge zum Aufnahmeland, (2) im Verhältnis der Einheimischen zu den Asylanten und Exilanten und (3) im Verhältnis der Exilanten und Emigranten untereinander. Dass die Quellenlage für diese drei Ebenen unterschiedlich ist und dass zum Beispiel die Sicht der Einheimischen auf die Emigranten nur an spärlichen Zeugnissen nachweisbar ist, die selbst wiederum größtenteils aus der Überlieferung der Emigranten stammen, gebietet natürlich eine gewisse Vorsicht in diesem sonst recht gut belegten Kontext.

Zunächst aber zu den Rahmenbedingungen. Bolivien gehörte zu den weniger bevorzugten Fluchtzielen und wurde erst gegen Ende der 1930er Jahre als mögliches Refugium »entdeckt«, nachdem andere Staaten – in Europa und in aller Welt – ihre Grenzen gegen die Flut von Flüchtlingen immer stärker abgeschottet hatten. Neben dem Exilort Shanghai war Bolivien sicherlich am meisten das, was man als Zufluchtsland »letzter Wahl« bezeichnen könnte, also als Asyl, das man nur zum Zwecke des Überlebens wählte. Dies hatte seinen Grund. Bolivien war – und ist heute noch – eines der ärmsten Länder Lateinamerikas. Das im Schnitt 3.000 bis 5.000 Meter hohe Andenhochland, in dem die wichtigsten Städte liegen, ist wegen der dünnen Luft für Neuankömmlinge nur schwer zu ertragen. Die mehrheitlich indianische Bevölkerung bestand damals überwiegend aus Analphabeten, die oftmals nicht einmal der spanischen Sprache mächtig waren. Und auch die politisch und wirtschaftlich instabilen Verhältnisse machten das Land für mitteleuropäische Emigranten nicht gerade attraktiv. Bolivien war das putschfreudigste Land Lateinamerikas und konnte damals mehr Staatspräsidenten in seiner Geschichte aufzählen als Jahre der Unabhängigkeit. Allein zwischen 1935 und 1947 amtierten sechs Präsidenten.

Die Geschichte der Einwanderung von Flüchtlingen aus dem Deutschen Reich und den von ihm besetzten oder dominierten Ländern ist wiederholt untersucht worden.[1] Es wird geschätzt, dass die bolivianischen Konsulate in Europa im Zeitraum 1938–1940 etwa 12.000 Einreisevisa für Flüchtlinge ausgestellt haben. Nicht alle nahmen sie in Anspruch, entweder weil sich ihnen inzwischen attraktivere Fluchtziele geöffnet hatten oder weil sie aus politischen, verkehrstechnischen, finanziellen oder anderen Gründen gar nicht mehr den Weg nach Bolivien fanden. Die Zahl derer, die tatsächlich nach Bolivien einreisten, wird auf etwa 10.000 angesetzt. Offiziell gab es bei dieser zunächst liberal erscheinenden Einwanderungspraxis zwei unerwünschte Personengruppen – *inmigrantes negros*, also Personen afrikanischer Herkunft, und solche, die als Gefahr für die – wie auch immer definierte – »bolivianische Rasse« angesehen wurden, im Klartext also Juden. Aber da die zuständigen Einwanderungsbeamten kaum in der Lage waren, Juden von Nicht-Juden zu unterscheiden, konnten etwa 10.000 überwiegend jüdische deutschsprachige Emigranten einwandern. Neben der in sich sehr heterogenen jüdischen Einwanderergruppe gab es noch einige Dutzend politische Emigranten, überwiegend Sozialdemokraten, die bereits 1938 als Handwerker oder Facharbeiter von ihrem tschechoslowakischen Exil nach Bolivien ausgereist waren.[2]

Für die spätere überwiegend jüdische Einwanderung wurden ab 1940 in zunehmendem Maße Hürden aufgerichtet, die auch, aber – anders als Hans Albert Walter vermutet – eben nicht nur mit der für Schmiergelder empfänglichen bolivianischen Bürokratie erklärt werden kann. Wie die meisten lateinamerikanischen Länder betrachtete auch Bolivien die Asylsuchenden nicht als Flüchtlinge, sondern als reguläre Einwanderer und wollte daher nicht, dass diese der Staatskasse oder den kaum vorhandenen sozialen Einrichtungen zur Last fielen. Und das Land wollte sich diesen Personenkreis für seine eigene Entwicklung nutzbar machen. Es durften 1940 nur noch Personen einreisen, die ein Eigenkapital von 1.250 US-Dollar vorweisen konnten oder Landwirte waren. Aber auch hier konnten die Beamten durch Vorlage von gefälschten oder für sie unverständlichen Dokumenten und Papieren und manchmal auch durch Schmiergelder gnädig gestimmt werden. Und wer illegal eingereist war, konnte sich in der Regel durch Zahlung von Schmiergeldern legalisieren lassen.[3]

Mit anderen Worten, das Gros der Emigranten erfüllte nicht die amtlichen Erwartungen, die mit den Einreisevisa verbunden waren. In ihrer Mehrheit entstammten sie einem städtischen mittelständischen Milieu und hatten in ihrem Herkunftsland kaufmännische oder akademische Berufe ausgeübt. Dass unter ihnen die offiziell angegebene Bereitschaft zur landwirtschaftlichen Kolonisation im Urwald nicht sehr groß war, ist verständlich, stellte sich aber für die bolivianischen Behörden als Vertrauensbruch dar – keine gute Voraussetzung für eine vertrauenswürdige Zusammenarbeit.

Die meisten Emigranten reisten von der chilenischen Hafenstadt Arica mit der Bahn über die 5.000 Meter hohe Andenkette nach La Paz. Bereits der erste Anblick der Einheimischen löste Befremden aus. »Zum ersten Mal sah ich Hochland-Indianer«, schrieb die aus Mainz stammende Renata Schwarz. »Sie sahen aus wie die Landschaft: braun und schmutzig. Sie rochen schlecht, und der grüne Saft der Coca-Blätter, die sie ständig kauten, lief ihnen aus den Mundwinkeln. Die meisten von ihnen waren barfuß, und ihre Füße glichen den felsigen Bergen. Ihre Fußsohlen sahen aus wie rissiger Stein, und der Schmutz war daran als harte Kruste festgefroren.«[4]

Dieses Bild wiederholte sich in La Paz, wo sich die meisten Emigranten niederließen, sofern sie nicht später durch unsanften Druck der Regierung auf andere Städte verteilt wurden. Aber auch die Begegnung mit La Paz und seinen überwiegend indianischen Einwohnern bedeutete für die meisten Emigranten einen Kulturschock. Dies formulierte im Rückblick der aus Wien stammende Literaturwissenschaftler Egon Schwarz: »Ist es nötig zu beteuern, daß wir Immigranten in diese Welt paßten – um ein populäres Wort zu gebrauchen – wie die Faust aufs Auge? Zwischen Indianern und Europäern klaffte ein unüberwindlicher Abgrund von Kulturäonen, der eben nicht linguistisch bedingt war und jede Gemeinsamkeit außer der oberflächlisten ausschloß. Aber auch von der dünnen mittelständischen Schicht, die ihnen [den Immigranten, P. v. z. M.] soziologisch noch am nächsten stand, trennten die Neuankömmlinge unüberwindliche Schranken.«[5]

Eine Folge dieses Kulturschocks war es, dass die Emigranten vielfach zusammenrückten, um sich gegenseitig Halt zu geben. Egon Schwarz, der gleichfalls aus Wien stammende Schriftsteller Fritz Kalmar und andere beobachteten, wie oft Emigranten sich immer stärker ihrer früheren Heimat zuwandten, aus der sie geflüchtet waren, und alles nachträglich glorifizierten. Ihre Erzählungen begannen vielfach mit »Bei uns in Berlin« (Wien usw.), was dieser Haltung den Spitznamen »Bei-uns«-Mentalität einbrachte.[6] Aufs Land ging von ihnen zunächst keiner, vielmehr versuchten sie, mit einem geringen Anfangskapital Kleinhandel zu treiben, mit dem sie dann den einheimischen Straßenhändlern Konkurrenz machten. Drastisch beschrieb der aus Dresden stammende Tischler und langjährige sozialdemokratische Parteifunktionär Richard Bombach diese »angeblichen Handwerker und Landwirte«, die kein Handwerk verstünden und auch nicht siedeln wollten und deswegen Handel trieben. »Und ich glaube, nirgendwo ist der bolivianische Bürger am empfindlichsten als dort, wo man ihn in seinem Handel stört (...).«[7]

Nun waren die Lebensmöglichkeiten für die Mehrheit der Flüchtlinge in Bolivien denkbar schlecht. Ein Land ohne Industrie bot kaum Arbeitsplätze an. Schwere körperliche Arbeit, zumal unter den Bedingungen des Hochlandklimas, war den meisten unmöglich. Dass die Erschleichung der Einreise einen ernsten Hintergrund hatte, nämlich die Rettung des nackten Lebens, dürfte den meisten Bolivianern, auch den gebildeten und politisch informierten unter ihnen, kaum bewusst gewesen sein.

In dieser fremdartigen, zunächst misstrauischen und zunehmend feindseligen Umgebung rückten die Emigranten zusammen – in jüdischen Gemeinden und Vereinen die einen, in politischen Zusammenschlüssen die anderen, was in beiden Fällen mit einer gewissen Abschottung gegen die einheimische Bevölkerung einherging. Diese empfand ein solches Verhalten vielfach als arrogant, vor allem wenn einige der wenigen wohlhabenden Emigranten die Dienste Einheimischer mit einer gewissen Herablassung in Anspruch nahmen: »Heute erst«, schrieb der bereits zitierte Richard Bombach, »beklagte sich mein Sprachlehrer, ein sehr objektiv denkender Bolivianer, der jahrelang in Deutschland lebte und mit uns [der Sozialdemokratie, P.v.z.M.] sympathisiert, über die Schnoddrigkeit mancher Direktoren, die ihn als Dolmetscher mitgenommen hatten und alles getan haben, um unangenehm aufzufallen.«[8]

Im Straßenbild von La Paz beherrschten bald diskutierende Gruppen von Europäern die Szene und fielen durch ihre Andersartigkeit auf. Aus der Sicht der Einheimischen waren sie protzige Nichtstuer, die nach dortigen Maßstäben reich waren oder so zumindest schienen und die Preise in die Höhe trieben. Dass dieser Eindruck offensichtlich nicht ganz falsch war, bestätigt der Brief des sozialdemokratischen Optikers Rudolf Tolksdorf, in dem er vermerkt: »Selbst dem hiesigen jüdischen Unterstützungsverein war es zu dumm geworden und [er, P.v.z.M.] hat auf Einschränkung des Herumlungerns auf den öffentlichen Plätzen gedrungen.«[9] Und auch die Emigrantenzeitschrift *Rundschau vom Illimani* forderte: »Um es vorweg zu sagen, die Straßenecken-Parlamente müssen der Vergangenheit angehören.«[10]

Wiederholt tauchen in Briefen von Bolivien-Emigranten auch Beschwerden auf, dass einige ihrer Schicksalsgenossen sich nicht den Landessitten anpassen wollten. Es ist dies ein auch in anderen Exilländern zu beobachtendes Phänomen, dass Ehen und Partnerschaften unter den Bedingungen von Exil und Asyl in starkem Maße litten. Dies hängt wahrscheinlich mit den Belastungen der Fluchtsituation zusammen oder mit den durch sie verändernden Geschlechterrollen, wie dies Egon Schwarz beschreibt: »Aber auch ältere, scheinbar solide Ehen vermochten dem Wirbel der Verhältnisse nicht standzuhalten.«[11] Die zerrütteten Ehen und die Flüchtigkeit neuer Beziehungen fielen auch den Einheimischen auf. Sie verletzten vielfach Takt- und Schamgefühl der tief konservativen katholischen Bevölkerung und missachteten landesübliche Verhaltensnormen: »Die Unsittlichkeit der Weiber hier in Bolivia, gemeint sind natürlich die Emmigrantenweiber, schreit zum Himmel«, schrieb der bereits zitierte Tolksdorf: »Wir als Sozialisten sind freiheitlich veranlagt und waren nie Moralprediger, aber in einem Gastlande sich so aufzuführen, sodass keine anständige Emmigrantenfrau sich ungehindert auf der Straße bewegen kann, ist unerträglich. Ich habe noch nie so viele Ehescheidungen in Deutschland erlebt wie hier unter den Emmigranten. An vielen Häusern, in denen Emmigranten wohnen, steht groß angeschrieben ›Casa de Puta‹, Haus der Hure (...).«[12]

Es dauerte nicht lange und es regten sich spürbare fremdenfeindliche Stimmungen, vor allem in La Paz, wo sich Tausende Emigranten aufhielten, aber auch in anderen Städten wie Tarija, wo sich nur 60 von ihnen niedergelassen hatten. Auf öffentlichen Plätzen wurde man gelegentlich angepöbelt und mit Schimpfworten bedacht. »Es mag für viele bitter sein, im fremden Land so wie jetzt aufgenommen zu werden; Schuld daran sind diejenigen, die nicht mit dem ehrlichen Willen hierher kamen, um ein neues Leben zu beginnen und nicht ihr altes fortzusetzen.« Die Stimmung der Bevölkerung sei umgeschlagen und wäre, so nach Ansicht des hier zitierten Exilanten, bei größerer Anpassungsfähigkeit sicher unverändert geblieben.[13]

Was die aufkommende Fremdenfeindlichkeit charakterisierte, ist die Tatsache, dass sie einen zunehmend antisemitischen Akzent annahm. Er war dabei keineswegs ein Produkt politischer Kräfte, vielmehr versuchten dessen Propagandisten, auf einer populistischen Welle die Xenophobie ihren eigenen Zielen nutzbar zu machen. Die Fremdenfeindlichkeit war zweifellos zunächst eine Reaktion auf die massenhafte Migrationsbewegung mit allen Veränderungen in der Wirtschaft und im Stadtbild. Aber sie wurde recht bald gesteuert und fand Unterstützung durch den – meist aus den faschistischen Staaten Italien und Spanien stammenden – Klerus, der alte christliche Klischees der Judenfeindschaft aktivierte, und vor allem durch die kleine, weitgehend nazistisch gleichgeschaltete Kolonie von Volks- und Auslandsdeutschen, die vorübergehend durch den Gesandten Ernst Wendler, der zugleich als Landeskreisleiter der NSDAP-Bolivien amtierte, angeführt wurde. Diese Nazi-Gruppierung stützte sich auf Sympathien mancher Kreise, vor allem im bolivianischen Militär.[14]

Im Parlament forderte der Abgeordnete Tomás Chávez Lobatón, ein Geistlicher, offen die Vertreibung der eingewanderten Juden, und Staatspräsident Enrique Peñaranda kündigte eine Verschärfung der Einwanderungspolitik mit Worten an, die an Deutlichkeit keine Zweifel zuließen: »Aus der Überzeugung heraus, dass die unkontrollierte jüdische Einwanderung nicht nur nutzlos, sondern auch schädlich war, wurde es notwendig, der Einwanderungspolitik eine neue Orientierung zu geben und gleichzeitig zu versuchen, frühere Irrtümer wieder gutzumachen.«[15] Die Regierung setzte ein Kommissariat für die Ordnung der Einwanderung ein, das die Flüchtlinge durch Meldepflicht und Sondersteuern schikanieren wollte, allerdings politische und kulturelle Aktivitäten nicht behinderte. Ein Dekret sah vor, alle eingewanderten jüdischen Emigranten über 16 Jahre zu registrieren. Dass dem eindeutig rassistische Motive zugrunde lagen, erkennt man daran, dass nichtjüdische Emigranten hiervon ausgenommen waren. Erst auf massive Interventionen jüdischer Kreise dementierte das Einwanderungsministerium antisemitische Motive und ersetzte die bereits gedruckten umstrittenen Formulare zur Registrierung durch solche mit neutralen Bezeichnungen.[16]

Durch intensive Gespräche zwischen jüdischen Organisationen in Bolivien und bolivianischen Behörden, bei denen möglicherweise alliierter Druck nachhalf, konnten Missverständnisse ausgeräumt werden. In seiner Neujahrsansprache zum Jahreswechsel 1940/41 zog Staatspräsident Peñaranda einen versöhnlichen Schlussstrich unter die bisherigen Unstimmigkeiten. Er erklärte, dass Bolivien den Einwanderern die Pforten seiner Gastfreundschaft geöffnet, ihnen die Garantie seiner Gesetze und die Reichtümer seines Bodens geboten habe, forderte von ihnen andererseits aber 1. Die unbedingte Achtung vor dem Gesetz, dem Namen und den Traditionen des Landes, 2. den Willen zu wirksamer materieller und geistiger Einordnung in das bolivianische Leben sowie 3. Arbeit produktiven Charakters. Dies richtete sich vor allem gegen solche Emigranten, die sich als Händler betätigten und damit den Einheimischen Konkurrenz machten. Peñaranda schloss mit der Erwartung, dass die Einwanderer die ehrliche Absicht hätten, diese Minimalforderungen zu akzeptieren, und wünschte »allen denen, die so denken, (...) Glück und Wohlstand in Bolivien im neuen Jahr 1941.« Und zum fünften Jahrestag der Reichspogromnacht, also am 10. November 1943, nahm Peñaranda an einer im Teatro Municipal von La Paz veranstalteten offiziellen Gedenkfeier teil und erwies damit den jüdischen Opfern der NS-Diktatur im Namen der Republik Bolivien seine Reverenz.[17] Die Atmosphäre entspannte sich.

Um den Wünschen der bolivianischen Regierung entgegen zu kommen, wurden tatsächlich von verschiedenen Seiten Anstrengungen unternommen, Emigranten für die landwirtschaftliche Kolonisation zu gewinnen. Der örtliche Jüdische Hilfsverein von La Paz gründete eine landwirtschaftliche Versuchs- und Ausbildungsanstalt, die von einem diplomierten Agronomen geleitet wurde. Bei wohlwollender Förderung durch die Regierung und mit finanzieller Unterstützung des in Bolivien ansässigen Zinnbarons Mauricio Hochschild wurde eine Gesellschaft gegründet, die in den Yungas – den fruchtbaren tropischen Osthängen der Königskordillere – 1.100 Hektar Land für zunächst 70 Emigrantenfamilien kaufte. Aber die Schwierigkeiten stellten sich als größer heraus, als man erwartet hatte. Verkehrstechnische Schwierigkeiten, vor allem aber die Unterkapitalisierung der Gehöfte, dazu Raubtiere, Ameisen, Moskitos und andere Plagegeister bedrohten Vieh und Nutzpflanzen. Aber nicht Naturgewalten bereiteten dem Projekt ein Ende. Oberst Gualberto Villaroel putschte im Dezember 1943 und jagte nicht nur den emigrantenfreundlichen Peñaranda aus dem Amt, sondern vertrieb auch den Sponsor Mauricio Hochschild. Ohne seinen Förderer brach das Projekt zusammen. Bereits ein Jahr später hatte sich der Urwald die Ländereien zurückerobert.[18] Zwar nahm die Fremdenfeindlichkeit in der Folgezeit nicht mehr die aggressiven Züge an wie 1939/40, aber Bolivien blieb für die mitteleuropäischen Emigranten ein unwirtliches Land.

Das zeigte sich auch an der beiderseitigen Distanz. Kontakte zur indianischen Unterschicht sind nicht bekannt. Sprachbarrieren infolge der Tatsache, dass viele Emigranten – aber eben auch viele Indios – kein Spanisch sprachen, und eine Kluft im beiderseitigen Bildungsstand bot keinerlei Berührungspunkte. Der erst später in den Vereinigten Staaten tätige Literaturwissenschaftler Egon Schwarz vermisste gerade diese kulturelle Gemeinsamkeit an folgendem Beispiel. Einige seiner indianischen Arbeitskollegen trugen berühmte spanische Familiennamen – er erwähnt ausdrücklich Cervantes und Murillo; aber als er sie darauf ansprach, sahen diese ihn entgeistert an und wussten nicht, wovon er sprach. Ein Gespräch war nicht möglich.[19]

Auch Kontakte zwischen Emigranten und Vertretern der spanisch-kreolischen Mittelschicht waren und blieben seltene Ausnahmen und beschränkten sich allenfalls auf Geschäftliches. Repräsentativ dürfte Egon Schwarz' Feststellung sein, der seine Erfahrungen in Bolivien und Ecuador zusammenfasste: »In den zehn Jahren meines südamerikanischen Aufenthaltes habe ich niemals das Haus eines Einheimischen betreten. (...) Im Gegensatz zu den USA sind zumindest die Andenländer, die ich am besten kenne, Bolivien und Ecuador, keine Einwanderergesellschaften, in die sich größere Mengen Fremder leicht integrieren können.«[20] Auch von anderen Emigranten werden Kontakte zu Einheimischen selten erwähnt. Offensichtlich scheint es in den tiefer gelegenen und stärker spanisch geprägten Städten wie Cochabamba, Sucre oder in dem im östlichen Tiefland gelegenen Santa Cruz etwas leichter gewesen zu sein, mit Vertretern der bolivianischen Mittelschicht zu kommunizieren.[21]

Ein unwirtliches Asyl- und Exilland, in dem Emigranten nur schwer Wurzeln schlagen können, beeinflusst auch das Zusammenleben der Flüchtlinge untereinander. Die vielfach beobachtete politische und persönliche Zerstrittenheit im Exil, die wir auch in anderen Ländern beobachten können, hängt mit dieser Entwurzelung und schwierigen Neuverortung zusammen. In Bolivien wirkte sich dies in Form von schweren Konflikten aus. Zwar gab es eine gemeinsame, von allen Gruppen gelesene Emigrantenzeitung, die *Rundschau vom Illimani*, die aber von einigen angefeindet und als *Schundsau vom Illimani* diffamiert wurde. Es gab ein gewisses gemeinschaftliches Kulturleben – teilweise organisiert vonseiten der jüdischen Gemeinden, aber auch aus privater Initiative – mit Musikabenden, Dichterlesungen, Vorträgen und anderen Angeboten. Erwähnenswert sind hier vor allem Aktivitäten von Emigranten aus Österreich, die im August 1939 eine erste deutschsprachige Radiostunde ins Leben riefen, aus der zwei Monate später in La Paz unter Leitung des früheren Wiener Theaterdirektors Georg Terramare die »Kleine Casino-Bühne« hervorging. In Cochabamba gründete ein gleichfalls aus Wien stammendes Schauspielerehepaar die »Neue Bühne Cochabamba«.[22]

Aber diese gemeinsamen Institutionen verhinderten nicht die unsichtbaren Grenzen, die die verschiedenen Gruppierungen innerhalb der deutschsprachigen Emigration in Bolivien voneinander trennten. Die rein politischen Emigranten – auch solche mit jüdischem Hintergrund – hatten nur selten Verbindungen zur jüdischen Emigration. Diese wiederum war in liberale, konservative und orthodoxe gespalten, dazu solche in Personengruppen mit jüdischem Hintergrund, die keinen religiösen Bezug hatten. Die politischen Gruppierungen waren tief gespalten in die von den Kommunisten geführte ›Bewegung Freies Deutschland‹ und das stärker sozialdemokratisch orientierte ›Andere Deutschland‹. Hinzu kamen Sozialdemokraten, die sich keiner Exilgruppierung anschlossen. Es gab ganz isoliert die rechtslastige »Strasser-Bewegung« in Bolivien, die im Grunde nichts als eine von der NSDAP abgespaltene dissidente Nazi-Bewegung war, und schließlich unter den im Lande ansässigen Auslandsdeutschen ein Häuflein Nazis.[23]

Dieses Bild der Zersplitterung war an sich nichts Neues, wenn wir das politische Exilszenario in anderen Ländern jener Jahre ansehen. Aber in keinem Exilland entzündeten sich derart heftige, auch ins Persönliche gehende Konflikte unter Emigranten wie in Bolivien – und dies aus teilweise läppischen Anlässen. Gegenseitige Denunziationen bei der bolivianischen Polizei, Prügeleien, das Einwerfen von Fensterscheiben und andere Gewalttätigkeiten prägten das Verhältnis einiger Emigranten untereinander. Und schließlich kann man in Briefen von einzelnen sozialdemokratischen Bolivien-Emigranten antisemitische Äußerungen finden, die mir aus keiner anderen Korrespondenz bekannt sind.

Natürlich könnte man vordergründig diese Konflikte auf besonders aggressive und konfliktorientierte Persönlichkeiten zurückführen. Aber dann stellt sich die Frage, warum es ausgerechnet solche Charaktere in dieser Kumulation nach Bolivien zog. Vermutlich gingen die Kontroversen in diesen meist sehr kleinen Gruppierungen nur teilweise auf echte Meinungsverschiedenheiten zurück; wie stets in Emigrantenkreisen wurden vielmehr persönliche Reibereien, Missgunst und Konkurrenzdenken ins Politische verkehrt. Die Ursachen dafür liegen vermutlich in den schwierigen, politisch und wirtschaftlich unsicheren, klimatisch unwirtlichen Lebensbedingungen, im Kulturschock, in der Fremdartigkeit der einheimischen Bevölkerung und hier vor allem der indianischen Unterschichten: alles dieses machte der Mehrheit der Flüchtlinge deutlich, dass sie in Bolivien zwar eine Zuflucht vor den Verfolgungen des NS-Regimes, aber keine neue Heimat gefunden hatten.

Diese Feststellung gilt auch für diejenigen Emigranten, denen das Einleben weniger schwer fiel, die beruflich rasch Wurzeln schlagen konnten, kaum in Konflikte mit Einheimischen oder mit anderen Emigranten verwickelt waren. Der aus Wien stammende Arzt Ludwig Popper nahm eine Stelle als Militärarzt in der bolivianischen Armee an. Seine Erinnerungen erwähnen wohl Fremdartiges, auch Befremdendes, was man unter die Kategorie der Exotik subsumieren könnte. Sein Bild von Land und Leuten ist aber kein unsympathisches.[24] Es gibt durchaus etliche positive Zeugnisse von Emigranten, die über das Land und über ihr gelungenes Einleben berichten. »Also, liebe Freunde, Ihr seht, wenn man will, und vor allem für den Anfang seine Ansprüche nicht über das Können stellt, geht vieles zu machen«, berichtete der sozialdemokratische Emigrant Arthur Simmerl, der sich durch mehrere berufliche Tätigkeiten durchgeschlagen hatte und schließlich eine Stelle als Verwalter auf einer Rinderfarm erhalten hatte. Und Richard Bombach resümierte 1945: »Tatsache ist, dass ein anständiger Mensch wohl kaum soviel Freiheit genießt als wir hier in Bolivien. Ich habe z. B. als Handwerker noch nie Schwierigkeiten gehabt, wie überhaupt jeder, der sich auf ehrliche Weise sein Brot verdient, geachtet ist.«[25] Aber auch diese beiden kehrten nach dem Kriege nach Deutschland zurück.

Es ist daher eigenartig, dass die erwähnten Schwierigkeiten der Emigranten mit Bolivien in den schriftlichen Zeugnissen derjenigen, die zumindest zeitweise erfolgreich Fuß fassten, nicht oder nur am Rande erwähnt werden. Weder Egon Schwarz noch Renata Schwarz, weder Ludwig Popper noch Fritz Kalmar gehen auf sie ein, und auch in den Briefen einiger hier nicht zitierter sozialdemokratischer Bolivien-Emigranten werden sie nicht genannt, obwohl sie alle die hier beschriebenen Konflikte mitbekommen haben müssen.

Man kann in der Geschichte von Zwangsemigration und Exil häufig beobachten, dass politische Exilanten auch in der Fremde »mit dem Gesicht nach Deutschland« lebten und in der Regel nach dem Kriege zurückkehren wollten, wogegen jüdische Emigranten viel häufiger einen Bruch mit ihrer Herkunft vollzogen. Gerade letztere standen nun vor der Erkenntnis: Ihre mitteleuropäische Heimat hatte sie vertrieben, aber sie wollten keine Bolivianer werden. Aus der Frage nach der Hybridität stellt sich hier also das sonderbare Phänomen, dass die Aufgabe oder zumindest Beschädigung einer früheren Identität zumindest vorerst keine Hinwendung zu einer neuen zur Folge hatte, sodass sich der Übergang zur neuen Lebenswelt, der in der Hybriditätsforschung durchgehend positiv besetzte »dritte Raum« zwischen Herkunft und Fremde[26] in diesem Falle als Vakuum darstellte.

Wir können diese Beobachtung für Bolivien auch an Beispielen der Exilliteratur verdeutlichen, denn die literarische Verarbeitung eines Aufnahmelandes bedeutet ja auch immer eine gewisse Aneignung desselben, wie dies für Mexiko, Brasilien, Argentinien, Chile, Kolumbien und die Dominikanische Republik nachweisbar ist. Die wichtigste Persönlichkeit für Bolivien ist in literarischer Hinsicht der Österreicher Fritz Kalmar, der sich mehrere

Jahre in der Anden-Republik aufhielt. Vor allem in seinen Kurzgeschichten in *Das Herz europaschwer* beschreibt er nicht ohne Ironie und Satire die Exil-Szenerie: österreichische und deutsche Emigranten, die sich ihre Heimat in einer Art Scheinwelt bewahren und gegen die lateinamerikanische (überwiegend bolivianische) Wirklichkeit verteidigen. Soweit Bolivien den Hintergrund seiner Kurzgeschichten bildet, bleibt es nicht mehr als exotische Kulisse, aus der man eine neue Verwurzelung schwerlich erkennen kann.[27] Seine besondere Aufmerksamkeit dagegen gilt den Emigranten, die – wie er selbst – nicht heimisch wurden in der Neuen Welt, oder den Remigranten, die vielfach auf mehrfache Weise entwurzelt und heimatlos waren. Nicht zufällig verlegte Kalmar seinen Wohnsitz später in das stärker europäisch geprägte Uruguay.

Nicht einmal sein wichtigstes literarisches Instrument, die Satire, wendete er gegenüber seinem Gastland an. Dies war während seines Aufenthalts in La Paz aus politischen und vielfältigen anderen Gründen auch nicht ratsam, wie er dies selbst ausdrückt: » (...) man musste sehr aufpassen, keine Gefühle verletzen und lieber den Mund halten als den Stoff, der sich anbot, zu verwerten.«[28] Es ist auch bezeichnend, dass die handelnden Personen durchweg Emigranten sind. Der einzige Indio in den Kurzgeschichten ist ein von einem österreichischen Emigranten (dem »Austrospinner«) aufgezogener Indiojunge, der sich inzwischen den Wiener Akzent und den Lebensstil der alten Donaumonarchie angeeignet hat.[29] Aber auch in seinen späteren Äußerungen nennt er als Alltagsprobleme Boliviens »eine Revolution, einen Aufstand, einen Putschversuch oder, in ereignisarmen Zeiten, wenigstens die Aufdeckung einer Verschwörung«[30] – das Exotische als satirische Verfremdung, die mehr Distanz als Nähe andeutet.

Das Problem der Neuorientierung gab es in allen Aufnahmeländern, auch in den anderen, entwickelteren Ländern Lateinamerikas. Nach dem Krieg bildeten jüdische Gemeinden mitteleuropäischer Herkunft in den Ländern Brasilien, Uruguay, Argentinien, Chile und eben auch Bolivien einen Dachverband namens CENTRA, zu dessen Bemühungen auch die Abgrenzung gegen jüdische Gemeinden anderer Herkunft gehörte. Aber der Verband stellte auf seinen jährlichen Tagungen auch die Frage einer Assimilierung sowohl an die neue Heimat als auch an jüdische Gemeinden anderer Herkunft zur Diskussion. Hier prallten zwei entgegengesetzte Positionen aufeinander. Die Vertreter der Gemeinden aus Brasilien befürworteten einen solchen Prozess, weil er langfristig ohnehin eintreten werde. Dagegen wehrten sich am stärksten die Gemeinden aus Chile und Bolivien. Der Rabbiner der Gemeinde in Santiago de Chile drückte dies so aus: »Uns fällt hier die Pflicht zu, ein offenes Wort zu sagen: Wir kämpfen gegen die Assimilation. In diesem Kreise brauche ich nicht zu betonen, dass die Assimilation in diesen Ländern eine viel gefährlichere ist als in den Ländern, aus denen wir kommen. Dort war es die Assimilation an gewisse Werte, hier ist es die Assimilation an das leichtere Leben.«[31]

Natürlich war diese Position langfristig nicht zu halten. Heute sind alle diese Gemeinden in ihre Länder integriert. Eine Ausnahme bildet allerdings Bolivien. Dort setzte nach Ende des Zweiten Weltkrieges eine massive Abwanderung der jüdischen und nicht-jüdischen Emigranten ein. Die politischen Exilanten kehrten in aller Regel zurück, die jüdischen Emigranten wanderten weiter. Ziele waren vielfach die höher entwickelten Nachbarländer Argentinien, Uruguay, Chile und (Süd-)Brasilien, aber auch die USA, Kanada, Australien und vor allem Israel, in geringer Zahl auch Deutschland. Heute gibt es nur noch wenige Emigranten bzw. deren Nachkommen in Bolivien. Von den zeitweilig 10.000 Personen umfassen die heutigen jüdischen Gemeinden nicht einmal 1.000. Hatten sich 1942 in La Paz etwa 2.600 jüdische Flüchtlinge aus Mitteleuropa aufgehalten, so gab es unter Einschluss ihrer Nachkommen um 1995 nur noch 480, in Cochabamba 120 (1942:1.000). Einige jüdische Gemeinden wurden mit solchen anderer Herkunft zusammengelegt, und von der Vielzahl der Vereine und kulturellen Zentren dürften – anders als in Argentinien, Uruguay oder Chile – kaum noch Spuren zu finden sein.[32]

Natürlich bildeten die wirtschaftliche Armut und politische Instabilität wichtige Motive zur Abwanderung, aber ebenso auch die Fremdartigkeit des Landes, das nicht in der Lage war, den deutschsprachigen Flüchtlingen auf Dauer eine materiell gesicherte, aber eben auch mental ansprechende Heimat zu bieten.

1 Hans Albert Walter: *Deutsche Exilliteratur 1933–1950.* Bd. 2: *Europäisches Appeasement und überseeische Asylpraxis.* Stuttgart 1984; Haim Avni: »Perú y Bolivia – dos Naciones Andinas – y los Refugiados Judíos durante la Era Nazi«. In: Beatriz Gurevitch, Carlos Escudé (Hg.): *El Genocidio ante la Historia y la Naturaleza Humana.* Buenos Aires 1994. — **2** Genauere Zahlenangaben bei Irmtrud Wojak: »Bolivien«. In: Claus-Dieter Krohn, Patrik von zur Mühlen, Gerhard Paul, Lutz Winckler (Hg.): *Handbuch der deutschsprachigen Emigration 1933–1945.* Darmstadt 1998, Sp. 174 ff. — **3** Walter: *Deutsche Exilliteratur.* Bd. 2 (s. Anm. 1), S. 305–312, hier: S. 308 f. — **4** Renata Schwarz: *Von Mainz nach La Paz. Kindheit eines jüdischen Mädchens in Deutschland und Flucht nach Bolivien.* Hg. und übers. von Hedwig Brüchert. (= Mainzer Geschichtsblätter / Verein für Sozialgeschichte Mainz e.V.). Mainz 2007, S. 99. — **5** Egon Schwarz: *Keine Zeit für Eichendorff. Chronik unfreiwilliger Wanderjahre.* Königstein/Ts. 1979, S. 71. — **6** Ebd., S. 73. Vgl. hierzu auch die charakteristischen Kurzgeschichten von Fritz Kalmar, auf die unten eingegangen wird. — **7** Richard Bombach an die Sopade, 26.1.1939, Archiv der sozialen Demokratie in der Friedrich-Ebert-Stiftung (AdsD): Emigration-Sopade, Mappe 23. Vgl. Walter: *Deutsche Exiliteratur* (s. Anm. 1), S. 307 f. — **8** Ebd. — **9** Franz Müller an die Sopade, 26.6.1939, AdsD: Emigration-Sopade, Mappe 76. — **10** »Disziplinierte Einordnung in Bolivien!«, *Rundschau vom Illimani*, 8.3.1940. — **11** Schwarz: *Keine Zeit* (s. Anm. 5), S. 82. — **12** Rudolf Tolksdorf an die Sopade, 10.4.1939,

AdsD: Emigration-Sopade, Mappe 138; Wiedergabe in Originalorthografie. — **13** Richard Bombach an die Sopade (s. Anm. 7). Weitere Beispiele bei Patrik von zur Mühlen: *Fluchtziel Lateinamerika. Die deutsche Emigration 1933–1945. Politische Aktivitäten und soziokulturelle Integration.* Bonn 1988, S. 63–67. — **14** Ebd., S. 65. — **15** »Gesetz gegen die jüdische Einwanderung«, *Rundschau vom Illimani,* 3.5.1940. — **16** Mühlen: *Fluchtziel* (s. Anm. 13), S. 65. — **17** Ebd., S. 67. — **18** Patrik von zur Mühlen: »Siedler im Urwald Boliviens«. In: Wolfgang Benz (Hg.): *Das Exil der kleinen Leute. Alltagserfahrungen deutscher Juden in der Emigration.* München 1991, S. 47 ff. — **19** Schwarz: *Keine Zeit* (s. Anm. 5), S. 95 f. — **20** Ebd., S. 72. — **21** Vgl. die Erinnerungen von Renata Schwarz, deren Familie nach Santa Cruz weiterwanderte (s. Anm. 4). — **22** Vgl. Edith Blaschitz: »Bolivien«. In: Alisa Douer, Ursula Seeber (Hg.): *Wie weit ist Wien? Lateinamerika als Exil für österreichische Schriftsteller und Künstler.* Wien 1995, S. 73 ff. Hierzu auch der Katalog zu der von Claudia Heckl und Sergio Estrada 2001 in La Paz inszenierten Ausstellung: *Buscando Huellas. Inmigración y Exilio Austriaco en La Paz, Bolivia (1938–1945).* La Paz 2001. — **23** Zum politischen Spektrum in Bolivien vgl. Mühlen: *Fluchtziel* (s. Anm. 13), S. 217–221. — **24** Vgl. Ludwig Popper: *Bolivien für Gringos. Exil-Tagebuch eines Wiener Arztes.* Hg. von Lutz Elija Popper. Oberwart 2005. — **25** Arthur Simmerl, 28.9.1938, und Richard Bombach an die Sopade, 6.2.1945, AdsD; Emigration-Sopade, Mappen 121 und 23. — **26** Michaela Wolf, Georg Pichler: »Übersetzte Fremdheit und Exil. Grenzgänge eines hybriden Subjekts. Das Beispiel Erich Arendt«. In: Claus-Dieter Krohn, Erwin Rotermund, Lutz Winckler, Wulf Koepke (Hg.): *Übersetzung als transkultureller Prozess* (= *Exilforschung. Ein internationales Jahrbuch* Bd. 25). München 2007, S. 7–29, hier: S. 9 und S. 13. — **27** Fritz Kalmar: *Das Herz europaschwer. Heimwehgeschichte aus Südamerika.* Hg. von Ursula Seeber. Wien 1997. Von den acht in diesem Band enthaltenen Geschichten spielen je eine in Peru, Paraguay, Uruguay und eine in Lateinamerika insgesamt, vier in Bolivien. — **28** Zitiert nach Anne Saint Sauveur-Henn: »Exil als Förderung der Satire? Am Beispiel des Bolivienemigranten Fritz Kalmar«. In: Jeanne Benay, Alfred Pfabigan, Anne Saint Sauveur-Henn (Hg.): *Österreichische Satire (1933–2000).* Bern 2003, S. 92–126, hier: S. 104. — **29** Kalmar: *Das Herz europaschwer* (s. Anm. 27), S. 174–184. — **30** Zitiert nach Saint Sauveur-Henn: »Exil als Förderung« (s. Anm. 28), S. 107. — **31** Patrik von zur Mühlen: »Jüdische und deutsche Identität von Lateinamerika-Emigranten«. In: Thomas Koebner, Wulf Koepke, Claus-Dieter Krohn, Sigrid Schneider (Hg.): *Fluchtpunkte des Exils und andere Themen* (= *Exilforschung. Ein internationales Jahrbuch.* Bd. 5). München 1987, S. 55–67, hier: S. 62. — **32** Wojak: »Bolivien« (s. Anm. 2), Sp. 175.

Ingrid Belke

Kulturtransfer und Identitätszuwachs

Der Literatursoziologe Leo Löwenthal im amerikanischen Exil

I

Leo Löwenthal (1900–1993) gehörte zusammen mit Max Horkheimer, mit Friedrich Pollock, Theodor W. Adorno, Erich Fromm und etwas später auch Herbert Marcuse seit 1930 zum engeren Kreis des Frankfurter Instituts für Sozialforschung. Er war, wie der Politologe Iring Fetscher 1993 zum Tod von Löwenthal bemerkte: »(...) unter ihnen der freundlichste, der bescheidenste und der offenste.«[1]

Das Lebensmotto Löwenthals, »Mitmachen wollte ich nie«, hatte ihm offenbar schon der Vater überliefert.[2] Der Frankfurter Arzt Victor Löwenthal[3], der schon als junger Student gegen die jüdisch-orthodoxe Lebensweise seines Vaters rebellierte und »dezidiert antireligiös« wurde, gab folgerichtig seinem Sohn Leo Bücher von Darwin, Haeckel und Schopenhauer zu lesen. Es muss für ihn schrecklich gewesen sein, dass der Sohn wiederum eine Kehrtwendung vollzog: Leo Löwenthal gehörte Anfang der 1920er Jahre zu dem Kreis um den charismatischen Rabbiner Nehemia Anton Nobel, der, mit moderner Philosophie und Literatur vertraut, ein glänzender Redner war und ein offenes Haus führte. Er zog junge jüdische Intellektuelle an, die nach geistiger Orientierung suchten und von den Ideen einer jüdischen Renaissance fasziniert waren. Dazu zählten Martin Buber, Franz Rosenzweig, Ernst Simon, Erich Fromm, Siegfried Kracauer. Wie diese hat auch Löwenthal am Jüdischen Lehrhaus unterrichtet. 1923 heiratete Löwenthal Golde (Gertrude) Ginsburg, die aus einer gesetzestreu lebenden jüdischen Familie in Königsberg stammte, und führte mit ihr einen koscheren Haushalt, hielt die Feiertage ein und ging regelmäßig in die Synagoge. Das hielt er jedoch nicht lange durch. Damals war Löwenthal auch in der Beratungsstelle für ostjüdische Flüchtlinge tätig, eine sehr unpopuläre Aufgabe, denn die sogenannten Ostjuden lösten damals im assimilierten jüdischen Bürgertum keine Sympathien aus. Mit dem Zionismus brach er ziemlich schnell, da er die Siedlungspolitik der zionistischen Zentralorganisation gegenüber den Arabern als rücksichtslos empfand.[4]

Ebenso antibürgerlich verlief auch Löwenthals politische Entwicklung. Begeistert von der Russischen Revolution 1917, hatte er zusammen mit Franz Neumann[5] und Ernst Fraenkel[6] eine sozialistische Studentenorganisation an der Frankfurter Universität gegründet. 1919/20 wurde er Mitglied der USPD, in deren Dienst er Schulungskurse und Vorträge für Arbeiter hielt. Durch sein aktives Engagement für politische und religiöse Ideale unterschied sich Löwenthal von seinen Freunden Kracauer und Adorno, die er um 1920 in Frankfurt kennenlernte.[7] Sein Interesse für die Psychoanalyse verband ihn mit Erich Fromm[8] und dessen späterer Frau Frieda Reichmann, die in Dresden eine Art jüdisch-psychoanalytisches Sanatorium führte. Diese existenzielle Berührung mit so verschiedenen oppositionellen Bereichen, zu denen 1918 auch noch die brutale Erfahrung als Rekrut im Militärdienst hinzukam, führte zu mehreren schweren Krisen. Rückerinnernd meinte er, dass er eine Art »Hohlspiegel« all der radikalen synkretistischen Strömungen der 1920er Jahre gewesen sein müsse.[9]

Eine gewisse ausgleichende oder orientierende Funktion scheint da das Studium in Frankfurt, Gießen und Heidelberg gehabt zu haben, wenn es auch die beunruhigende Vielfalt der Interessen spiegelte, die den jungen Löwenthal umtrieben. »Ich wollte gleichsam alles in meinen Kopf bekommen, kleines Faustformat, wenn du so willst«, erklärte er später selbstironisch dem jüngeren Kollegen Dubiel.[10] Vor allem interessierte ihn die Philosophie; zunächst hörte er die Neukantianer Hermann Cohen, Paul Natorp und den Vertreter der südwestdeutschen Schule, Heinrich Rickert. In Heidelberg hörte er die Historiker Hermann Oncken und Karl Hampe, er besuchte die Vorlesung über Sozialisierung des austromarxistischen Ökonomen Emil Lederer, er belegte Literatur, Alte Geschichte, Ästhetik, sogar eine Einführung in höhere Mathematik bei Schönflies – nur keine Medizin! Dass er sich intensiv mit der Aufklärung beschäftigte, bezeugen die Dissertation über die religiöse Soziologie Franz von Baaders (1923)[11], seine Staatsexamensarbeit über Rousseau (1926)[12] und die als Habilitation geplante Arbeit über Helvetius[13], den bedeutenden materialistischen Vertreter der französischen Aufklärung. Mit dem *Helvetius* kehrte Löwenthal wieder in die Welt seines Vaters zurück.

Zunächst als Studienassessor tätig, mit einigen Nebenbeschäftigungen für die Frankfurter Volksbühne und für Zeitungen, erhielt Löwenthal 1926 als Stipendiat ein Zimmer und eine Viertelstelle im Institut für Sozialforschung, die 1930 in die feste Stelle eines Hauptassistenten umgewandelt wurde. Um diese Zeit übernahm Max Horkheimer von dem erkrankten Wirtschaftshistoriker Carl Grünberg[14] die Leitung.

Aus einem Zentrum für die Geschichte des Sozialismus und der Arbeiterbewegung wurde ein Institut »zur Kenntnis und Erkenntnis des sozialen Lebens«. Löwenthal wurde von Horkheimer mit der Erstellung des Rezensionsteils der neugegründeten *Zeitschrift für Sozialforschung* betraut, deren erster Band mit einem eigenen programmatischen Beitrag von Löwenthal »Zur gesellschaftlichen Lage der Literatur« 1932 erschien. Im Übrigen waren die Gebiete nach den spezifischen Ausbildungsschwerpunkten verteilt: Friedrich Pollock war für Ökonomie zuständig, Horkheimer für Philosophie, Adorno für Musik, Fromm für Psychologie und Löwenthal für die Literatur. Der Entschluss zu emigrieren, fiel schon nach den Wahlen im September 1930, als 107 nationalsozialistische Abgeordnete in den Reichstag einzogen. Das deckte sich mit den ersten Ergebnissen einer Institutsstudie von Erich Fromm und Hilde Weiß 1930 über das autoritäre Verhalten von deutschen Arbeitern und Angestellten.[15]

II

Entscheidend für eine problemlose Einwanderung und die berufliche Integration war der frühe Zeitpunkt, wofür die Erfolge der ersten wenigen europäischen Immigranten sprechen, die – trotz der Depression – schon 1933 direkt in die USA auswanderten.[16] Besonders begünstigt waren diejenigen Sozial- und Politikwissenschaftler, die sich der Gründer der New School for Social Research, Alvin Johnson, aussuchte, um mit ihnen im Herbst 1933 eine ganze sozial- und politikwissenschaftliche Fakultät zu eröffnen (die sogenannte University in Exile). Entscheidend waren außerdem das Alter und die Berufsausbildung des Emigranten und der Entwicklungsstand seines Fachgebiets im Gastland, und nicht zuletzt die Beherrschung der Fremdsprache und einige finanzielle Mittel, um die ersten Monate ohne Hilfe zu überstehen. Angesichts der begrenzten Betätigungsmöglichkeiten in den USA stellte die Emigration der Mitglieder des Instituts für Sozialforschung einen einzigartigen Glücksfall dar: Denn hier gelang es dank politischer Weitsicht, eine bereits in Deutschland bestehende Organisationsform der Sozialwissenschaft als Ganzes – über die Zwischenstation in Genf – 1934 nach New York zu transferieren, wo sich das Institut in enger Verbindung mit der Columbia University und in einem ihrer Gebäude neu etablieren konnte. Eine wichtige Voraussetzung dafür war die Entscheidung gewesen, bereits 1931 das Stiftungsvermögen – bis auf einen Betrag, aus dem man die monatlichen Gehälter und Sachkosten deckte – stillschweigend an eine Gesellschaft in Holland zu transferieren und auf diese Weise die finanzielle Unabhängigkeit zu sichern. Damit war auch eine Kontinuität in den Themen und in der Methodik der Forschungsarbeit garantiert. Man setzte seine bisherige Arbeit fort, im selben Milieu und in der Muttersprache. – Übrigens konnten nur Horkheimer und Pollock bei ihrer Ankunft leidlich Englisch; Adorno, der erst 1938 aus London folgte, lernte die Sprache nie richtig. Die *Zeitschrift für Sozialforschung* erschien bis 1940 im Verlag von Felix Alcan in Paris. Obwohl gelegentlich Artikel in Englisch und Französisch erschienen und jedem deutschen Aufsatz Zusammenfassungen in diesen Sprachen folgten, blieb die Zeitschrift bis Kriegsbeginn im Wesentlichen deutschsprachig.

Ganz bewusst wurde sie von Horkheimer als Außenposten einer vergehenden Kultur gesehen, als eine – wie Löwenthal formulierte – »deutsche, radikal-intellektuelle Insel.«[17] Sie sollte ein lebendiger Beitrag sein zur Erhaltung der humanistischen Tradition in der deutschen Kultur (Th. W. Adorno: »Flaschenpost«). Löwenthal, der diesen Kurs bis Ende der 1940er Jahre mittrug, kommentierte immerhin diese Haltung rückblickend: »Es war die Zeit der Depression in Amerika. Eigentlich war uns dies nicht so ganz bewußt, wir waren so sehr darauf bedacht, unsere eigene deutsche Insel auszubauen, dass wir leicht vergaßen, wie schrecklich diese Zeit war, die Amerika jetzt erlebte. Uns war zunächst nicht klar, was hier eigentlich vor sich ging.«[18]

Erst 1940 erschien die Zeitschrift in englischer Sprache unter dem Titel *Studies in Philosophy and Social Science*; 1941 stellte man ihr Erscheinen ganz ein. Die USA waren in den Krieg eingetreten, die finanziellen Mittel des Instituts knapper geworden, und Horkheimer hatte kein Interesse mehr an dieser Form der Veröffentlichung. Er kündigte ein Jahrbuch an, das dann nie erschien. In diesen Jahren kam es auch zu latenten Spannungen im Institut. Horkheimer war an die Westküste gezogen, wo sich auch Adorno vorwiegend aufhielt. Löwenthal, dem Horkheimer immer wieder die Übersiedlung nach Kalifornien und gemeinsame theoretische Arbeit in Aussicht gestellt hatte, musste in New York bleiben und dort die Stellung eines Rumpf-Instituts halten, das nicht viel kostete, das aber so die offizielle Fortexistenz demonstrieren konnte und die Beziehungen zur Columbia University aufrechterhielt.

Aus finanziellen Gründen – aber nicht nur aus diesen – wurde die Beziehung zu Erich Fromm, Franz Neumann und Herbert Marcuse gelockert, obwohl gerade sie in den 1940er Jahren mit englischsprachigen Veröffentlichungen aus der Isolierung heraustraten. Genannt sei hier das wichtigste, Franz Neumanns Buch *Behemoth. The Structure and Practice of National-Socialism 1933–1944*, inzwischen ein Klassiker.[19] Franz Neumann, Herbert Marcuse und Leo Löwenthal mussten sich eine weitere Beschäftigung suchen, da das Institut ihre Gehälter erheblich kürzte.

Mochte sich diese Politik, die in der Beibehaltung der deutschen Sprache nur ihren sichtbarsten Ausdruck fand, auch für den späteren Neuanfang des Instituts 1950 in der BRD postiv ausgewirkt haben, so hat sie doch ihre Mitarbeiter in New York isoliert. Ihre Arbeiten blieben nahezu unbeeinflusst von der amerikanischen Sozialwissenschaft und auch von den politischen und sozialen Erfahrungen, die Emigranten im Allgemeinen in den USA machen mussten. So wenig aufnahmebereit sich das Institut für die soziologische Diskussion in den USA zeigte, so minimal war damals auch umgekehrt sein Einfluss auf das Gastland. Es gab einige persönliche Kontakte zu den Kollegen der Columbia University und gelegentliche, oft von persönlichen Eifersüchteleien bestimmte Kooperationen mit der University in Exile. Im Übrigen setzten sich mit der »Kritischen Theorie« nur einige lokal begrenzte, linke Gruppen und esoterische Zirkel auseinander. Diese Isolierung erklärt vielleicht auch, weshalb Horkheimer zu Beginn der 1940er Jahre mit allen Versuchen scheiterte, für ein größeres Forschungsprojekt finanzielle Mittel einer amerikanischen Stiftung aufzutreiben. Das gelang erst Ende der 1940er Jahre in der Zusammenarbeit mit dem American Jewish Committee, das eine ganze Buchreihe unter dem Titel *Studies in Prejudice* sponserte.

Löwenthal hat in den ersten fünf, sechs Jahren in New York nicht allzu viel wissenschaftlich arbeiten können. Da er eine ausgesprochen praktisch-organisatorische Begabung besaß, organisierte er den Umzug und war daher der letzte, der am 2. März 1933 das Frankfurter Institut verließ; am 5. März besetzte die SA das Gebäude. Die Herausgabe der Zeitschrift wurde schwieriger als gedacht; man überließ ihm nicht nur den Besprechungsteil der Zeitschrift, sondern alles, was außer dem Verfassen der Artikel sonst noch für deren Fertigstellung zu tun war. Er brachte selbst spät nachts die Manuskripte, Korrekturfahnen u. a. zum Postamt, damit sie noch rechtzeitig das Schiff erreichten. Seit 1940 hielt er als Lektor für Soziologie seine Vorlesungen an der Columbia University (allerdings ohne Prüfungsverpflichtungen). Damit hatte sich Löwenthal einen ersten Überblick über die Sozialwissenschaften in den USA verschafft, was ihm später zugute kommen sollte. Außerdem musste er für das Institut zwei Wissenschaftler engagieren, die bei der Übersetzung ins Englische halfen. Zunächst aber stellte er zusammen mit Marcuse die *Studien über Autorität und Familie* (1936) fertig, ganz abgesehen davon, dass alle Manuskripte von allen Institutsmitgliedern gegengelesen werden mussten. Man verstand sich als Gemeinschaftsunternehmen, dem der uneitle Löwenthal wohl am uneigennützigsten entsprochen hat. Anfang der 1940er Jahre kam dann die Riesenkorrespondenz mit Horkheimer hinzu. Und er kümmerte sich um alle Emigranten, die um Hilfe baten.[20]

Immerhin schrieb Löwenthal in diesen Jahren fünf literatursoziologische Aufsätze für die *Zeitschrift für Sozialforschung*, darunter einen Beitrag zur Wirkungsgeschichte »Die Auffassung Dostojewskis im Vorkriegsdeutschland«[21] und 1934 einen aufsehenerregenden Artikel über »Knut Hamsun. Zur Vorgeschichte der autoritären Ideologie«, in dem er aufgrund einer genauen Werkanalyse Hamsuns späteres Sympathisieren mit dem Nationalsozialismus prognostizierte.[22]

Dass Horkheimer seit 1948 Verhandlungen mit dem Hessischen Kultusministerium führte und sich bereit erklärte, eine Professur für Sozialphilosophie an der Universität Frankfurt am Main anzunehmen, war Löwenthal bekannt.[23] So sollte auch das Institut an seinen Ursprungsort zurückkehren. Ohnehin war Löwenthals Position schwächer geworden, da die Zeitschrift, sein wichtigstes Arbeitsgebiet, Ende 1941 eingestellt worden war. Seine eigentlich unbefristete Stelle als Consultant des Office of War Information

(OWI) in Washington konnte mit dem Kriegsende unvermittelt zu Ende gehen; er war dann auch – wie Franz Neumann und Otto Kirchheimer – seit 1944 im Bureau of Overseas Intelligence tätig, wo er die Rundfunkprogramme der deutschen Wehrmacht und deutsches Pressematerial zu analysieren hatte. Diese Tätigkeiten trugen zur weiteren Lockerung seiner Institutsbeziehungen bei. Ende der 1940er Jahre musste sich Löwenthal in einer bedenklichen Situation befunden haben. Die Entwicklung in Frankfurt war noch ungeklärt, und es konnte auch nicht in Löwenthals Interesse liegen, offen über seine Sorgen oder gar Enttäuschungen zu sprechen, die das Verhalten von Pollock, Horkheimer und wahrscheinlich auch Adorno in ihm auslösten und die sich Anfang der 1950er Jahre als begründet herausstellten. Auf die direkte Anfrage bei Horkheimer, ob er, der ja 1950 schon als Dekan der philosophischen Fakultät in Frankfurt fungierte, ihm keinen Lehrstuhl für Soziologie oder Literatursoziologie in Aussicht stellen könne[24], antwortet dieser, dass er auf einen *larger grant* hoffe[25], oder er reagierte überhaupt nicht. Aus der Korrespondenz ist ersichtlich, dass Horkheimer nicht ernsthaft daran dachte, Löwenthal den Weg zurück nach Frankfurt zu ebnen.[26]

III

In dieser Ungewissheit nahm Löwenthal 1949 ein Angebot des State Department an, als Abteilungsleiter der »Voice of America« eine Forschungsabteilung aufzubauen, die die Wirkung ihrer Radioprogramme evaluieren sollte. Das war eine interessante und anspruchsvolle Aufgabe, bei der ihn viele amerikanische Sozialwissenschaftler unterstützten. Sie fand allerdings 1953 ein Ende, als die Abteilung unter dem Druck des Senatsausschusses von McCarthy aufgelöst wurde. Auch Löwenthal wurde einer demütigenden Sicherheitsprüfung unterzogen und entlassen.[27]

Es waren zwei Kollegen der Columbia University, mit denen Löwenthal schon Anfang der 1940er Jahre in engeren Kontakt gekommen war und die sich als außerordentlich hilfreich erwiesen, als Löwenthal, mehr oder weniger auf sich gestellt, Ende der 1940er Jahre ein Stück Exilerfahrung nachholen musste: Der eine war der österreichische Soziologe Paul Lazarsfeld (1901–1976), der nach dem Studium der Mathematik und der Staatswissenschaften in Wien schon eine gewisse Berühmtheit erlangt hatte durch die sozialempirische Studie *Die Arbeitslosen von Marienthal*[28], die er zusammen mit seiner Frau, der Soziologin Marie Jahoda, und Hans Zeisel verfasst hatte. 1933 war er mit einem Rockefeller-Stipendium in die USA gekommen, hatte dort verschiedene Universitäten und Forschungseinrichtungen kennengelernt und war 1937 Direktor des Office of Radio Research in Princeton geworden, das später an die Columbia University verlegt wurde und den

Namen Bureau of Applied Social Research erhielt. Seit 1939 lehrte Lazarsfeld als Professor der Soziologie an der Columbia University. Er wurde der Begründer der modernen empirischen Sozialforschung. Der andere war Robert King Merton (1910–2003), später einer der bedeutendsten amerikanischen Soziologen, ein ausgezeichneter Kenner der europäischen Sozialwissenschaften (Emile Durkheim, Karl Marx, Max Weber). Er lehrte seit 1941 als Professor der Soziologie ebenfalls an der Columbia University und leitete zusammen mit Lazarsfeld seit 1942 das Bureau of Applied Social Research. Den problemorientierten Theoretiker Merton und den problemorientierten Empiriker Lazarsfeld verband eine enge Freundschaft.

Nachdem Löwenthal – neben seiner Tätigkeit für das Institut – zeitweise schon an Lazarsfelds »Radio Research Project« mitgearbeitet hatte, schrieb er auf Lazarsfelds Anregung um 1942 die Studie *Biographies in Popular Magazines*, in der er die ideologiekritische Analyse mit der in den USA vorherrschenden empirischen Methode verband. Löwenthal hat dafür die populären Zeitschriften *Saturday Post* und *Colliers* von 1901 bis 1940 mit der Überlegung durchgesehen, dass diese beliebten Marktprodukte Indikatoren für das sein könnten, was in der amerikanischen Gesellschaft vorging. Er fand dabei heraus, dass in diesem Zeitraum die Zahl der Biografien um das Vierfache angestiegen war und dass ihre berufliche Zuordnung sich extrem verschoben hatte. Waren zu Beginn des Jahrhunderts noch Repräsentanten des politischen Lebens, auch Geschäftsleute am stärksten vertreten, so dominierten Ende der 1930er Jahre die Idole des Showbusiness. Nicht mehr die Helden der Produktion sind von Interesse, sondern solche, die uns unterhalten. Die 1944[29] erschienene Pionierarbeit Löwenthals ist nicht nur in der späteren amerikanischen Literatur sehr viel zitiert worden, sie wurde von Merton als eines der wenigen gelungenen Beispiele einer Synthese von europäischer theoretisch-historischer Einstellung und amerikanischer empirischer Forschung gepriesen.[30] Das Lob hat Löwenthal natürlich mit Stolz erfüllt, ihn auch in seinem methodischen Vorgehen bestärkt.

Eine methodisch ähnliche und vielbeachtete Studie erschien in der schon genannten Buchreihe: *Studies in Prejudice* unter dem Titel *Prophets of Deceit – Studies of the Techniques of the American Agitator*, in dem Löwenthal zusammen mit Norbert Guterman die gängigen Topoi und Argumente faschistischer Agitatoren im Amerika der 1930er Jahre mit den Mitteln der Psychoanalyse untersuchte.[31] Das kleine Buch erfuhr eine große Resonanz im amerikanischen Publikum und 1970 eine 2. Auflage mit einer Einführung von Herbert Marcuse.

Aufgrund dieser beiden Studien setzten sich Lazarsfeld und Merton dafür ein, dass Löwenthal eine geeignete Stelle fand. Im Nachlass sind einige Empfehlungsschreiben erhalten: 1948 suchte man an der Universität von Washington D.C. einen Soziologen. Merton empfahl Löwenthal: »His grounding in sociology is of the very best.« Und abschließend, nachdem er alle Qualitäten warm empfohlen hatte: »He speaks and writes English with complete fluency, and his barely perceptible accent is experienced by most people as altogether pleasant.«[32] Das war offenbar ein wichtiger Punkt, denn auch Lazarsfeld betont, in einem Empfehlungsschreiben an Professor Jack Riley an der Rutgers University, nur etwas witziger: »Löwenthal is 47 years of age, speaks and writes English fluently, and has, as matter of fact, less accent than I have. He is a very good teacher (...).«[33] Lazarsfeld sorgte dafür, dass Löwenthal für seine Kurse innerhalb der General Studies in Columbia besser bezahlt wurde. Merton und Lazarsfeld haben auch dazu beigetragen, dass Löwenthal schließlich ein Stipendium für das Center for Advanced Studies in Stanford erhielt, was Lazarsfeld mit dem guten Rat begleitete: »Sie haben jetzt in diesem Forschungsjahr die Alternative, das zu machen, was die Amerikaner ›Having a good time‹ nennen. Sie werden dann nach Ablauf dieses Jahres Hundefänger in Palo Alto. Oder Sie schreiben einige Bücher und Sie werden eine Professur bekommen.«[34] So entstand das Buch *Literature and the Image of Man*[35], das die *New York Times Book Review* rühmte als »written carefully, unpretentiously, without Jargon.«[36] Und zusammen mit der Soziologin Marjorie Fiske, die er 1953 in zweiter Ehe geheiratet hatte, schrieb er die größere Studie über das Verhältnis von Kunst und Massenkultur in England während des 18. Jahrhunderts.[37] Unmittelbar danach wurde Löwenthal zum Professor an der University of California in Berkeley ernannt; wo er nach kurzer Zeit Mitglied des Departments für Soziologie wurde und den gesamten Fachbereich vertrat.

IV

Löwenthal hatte doppeltes Glück. Kaum ein anderes Thema wurde damals in den USA so lebhaft diskutiert wie die Probleme der Massengesellschaft, der Massenkultur und deren Manipulierbarkeit und Wirkung auf die Hochkultur. In den Jahren von 1956 bis 1962 waren die wichtigsten Bücher über Massenkultur erschienen, genannt sei nur die ausgezeichnete Sammlung von Analysen verschiedener Formen der *popular culture* in *The Astonished Muse*, herausgegeben von Reu el Denney.[38] Diese Bücher und natürlich Löwenthals Studien, zu denen auch der 1961 erschienene Band *Literature, Popular Culture, and Society*[39] und zahlreiche weitere Aufsätze zählen, legten den Grundstein für die Etablierung der Popular Culture Studies an den amerikanischen Universitäten. Löwenthal wurde zu vielen Tagungen und Podiumsgesprächen über diese Themen eingeladen, und noch in Publikationen um die Jahrhundertwende wurde seine »Pionierleistung« (von Garth S. Jowett) in den USA herausgestellt.

Einen Höhepunkt erreichte die Diskussion 1959 mit einem Symposium über die Massenmedien und die Künste, zu der nicht nur renommierte Soziologen wie Hannah Arendt, Ernest von den Haag, Paul Lazarsfeld, Edward Shils und eben auch Leo Löwenthal eingeladen wurden, sondern auch Historiker und Philosophen, bekannte Journalisten der Rundfunkanstalten und Zeitschriften und Vertreter der Kunst und Literatur.[40] Löwenthal, der bei solchen Anlässen immer wieder betonte, dass die Soziologie zu den *humanities* (nicht zu den Naturwissenschaften) gehöre und dass für die Klärung und Bewertung soziologischer Phänomene deren historische Entwicklung berücksichtigt werden müsse, hat in seinem historisch orientierten Vortrag dargelegt, dass das Phänomen der unterhaltenden Massenkultur nicht auf die spätbürgerliche Gesellschaft beschränkt sei, dass aber die Gegenüberstellung von Kunst und Massenkultur auf die Zeit der Klassik und Romantik zurückgehe. Er selbst bekannte sich zu dieser Gegenüberstellung: In der Kunst artikulierten sich die Wunschträume, die politisch unterdrückten Proteste der Gesellschaft, die Stimmen der Verlierer in der Geschichte, artikuliere sich das Utopische, das Unerlöste (das schon den jungen Löwenthal anzog). Dagegen werde in der Massenkultur nie etwas erlöst, da bleibe alles beim Alten. In der lebhaften Diskussion, in der sich der Sozialwissenschaftler Lazarsfeld auf die Seite Löwenthals schlug, wurden alte Auseinandersetzungen der »Frankfurter Schule« wieder lebendig, die schon in den 1930er Jahren von Walter Benjamin, Herbert Marcuse und Leo Löwenthal ausgefochten wurden.

Inzwischen war es 1957 mit dem Frankfurter Institut für Sozialforschung zum Bruch gekommen, als Löwenthal von Pollock und Horkheimer seine wohlerworbenen Pensionsansprüche aus 25-jähriger fester Anstellung einforderte. Da man darauf nur ausweichend oder unklar reagierte, schaltete Löwenthal einen Rechtsanwalt ein. Nach einjährigen Querelen verzichtete Löwenthal auf einen Rechtsstreit und akzeptierte enttäuscht den für ihn ungünstigen Kompromiss des Instituts.[41] Löwenthal hat diese Enttäuschung nie ganz überwunden. Sie blieb auch in der Öffentlichkeit weitgehend unbekannt. Der natürlich über alle Vorgänge informierte Adorno reagierte mit Intrigen. An den mit Löwenthal befreundeten Marcuse schrieb er am 24. September 1963: »Weißt Du übrigens, dass Leo in einem der Dokumente, die dann den Bruch zwischen ihm und uns bewirkt haben, allen Ernstes schrieb, er habe in Lazarsfeld den reinsten, edelsten und uneigennützigsten Freund gewonnen? Danach sollte es ihm doch leicht fallen, auf solche Karrieristen und Opportunisten wie uns zu verzichten.«[42]

Die Geschichte einer erfolgreichen Akkulturation hätte ein Ende, wenn in den USA und in der Folge auch in Frankreich, Deutschland und Europa mit der Studentenbewegung in den 1960er Jahren nicht eine ganz unerwartete Renaissance der »Kritischen Theorie« eingesetzt hätte. In den USA entstand ein neues jüngeres Publikum, offen für die Ideen der »Frankfurter Schule«, neue Zeitschriften wurden gegründet, die diese Ideen diskutierten, vor allem *Telos, New German Critique, Theory and Society, New Left Review.* Fast alle Titel der »Kritischen Theorie« wurden neu aufgelegt, und es lässt sich schwer ermessen, wie hoch daran der Anteil Löwenthals oder mehr noch der Herbert Marcuses war. Ganz sicher aber ging von der Persönlichkeit Löwenthals eine starke Wirkung aus. Gerade unter amerikanischen Studenten, die sich früh spezialisieren müssen, erregte die vielseitige Ausbildung der europäischen Emigranten in Kunst, Literatur, Wirtschaft und Politik Erstaunen. Löwenthal war gastfreundlich und gesellig; sein Graduiertenseminar, das er bei Käse und Wein zu Hause abhielt, empfand man als europäisch, und es wurde vielgerühmt. Er war ungewöhnlich teilnehmend, auch am persönlichen Schicksal seiner Schüler, und er war ein leidenschaftlicher, scharfer Debattierer. Als zu Beginn der 1960er Jahre die Studentenunruhen mit dem »Free Speech Movement« begannen – Berkeley spielte bekanntlich eine Vorreiterrolle – solidarisierte er sich mit den Studenten und den Gegnern des Vietnamkrieges.

In der BRD erschienen im Luchterhand Verlag dank des Engagements des Soziologen Frank Benseler erstmals Sammelbände mit literatursoziologischen Arbeiten Löwenthals: 1964 *Literatur und Gesellschaft*, 1966 *Das Bild des Menschen in der Literatur* und eine gekürzte Fassung von *Prophets of Deceit*, und 1971 folgte noch *Erzählkunst und Gesellschaft*. Studenten entdeckten diese Bücher meist ohne professorale Anleitung. Von Benseler erfuhr Löwenthal auch, dass man im Frankfurter Institut für Sozialforschung jahrelang Literatursoziologie betrieb, ohne die Studenten mit Löwenthals Schriften bekanntzumachen.

Die offizielle Anerkennung erfolgte erst, nachdem der deutsche Soziologe Helmut Dubiel 1979 Löwenthal zu dem autobiografischen Gespräch *Mitmachen wollte ich nie* veranlasst hatte, einem überaus lebendigen und informativen Buch, und er 1980 mit der fünfbändigen Ausgabe von Löwenthals *Schriften* begann. Nach 54 Jahren Exil hielt Löwenthal 1984 erstmals wieder ein Seminar an einer deutschen Universität, in Siegen; er wurde mit verschiedenen Ehrendoktoren und Preisen ausgezeichnet. Ganz besonders hat er jedoch 1985 die Einladung des Wissenschaftskollegs in Berlin genossen, die anregenden und unabhängigen Gespräche und Diskussionen, auch die vielen kulturellen Angebote West-Berlins. »Ich vermisse vorläufig«, erklärte der 85-Jährige, »noch Verbindungen zu Intellektuellen in der DDR (...). Ich bin außerordentlich interessiert, hinüber zu kommen. Es tut mir leid, dass es dort drüben etwas weniger schön aussieht, als im westlichen Teil. Auf der anderen Seite ist es wahrscheinlich in der intellektuellen und nicht offiziellen Sphäre außerordentlich lebendig. Ich bin ja schließlich ein vorurteilsloser kosmopolitischer Mensch. Vaterländer habe ich nicht.«[43]

V

Von den Mitgliedern des Instituts für Sozialforschung, das schon wenige Jahre nach seiner Gründung vor der Notwendigkeit stand, zu emigrieren, besaß Leo Löwenthal sicher die besten Voraussetzungen für eine fruchtbare Akkulturation im Gastland USA, obwohl auch die anderen, Horkheimer, Pollock, Adorno, Fromm, aus einer ähnlichen Bildungswelt kamen wie er. Er hatte schon neben dem Studium für Zeitungen gearbeitet, war in der Beratungsstelle für ostjüdische Flüchtlinge, einer Welt, die sich weit von der des liberalen Bildungsbürgertums in Frankfurt unterschied, als Sozialarbeiter tätig, hatte sich für die Volksbühnenbewegung engagiert, und er war vier Jahre Lehrer gewesen – neben seiner wissenschaftlichen Tätigkeit am Institut für Sozialforschung (1926–1930). Er gehörte noch zu der Generation, die den Ersten Weltkrieg miterlebte; er selbst hielt die Bereitschaft, »alles aufzunehmen, was anders war«, für charakteristisch zu Anfang der 1920er Jahre.[44]

Im Exil teilte Löwenthal die Überzeugung aller Mitglieder des Instituts für Sozialforschung, dass sie als kleine Gruppe darauf bestehen sollten, als eine »Insel der deutschen Kultur fortzuexistieren«; das sei nur möglich, »indem man die deutsche Sprache pflegte und in der deutschen Tradition fortdachte.«[45] Als ihn der Soziologe Mathias Greffrath später in einem Interview kritisch fragte, ob man damit nicht geradezu bewusst frontal gegen den amerikanischen Wissenschaftsbetrieb gearbeitet habe, berief sich Löwenthal auf die alte griechische Tradition des Exils, »dass die Verbannten wieder zurückkehren, wenn der ›Tyrann‹ vertrieben ist.«[46] Löwenthal erinnerte sich an ein Schlüsselerlebnis, als bei einer Feier der New School for Social Research einer der Redner sagte: »We feel happily at home« – denn er fühlte sich überhaupt nicht »happily at home«, sondern als »Fremder.«[47] Und Horkheimer und Adorno zogen aus dieser Tatsache auch die Folgerung, dass sie ziemlich rasch nach Beendigung des Krieges nach Deutschland zurückkehrten, nachdem sie mit ihrer Übersiedlung nach Californien schon eine Art Emigration aus der wissenschaftlichen Umwelt der Columbia University vollzogen hatten.

Bei Löwenthal verlief die Entwicklung anders; dabei waren verschiedene Faktoren wirksam:

1. Da er eine praktisch-administrative Begabung besaß, überließ man ihm im Institut – für eine wissenschaftliche Karriere nicht gerade förderlich – die gesamte Redaktionstätigkeit für die Zeitschrift, auch weitgehend die Kontakte mit der Außenwelt, und als er schließlich in den 1940er Jahren meist allein in New York anwesend war auch die Kontakte Horkheimers mit dem IfS und die Vermittlung mit den Kollegen sowie dem Bureau for Applied Social Research. Dazu gehörten die vielen Briefe, in denen er Adorno klarmachen musste, dass Lazarsfeld für das Institut die stärkste Verbindung zum Department of Sociology (Columbia) darstelle, dass dieser in zahlreichen

Angelegenheiten hilfreich sei und dass es wenig sinnvoll sei, mit ihm »einen Krach anzufangen.«[48] Wie sehr ihm seine Fähigkeit zur Empathie inzwischen zur Entwicklung einer zweiten Identität geholfen hat, bestätigt ein Brief an Adorno, in dem er von einem Aufsatz berichtet, den er im Auftrag von Lazarsfeld für ein Buch über »Communications Research« schreibe; es sollte über qualitative Untersuchungen auf dem Gebiet der Mass Media in deutscher, englischer und französischer Sprache informieren. Adorno möge seine Ideen mitteilen: »Das Wesentliche an meinem Aufsatz muß ja sein, dass das Material in Kategorien geordnet wird, die es einem durchschnittlichen amerikanischen Intellektuellen ermöglichen, sich zurechtzufinden, d.h. zu verstehen, was eigentlich in der spekulativen Sphäre vor sich geht, und eine Brücke sich zu dem gewohnten Schema des empirical research zu bauen.«[49]

2. Da Löwenthal aus finanziellen Gründen seit 1941 eine Tätigkeit in der amerikanischen Regierung annehmen musste, seit 1949 als Leiter eines großen Forschungsprojekts, bei dem er auf die Beiträge und die Hilfe von amerikanischen Institutionen und Sozialwissenschaftlern angewiesen war, hat er ganz neue Erfahrungen gemacht und die vielgerühmte amerikanische Hilfsbereitschaft und Fähigkeit zum Teamwork erlebt. Damals arbeitete er auch eng mit dem Bureau of Applied Social Research zusammen; an der Polemik des Instituts, besonders Adornos, gegen Lazarsfeld und das Bureau, beteiligte er sich schon längst nicht mehr.

3. Entscheidend war sicher auch die Entfremdung von der alten Gruppe, die 1957 zum Bruch führte. Horkheimer ging mit Adorno Ende der 1940er Jahre zurück nach Frankfurt, gründete das Institut neu und erlebte einen ungewöhnlichen Aufstieg. Obwohl das nicht ausgesprochen wurde, musste sich Löwenthal allein gelassen fühlen; er hatte seine Schuldigkeit getan. Erst 1963, nachdem er jahrelang darüber geschwiegen hatte, schrieb er rückblickend an Kracauer über »das traumatischste Ereignis meines ganzen Lebens.«[50]

4. Diese bittere Erfahrung, der Verlust der Identität mit der Frankfurter Gruppe, bewirkte andererseits, dass er sich den positiven Erfahrungen in den USA stärker öffnete. Mit großer Dankbarkeit nahm er die freundschaftliche Unterstützung von Lazarsfeld und Robert K. Merton an, durch die er – nach dem Stipendium in Stanford – letztlich die Professur in Berkeley erhielt. Es war nicht zuletzt die Tätigkeit dort, die mit Freude übernommene Lehrtätigkeit, die ihm das Gefühl gab, in den USA letztlich doch »zu Hause« zu sein.

5. Auch das gute Verhältnis zu den amerikanischen Kollegen wird ihm geholfen haben, eine amerikanische Identität zu erwerben. Die Korrespondenz im Nachlass bezeugt, dass die freundschaftliche Beziehung zu Lazarsfeld und Merton bis zum Lebensende erhalten blieb. Persönliche Briefwechsel existieren u.a. mit Lewis A. Coser, Daniel Bell, Edward Shils. Der Litera-

turwissenschaftler Tony Kaes, der 1978 als Gastprofessor nach Berkeley kam und später mit Löwenthal bei dessen Goethe-Arbeiten zusammenarbeitete, bestätigte, dass Löwenthals Auseinandersetzung mit der amerikanischen Soziologie schon lange vor der Berufung nach Berkeley begann. Er sei immer an neuen Ideen interessiert gewesen und – auch in den späteren Jahren noch – umgeben von jungen Menschen. Er habe ganz bewusst etwas vom europäisch-amerikanischen Background vermittelt, der ihm auch die große Souveränität gab, wenn es zum Beispiel galt, das Wesentliche einer Tagung zusammenzufassen, ihr – mit Kenntnis und Witz – eine Zielrichtung zu geben. Er hielt bis ins hohe Alter seine Privatseminare mit Soziologen, kehrte da aber zu den Vorlieben seiner Studienzeit zurück, zur französischen Aufklärung, Diderot, Helvetius.[51]

Löwenthal war sich des mehrfachen Gewinns durch die Emigration sehr bewusst und hat sich auch gerne dazu bekannt. Auf Greffraths Frage, ob er sich in den USA »heute happily at home« fühle (das Interview fand in den 1970er Jahren statt), bejahte er das unmissverständlich: »Heute ist das doch ganz anders. Der Marcuse oder ich sind doch (…) integrierte Mitglieder des amerikanischen Erziehungswesens und der amerikanischen Intelligenz, ohne das Deutsche dabei aufzugeben. Man kann ja beides sein, das eine schließt nicht das andere aus. Aber ich fühle mich heute nicht als ein Exilierter. Ich würde wohl nicht zurückgehen. Die Arbeit, die ich mache, hat mich interessiert, und ich habe es auch nie einen Tag bedauert. Ich bin sehr froh darüber. Amerika hat mir eine außerordentlich große Erfahrung verschafft, zunächst im Regierungsdienst und dann später als Professor in Berkeley. (…) Es ist zu einer viel größeren Ausweitung meines Horizonts über gesellschaftliche Phänomene gekommen, einfach dadurch, dass die amerikanische Sozialwissenschaft – in der Soziologie, in der Politologie und in der Ökonomie – so unendlich viel differenzierter ist als das, was in Europa sich vollzieht. Da habe ich unendlich viel gelernt, (…) auch durch eine viel engere Berührung mit Kollegen in englischer Literatur, in anderen Literaturen, über Literatur selber. Dann habe ich einfach sehr viel gelernt – über die moderne Welt. Ich meine, der einfache Umstand, daß ich in einem solchen Riesenland lebe – in einer, wenn sie auch in einer gewissen Weise provinziell ist, doch letzten Endes sehr kosmopolitischen Welt – (…) das hat schon unendlich meinen Horizont erweitert. Und ich fühle mich viel kosmopolitischer, viel mehr ein Mann der Welt, als ich das je in Deutschland gefühlt habe oder vielleicht fühlen würde.«[52]

Natürlich übe er auch an Vielem in der amerikanischen Sozialwissenschaft Kritik[53], aber das hätte er auch gegenüber denselben Phänomenen in Deutschland getan, »gegen den Positivismus, gegen das Theorielose, das Unkritische, gegen das Überhandnehmen des bloß Quantitativen.«[54] Er habe auch in den USA Kritik geübt an den »grauenhafte[n] innen- und außenpolitische[n]

›Vietnams‹«, aber es sei doch tröstlich, dass immer wieder amerikanische Intellektuelle an den politischen, kulturellen und ökonomischen Institutionen ihres Landes Kritik üben.[55] Er habe auch »einen viel größeren Sinn für Toleranz, pädagogisch und theoretisch, bekommen durch das Leben in Amerika«, und dann folgt das für Löwenthal charakteristische, liebenswürdige Bekenntnis: »Trotzdem muß ich sagen, wenn mir das gute Schicksal nicht erlaubte, so häufig nach Europa zu kommen, würde ich vielleicht sehr unglücklich sein, weil ich eben doch ungeheuer viel wieder gewinne, wenn ich wie Antäus den Boden hier berühre.«[56]

Für die Abdruckerlaubnis der Zitate aus ungedruckten Dokumenten von Leo Löwenthal danke ich Frau Susanne Löwenthal, Berkeley/USA, und Herrn Peter-Erwin Jansen, Frankfurt/M., der ihre Rechte vertritt, sowie dem Archivzentrum der Universitätsbibliothek Frankfurt/M., in dem sich der Nachlass von Leo Löwenthal als Depositum befindet.

1 Iring Fetscher: »Aufklärer im Reich der Literatur – Mit Leo Löwenthal starb einer der letzten Väter der Frankfurter Schule.« In: *Der Tagesspiegel* (Berlin), 26. Januar 1993. — **2** Dieses Lebensmotto ist auch der Titel von: Leo Löwenthal: *Mitmachen wollte ich nie.* Ein autobiographisches Gespräch mit Helmut Dubiel. Frankfurt/M. 1980. Über seine Herkunft vgl. dort S. 15 ff. — **3** Über den Vater, den Frankfurter Arzt Victor Löwenthal (1864–1942), vgl. ebd., S. 15 f., S. 37 und S. 50. — **4** Löwenthal hatte um 1925 zusammen mit Ernst Simon, dem späteren Professor für Pädagogik an der Hebräischen Universität Jerusalem, als Redakteur für das *Jüdische Wochenblatt* gearbeitet und in einem Artikel über »Die Lehren von China« (25. Juni 1925) unter Anspielung auf zeitgenössische Ereignisse vorausgesagt, dass die käufliche Erwerbung von Land durch die Jüdische Zentralorganisation zur Verarmung und Arbeitslosigkeit der landarmen palästinensischen Bevölkerung führen und sich negativ auf die zionistische Bewegung auswirken werde. Ebd., S. 25. — **5** Der Jurist und Politologe Franz Neumann (1900–1954), bis 1933 ein engagierter Anwalt der Gewerkschaften und der SPD, floh 1933 nach London, wo er 1936 sein politikwissenschaftliches Studium mit dem Ph.D. abschloss, gelangte durch Vermittlung des Instituts für Sozialforschung (Abk.: IfS) in die USA, war – ohne einen formellen Anstellungsvertrag – einer der wichtigsten Mitarbeiter des IfS, mußte aber am 1. Oktober 1940, wie einige andere Wissenschaftler, das IfS verlassen. — **6** Ernst Fraenkel (1898–1975) war nach dem Jura- und Geschichtsstudium in Berlin als Anwalt für Arbeitsrecht tätig, zum Teil in der Sozietät mit Franz Neumann. Ebenfalls SPD-Mitglied, vertrat er in seinen Publikationen sozialistische Positionen. 1938 emigrierte er – über England – in die USA, wo er an der New School for Social Research lehrte. Noch vor Neumanns *Behemoth* erschien 1941 sein bekanntestes Werk *The Dual State. A Contribution to the Theory of Dictatorship.* New York u. a. 1941 (dt. *Der Doppelstaat.* Frankfurt/M.-Köln 1974), eine Analyse des NS-Staates. — **7** Im Brief vom 12. April 1924 hat Kracauer seinen Freund Löwenthal gewarnt: »... das positive Wort ist nicht unser (...), wir müssen verborgen sein, quietistisch, nichtstuerisch, ein Stachel den andern (...).« Zitiert nach: Leo Löwenthal, Siegfried Kracauer: *In steter Freundschaft. Briefwechsel 1921–1966.* Hg. von Peter-Erwin Jansen und Christian Schmidt. Springe 2003, S. 54. — **8** Erich Fromm (1900–1980), Psychoanalytiker, Philosoph und Sozialpsychologe, war in Frankfurt aufgewachsen, studierte zunächst Jura, dann Soziologie in Heidelberg und promovierte bei Alfred Weber. 1930 wurde er für das IfS als Leiter der sozialpsychologischen Abteilung fest angestellt. 1934 emigrierte er in die USA, wo er als Dozent an der Columbia University tätig war und entscheidend an den *Studien über Autorität und Familie* des IfS mitwirkte. 1939 trennte er sich nach verschiedenen Konflikten vom IfS. — **9** Löwenthal: *Mitmachen wollte ich nie* (s. Anm. 2), S. 26 f. — **10** Ebd., S. 54. Helmut Dubiel (geb. 1946), inzwischen Professor der Soziologie in Gießen, führte das Gespräch mit Leo Löwenthal im Spätwinter und Frühjahr 1979, dabei entwickelte sich eine herzliche Freundschaft zwischen beiden. — **11** Leo Löwenthal: *Die Sozietätsphilosophie Franz von Baaders. Beispiel und Problem einer religiösen Philosophie.* Inaugural-Dissertation zur Erlangung der Doktorwürde an der Wirtschafts- und Sozialwissenschaftlichen Fakultät der Univ. Frankfurt/M. 1923. Veröffentlicht in: Leo Löwenthal: *Schriften.* Hg. von Helmut Dubiel. Bd. 5. Frankfurt/M. 1987. S. 99–168. — **12** Leo Löwenthal: *Gewalt und Recht in der Staats- und Rechtsphilosophie Rousseaus und der deutschen idealistischen Philosophie.* Staatsexamensarbeit zur Erlangung der Lehrbefähigung im höheren Lehramt. 1926. In: Ders.: *Schriften.* (s. Anm. 11), S. 169–206. — **13** Leo Löwenthal: *Helvetius.* In: Ebd., S. 7–98. — **14** Carl Grünberg (1861–1940) lehrte bereits als Ordinarius für Staatswissenschaften an der Universität Wien. Erklärter Marxist, war er Lehrer von Max Adler, Otto Bauer, Rudolf Hilferding u. a. 1924 wurde er zum ersten Direktor des 1923 gegründeten Instituts für Sozialforschung ernannt. Grünberg brachte sein *Archiv für die Geschichte des Sozialismus und der Arbeiterbewegung* mit. Im Januar 1928 erlitt er einen schweren Schlaganfall und trat 1929 von der Leitung des Instituts zurück. Sein Nachfolger wurde 1930 Max Horkheimer; für ihn wurde in der Philosophischen Fakultät der Universität Frankfurt/M. eine Stiftungsprofessur für Sozialphilosophie geschaffen. Leo Löwenthal und Henryk Grossmann (noch aus der Grünberg-Zeit) wurden die beiden Hauptassistenten des Instituts. — **15** Es handelt sich hier um eine Enquete, die einen Einblick »in die psychische Struktur« der Arbeiter und Angestellten im Verhältnis zur gesellschaftlichen Entwicklung geben sollte. Sie wurde 1929–1930 von Erich Fromm und Hilde Weiß mit 3.300 Fragebogen begonnen. Warum die Erhebung vom IfS nicht publiziert wurde, ist ungeklärt. Schuld trugen daran sicher die erzwungene Emigration 1933, vielleicht auch Bedenken Horkheimers, dem diese Enquete »zu marxistisch« war, möglicherweise auch Spannungen zwischen Fromm und anderen Institutsmitgliedern, besonders seit Adornos Ankunft. Das gesamte vorhandene Material wurde erstmals 1980 unter dem Titel *German Workers 1929. A Survey, its Methods and Results* veröffentlicht; in deutscher Sprache bearbeitet und hg. von Wolfgang Bonss unter dem Titel *Arbeiter und Angestellte am Vorabend des Dritten Reiches: Eine sozialpschologische Untersuchung.* Stuttgart 1980. — **16** Das galt nur für die Wissenschaftler, die bereits in Deutschland als Hochschulprofessoren tätig waren. Denn 1933 war die Arbeitslosenquote in den USA am höchsten: 12,8 Prozent. Erst 1937 wurden die Einwanderungsbedingungen für die Flüchtlinge aus Deutschland erleichtert, aufgrund der positiven Wirtschaftsentwicklung und der Interventionen angesehener amerikanischer Persönlichkeiten. — **17** Löwenthal: *Mitmachen wollte ich nie* (s. Anm. 2) S. 76. — **18** Ebd. — **19** 1942 und 1944 (deutsch erschien es erst 1977, ebenfalls unter dem Titel *Behemoth*). Erich Fromm: *Escape from Freedom* (1941; dt. 1945: *Die Furcht vor der Freiheit*); Herbert Marcuse: *Reason and Revolution: Hegel and the Rise of Social Theory* (1941; dt. 1962: *Vernunft und Revolution. Hegel und die Entstehung der Revolutionstheorie*). — **20** Als für Kurt Pinthus die zweijährige Frist der Vorlesungen am Institute for Social Research abgelaufen war, holte er sich Rat bei Löwenthal, und als Willy Haas 1938 aus Prag fliehen musste und sich hilfesuchend an Löwenthal wandte, gab dieser ihm sogar ein persönliches Affidavit, ohne ihn persönlich zu kennen (Korrespondenzen im Löwenthal-Nachlass, AZ Frankfurt/M., Na 4). — **21** Leo Löwenthal: »Die Auffassung Dostojewskis im Vorkriegsdeutschland«. In: *Zeitschrift für Sozialforschung.* Bd. III (1934), S. 343–382. — **22** Knut Hamsun: »Zur Vorgeschichte der autoritären Ideologie«. In: *Zeitschrift für Sozialforschung.* Bd. VI (1937), S. 295–345. — **23** Brief von M. Horkheimer an Dr. Hermann Lietz, Hessisches Staatsministerium für Kultus und Unterricht, 10. Nov. 1948, in: M. Horkheimer: *Gesammelte Schriften.* Bd. 17: *Briefwechsel.* Hg. von Gunzelin Schmid-Noerr. Frankfurt/M. 1996, S. 1034 f. — **24** Löwenthal an Horkheimer, Briefe vom 27. Mai 1950 und vom 17. Juli 1950, in: Horkheimer/Löwenthal-Korrespondenz (Nachlass Löwenthal [LN] und Nachlass Horkheimer [HN]) AZ Frankfurt/M. Na 4 und Na 1). — **25** M. Horkheimer an L. Löwenthal, Brief vom 2. Juni 1950. Ebd. — **26** Martin Jay z. B. erklärte Löwenthals Entscheidung, in den USA zu bleiben, mit der bevorstehenden Heirat der amerikanischen Soziologin Marjorie Fiske. Vgl. Martin Jay: *Dialektische Phantasie. Die Geschichte der Frankfurter Schule.* Frankfurt/M. 1976, S. 330. Rolf Wiggershaus hat in seinem umfangreichen Buch *Die Frankfurter Schule – Geschichte, Theoretische Entwicklung, Politische Bedeutung* (München 1986) Löwenthal ohnehin nicht gerade ausführlich behandelt und bei der allgemeinen Auflösung des Instituts in den USA nur erwähnt, dass Löwenthal eine Professur in Berkeley erhielt. — **27** Löwenthal: *Mitmachen wollte ich nie* (s. Anm. 2), S. 118 ff. — **28** Paul F. Lazarsfeld, Marie Jahoda, Hans Zeisel: *Die Arbeitslosen von Marienthal. Ein soziographischer Versuch über die Wirkungen langandauernder Arbeitslosigkeit.* Hg. und bearbeitet von der Österreichischen Wirtschaftspsychologischen Forschungsstelle. Leipzig 1933. — **29** Erschienen in: Paul F. Lazarsfeld und Frank Stanton (Hg.): *Radio Research* 1942–43. New York 1944, S. 506–548; wieder in Leo Löwenthal: *Literature, Popular Culture, and Society.* Englewood Cliffs, New York 1961. Deutsch unter dem Titel: »Der Triumph der Massenidole«. In: Löwenthal: *Schriften.* Bd. 1. Frankfurt/M. 1981. — **30** Löwenthal: *Mitmachen wollte ich nie* (s. Anm. 2), S. 189 und S. 202. — **31** Leo Löwenthal (zusammen mit Norbert Guterman): *Prophets of Deceit: A Study of the Techniques of the American Agitator.* New York 1949. — **32** Robert K. Merton an Prof. Harod L. Geisert, Dept. of Sociology, The George Washington University, Brief (Kopie) vom 12. Februar 1948. Nachlass von Leo Löwenthal (AZ Frankfurt/M. Na 4). — **33** Paul Lazarsfeld an Professor Jack Riley, Rutgers University (Durchschlag in: AZ Na 4). — **34** Löwenthal: *Mitmachen wollte ich nie* (s. Anm. 2), S. 196. — **35** Leo Löwenthal: *Literature and the Image of Man.* Boston 1957. In deutscher Sprache: *Das Bild des Menschen in der Literatur,* Neuwied – Berlin 1966. — **36** New York Times Book Review, 7. Juli 1957 (AZ Frankfurt/M. Na 4). — **37** Leo Löwenthal, Marjorie Fiske: »The Debate Over Art and Popular Culture in Eighteenth Century England«. In: Mirra Komarovsky (Hg.): *Common Frontiers of the Social Sciences.* Glencoe, Ill. 1957, S. 33–112 und S. 413–418. — **38** Weitere Publikationen sind: Bernard Rosenberg, David Manning White (Hg.): *Mass Culture. The Popular Arts in America.* Glencoe 1957; Eric Larrabee, Rolf Meyerson (Hg.): *Mass Leisure.* Glencoe 1958. — **39** Löwenthal: *Literature, Popular Culture and Society* (s. Anm. 29). — **40** Vgl. dazu Norman Jacobs (Hg.): *Culture for the Millions? Mass Media in Modern Society.* Princeton, N.J. 1961, Neuaufl. unter dem Titel: *Mass Media in Modern Society,* mit einer neuen Einführung von Garth S. Jowett. New Brunswick 1992. — **41** Leo Löwenthal, Briefentwurf an M. Horkheimer mit der hss. Korrektur vom 14. Juni 1957 (AZ Frankfurt/M. Na 4); Brief von M. Horkheimer an Friedrich Pollock, 11. Dez. 1957. In: Max Horkheimer: *Gesammelte Schriften.* Bd. 18: *Briefwechsel.* Frankfurt/M. 1996, S. 400 f. — **42** Der Brief befindet sich im Herbert-Marcuse-Nachlass, 1004, 1–68 (AZ Frankfurt/M. Na 3). — **43** Typoskript. Ebd. Na 4. — **44** Leo Löwenthal im Gespräch mit Mathias Greffrath. In: Mathias Greffrath (Hg.): *Die Zerstörung einer Zukunft. Gespräche mit emigrierten Sozialwissenschaftlern.* Reinbek 1979, S. 198. Diese Interviews sind nicht nur wegen Greffraths politischem Interesse interessant, sondern auch hinsichtlich des Hybriditätsthemas. — **45** Ebd., S. 213. — **46** Ebd. — **47** Ebd., S. 215. — **48** Löwenthal an Adorno, Brief vom 17. April 1942. In: Leo Löwenthal: *Schriften.* Bd. 4: *Judaica, Vorträge, Briefe.* Frankfurt/M. 1984, S. 155. — **49** Löwenthal an Adorno, Brief vom 23. Febr. 1948. Ebd., S. 171. — **50** Löwenthal an Kracauer, Brief vom 13. Dez. 1963. In: Leo Löwenthal, Siegfried Kracauer: *In steter Freundschaft. Briefwechsel 1921–1966* (s. Anm. 7), S. 246. — **51** Nach einem Telefongespräch mit Prof. Dr. Anton (Tony) Kaes, Berkeley, am 5. November 1995, für dessen Auskünfte ich herzlich danke. — **52** Greffrath: *Die Zerstörung einer Zukunft* (s. Anm. 44), S. 215 f. — **53** Andererseits habe er durch den längeren Kontakt mit den amerikanischen Sozialwissenschaftlern zu verstehen gelernt, dass die Art und Weise, in der das Institut für Sozialforschung z. B. den Pragmatismus kritisiert habe, »einfach oberflächlich« war. Vgl. Löwenthal: *Mitmachen wollte ich nie* (s. Anm. 2), S. 205 f. — **54** Greffrath: *Die Zerstörung einer Zukunft* (s. Anm. 44), S. 214. — **55** Ebd., S. 217 f. — **56** Ebd., S. 217.

Eva-Maria Siegel

Lesestoffe von der Peripherie

Zur Kunst der Reportage oder Filme, die man im Kino nicht zu sehen bekommt

Simone Barck gewidmet
(1944–2007)

Dem Jahrbuch Exilforschung ist zu danken, dass es das Stichwort ›Hybridität‹ in sein Programm aufgenommen hat. Denn im Falle der beiden Exilwerke, die mein Beitrag in den Mittelpunkt stellt, Egon Erwin Kischs und Maria Leitners, ist zu deren Entstehungsgeschichte und zu Fragen der ›Verwurzelung‹ und ›Entwurzelung‹ Vieles schon gesagt worden. Meine Untersuchung erhebt also keinen Anspruch auf Innovation mit Blick auf Kriterien der Autorschaft. Sie macht lediglich Vorschläge im Hinblick auf eine methodische Annäherung, die an exemplarischen Beispielen Verbindungen aufzeigt hin zu Mischformen von Kultur und Sprache, wie sie mit dem Begriff des Hybriden angerufen werden. Anhand einiger Texte möchte ich untersuchen, welche Art von »turbulentem Lesestoff von der Peripherie«[1], um eine Formulierung von Paul Eisner zu gebrauchen, die Literaturformen der Reportage und der Miniatur denn liefern. Ohne das ›Alleinstellungsmerkmal‹ Exil aus den Augen verlieren zu wollen, sehe ich eine Besonderheit der von mir herangezogenen Texte in dem Umstand, dass ihr Verfasser bzw. ihre Verfasserin bereits vor ihrer Vertreibung aus Deutschland häufig von geografischen Räumen aus agiert haben, die, aus einem europäischen Blickwinkel betrachtet, als randständig galten. Peripherie eben, Umgebung im Gegensatz zum Kernbereich, Nicht-Zentrum und insofern zweitrangig, leicht zu vernachlässigen, einfach zu übersehen. Beide verfügen gleichsam über »transnationale Lebensstile« (Patrick Farges), schreiben über Lokales wie über globale Bewegungen und dürfen von daher mit einigem Recht mit dem Hybriden in Verbindung gebracht werden. Mein Beitrag faltet es in drei Richtungen aus: Hybridität der Kulturen, für die die Reportage einen dritten Raum schafft, Hybridität der Existenz, sowohl im Exil als auch mit Blick auf deren Funktion als Ausschlusskategorie im 3. Reich, und schließlich die Hybridität des Genres selbst.

I Hybridität der Kulturen: Die Reisereportage bei Kisch

Bekanntlich hat Egon Erwin Kisch, der »Mann der fünf Erdteile«, die »Kategorie ›Reportage‹ nicht (geliebt).«[2] Darauf hat Hans-Albert Walter in seiner Rede vor der Philosophischen Fakultät der Universität Köln 1988 hingewiesen. Dennoch lässt sich »das Exotische«, das dem Genre inhärent ist, eben nicht auf jenes Spannungsmoment beschränken, das »gebraucht wird, um den Leser in die Geschichte hineinzulocken«, auf »den Trick«, dass »die literarische Gleichnissphäre mit der beschriebenen Sache ›eigentlich‹ gar nichts zu tun hat.«[3] Nimmt man den Band *Asien gründlich verändert* als Ausgangspunkt, erweist sich das Thema des Zusammentreffens differenter kultureller Ordnungen als so zentral, dass man davon ausgehen darf, der spontane Eindruck dominiere eben doch die später erarbeiteten Assoziationen. Der Impuls der Wahrnehmung, schriftlich nachträglich fixiert, lässt das Fremde neu und anders in den Blick geraten. Dass sie in die Form eines *first contact* gebracht werden, wird von der zeitgenössischen Kritik aufmerksam registriert. Auf diese Weise werden nicht so sehr die Russlandreportagen gewürdigt, obgleich die »Umwälzungen, die in diesem mittelasiatischen Keil vor sich gehen«, ja als exemplarisch für den Rest der Welt gelten sollten. Vielmehr sind es die »grotesken Niederschläge«, die entstehen, wenn »zwei Zivilisationen, eine europäisch-kapitalistische und eine afrikanisch-naturalwirtschaftliche« sich begegnen, die Aufmerksamkeit erwecken. In den Fokus gerät das, was an Aporien sich aufbaut, seit »die Europäer (…) als Herren und Kolonisatoren« über die Welt gekommen sind. Das »politische Moment der kulturellen Differenz«, um es in den Worten Homi K. Bhabhas zu sagen, wird klar herausgestellt, so wie es innerhalb der Problematik einer kolonialen Regierungskonzeption – der *governmentality* – zum Vorschein kommt und die »Transparenz zwischen Lesbarkeit und legitimer Herrschaft« überschreibt.[4] Zum Beispiel Afrika: Die Reportage soll, schreibt Peter Bark, dem deutschen Lesepublikum eine ebenso »lebendige Vorstellung« von der dortigen Peripherie geben wie dokumentarisches Filmmaterial: »Wer hat noch nie einen nackten Neger mit einem verbeulten Zylinderhut auf dem Kopf abgebildet gesehen? Oder: In einer katholischen Kirche Kongos singen die Neger des Sonntags ›Ave Maria, Mater dolorosa‹ im klassischen Latein – dabei verstehen sie kaum Französisch. Oder: einem schwarzen Holzfäller, der zur Arbeit (…) gezwungen wird, wird bei der monatlichen Lohnauszahlung erklärt: Dein Lohn beträgt minus 27 Francs – die Steuern sind höher als der Lohn.«[5] Die »Unmittelbarkeit der Gestaltung von Widersprüchen, von aufgelösten und unaufgelösten«, soll die »überzeugende Kraft des geschriebenen Wortes in der Reportage« verstärken. Das verwendete Tatsachenmaterial ist tatsächlich Material, es dient als ein Kompass, der allerdings »eines Fernrohrs« bedarf, der »logischen Phantasie« des Betrachters, der »Hingabe an sein Objekt«.[6]

Es soll das Unvereinbare nicht versöhnt werden. Es steht im Akt der beschreibenden Beobachtung für sich. Darin unterscheidet sich die Theorie der Reportage in den 1920er Jahren von den Reflexionen der Exilzeit, in denen die Frage nach den Möglichkeiten der Darstellung des Faktischen wesentlich differenzierter erörtert wird. Zwar bleibt ein wirklicher Vorfall Impuls und Anlass der Beschreibung. Doch gehen Dokumentation und Fiktion wesentlich stärker ineinander über. Für diesen Übergang erscheinen mir zwei Reportagen exemplarisch.

In *Die tunesischen Juden von Tunis* benutzt Kisch 1927 ein offenes Frageraster. Seine Funktion es ist, den Leser anzuleiten, ihn durch die heterotope Wiedergabe sinnlicher Erfahrungsmomente zu führen und das wertende Urteil so vorzustrukturieren. Wo leben sie? Wie leben sie? Wie tragen sie sich? Was ist ihre Gerichtsbarkeit? Welches sind ihre Gesetze? Wer achtet sie? Und wer verachtet sie? Was unterscheidet die jüdische Bevölkerungsgruppe der Grani von derjenigen der Tuansa? Weshalb denn, fragt Kisch und lässt den Leser sich fragen, hassen sie einander? All das sind strukturierende Elemente, die den Erzählerkommentar, wie er eine literarische Erzählung konfigurieren würde, weitgehend ersetzen zugunsten der abschnittsweisen Bündelung von Eindrücken. Sie sind überwiegend optischer, aber auch haptischer und olfaktorischer Natur. Mit einem für die klassische Reiseliteratur typischen Topos wagt der Text lediglich seinen Einsatz: Mit der Verwunderung, welcher der Betrachter der Altstadt, der Medina, und ihres »Judengettos«, der Hara, situativ kaum Herr zu werden vermag: »Eben komme ich aus der Sahara, dort sah ich Berber, Neger, Beduinen, Kabylen, Ruarhi und andere mehr oder minder wilde Araberstämme bei tollen Schwerttänzen, bei ernsthaften Raufereien, bei Gericht wegen Blutrache. Aber ein solches Volk begegnete mir niemals wie die Juden von Tunis.«[7] Wenn das nicht Hybridität, unvermischte kulturelle Differenz ist, was ist es dann? Eine Wiedergabe von Gesamteindrücken gibt es nicht. Unverbunden nebeneinander stehen Reflexionen über das nicht vorhandene Scheidungsrecht, die merkwürdige Einrichtung der »›Halitza‹, der zufolge beim Tode eines Ehemannes dessen jüngerer Bruder verpflichtet ist, die Witwe zu heiraten«[8], die Beschreibung von Kleidung, Sitten, Gebräuchen, Handelsware und Einwanderungswegen. Anders als in den Reportagen der frühen 1930er Jahre wird die Lösung der vor Augen geführten und durch die französische Kolonialpolitik noch verstärkten Konflikte nicht vom Klassenkampf erwartet. Vielmehr steht am Ende die Anrufung einer Genealogie: Erwartet wird die Auflösung der tradierten Verhältnisse und ihrer Bindungsmacht durch die aufgeklärte nächste Generation. Geschildert also wird eine Form von Synkretismus, die sich in eine Perspektive der Parteilichkeit keineswegs einfügt. Sie erfährt eine Wertung, deren Perspektive und Gestus sich am ehesten als kopfschüttelnde Befremdung kennzeichnen lässt.

In den *Entdeckungen in Mexiko,* erschienen 1945, hat sich dieser Duktus hin zu scheinbar lose aneinander gereihten Beobachtungen verwandelt, die so unterschiedliche Themenbereiche wie Ethnografie, Politik, Wirtschaft, Pharmakologie, Literatur und Kunst mit Blick auf die Geschichte der indigenen Hochkulturen in sich vereinen. Die Narration der Historie, der Anspruch des »literarischen Chronisten«[9] gewinnt, wie Friedhelm Schmidt herausgearbeitet hat, einen veränderten Stellenwert. Eine imaginäre europäische Leserschaft wird hinsichtlich der Übernahme von Sitten und Gebräuchen ins Alltagsleben in Kenntnis gesetzt. Mit Blick auf geschichtliche Hintergrundinformationen und aufgezeigte Kontexte steigt die Bedeutung der Fiktion. Abwechselnd die Position des Reporters und des Reiseführers einnehmend, versieht Kisch seine Reportagen am Ende allerdings gelegentlich mit Statements, die den historisierenden Diskurs überschreiten: Sie nehmen Bezug auf aktuelle Ereignisse in Europa wie auf das nahende Kriegsende. Auffällig ist die Erzählstrategie der Personalisierung von Raumobjekten und Dingwelten wie Vulkanen, Giften und Pyramiden. Für die Art und Weise, wie sie zum Sprechen gebracht werden, mag als Beispiel der Text *Interview mit den Pyramiden* gelten. In ihm führt Kisch eine Rundreise durch 8.000 Jahre Kulturgeschichte anhand der Baudenkmäler aus der präcortezianischen Zeit vor. Die Darstellung epochaler Unterschiede wird zum signifikanten Merkmal kultureller Differenz. In den Mittelpunkt rückt genau jene »andere Reihenfolge von Kulturen«, die zum relativierenden Differenzpunkt der eigenen kulturellen Herkunft wird: »Für die präcortesianische Zeit gibt es kaum Jahreszahlen, keine Begriffe wie Steinzeit, klassisches Altertum, Mittelalter, Renaissance oder dergleichen. Geschichte und Kulturgeschichte werden nur nach den Fundstellen eingeteilt und benannt. Das einzige, was mehr oder minder feststeht, ist die Reihenfolge einer Kultur innerhalb einer Zone, und so kann man in Mexiko eine Rundreise durch die Zeitalter machen, aus Urgestern nach Heute. Diese Strecke fährt der Pyramiden-Interviewer. Seinen Lesern soll es nicht ergehen wie den Touristen in Rom, die sich wundern, daß das Kolosseum verfallener ist als die Peterskirche, welche sie doch vorher gesehen haben.«[10]

Der Zeitstrahl bleibt bestimmend – und dennoch gibt der Text wesentlich deutlicher als die Reportagen der 1920er und 1930er Jahre dem Bewusstsein Ausdruck, dass die Rezeption anderer Texte in noch jeden Reisebericht einfließt und so die Eindrücke des Lesers mitformt.[11] Die offengelegten intertextuellen Bezüge, besonders auf die Forschungen Alexander von Humboldts, lassen erkennen, dass der bloße Augenzeugenbericht keineswegs zur Wahrnehmung von Wirklichkeit genügt und als Reportageform auch nicht intendiert ist. Freilich wird damit nicht nur einer exotistischen Sicht auf das Land Mexiko entgegengearbeitet. Die Alltagsschilderungen werden vielmehr als Kontrastfolie benutzt, um eine auf die Gegenwart bezogene Stellungnahme des Reporters zu betonen, die vergangenen Praktiken der Kolonialisierung ebenso gilt wie den jeweils gerade aktuellen Eroberungs- und Ausnutzungsstrategien.

Das mag man als Kritik am aufkommenden Sensationsjournalismus lesen. Doch möchte ich das Augenmerk auf einen anderen Umstand lenken. Seltsamerweise scheint sich der Berichterstatter erst im Verlauf seiner Reise bewusst zu werden, dass Vergleiche zwischen verschiedenen Kulturräumen so ihre Tücken haben und die Fokussierung der Wahrnehmung auf die westeuropäische Perspektive eine Herausforderung des gesamten Genres darstellt. Zugleich ist die Neigung zu beobachten, die aufgesuchten Differenzpunkte dem sozialen Gleichheitspostulat wieder zu opfern, sie in einer Weise einzuebnen, die sie zugunsten der Beschreibung ökonomischer Problemlagen zurückstehen lässt. Die artifizielle Form, in der ein unspektakulär erscheinender Stoff auf bestechende Weise aufbereitet ist, schließt diese Widersprüchlichkeit als einen dritten Raum in sich ein. Lesbar wird die Semantik eines Zwischenraumes, der zwischen der Traditionslinie politischer Parteilichkeit und der Fremdwahrnehmung von Kulturen vermittelt: De-Platzierung an einer Peripherie, die die Differenz zwischen politischer Idee und kultureller Praxis offen hält. Von daher dreht sich der Blick um. Fast erscheint die Bewegung schon als postkoloniale Aneignung eines Stereotyps, wenn der Interviewer der Bauwerke, die ihm den Weg weisen, sich abschließend dem europäischen Kontinent zuwendet. Denn dort vollzieht sich »zur Stunde des Jahres 1940« jenes »Heil, das die Konquistadoren einst über den Ozean nach Südamerika brachten«, dort werden die kulturellen Gegensätze zueinander ins rechte Verhältnis gerückt: »Es ist Zeit«, heißt es am Ende des Textes im Namen der Pyramiden, »daß wir einen Schreiber hinüberschicken, um eure Trümmer zu interviewen.«[12]

II Hybridität der Existenz: Maria Leitner

»Der revolutionäre Reporter«, führt Peter Bark in der bereits zitierten Besprechung in der *Linkskurve* aus, »kann in jedem Durchlaufpunkt des Systems, dessen Teil er ist, aufzeigen, entlarven. Aber schon die Wahl der wesentlichen ›Durchlaufpunkte‹ ist ein Stück marxistischer Arbeit. Was alles hat uns Kisch in Amerika gezeigt: die Double-Kartotheken des Paramount und Charlie Chaplin, Hundefriedhöfe und die Safegewölbe einer Bank. Auch so kann dem Paradies Amerika die Larve vom Gesicht gezogen werden.« Aber, so moniert der Kritiker, offen bliebe die Frage, »die uns am meisten interessierte: Wo sind die revolutionären Kräfte, die dieses vermeintliche Paradies in ein richtiges verwandeln werden. Wo ist das Proletariat und wie denkt es und warum denkt es noch nicht revolutionär? Auf all diese Fragen blieb uns

Kisch eine Antwort schuldig.«[13] Die Suche nach einer einheitlichen und klar identifizierbaren Trägergruppe der scheinbar unmittelbar zu beobachtenden sozialen Veränderungen gehört noch in der Exilzeit zu jenen literarischen Topoi, die eine fest gefügte politische Identität verheißen.

Shmuel Noah Eisenstadt, ein israelischer Soziologe, geboren 1923 in Warschau, zählt sie zu jenen »Arenen der ›Erlösung‹«[14], die sich erstens auszeichnen durch ein in der Regel unaufgelöstes »Spannungsverhältnis zwischen politischem und kulturellem Pol«, zweitens durch den »Entwurf großer Traditionen als symbolische Rahmenwerke und zusätzliche Entwicklung von Ideologien« und drittens durch einen »Wandel der Weltinterpretation«. Im Zuge dessen habe sich die Idee durchgesetzt, dass die Erforschung und »Bewältigung (!) der Welt« durch eine einzige »bewußte Anstrengung von Mensch und Gesellschaft« geleistet werden kann; die Idee, »daß essentielle Aspekte der sozialen, kulturellen und natürlichen Ordnungen durch *bewußte* menschliche Aktivität und Teilnahme *planmäßig* gestaltet werden können.«[15] Als Inkorporation von Protest und Ausdruck dieser Erwartung gilt die Transformation durch die Revolution.

In dieses weltumspannende Arrangement einer Heilserwartung lassen sich nicht nur Kischs Reportagen, sondern auch die Texte und Miniaturstücke von Maria Leitner einordnen. Auch in ihnen erhebt eine Peripherie ihre Stimme, um den Anspruch auf Gleichheit, Partizipation und soziale Gerechtigkeit zu artikulieren. Leitner, die zur ›Entwurzelung‹ eigentlich nie eine Chance bekam, weil sie Wurzeln nirgendwo schlug, hatte bereits in den 1920er Jahren die Gegenden der Welt aufgesucht, um Auswirkungen der Weltwirtschaftskrise in den lokalen Machtzentren zu beobachten. Zwischen 1925 und 1929 reiste sie etwa im Auftrag des Ullstein-Verlages mehrfach in die Metropole New York, die sich in dieser Zeit zum Zentrum weltweiter Kommunikations- und Warenströme herausbildete. Als Tochter eines jüdischen Bauunternehmers 1892 in Varázdin im heutigen Kroatien geboren und in Budapest aufgewachsen, gehörte sie 1919 zu den Emigranten, die Ungarn nach der Zerschlagung der ungarischen Räterepublik in Richtung Wien und Berlin verließen. Im Frühjahr 1933 flüchtete sie erneut, über Prag wieder zurück nach Wien, dann nach Paris. Mehrfach hat sie danach mithilfe ihres ungarischen Passes den Weg über die Grenze nach Deutschland zurückgenommen, um in Emigrantenzeitschriften über die Kriegsvorbereitungen, z. B. über die Produktion der IG Farben in Leverkusen, zu berichten. Ihr exaktes Todesdatum ist unbekannt und wird es wohl bleiben. Sie starb, wie man ihren letzten Briefen an die *American Guild* entnehmen kann, vermutlich im April 1941 im Süden Frankreichs nach ihrer Flucht aus dem Lager *Camp de Gurs*, abgeschnitten von allen Hilfsquellen beim Versuch, die Grenze nach Spanien zu erreichen. 1937 war als Vorabdruck in der *Pariser Tageszeitung* ihr zweiter Roman mit dem Titel *Elisabeth, ein Hitlermädchen. Roman der deutschen Jugend* erschienen. Anja C. Schmidt hat ihn mit Ödön von Horváths *Ein Kind unserer Zeit* verglichen.[16]

Zunächst auch hier ein Blick zurück in die 1920er Jahre. Frucht ihres Aufenthalts in den USA war nicht nur ihr 1930 veröffentlichter Roman *Hotel Amerika,* sondern auch eine Fülle an Reportagen. Aus einer forcierten Perspektive der Sozialkritik heraus entwerfen sie ein Gegenbild zum *American Dream.* Der Diskurs um die Deutungshoheit der Kulte der Moderne – Mode, Zeitgeist, Technik – gegenüber einer interessierten deutschen Leserschaft ist entbrannt. Doch richtet sich der Blick im Falle Leitners nicht auf, sondern hinter die Kulissen der farbenprächtigen und reklametüchtigen Welt. Darauf verweist der von John Heartfield gestaltete Schutzumschlag, darauf verweist die gewählte Darstellungsform der Montage, die der hybriden Existenz der Arbeitsemigration gerecht zu werden sucht. Wie das im Ullstein-Verlag erscheinende Magazin *UHU* vermeldete, lautete der Auftrag, »die dortigen Erwerbsmöglichkeiten (…) durch das Opfer persönlicher Dienststellung zu studieren«. In ca. 80 Anstellungen erkundete Maria Leitner die Peripherie der glanzvollen Welt – so als Cleanerin, als Tellerwäscherin, als Arbeiterin in einer Bonbonfabrik, als Verkäuferin, Zofe und Hotelangestellte. 1930 reist sie nach Venezuela, Französisch- und British-Guyana und in die Karibik.

Vor allem ihre Beschreibungen der Arbeitswelt im quirligen New York spiegeln die veränderte Wahrnehmung in einer technologisch scheinbar nahezu perfekt durchorganisierten Welt. In ihr entscheidet die Frage nach dem Job über Sein oder Nicht-Sein. Die überwiegend weibliche Leserschaft soll partizipieren an den Erfahrungen der Augenzeugin im *meltingpot,* der sich durch ein ungeheures, gigantisches »Durcheinander von Warenhäusern, Fabriken, Banken, Bürohäusern, alles voller Arbeit, Menschen, Hast«[17] auszeichnet und in dem das Tempo regiert. Bestechend erscheint der Blick nicht nur von den *Sky Grabbern* New Yorks, sondern auch hinab in die Zentren der Massenabfütterung, hinein in den Bauch der neu entstehenden hybriden Kultur: »Die ganze Straße strömt in das Automatenrestaurant hinein, von früh morgens bis spät in die Nacht. Aber hier wird nicht zum Vergnügen gegessen. Hier essen die Roboter, Deutsche, Amerikaner, Juden, Chinesen, Ungarn, Italiener, Neger. Jede Rasse ist vertreten. Man hört alle Sprachen der Welt, es bleiben Zeitungen liegen mit hebräischen und chinesischen, mit armenischen und griechischen Zeichen und in exotischen Sprachen, die man gar nicht erraten kann. Man wird durch unverfälschte sächsische und bayerische Dialekte überrascht, und man sieht Leute Tee schlürfen, wie nur russische Bauern ihren Tee trinken. Und doch sind sie sich alle so ähnlich, wie zwei Brüder sich ähnlich sein können. Sie tragen alle die gleichen billigen Kleider, die gleichen Hemden, die gleichen Ausverkaufschuhe, sie essen alle jeden Tag die gleiche Tomatensuppe, die gleichen Sandwiches (…). Die Roboter essen meist stehend, oder sie sitzen nur gerade so lange, bis sie die nötigen

Kalorien und Vitaminmengen zur Instandhaltung der Maschine zu sich genommen haben. (...) Automaten sitzen an der Kasse und wechseln Fünfundzwanzig-, Fünfzigcentstücke, Dollars in Nickel um. Sie geben Nickel aus, den ganzen Tag, den ganzen Abend, immer Nickel, Nickel. Und Automaten gehen auf und ab zwischen den Tischen und geben acht, den ganzen Tag, den ganzen Abend, ob die Eßautomaten auch ihre Pflicht erfüllen, den ganzen Tag, den ganzen Abend, und essen, schnell essen.«[18]

Die Normierung der Arbeitswelt in diesem frühen Stadium der McDonaldisierung schildernd, machen ihre Reportagen vor allem eins deutlich: Der politische Erwartungshorizont erscheint weniger auf ein ideologisches Konstrukt als am Gesetz der großen Zahl ausgerichtet. Es reduziert Menschen auf ihre Funktion in einer arbeitsteiligen Welt effizienter Prozessorganisation. Literarischer *Fordismus* ist das; geschildert wird der Prozess, in dem die genuin moderne Technologie der Arbeit die Selbst-Disziplinierung der sie Ausübenden bedingt, deren Körper eingebunden werden in Takt und Bandgeschwindigkeit. Die literarische Wahrnehmung formt sich um. Analog zur Massenproduktion und zur Kostendegression, die über den Druck auf Personalressourcen erreicht wird, verändert sich die Form ihrer Darstellung zu einer Art Filmschnitt. Sie zerlegt menschliche Bewegungen in Einzelbewegungen, Handlungen in Sequenzen bis hin zum miniaturhaften Ausschnitt.

Was Ende der 1920er Jahre noch als freies Vagabundieren erscheint, wenn auch im verlegerischen Auftrag, wird im Exil zur aufgezwungenen, ebenso unsteten wie unsicheren Existenz. 1932 war Leitner noch *Auf Entdeckungsfahrt durch Deutschland* gegangen, um für die *Welt am Abend* und die *Arbeiter-Illustrierte-Zeitung* über die soziale und politische Situation in den deutschen Provinzstädten und Dörfern zu berichten, in denen die Nazis bereits regierten. Noch im Januar und Februar 1933 erschien ihre Artikelfolge *Frauen im Sturm der Zeit,* in der die Reporterin über das Leben von acht Berlinerinnen »zwischen Arbeitsstätte und Stempelstelle« berichtete.

Ihr einziger Exilroman, *Elisabeth, ein Hitlermädchen*, übernimmt zum Teil Elemente aus den Reportagen, so etwa die Zerschneidung der Narration in zum Teil abschnittsweise gegliederte Miniaturen, deren Akte unverbunden nebeneinander gestellt sind. Auch thematisch lassen sich Korrespondenzen aufweisen: Berichtet sie in den Amerikareportagen von der Rassentrennung im Süden der USA, aber auch von der Freiheit, die das Geld in New York mit sich bringt, erfährt der Leser dort etwas über die Geschichte des Jazz und des Blues, jene Musik, die gerade in die Vergnügungsetablissements der Metropolen Einzug hält[19], zeigt der Roman die Verbotskultur des nationalsozialistischen Regimes auf, die Musik auf Militärmärsche und Volkslieder reduziert.[20] Berichtet sie aus der amerikanischen Provinz von der Akkordarbeit in der Tabakwarenindustrie, wo die blond gefärbten Carmenitas die *love affairs* mit ihren Don Josés und Escamillos entlang der Operntragödie

Carmen stricken, führt der erste Teil der Romanhandlung die trotz einiger Rückschläge anhaltende Erwartung der Protagonistin vor, sie könnte unter den ›neuen Verhältnissen‹ ihr persönliches Glück in der Ehe mit einem SA-Mann finden. Hat sie noch 1930 die Kehrseiten touristischer Paradiese vor Augen geführt, das Völkergemisch in Britisch-Guayana beobachtet und die Diamantenclaims besucht, in denen die Versprengten der Erde reich zu werden hoffen, widmet sie sich im zweiten Teil ihres Romans der Dekonstruktion der Illusionen ihrer Heldin und leuchtet die Gründe für das Scheitern ihres Lebensentwurfs aus. Auf Haiti und in Port-au-Prince, der Hauptstadt der Dominikanischen Republik, hat sie einst an die blutige Geschichte der Eroberung und die Tragödien der Sklaverei erinnert. Ihre Hauptfigur Elisabeth wird in ein Arbeitslager gesteckt, wird dort nach einem Aufstand als Rädelsführerin bestraft und aus der nationalsozialistischen ›Volksgemeinschaft‹ ausgestoßen.[21]

Leitners Reportagetexte zeichnen sich dadurch aus, dass unprätentiös, aber mit weitem Horizont aus der Perspektive einer Augenzeugin berichtet wird, zwar mit wenigen ästhetischen Glanzlichtern, jedoch mit Augenmerk für das Gesehene und Gehörte. 1937 verengt sich der Raum. Aus erzwungener Distanz heraus fällt der Blick auf das Geschehen in Deutschland. Der Montageroman *Elisabeth, ein Hitlermädchen* wirft einen Blick hinter die Kulissen des Dritten Reiches, um eine literarische Antwort auf die Frage ringend, wie die Logik der Rassenideologie in den Köpfen der jüngeren Generation zu einem verheerenden Funktionsmechanismus wird; wie es, um Arno Klönne zu zitieren, den Nationalsozialisten gelingt, den Jugendlichen »totalen Objektcharakter bei gleichzeitig forcierten Subjektbewußtsein zu geben.«[22] Die Handlung umfasst genau ein Jahr und setzt mit der eindrucksvollen Beschreibung einer wie mit der Kamera aufgenommenen Massenszene am 1. Mai 1933 ein. Die Einzelkapitel sind durchgehend räumlich strukturiert. Passagenweise wird der Roman so dicht an die Binnenperspektive der Hauptfigur herangeführt, dass der Eindruck entsteht, exemplarische Sozialisationsformen in einer Diktatur mit den dazugehörigen Treueverhältnissen seien sein expliziter Gegenstand.[23]

Insbesondere die Losung von der Nation konfiguriert bis zur Selbstauslöschung der Figuren das Geschehen im Lager. Sie ersetzt die Horizontale des Hybriden, die das Leben im *melting pot* der Existenzsicherung durch Arbeit konfiguriert, durch die vertikale Ordnung in einem Hierarchiegefüge. Das Druckmittel ist nun nicht mehr, wie noch in den Reportagen, die Form der Arbeitsteilung selbst, sondern vielmehr die Unterstellung unter eine militärische Funktion, die Vielfalt und Buntheit der Existenz definitiv infrage stellt, um sie stromlinienförmig auf ihren Zweck hin auszurichten. Dominant ist die Konditionierung für kriegerische Zwecke, begleitet von der Erzeugung einer starken affektiven Bindungsmacht an ein vereinheitlichendes Zentrum.

Es verankert die verordnete Kollektivität nachdrücklich im Gefühlshaushalt und mündet in eine Erziehung zur Gefühlskälte, die mit einem strikten Verbot der Empathie einhergeht. So lässt sich noch die Rebellion gegen tradierte Autoritätsformen, Inkorporation von Protest einbinden in jene Forderung nach Expansion, die millionenfache Vernichtung nach sich zog und die Autorin wenige Jahre später selbst das Leben kostete.

III Hybridität der Reportage

Zur postkolonialen Thesenbildung, deren Kontext der Hybriditätsbegriff ja entstammt, gehört die Voraussetzung, nationale Identität sei zu den tradierten Formen narrativer Konstruktion zu rechnen.[24] Zu den Voranahmen zählt auch, dass aus dem Wahrnehmungsfeld des Raumes und seiner Topografie heraus betrachtet das Hybride eine Qualität darstellt, die das Verhältnis von Zentrum und Peripherie nachhaltig zu verändern in der Lage ist.[25] Das Produktive dieses Diskurses liegt darin, dass zwei Semantiken, die Semantik des Politischen etwa und die der literarischen Narration, sich konzeptionell aufeinander beziehen, ohne dass sie zu einem einheitlichen neuen Diskurs verschmelzen.

Bezieht man diese Denkfigur auf Orte und Räume des Exils, ist auch im Hinblick auf die Emigration nationale Identität zu betrachten »als eine Konstruktion des Kollektiven im Spannungsfeld zwischen Kultur und Politik.«[26] Diese These löst die Singularität der Exilsituation nicht auf, sondern ermöglicht erst den Vergleich mit anderen Emigrations- und Migrationsbewegungen. Die Forderung nach einem ›starken‹ Nationalstaat auf einem sich gewaltförmig vergrößernden und deutlich abgegrenzten Terrain war Motiv und Antrieb der nationalsozialistischen Bewegung. Zeitgleich jedoch vollzog sich die räumliche Expansion des Sozialismus sowie der damit verbundenen kommunistischen Idee.[27] Folgt man dieser Überlegung, partizipierte sie ebenso an vormodernem wie modernem Ideengut, verschob aber das der Weimarer Republik inhärente gesellschaftliche Konfliktpotenzial, etwa zwischen Gleichheit und Hierarchie, symbolisch auf eine internationale Ebene.[28] Im Zeichen dieser Verschiebung konstituierte sich das Wahrnehmungsfeld des neuen Genres: Zunächst hin zu einer Verräumlichung der Zeitachse, später aber auch als Abrücken vom Zeitstrahl teleologischer Zukunftserwartung hin zur Frage nach der Existenz von Gleichzeitigkeit auf enger werdendem Raum. Die Reportage ist ein literarisches Genre, das Beobachterpositionen ebenso preisgibt wie verhüllt; ihre faktischen Aufzeichnungen werden nicht einfach zu »Sprache und Bild«.[29] Die am Schreibtisch erarbeitete Assoziation stützt sich auf jenes *punctum*, das Roland Barthes zufolge den Auslöser betätigen lassen muss.

Narrative Funktion der Reportage ist es, aus der Perspektive einer Augenzeugenschaft so zu berichten, dass die Leserschaft am Erlebnis der beschriebenen Vorgänge teilhaben kann. Den Regeln des klassischen Journalismus zufolge hat sie sich auf ein Thema zu beschränken: Sie gilt daher ohnehin als punktuell und konkret. Wie die genuin literarischen Genres auch kann sie freilich der Innenperspektive einer Handlung nicht so ohne Weiteres entfliehen: Das gilt auch für das Reisen, das Wahrnehmen oder die Beobachtung. Insofern ist sie das hybride Genre *per se*, eine Mischform, in der sich die Allgegenwärtigkeit der Beobachtung als Allgegenwärtigkeit des guten Reporters verkleidet, die sich ebenso über die großen Ereignisse der Weltgeschichte wie über den einfachen Lokalreport definiert. Dass die »Ausstrahlung kultureller Zentren«, ihre »Bewegtheit« und ihre »Horizontvariationen« eine interkulturelle Dimension des Exils generiert haben, die im Phänomen der »wechselseitigen Überschneidung von Illuminationseffekten in einem enggefügten Netz«[30] literarisch ergiebig wird, trifft auf sie in besonderer Weise zu. Nur haben ihre Verfasser, die die Exotik des Alltäglichen als ein Synonym für ›fremd‹ und ›rar‹ entdeckten, damit über weite Strecken soziale und kulturelle Kategorien miteinander parallelisiert. Denn die Peripherie, Gegenbegriff zum Zentrum im Kontext postkolonialer Theoriebildung, ist im zeitgenössischen Kontext noch weitgehend mit »Unterwelt« assoziiert, mit einer Exklusionskategorie aus dem bürgerlichen Normalitätsdiskurs. »Nicht nur wie sich tief unten in der Türkei die Völker schlagen«, heißt es in der Fortsetzung meines Titel gebenden Zitats, entnommen der *Prager Presse* des Jahres 1935, »auch der Auswurf der lokalen Menschheit schmeckt zum Morgenkaffee eines damals noch gutgehenden protokollierten Familiendaseins ganz köstlich, die tüchtige Zeitung weiß, was sie will, indem sie will, was sie braucht, und es ist (...) ein hervorragend bewältigter Dienst am abonnierten Kunden (...).«[31]

Für Kisch, den Eisner einen »herzverschwendenden Weltfreibeuter« nennt, lag das technisch Besondere der Reportage, einer Anekdote zufolge, gerade in jener »Illusionskraft des Details«[32], die dafür zu sorgen hat, dass vom Technischen der Herstellung dieser Illusion fast nichts zu spüren ist. Das Freibeuterische bezog sich also durchaus auch auf den ästhetischen Zugriff auf eine Realität, der verschwenderisch das Gesehene um weitere Details ergänzt zu einem Film, den keiner je ›wirklich‹ zu sehen bekommt. Entscheidend für den Grad der Authentizität bleibt die Kurve der Wahrscheinlichkeit, der folgend die Re-Produktion der Ereignisse aufseiten des Lesers sich ohne störende Nebengeräusche abzuwickeln hat.

Sie fällt, wie in anderen medialen Formen auch, mit der Verbindungslinie der Phasen des Geschehens zusammen. Von dieser Literarizität her schreibt sich die Möglichkeit der Einbindung in die Gattung des Romans ein. Kein Gegensatz also, wie einst Georg Lukàcs postulierte, zumindest aus dem

Distanzwinkel des Exils heraus ist eine Synthese möglich. Die Betrachtung durch das »Fernrohr der ›logischen Phantasie‹« teilt die Reportage mit dem Roman, besonders aber mit der filmischen Dokumentation, mit Bilderfolge und Fotoserie. Auch Texte arbeiten mit Schnitttechniken, selbst wenn diese nicht so sichtbar in Erscheinung treten wie auf der Kinoleinwand. Die Kunst der Reportage ist die Wissenssondierung, die geleistet wird, jedes Mal, wenn eine neue Wirklichkeit als Realität auftaucht, wenn es gilt, das hybride Terrain der Diskurse neu abzustecken.

1 Paul Eisner: »Egonek«. In: Fritz Hofmann (Hg.): *Servus Kisch.* Berlin – Weimar 1985, S. 23. — **2** Hans-Albert Walter: *Ein Reporter, der keiner war. Rede über Egon Erwin Kisch.* Stuttgart 1988, S. 7. — **3** Ebd., S. 12. — **4** Homi K. Bhabha: *Die Verortung der Kultur.* Tübingen 2000, S. 140. — **5** Peter Bark: »E. E. Kisch im gründlich veränderten Asien«. In: Hofmann (Hg.): *Servus Kisch* (s. Anm. 1), S. 317 f. Die Texte, auf die sich Bark bezog, sind in der derzeit greifbaren Werkausgabe nicht enthalten. — **6** Egon Erwin Kisch: *Gesammelte Werke.* Bd. 5, zitiert aus dem Vorwort zu: Der rasende Reporter (1925). Berlin – Weimar 1974, S. 660. — **7** Ebd., S. 597; Erstabdruck in *Wagnisse in aller Welt* (1927). — **8** Ebd., S. 596. — **9** Friedhelm Schmidt: »Literarische Reportagen aus ›Anderen Zeiten und Breiten‹. Egon Erwin Kischs ›Entdeckungen in Mexiko‹«. In: Renata von Hanffstengel u. a. (Hg.): *Mexiko, das wohltemperierte Exil.* Mexiko 1995, S. 73. — **10** Egon Erwin Kisch: »Interview mit den Pyramiden«. In: Ders.: *Entdeckungen in Mexiko.* Köln 1981, S. 65. — **11** Schmidt: »Literarische Reportagen« (s. Anm. 9), S. 75. — **12** Kisch: »Interview mit dem Pyramiden« (s. Anm. 10), S. 67. — **13** Bark: »E. E. Kisch im gründlich veränderten Asien« (s. Anm. 5), S. 319. — **14** Shmuel Noah Eisenstadt: »Die Konstruktion nationaler Identitäten in vergleichender Perspektive«. In: Bernhard Giesen (Hg.): *Nationale und kulturelle Identität: Studien zur Entwicklung des kollektiven Bewusstseins in der Neuzeit.* Frankfurt/M. 1991, S. 22 f. — **15** Ebd., S. 29. — **16** Anja C. Schmidt: »›Ich muss mich schwächer zeigen als ich bin, damit er sich stark fühlen und mich lieben kann.‹ Männer und Frauen in Exilromanen von Ödön von Horváth, Maria Leitner, Anna Gmeyner und Irmgard Keun«. In: Julia Schöll (Hg.): *Gender – Exil – Schreiben.* Würzburg 2002, S. 112 f. — **17** Maria Leitner: *Eine Frau reist durch die Welt.* Berlin 1988, S. 10. — **18** Ebd., S. 18 f. — **19** Ebd., S. 177. — **20** Maria Leitner: *Elisabeth, ein Hitlermädchen. Erzählende Prosa, Reportagen und Berichte.* Berlin 1985, S. 288 f., S. 295, S. 388 und S. 405. — **21** Für eine detaillierte Analyse vgl. Eva-Maria Siegel: *Jugend, Frauen, Drittes Reich. Autorinnen im Exil 1933–1945.* Pfaffenweiler 1993, S. 81–108. — **22** Arno Klönne: *Hitlerjugend. Die Jugend und ihre Organisationen im Dritten Reich.* Hannover – Frankfurt/M. 1957, S. 102. — **23** Vgl. dazu, an anderem literarischen Material und für die Epoche um 1900, Eva-Maria Siegel: *High Fidelity – Konfigurationen der Treue um 1900.* München 2004. — **24** Neben den Schriften von Edward Said und Homi K. Bhabha ist dazu auch der oben genannte Aufsatz von Shmuel Noah Eisenstadt zu zählen. — **25** Eisenstadt: »Die Konstruktion nationaler Identitäten in vergleichender Perspektive« (s. Anm. 14), S. 21. — **26** Bernhard Gießen: »Einleitung«. In: Ebd., S. 13 — **27** Eisenstadt: »Die Konstruktion nationaler Identitäten in vergleichender Perspektive« (s. Anm. 14), S. 33 f. — **28** Zu den wichtigsten Effekten dieser Verschiebung zählt Eisenstadt die sich von da an ergebende Möglichkeit, »gegen die institutionellen Realitäten der modernen Zivilisation in deren eigener Symbolik rebellieren zu können«. Ebd., S. 34. — **29** Walter: *Ein Reporter, der keiner war* (s. Anm. 2), S. 12. — **30** Paul Ricœur: »Vielzahl der Kulturen – von der Trauerarbeit zur Übersetzung«. In: Claus-Dieter Krohn, Erwin Rotermund, Lutz Winckler, Wulf Koepke

(Hg.): *Übersetzung als transkultureller Prozess* (= *Exilforschung. Ein internationales Jahrbuch*. Bd. 25). München 2007, S. 3. — **31** Eisner: »Egonek« (s. Anm. 1), S. 23. — **32** Überliefert von Bodo Uhse, entnommen einem Gespräch zwischen Johannes R. Becher, Alfred Döblin und E. E. Kisch; vgl. Egon Erwin Kisch: »Allzu persönliche Erinnerungen«. In: Hofmann (Hg.): *Servus Kisch* (s. Anm. 1), S. 179.

Wilfried Mausbach

Das europäische Exil und die kollektive Identität der 68er-Bewegung in den USA

I

Ungefähr eine halbe Million Menschen sind durch den Nationalsozialismus aus Europa vertrieben worden. Ein gutes Viertel von ihnen landete direkt oder auf Umwegen in den USA. Der amerikanische National Refugee Service verzeichnete darunter von 1933 bis 1945 exakt 7.622 Flüchtlinge aus gehobenen oder akademischen Berufen.[1] Selbst wenn wir uns auf das deutschsprachige Exil beschränken, bleiben mehr als 500 in die USA emigrierte Wissenschaftler, wozu Schriftsteller und andere Intellektuelle noch hinzuzurechnen wären.[2] Viele von ihnen entfalteten in Wissenschaft, Kultur und Gesellschaft der Vereinigten Staaten eine nachhaltige Wirkung. Besonders auffällig erscheint dabei der direkte oder indirekte Einfluss deutschsprachiger Emigranten auf die amerikanische Studenten- und Protestbewegung der 1960er Jahre. Im Folgenden soll anhand ausgewählter Persönlichkeiten aus diesem Kreis der Versuch unternommen werden, in idealtypischer Weise die europäischen Wurzeln einiger spezifischer Elemente der kollektiven Identität der amerikanischen Studentenbewegung freizulegen – Elemente, die tatsächlich ein gemeinsames Weltbild der internationalen Studentenbewegung überhaupt konstituierten.

Nun mag es nicht unproblematisch sein zu behaupten, eine Vielzahl von Einzelpersonen teile eine gemeinsame Identität.[3] Mir geht es jedoch nicht um willkürliche Zuschreibungen, sondern – mit Jan Assmann – um »das Bild, das eine Gruppe von sich aufbaut und mit dem sich deren Mitglieder identifizieren. Kollektive Identität ist eine Frage der Identifikation seitens der beteiligten Individuen. Es gibt sie nicht ›an sich‹, sondern immer nur in dem Maße, wie sich bestimmte Individuen zu ihr bekennen. Sie ist so stark oder so schwach, wie sie im Bewußtsein der Gruppenmitglieder lebendig ist und deren Denken und Handeln zu motivieren vermag.«[4] Entscheidend ist deshalb die Binnenperspektive der 68er-Bewegung, sind die dort in der Rückschau des Historikers auffindbaren Ideen, Überzeugungen und Praktiken, die sich an intellektuelle Vorbilder und Vordenker aus dem deutschsprachigen Exil zurückbinden lassen. Einer Unterscheidung Jürgen Straubs folgend, spreche ich deshalb nicht von einem normativen, sondern von einem rekonstruktiven Typus kollektiver Identität, der an die Selbst- und Weltverständnisse der Studenten- und Protestbewegung anschließt.[5]

Ich werde mich im Folgenden auf drei Aspekte konzentrieren, die es vielen Angehörigen der 68er-Bewegung innerhalb (aber auch außerhalb!) der USA erlaubten, sich ineinander wiederzuerkennen und ein ausgeprägtes Wir-Gefühl zu begründen. Vorführen möchte ich diese drei Aspekte jeweils anhand einer geistigen Elternschaft aus dem deutschsprachigen Exil. Zunächst soll es, erstens, um die Kritische Theorie und die lebensweltliche Identität der 68er-Bewegung gehen; dann, zweitens, um Paul Baran und den »Drittweltismus« der 68er-Bewegung; und schließlich, drittens, um Hannah Arendt und die moralische Identität der 68er-Bewegung. In einem vierten, abschließenden Abschnitt argumentiere ich, dass sich in Herbert Marcuses Person und Denken gleichsam alle drei der genannten Strömungen widerspiegelten, worin sein Aufstieg zum »Propheten der Neuen Linken«[6] nicht zuletzt begründet liegen dürfte.

Was aber kann der Begriff der Hybridität zu einer solchen Analyse beitragen? Ursprünglich aus der Biologie stammend, bezeichnet er allgemein eine Vermischung mehrerer verschiedener Elemente zu etwas Neuem. Als kulturtheoretischer Schlüsselbegriff wird Hybridität seit den 1980er Jahren vor allem in den *postcolonial studies* verwendet (die selbst gewissermaßen ein Erbe der 68er-Bewegung sind). Homi Bhabha und andere verwarfen im Anschluss an die linguistischen Arbeiten Michail Bachtins die dualistische Gegenüberstellung essenzialistischer Kulturen und postulierten einen ›dritten Raum‹, in dem das Eigene und das Fremde, Mainstream und Subkultur, die Identitäten von Unterdrückten und Unterdrückern von vornherein wechselseitig durchdrungen und untrennbar aufeinander bezogen sind. Besondere Bedeutung erlangen dabei Migranten und Intellektuelle, die sich im Grenzbereich zwischen den Kulturen bewegen. Salman Rushdie hat ihnen in seinem umstrittensten Roman ein Denkmal gesetzt. »*Die Satanischen Verse*«, so schreibt er selber, »feiern Hybridität, Unreinheit, Vermischung, die Transformation, die aus neuen und unerwarteten Kombinationen von Menschen, Kulturen, Ideen, politischen Anliegen, Filmen, Songs entspringt. Sie freuen sich über Bastardisierung und fürchten den Absolutismus des Reinen, *Mélange*, Durcheinander, ein bißchen von diesem, ein bißchen von jenem: *so betritt Neuheit die Welt.* Dies ist die große Möglichkeit, die die Massenmigration der Welt bietet (...). Die *Satanischen Verse* sind für Wandel-durch-Verschmelzung, Wandel-durch-Verbindung. Es ist ein Liebeslied für die Bastarde in uns selbst.«[7] Emigranten gebührt demnach als Subjekt wie Objekt von Hybridisierung unsere besondere Aufmerksamkeit.

Zugleich ist das Hybriditätskonzept dazu angetan, der Emigrationsforschung neue Impulse zu geben, indem es über die traditionellen Vorstellungen von Assimilation und Akkulturation hinausweist. Wenn die Mutmaßung der älteren Forschung, dass Zuwanderer sich umstandslos und einseitig der aufnehmenden Kultur anglichen, auch längst dem Bild eines gegenseitigen Gebens und Nehmens gewichen ist, bei dem sich beide Seiten verändern, so werfen doch beide Denkmodelle die Frage auf, ob es die darin implizit vorausgesetzten, mehr oder weniger homogenen Kulturen, deren Interaktion hier lediglich unterschiedlich beschrieben wird, überhaupt je gab.[8] Das Konzept der Hybridität sensibilisiert uns demgegenüber dafür, wie brüchig und porös die Grenzen von Kulturen sind. »*Hybrid*«, so Elisabeth Bronfen und Benjamin Marius, »ist alles, was sich einer Vermischung von Traditionslinien (...) verdankt.«[9] Wie wir sehen werden, ist allen drei Beispielen, die ich für den Einfluss des deutschsprachigen Exils auf die amerikanische 68er-Bewegung anführen möchte, eine solche Vermischung von Traditionslinien gemeinsam. Mehr noch: Wenn Kulturen, wie es das Konzept der Hybridität nahelegt, schlechterdings nicht fixierbar sind, dann müssen wir uns auch Kulturtransfer als gleichsam permanente Zirkulation vorstellen. Und tatsächlich lässt sich eine solche Zirkulation anhand des deutschsprachigen Exils in den USA vielfach nachweisen.

II

Es ist keine Frage, dass die intellektuellen Flüchtlinge vor der nationalsozialistischen Vernichtungspolitik eine weitverzweigte und tiefgreifende Wirkung in den USA entfalteten. Für die amerikanische Wissenschaftslandschaft hat dies in einer rasanten *tour d'horizon* bereits im Mai 1964 auf der Jahrestagung der Deutschen Gesellschaft für Amerikastudien in Frankfurt kein Anderer als Herbert Marcuse skizziert.[10] Für die Kritische Theorie, der er ja selbst verbunden war, wies Marcuse dabei auf den starken Einfluss hin, den die *Studies in Prejudice* und insbesondere der Band über die autoritäre Persönlichkeit auf die amerikanische Soziologie ausgeübt hatten. Zum Zeitpunkt von Marcuses Vortrag in Frankfurt war das Denken der Kritischen Theorie freilich längst aus der fachwissenschaftlichen Diskussion ausgebrochen und hatte begonnen, die Weltwahrnehmung einer sich formierenden Protestbewegung zu bestimmen. Einer der Aktivisten erinnerte sich später: »There was an extended moment during the 1960s (...) when alien intellect took root in native born activism and reemerged in one of those rare conjunctures of theory and practice from which revolutions come.«[11] Auch die Gegenseite betonte die Bedeutung der Emigranten für Kultur und Gesellschaft der USA. In einem fulminanten Bestseller rechnete Allan Bloom 1987 mit den kulturellen Konsequenzen der 68er-Bewegung ab und identifizierte Marcuse als besonderen Missetäter, dessen ursprünglich ernsthafte Beschäftigung mit Hegel eine bedauerliche Wendung genommen habe: »He ended up here writing trashy culture criticism with a heavy sex interest (...).« Und damit sei der Sozialphilosoph aus Deutschland erstaunlich erfolgreich gewesen: »The self-understanding of hippies, yippies, yuppies, panthers, prelates and presidents has unconsciously been formed by German thought of a half-century earlier; Herbert Marcuse's accent has been turned into a Middle Western twang; the *echt Deutsch* label has been replaced by a *Made in America* label; and the new American life-style has become a Disneyland version of the Weimar Republic for the whole family.«[12]

Blooms geistesgeschichtliche Genealogie führt freilich nicht nur durch die direkte Linie, die er von Nietzsche zur Kritischen Theorie zieht, in die Irre. Vor allem ignoriert er den ausschlaggebenden Anteil, den das amerikanische Aufnahmeland selbst an der Entwicklung dieses kritischen Denkens hatte. »Ohne die Vereinigten Staaten würde es gar keine Kritische Theorie geben.« So entschieden wie richtig wies Detlev Claussen mit diesem Diktum darauf hin, dass sich das Denken der kritischen Theoretiker nicht von der Erfahrung des Exils in Amerika trennen lasse. Wenn die Mitglieder des Frankfurter Instituts für Sozialforschung sich nach dem bewusst miterlebten Scheitern bzw. Entgleisen der europäischen Revolutionen im Gefolge des Ersten Weltkrieges fragten, ob Revolution überhaupt noch möglich sei, dann lieferte die entwickelte Massenkonsumgesellschaft in den USA ihnen die verneinende Antwort. Die Formel von der ›verwalteten Welt‹ brachte die amerikanische Erfahrung der Kritischen Theoretiker auf den Begriff.[13] Ihre Beschreibungen dieser entfremdeten und manipulierten Welt trafen im Übergang von den 1950er zu den 1960er Jahren das Lebensgefühl einer nachwachsenden Generation.

Tatsächlich ist der spätere Einfluss der Kritischen Theorie auf die 68er-Bewegung aber bereits früher angelegt – ja, es ließe sich geradezu von einer repetitiven Amalgamierung mit unterschiedlichen Traditionslinien des amerikanischen Progressivismus sprechen. Zunächst waren es die dem New Deal nahe stehenden amerikanischen Intellektuellen, die – ihrerseits mit europäischen Geistesströmungen vertraut – das Denken der am Hudson untergeschlüpften Frankfurter Sozialwissenschaftler aufgriffen. Insbesondere mit den New Yorker Intellektuellen um Sidney Hook, Dwight MacDonald, Irving Howe, Paul Goodman und Norman Mailer ergab sich über Blätter wie *Partisan Review, Politics, Commentary* und *Dissent* ein reger Austausch über die Entwicklung autoritärer und totalitärer Gesellschaften, den Aufstieg des Massenkonsums und der Kulturindustrie und die kulturelle Hegemonie der herrschenden Klasse. Wie Neil Jumonville bemerkt hat: »The Frankfurt School and the New York intellectuals influenced each other, wrote for each other, and helped establish a cross-pollination of European and American intellectual culture around these important concerns.«[14]

Insbesondere das im Jahre 1954 gegründete Magazin *Dissent* trug »unverkennbar die Handschrift der Emigranten.«[15] Angesiedelt an der Brandeis University außerhalb von Boston, die nach Kriegsende von amerikanischen Juden als Reaktion auf den Holocaust eingerichtet worden war, wirkten an der Gründung der Zeitschrift mit dem Soziologen Lewis Coser, dem Psychoanalytiker Erich Fromm und dem Politologen Henry Pachter gleich mehrere dem Nationalsozialismus entkommene Wissenschaftler mit. Neben Irving Howe und dem Kunsthistoriker Meyer Schapiro zählten zu den amerikanischen Herausgebern Norman Mailer und der Friedensaktivist A.J. Muste. Regelmäßige Beiträger waren C. Wright Mills, Michael Harrington, Michael Walzer und Paul Goodman. Wenn es stimmt, dass man die Desillusionierung des orthodoxen Marxismus in den USA in den 1950er Jahren daran ablesen konnte, wie oft das Wort ›Massenkultur‹ in den Spalten intellektueller Periodika auftauchte, dann muss *Dissent* nachdrücklich zum Eindruck des Niedergangs der traditionellen Linken mit beigetragen haben.[16] Herausgeber Irving Howe hatte in einigen frühen Notizen zur Massenkultur, die noch im Vorgänger-Magazin *Politics* erschienen waren, bereits geargwöhnt, dass es sich bei Donald Duck um ein frustriertes kleines Monster handele, das etwas von einem SS-Schergen an sich habe.[17] Insgesamt weist das ausgeprägte Interesse der Heftmacher an der Massengesellschaft deutlich auf einen starken Einfluss der Kritischen Theorie hin.

Anders als die stärker zum Konsensliberalismus hin tendierende Konkurrenz von *Commentary*, bot *Dissent* zunächst auch den neuen Strömungen der Beat-Literaten und der Neuen Linken eine Plattform. Während *Commentary*-Herausgeber Norman Podhoretz es 1962 ablehnte, das ihm zugesandte Gründungsmanifest der Students for a Democratic Society (SDS), das Port Huron Statement, zu publizieren, bot *Dissent* der aufmüpfigen Jugend noch im selben Jahr ein Forum und empfing die SDS-Aktivisten Tom Hayden, Todd Gitlin und Carl Oglesby in seinen Redaktionsräumen. Dabei trat freilich auch eine gehörige Portion gegenseitigen Unverständnisses zutage, das sich mit der fortschreitenden Radikalisierung der Studenten im Laufe der 1960er verstärkte.[18]

Ein Wesenszug der jungen Generation, den weder *Commentary* noch *Dissent* sonderlich goutierten, war ihr Hang zu individueller Sinnsuche, der sich in dem Verlangen nach Authentizität und Kreativität ebenso ausdrückte wie im Bemühen darum, angeblich brachliegende menschliche Potenziale zu aktivieren und eine neue Atmosphäre in den zwischenmenschlichen Beziehungen zu schaffen.[19] Das Befremden unter den New Yorker Intellektuellen entbehrte dabei nicht einer gewissen Ironie: Hatten sie doch selbst, und zuvorderst die mit ihnen verkehrenden deutschen Emigranten, auch dafür die entscheidenden Anknüpfungspunkte gesetzt.

In erster Linie sind hier Wilhelm Reich und Erich Fromm zu nennen. Reich, ein in Galizien geborener österreichischer Psychoanalytiker, hatte, als er nach Umwegen über Skandinavien 1939 in die USA kam, bereits zwei Drittel seiner Karriere hinter sich, die – wie Harry Mulisch einmal schrieb – »ausgehend von einem erstaunlichen Beginn über eine geniale und immer noch revolutionäre Phase, plötzlich und aus unerklärlichen Gründen in den Wahnsinn abknickt.«[20] Als in Deutschland die Geldentwertung 1923 dramatische Ausmaße annimmt, macht Reich als Assistent Sigmund Freuds in Wien seine grundstürzende Entdeckung, dass über Wohl und Wehe des Menschen der Orgasmus entscheide. Nur diejenigen, denen es gelang, ihre durch Erziehung und Gesellschaft aufgebaute Charakterpanzerung zu durchbrechen und ihre ›orgiastische Potenz‹ voll auszuleben, konnten eins mit ihrem Körper, ihren Wünschen und ihrer Umgebung werden. Gegen Ende der 1920er Jahre beschäftigte Reich sich zunehmend mit einer Verbindung von Libidotheorie und Marxismus. Er ließ sich in Berlin nieder, wo er Anfang der 1930er Jahre den Deutschen Reichsverband für Proletarische Sexualpolitik – kurz: SexPol – gründete.

Den Aufstieg des Nationalsozialismus hautnah verfolgend, schrieb Reich sein wichtiges Werk über die Massenpsychologie des Faschismus, in dem er die bürgerliche Familie als den institutionellen Ort jener systematischen Sexualverdrängung identifizierte, die eine massenhafte Akzeptanz der reaktionären Krisenlösung des Faschismus erst ermöglicht habe.[21] Ein Jahr nach Kriegsende erschien das Buch in einer amerikanischen Ausgabe in New York. Bereits vier Jahre zuvor hatte Reich einen Überblick über seine Studien aus den 1920er und 1930er Jahren in den USA publiziert, etwas irreführend unter dem gleichen Titel wie sein 1927 erschienenes Hauptwerk über die Funktion des Orgasmus. Seine wenig später unter dem Titel *The Sexual Revolution* auf Englisch zugänglich gewordenen verstreuten Studien aus den 1930er Jahren erlebten nicht von ungefähr im Jahre 1962 eine Neuauflage. Trotz alledem blieb Wilhelm Reich in den USA aber persönlich isoliert und konnte nie recht Fuss fassen. Lewis Coser sah in Reichs Unvermögen, wissenschaftliche Kontakte zu knüpfen, sogar mit einen Grund dafür, dass er ›in den Wahnsinn abknickte‹.[22] Dennoch sollte der Einfluss seiner Ideen nicht unterschätzt werden. Paul Goodman, der bei einem Reich-Schüler in Therapie war, veröffentlichte in *Politics* eine wohlwollende Rezension von Reichs Arbeiten, suchte ihn persönlich auf und verteidigte unermüdlich seine psychosozialen Einsichten.[23] Zwischen den Zeilen seines Bestsellers *Growing Up Absurd*, der das Lebensgefühl der nachwachsenden Generation ziemlich genau traf, indem er der Gesellschaft vorwarf, weder persönlichen Gefühlen noch sinnvollen Tätigkeiten irgendeinen Raum zu geben, blitzt das Denken Wilhelm Reichs immer wieder auf.

Bereits drei Jahre bevor *Growing Up Absurd* in die Buchläden kam, hatte Norman Mailer 1957 in *Dissent* seinen Essay *The White Negro* veröffentlicht, der rasch Kultstatus erlangte. Er setzte der neuen Beat-Generation ein Denkmal, deren wichtigste Vertreter – Kerouac, Burroughs, Ginsberg – allesamt Anhänger von Wilhelm Reich waren. Mailer feierte in seinem Aufsatz weniger die literarische Produktion als das Straßenleben der neuen Bewegung: den jugendlichen ›Hipster‹, der sich von der weißen Mittelstandsgesellschaft lossagt, indem er den Stil der afro-amerikanischen Ghettobewohner kopiert und sich anschickt, die Kathedralen der Konformität zu schleifen. Der ›Hipster‹, so Mailer, sei stets auf der Suche nach einem Orgasmus, der noch apokalyptischer sei als der letzte. Der Hass der ›Hipsters‹ könne sich in Gewalttaten entladen, aber im Grunde dürsteten sie nach Liebe. Wenn Mailer hier einen Radikalismus antizipierte, der das Persönliche mit dem Politischen, das Soziale mit dem Sexuellen verband, dann rekurrierte er unverkennbar auf jenen Sexualtheoretiker, der inzwischen wegen seines Orgon-Energie-Akkumulators in Konflikt mit dem Gesetz geraten war und wenige Monate später im Bundesgefängnis von Lewisburg, Pennsylvania, an Herzversagen starb. Es überrascht nicht, dass in der New Yorker *Village Voice* einer der wenigen ausführlichen Nachrufe auf Wilhelm Reich erschien.[24]

Erich Fromm knüpfte an Reichs Einsicht an, dass aus der Psychoanalyse soziologische Konsequenzen zu ziehen seien und eine Verbindung zwischen frühkindlicher Erziehung, bürgerlichen Moralvorstellungen und der Unterwerfung unter autoritäre politische Systeme bestehe. Der in Frankfurt geborene und in Heidelberg promovierte Sohn eines orthodox-jüdischen Obstweinkaufmanns stieß Ende der 1920er Jahre nach Stationen in München und Berlin zum Institut für Sozialforschung. Dort wurde er zum eigentlichen Wegbereiter einer Verbindung von Marx und Freud. In seinem Bemühen, das Auseinanderfallen von linken politischen Überzeugungen und rechtem Verhalten bei Arbeitern und Angestellten am Vorabend des Dritten Reiches zu erklären, führte Fromm den Begriff des sado-masochistischen Charakters in die Diskussion ein. In dem großen Projekt des inzwischen emigrierten Instituts zu Autorität und Familie machte Fromm dieses Charakterbild zum Kern der autoritären Persönlichkeit. Die nach dem Kriege so einflussreichen Studien des Instituts basierten zum guten, wenn auch unredlicherweise verschwiegenen Teil auf Fromms Vorarbeiten.[25]

Wenn Fromm das Institut auch bald verließ und wegen seiner Kritik an der Freud'schen Triebtheorie von Adorno und Marcuse gelegentlich scharf angegriffen wurde, dann darf dies keineswegs den Blick auf zentrale Gemeinsamkeiten verstellen, die letztlich auch die kollektive Identität der 68er-Bewegung grundieren sollten. Tatsächlich dürfte Erich Fromm das Anliegen der Kritischen Theorie, die Psychoanalyse mit einer neo-marxistischen Gesellschaftskritik zu verbinden, stärker befördert haben als die Hauptfiguren der Frankfurter Schule selbst. In seinem 1941 erschienenen Buch *Escape From Freedom* fasste Fromm die sozialpsychologischen Forschungen des Instituts aus den 1930er Jahren allgemeinverständlich zusammen. Sein großer gesellschaftstheoretischer Entwurf *The Sane Society* von 1955 geht einen Schritt weiter und führt die mangelnde Ausschöpfung menschlicher Potenziale nicht mehr nur auf eine psychisch bedingte Flucht vor der Freiheit zurück, sondern zusätzlich auf die Selbstauslieferung an ein von Konsum und Bürokratie bestimmtes technologisch-industrielles System. Sein populärwissenschaftlicher Welterfolg *The Art of Loving* schließlich – 1956 erstmals erschienen und seit den 1960er Jahren mehrfach neu aufgelegt – setzte auf ›orgiastische Zustände‹, die Körper, Sinne, Seele und Geist zugleich erfassen und es erlauben, vor der Isolation nicht in die Konformität zu flüchten, sondern eine authentische Persönlichkeit und ein gesundes zwischenmenschliches Miteinander zu entwickeln. Fromms Denken übte starken Einfluss unter anderem auf David Riesmans Aufsehen erregendes Buch *The Lonely Crowd* von 1950 aus. Er schrieb zudem nicht nur allgemeinverständliche Bestseller und Essays in intellektuellen Journalen wie *Dissent*, sondern engagierte sich auch in der amerikanischen Anti-Atom- und Friedensbewegung, deren bedeutendste Organisation, das National Committee for a Sane Nuclear Policy (SANE), ihren Namen von Fromms gesellschaftstheoretischem Hauptwerk entlehnte. Auf seinen Vortragsreisen in den 1960er Jahren zog Fromm Tausende meist junger Zuhörer an.[26]

Die Wendung der Kritischen Theorie und der in ihrem Umfeld wirkenden Intellektuellen nicht nur gegen den bürokratisch erstarrten Stalinismus, sondern auch gegen den manipulativen, wahre menschliche Bedürfnisse nur scheinbar befriedigenden Kapitalismus traf in einer nachwachsenden Generation auf Resonanz, die des Kalten Krieges und des Antikommunismus überdrüssig war. Eine sozialwissenschaftlich-empirische Analyse der politischen Ökonomie Amerikas fehlte dieser Kulturkritik freilich weitgehend. Und auch zu den außenpolitischen Voraussetzungen des Kalten Krieges hatten die sozialpsychologischen Studien der deutschen Emigranten kaum etwas zu sagen, während die New Yorker Intellektuellen die amerikanische Außenpolitik entweder verteidigten oder in tragischen Fehleinschätzungen gefangen sahen, ohne dies jedoch auf systemische Wurzeln zurückzuführen.[27]

Diese beiden Defizite wurden an einem weiteren Ort behoben, an dem europäische und amerikanische Traditionslinien sich vermischten und der nicht zuletzt deshalb – wie Brandeis und die New Yorker Columbia University auch – zu einem Zentrum der amerikanischen Protestbewegung wurde: an der University of Wisconsin in Madison.[28] Dort hielten – wie ein Augenzeuge schrieb – die aus Europa geflohenen Wissenschaftler Hof unter faszinierten Studenten.[29] Der Wichtigste unter ihnen war zweifelsohne der Soziologe Hans Gerth. Seit 1940 machte er in Madison seine Studenten vertraut mit Max Weber, Karl Mannheim und den innovativen Ansätzen, die während der Weimarer Periode an seiner Frankfurter Alma Mater floriert hatten. Unter seinen Hörern saß ein gewisser C. Wright Mills, den die freien

Assoziationen des deutschen Professors nicht so perplex zurückließen wie die meisten seiner Kommilitonen. Er fand vielmehr, dass Gerth im ganzen Department der Einzige sei, dem zuzuhören sich lohne.[30] Mit diesem geistigen Rüstzeug ausgestattet ging Mills nach New York, wo er sich nicht nur im Umfeld der bereits beschriebenen Intellektuellen bewegte, sondern in der Abteilung für angewandte Sozialforschung der Columbia University, die der österreichische Emigrant Paul Lazarsfeld leitete, auch erstes Material für jene Trilogie soziologischer Studien sammelte, die im folgenden Jahrzehnt seinen Ruf begründete und 1956 in *The Power Elite* gipfelte.

Diesem Buch, das auch als Bibel der amerikanischen Studentenbewegung der 1960er Jahre beschrieben worden ist, gelang das Kunststück, das Unsichtbare sichtbar zu machen.[31] Es verlieh den Machtstrukturen der anonymen Massengesellschaft ein Gesicht, indem es die Seilschaften beschrieb, die sich in den Vorstandsetagen der Wirtschaftskonzerne, in den Korridoren der politischen Macht und in den Schaltzentralen des nationalen Sicherheitsstaates gegenseitig absicherten; die den Informationsfluss kontrollierten, Meinung manipulierten und letztlich garantierten, dass der Durchschnittsbürger keinerlei Einfluss mehr auf Entscheidungen nehmen konnte, die doch sein Leben direkt betrafen.[32] Ändern konnten dies allenfalls noch die Studenten und Intellektuellen, so Mills in seinem *Letter to the New Left* von 1960, der den Dissidenten einer neuen Dekade nicht nur ein Label aufklebte, sondern ihnen zugleich auch die Hauptrolle in dem aufzuführenden Stück andiente. Kein Wunder, dass sich das Gründungsmanifest des amerikanischen SDS zuweilen wie eine Ansammlung von Randnotizen zu Mills *The Power Elite* las, und dass die Mehrzahl der 20.000 Demonstranten, die sich im April 1965 auf der National Mall in Washington einfanden, um gegen den Vietnamkrieg zu protestieren, durchaus eine Vorstellung davon gehabt haben dürften, wovon SDS-Präsident Paul Potter sprach, wenn er sie beschwor, ›das System‹ zu benennen und zu ändern.[33]

»The postwar American Left has had two really towering intellectual figures«, schrieb Jim O'Brien im August 1970 in der Madisoner Studentenzeitschrift *Radical America*, »C. Wright Mills (... and) William Appleman Williams«. Auch Williams, obwohl von Haus aus Historiker, war in den 1940er Jahren in Hans Gerths Vorlesungen gepilgert. In den 1950ern auf einen Lehrstuhl an die University of Wisconsin zurückgekehrt, lieferte er der Neuen Linken gleichsam das außenpolitische Gegenstück zu Mills Machtelite. In seinem bahnbrechenden Werk *The Tragedy of American Diplomacy* von 1959 identifizierte er das ökonomische Interesse der USA an weltweiten Absatzmärkten als entscheidendes Motiv amerikanischer Weltpolitik und entlarvte diese damit als imperialistisch.[34] Im selben Jahr halfen er und Hans Gerth einigen Studenten aus ihren Seminaren das Magazin *Studies on the Left* zu gründen. Gerth steuerte für das erste Heft einen eigenen Artikel und für das zweite die erste englische Übersetzung von Walter Benjamins »Kunstwerk«-Aufsatz bei. Mitte der 1960er Jahre, als das Blatt bereits nach New York umgezogen war, publizierte es ein eigenes Themenheft zu Wilhelm Reich. Zunächst aber hatte William Appleman Williams mit seiner Kennzeichnung des amerikanischen Systems als ›corporate liberalism‹ den größten Einfluss auf die Herausgeber.[35] Williams und seinen Geschichtsstudenten, die den Gründerkreis der *Studies on the Left* dominierten, lag vor allem eines am Herzen: die Rekonstruktion einer linken, progressiven Tradition in Amerika im Allgemeinen und in dessen Herzland im Mittelwesten im Besonderen. Nachdem die *Studies on the Left* nach New York übergesiedelt waren, griff *Radical America* dieses Anliegen wieder auf mit dem ausdrücklichen Ziel, »to bring about the beginnings of a learning process within SDS ranks about the radical traditions of this country.«[36] In Madison flossen also deutlich europäische Einflüsse und ältere amerikanische Traditionsströme zusammen. James Gilbert erinnerte sich: »This movement created a hybrid, enormously creative view of American politics, culture, and history.«[37] Jost Hermand hat dazu bemerkt: »Was sich aus dieser ideologischen Amalgamation eines ›homespun American radicalism‹ und des linksliberalen Geistes der Weimarer Republik ergab, galt (...) als die Weltanschauung der ›New Left‹.«[38]

III

Zu William Appleman Williams' Deutung der amerikanischen Außenpolitik trat eine andere Analyse hinzu, die sich weniger mit Amerika selbst als mit den verhängnisvollen Folgen seiner Politik beschäftigte. Hier ist die Entwicklungsökonomie von besonderer Bedeutung wie sie vor allem von den Emigranten Paul Baran und André Gunder Frank vertreten wurde. Baran, ein ursprünglich aus der Ukraine stammender Schüler von Emil Lederer und Assistent Friedrich Pollocks am Institut für Sozialforschung, erläuterte in seinem Buch *The Political Economy of Growth* (1957), warum der Kapitalismus die armen Länder der Dritten Welt geradezu dazu verdammte, arm zu bleiben. Baran zeigte, dass internationale Konzerne in Komplizenschaft mit korrupten lokalen Eliten die Rückständigkeit der politisch unabhängig gewordenen Kolonien gleichsam besiegelten, indem sie volkswirtschaftliche Überschüsse abschöpften statt sie vor Ort zu reinvestieren.[39] Andrè Gunder Frank ging zehn Jahre später in seinem Werk *Capitalism and Underdevelopment in Latin America* (1967) noch einen Schritt weiter. Er führte am Beispiel Brasiliens und Chiles vor, dass die feudalen Strukturen, die gemeinhin für die wirtschaftliche Rückständigkeit Lateinamerikas verantwortlich gemacht wurden, einst von den iberischen Kolonialherren geschaffen wurden, um die Kolonien zugunsten der Entwicklung der Mutterländer auszubeuten. Dieser Zusammenhang existiere in der zweiten Hälfte des 20. Jahrhunderts immer noch und träfe auf die gesamte Dritte Welt zu. Denn im Kapitalismus stelle die Unterentwicklung der unentwickelten Länder eine Funktion der Entwicklung der Metropolen dar.[40]

Wichtiger noch als diese entwicklungsökonomischen Argumente dürfte gewesen sein, dass Baran und andere in den Befreiungsbewegungen der Dritten Welt eine weltrevolutionäre Kraft erblickten, die das Erbe der durch den Wohlfahrtsstaat eingelullten Arbeiterbewegung antreten konnte. Dies verstärkte innerhalb der Studentenbewegung die Identifikation mit den afrikanischen, asiatischen und lateinamerikanischen Befreiungsbewegungen. Der Marx'sche Klassengegensatz reproduzierte sich nun im Weltmaßstab. Nicht die Proletarier aller Länder, sondern alle proletarischen Länder vereinigten sich nun zum revolutionären Kampf.[41] Vietnam verkörperte für die Studentenbewegung den Kairos dieses Drittweltismus. Wenn die Kritische Theorie der 68er-Bewegung ein Verständnis ihrer eigenen, westlichen Lebenswelt lieferte, so lieferte die Entwicklungsökonomie ihr das Muster, um den Platz des Westens in der Welt zu verstehen.

IV

Der Beitrag Hannah Arendts zu den Wertvorstellungen der Studentenbewegung ist verschiedentlich darin gesehen worden, dass sie die moralische Legitimität einer politischen Ordnung in Zweifel zog, die nicht länger auf einer aktiven Bürgerbeteiligung beruht. Sie habe somit – wenn auch unbeabsichtigt – die zentrale Forderung nach einer ›participatory democracy‹ inspiriert und darüber hinaus die Berechtigung zivilen Ungehorsams verteidigt.[42] Wichtiger – und bisher weitgehend übersehen – scheint mir jedoch ein anderer Zusammenhang zu sein: die Bedeutung, die ihr Eichmann-Buch für einen Vorgang erlangte, der in den 1960er Jahren einsetzte und den man als Transnationalisierung des Holocaust[43] bezeichnen kann. Daraus entsprang eine spezifische Auffassung von den Ursprüngen und Lehren der nationalsozialistischen Verbrechen, die ein wesentliches Element der kollektiven Identität der weltweiten 68er-Bewegung darstellte.

Der Prozess gegen Adolf Eichmann in Jerusalem vom 10. April bis 15. Dezember 1961 geriet zum ersten globalen Medienspektakel der Geschichte, das Millionen an den Fernsehschirmen gebannt verfolgten.[44] Wenig später entfachten Hannah Arendts Prozessbericht und ihre eingängige Formel von der »Banalität des Bösen« eine stürmische Kontroverse, insbesondere in den Vereinigten Staaten.[45] Ihre Hitzigkeit lässt sich daran ablesen, dass mehr als ein Viertel der über tausend Titel, die eine Bibliografie von 1969 zum Eichmann-Prozess verzeichnete, auf Rezensionen zu Arendts Buch entfielen.[46]

Mit den teilweise provokanten Thesen der Autorin allein ist dies nicht erklärbar. Ihre extrem allergische Aufnahme beruhte vielmehr auf bestimmten innergesellschaftlichen Entwicklungen in den USA.

In der ersten Hälfte der 1960er Jahre verkündete das *Look Magazine* das Verschwinden der amerikanischen Juden.[47] Gemeint war damit ihre weitgehende Integration in die amerikanische Gesamtgesellschaft. »Arendts Buch über Eichmann mit seiner Betonung der Vergeblichkeit jüdischer Anpassung und des Opportunismus der jüdischen Führung war ein Blitzableiter für all die Veränderungen, die sich im intellektuellen Leben des jüdischen Amerika in dieser Zeit vollzogen.«[48] Erst jetzt avancierte der Holocaust zu einem zentralen Merkmal jüdischer Identität in den USA. In dieser Transformationsphase reagierten viele jüdische Intellektuelle gereizt auf Arendts Insistieren, dass die Einzigartigkeit des Holocaust weder auf der ethnischen Zugehörigkeit der Täter noch der Opfer beruhe. In den *Studies on the Left* sah Norman Fruchter die Debatte um ihren Eichmann-Bericht geradezu als Lackmustest für eine Scheidung zwischen stärker in jüdischen Organisationen und traditionellem jüdischen Milieu verwurzelten ›amerikanischen Juden‹ und jüngeren ›Jewish radicals‹, deren Anliegen auf eine größere Zweck- und Wertegemeinschaft gerichtet seien und die deshalb erkannt hätten, dass Arendts Buch unmittelbar relevant für die amerikanische Gegenwart sei. »For we also legitimate and participate in the maintenance of a totalitarian state, because we allow and support our government's treatment of individuals as things, not only in Hiroshima and Nagasaki, Vietnam, the Congo, and Cuba, but in all those countries whose inhabitants we see as ciphers in a political confrontation and whose lives we threaten with nuclear annihilation.«[49] Die Fähigkeit, dem entgegenzutreten, so spekulierte Fruchter, setze möglicherweise voraus, sich von ethnischen und nationalen Mythen weitgehend zu emanzipieren – etwas, so müsste man hinzufügen, wofür Emigranten prädestiniert waren!

Eine jüngere Generation, unter deren Wortführern überproportional viele jüdische Studenten zu finden waren, griff Arendts Charakterisierung des Holocaust als eines unter den Bedingungen der Moderne möglich gewordenen Menschheitsverbrechens, das sich prinzipiell mit anderen Tätern und Opfern wiederholen könne[50], begierig auf. Ob dies auf einen Illegitimitätskomplex gegenüber hingemordeten Opfern, heroischen Widerstandskämpfern oder auch bedrängten linken Intellektuellen der 1950er Jahre zurückzuführen ist[51], mag dahingestellt bleiben. Jedenfalls erwies sich Arendts Eichmann-Bericht, der die Figur des Schreibtischtäters und das Bild des Holocaust als eines bürokratisch-technischen Massenmords popularisierte und zugleich universalisierte, als eminent anschlussfähig für das moralische Unbehagen an der verwalteten Welt. »The mob man, the end-result of the ›bourgeois‹ is an international phenomenon«[52], schrieb Arendt, und der Sozialkritiker Lewis Mumford, ein enger Freund und Anhänger Erich Fromms, ergänzte: »In every country there are now countless Eichmanns in administrative offices, in business corporations, in universities, in laboratories, in the armed forces: orderly obedient people, ready to carry out any officially sanctioned fantasy, however dehumanized and debased.«[53]

Solche Bürokraten hatten Demonstranten in den USA und anderswo im Sinn, als sie Eichmanns Namen auf Spruchbänder und Plakate malten und sie denen entgegenhielten, die sie für den verbrecherischen Krieg in Südostasien verantwortlich machten.[54] »Think of the men who now engineer that war«, so SDS-Präsident Carl Oglesby im November 1965 auf einer Protestkundgebung in Washington, D.C., »those who study the maps, give the commands, push the buttons, and tally the dead: Bundy, McNamara, Rusk, Lodge, Goldberg, the President himself. They are not moral monsters. They are all honorable men.«[55] Ein Journalist, der 1968 die Zentren des Protests an den amerikanischen Universitäten aufsuchte, erhielt in Los Angeles auf die Frage, warum der Radikalismus amerikanischer Studenten auf europäischen philosophischen Ideen beruhe, die der Erfahrung des Nationalsozialismus entstammten, die Antwort: »Out of Nazism comes the idea of responsibility.« In Chicago erklärte ihm ein Professor: »The philosopher behind all this is Arendt – the Eichmann book and ›On Revolution‹.«[56]

Die 68er-Bewegung in den USA wie auch in vielen anderen Ländern traf sich in der moralischen Empörung gegenüber dem technisch-industriellen Krieg der USA in Vietnam, der dem Holocaust wie ihn Hannah Arendt auf den Begriff gebracht hatte, in wesentlichen Aspekten zu ähneln schien. Freilich blieb die darin angelegte Universalisierung des Menschheitsverbrechens für die Protestbewegung in den USA stets zurückgebunden an einen inneramerikanischen jüdischen Diskurs, in dem der erfahrungsgeschichtliche Hintergrund der deutschen Emigranten viel stärker aufgehoben blieb als in deren ursprünglicher Heimat. Dort wurde dieser Hintergrund weithin ignoriert, was einem Teil der bundesdeutschen Neuen Linken den Ausstieg aus der historischen Verantwortung im Zeichen eines sektiererischen Antizionismus wohl erleichtert haben dürfte.[57]

V

Unter allen deutschsprachigen Emigranten ist zweifellos Herbert Marcuse am stärksten mit der 68er-Bewegung identifiziert worden. Er galt als Philosoph der Neuen Linken, Pate der Studentenbewegung und Anwalt ihrer Revolution.[58] Obwohl direkte Bezugnahmen auf seine Schriften in amerikanischen Studentenzeitungen und Szeneblättern dünn gesät sind[59], schien die Bewegung von seinem Denken durchwirkt – bis hin zu einer Comic-

Serie über die ›Abenteuer des eindimensionalen Menschen‹ im Mitteilungsblatt der SDS-Gruppe an der Columbia University.[60] Kaum jemand hatte seine Texte wirklich gelesen, aber ihre wesentlichen Aussagen waren den allermeisten aus zweiter und dritter Hand geläufig. Sie und ihr Autor verdankten ihre Namhaftigkeit nicht zuletzt dem Umstand, dass sie die drei hier skizzierten Bausteine eines Weltverständnisses, über das die 68er-Bewegung sich identifizierte, bündelten und integrierten.

Die Überzeugung der 68er-Bewegung, dass das Persönliche politisch sei, wurzelte letztlich in einer Verbindung von Marx und Freud wie sie vor allem Wilhelm Reich und Erich Fromm vorgenommen hatten. Marcuse folgte ihnen darin – trotz teilweise heftiger Kritik im Einzelnen – in seinem 1955 veröffentlichten Werk *Eros and Civilization.*[61] Dort argumentiert er, dass der technologische Fortschritt die Sublimierung des Lustprinzips weitgehend überflüssig mache. Seine fortgesetzte Unterdrückung diene lediglich dem Machterhalt der herrschenden Klassen und müsse durch eine »Große Weigerung«, die Spielregeln des spätindustriellen Kapitalismus weiterhin zu befolgen, überwunden werden.[62]

Marcuses Ruf als intellektueller Guru der Neuen Linken begründete freilich erst *One-Dimensional Man* von 1964. Ein damaliger Aktivist stellte rückblickend fest: »For the intellectual left and many activists, Herbert Marcuse's *One Dimensional Man* was the defining treatise of the late 1960s. Whether they read it or not, those who identified with the ›movement‹ took its descriptions of the flattening of everyday existence as a personal testament.«[63] Marcuse geht hier aber noch einen Schritt weiter als seine Mitstreiter aus dem Frankfurter Institut für Sozialforschung und die von ihnen beeinflussten amerikanischen Intellektuellen. Anders als in seinen früheren Schriften richtet er nun seine Aufmerksamkeit nicht nur auf die Vereinzelung und Sinnentleerung in der Massengesellschaft, sondern – offenbar beeinflusst von C. Wright Mills – auch auf die sozialen und politischen Kräfte, die jegliche Opposition zu ersticken drohen. Das Ausmaß an Unterdrückung und Manipulation in der fortgeschrittenen Industriegesellschaft schließe eine Überwindung des Systems von innen heraus aus. Befreiungspotenziale könnten allenfalls von außen herangetragen werden, und solange dies so sei, bleibe nur die Große Weigerung.[64]

In der zweiten Hälfte der 1960er Jahre neigte Marcuse zwischenzeitlich dazu, solche Befreiungspotenziale in ausgegrenzten Minderheiten und den Aussteigern der Protestbewegung, vor allem aber in den Emanzipationsbewegungen der Dritten Welt zu sehen. In seinen außenpolitischen Analysen stützte er sich einerseits auf seine Erfahrungen in amerikanischen Regierungsdienststellen während und nach dem Zweiten Weltkrieg[65], andererseits auf die Theorien seines Emigrationsgenossen Paul Baran und anderer Entwicklungsökonomen.[66] Auf einem *teach-in* im Frühjahr 1966 an der University of California in Los Angeles wies er darauf hin, dass – im Weltmaßstab betrachtet – eine Niederlage der USA in Vietnam neo-koloniale Marionettenregierungen überall auf der Welt unterminieren und die kapitalistische Weltwirtschaft damit wesentlich beeinträchtigen könnte. Vietnam, so schärfte er seinem Publikum bei zahllosen Auftritten in Europa und Amerika ein, sei zum Symbol für die Zukunft der ökonomischen und politischen Repression in der Welt geworden: »If in this sense Vietnam is in no way just one more event of foreign policy but rather connected with the essence of the system, it is perhaps also a turning point in the development of the system, perhaps the beginning of the end.«[67] Marcuse untermauerte damit den Drittweltismus der Studentenbewegung, der auf die Befreiungspotenziale der Dritten Welt baute und sich geradezu in eine »Eschatologie weltrevolutionärer Entscheidungskämpfe«[68] hineinsteigerte.

Im Zusammenhang mit Vietnam rührt Marcuse auch an der moralischen Identität der 68er-Bewegung, die sich auf das Lehrstück des Holocaust gründete. Zwar hat uns Marcuse »keine Erklärung des industriellen Massenmords hinterlassen, keine Antwort auf die Frage nach dem Logos von Auschwitz, vor allem keine Deutung der universellen Bedeutung der Vernichtung der europäischen Juden.«[69] Aber dennoch setzte Marcuse den Holocaust als Chiffre für die Barbarei in der Welt ein. In einem Vorwort zur Neuausgabe von *Eros and Civilization* schrieb er 1966: »There are photographs that show a row of half naked corpses laid out for the victors in Vietnam; they resemble in all details the pictures of the starved emasculated corpses of Auschwitz and Buchenwald.«[70] Ins Auge sticht zudem, dass Marcuse bei solchen Parallelisierungen, ähnlich wie Hannah Arendt, den bürokratisch-unpersönlichen Charakter der Tat betont: »Die neuen Formen der Aggression zerstören, ohne daß man sich die Hände schmutzig macht, den Körper besudelt oder den Geist belastet.«[71] Als deutscher Emigrant und Jude, der den Todesmühlen der Nazis entkommen war, sprach Marcuse über die Barbarei mit einer besonderen biografischen Autorität und Authentizität zu den amerikanischen 68ern.

Bezeichnend ist zudem, dass Marcuses eigenes Denken sich durch den Austausch mit der Studentenbewegung weiter entwickelte: Seine Schriften nahmen in der zweiten Hälfte der 1960er Jahre einen sehr viel praktischeren Grundzug an. Marcuse repräsentierte und artikulierte nicht nur kongenial die hier geschilderten Elemente einer kollektiven Identität der 68er-Bewegung, er war auch selbst ein Produkt vielfacher Hybridisierungen, von den ersten Emigrationserfahrungen über seine Tätigkeit im amerikanischen Nachrichtendienst und Außenministerium bis hin zu seinem intensiven Austausch mit der Protestbewegung der 1960er Jahre.

1 Vgl. Claus-Dieter Krohn: »Vereinigte Staaten von Amerika«. In: Ders., Patrik von zur Mühlen, Gehard Paul, Lutz Winckler (Hg.): *Handbuch der deutschsprachigen Emigration.* Darmstadt 1998, Sp. 446–466; Henry Pachter: »On Being an Exile. An Old-Timer's Personal and Political Memoir«. In: Robert Boyers (Hg.): *The Legacy of the German Refugee Intellectuals.* New York 1972, S. 12–51, hier 47. — **2** Vgl. Claus-Dieter Krohn: *Wissenschaft im Exil. Deutsche Sozial- und Wirtschaftswissenschaftler in den USA und die New School for Social Research.* Frankfurt/M. – New York 1987, S. 23. — **3** Zur Problematik des Begriffs siehe vor allem Lutz Niethammer: *Kollektive Identität. Heimliche Quellen einer unheimlichen Konjunktur.* Reinbek 2000. — **4** Jan Assmann: *Das kulturelle Gedächtnis. Schrift, Erinnerung und politische Identität in frühen Hochkulturen.* 2. durchges. Aufl. München 1997, S. 132. — **5** Vgl. Jürgen Straub: »Identität«. In: Friedrich Jaeger, Burkhard Liebsch (Hg.): *Handbuch der Kulturwissenschaften. Bd. 1: Grundlagen und Schlüsselbegriffe.* Stuttgart – Weimar 2004, S. 277–303, bes. S. 299. — **6** Vgl. Yuri Zhukov: »A Dissenting Voice on Prophet of New Left«. In: *Los Angeles Times,* 1.9.1968, S. F2. — **7** Salman Rushdie: *Imaginary Homelands. Essays and Criticism 1981–1991.* London 1991, zitiert nach Elisabeth Bronfen, Benjamin Marius: »Hybride Kulturen. Einleitung zur anglo-amerikanischen Multikulturalismudebatte«. In: Dies., Therese Steffen (Hg.): *Hybride Kulturen. Beiträge zur anglo-amerikanischen Multikulturalismusdebatte.* Tübingen 1997, S. 1–29, hier S. 29. — **8** Vgl. Marita Kraus: »Migration, Assimilierung, Hybridität. Von individuellen Problemlösungsstrategien zu transnationalen Gesellschaftsbeziehungen«. In: Eckart Conze, Ulrich Lappenküper, Guido Müller (Hg.): *Geschichte der internationalen Beziehungen. Erneuerung und Erweiterung einer historischen Disziplin.* Köln – Weimar –Wien 2004, S. 259–276, bes. S. 265 f. — **9** Bronfen, Marius: »Hybride Kulturen« (s. Anm. 7), S. 14. — **10** Herbert Marcuse: »Der Einfluß der deutschen Emigration auf das amerikanische Geistesleben. Soziologie und Philosophie«. In: *Jahrbuch für Amerikastudien* 10 (1965), S. 27–33. — **11** Evan Stark: »In Exile«. In: Paul Buhle: *History and the New Left. Madison. Wisconsin, 1950–1970.* Philadelphia 1990, S. 166–177, hier S. 166. — **12** Allan Bloom: *The Closing of the American Mind.* New York 1987, S. 226 u. S. 147. — **13** Detlev Claussen: »Die amerikanische Erfahrung der Kritischen Theoretiker«. In: Ders. (Hg.): *Keine kritische Theorie ohne Amerika.* Frankfurt/M. 1999, S. 27–45, hier S. 27. — **14** Neil Jumonville: *Critical Crossings. The New York Intellectuals in Postwar America.* Berkeley 1991, S. 66. Siehe auch Bernard Rosenberg, Ernest Goldstein (Hg.): *Creators and Disturbers. Reminscences by Jewish Intellectuals of New York.* New York 1982; Alexander Bloom: *Prodigal Sons. The New York Intellectuals and Their World.* New York 1986; Terry A. Cooney: *The Rise of the New York Intellectuals.* Partisan Review *and its Circle, 1934–1945.* Madison 1987; Alan M. Wald: *The New York Intellectuals. The Rise and Decline of the Anti-Stalinist Left from the 1930s to the 1980s.* Chapel Hill-London 1987; Richard H. Pells: *The Liberal Mind in a Conservative Age. American Intellectuals in the 1940s and 1950s.* New York 1985; Norman Birnbaum: *The Radical Renewal: The Politics of Ideas in Modern America.* New York 1988, S. 3–16. — **15** Claus-Dieter Krohn: »Die Entdeckung des ›anderen Deutschland‹ in der intellektuellen Protestbewegung der 1960er Jahre in der Bundesrepublik und den Vereinigten Staaten«. In: Ders., Erwin Rotermund, Lutz Winckler, Wulf Koepke (Hg.): *Kulturtransfer im Exil* (= *Exilforschung. Ein internationales Jahrbuch.* Bd. 13). München 1995, S. 16–51, hier S. 33. Vgl. zu *Dissent* ingesamt ebd., S. 32–35; Jumonville: *Critical Crossings* (s. Anm. 14), S. 76–101; Maurice Isserman: *If I Had a Hammer… The Death of the Old Left and the Birth of the New Left.* New York 1987, S. 77–123. — **16** Vgl. Isserman: *If I Had a Hammer* (s. Anm. 15), S. 98. — **17** Irving Howe: »Notes on Mass Culture«. In: *Politics* 5 (1948), S. 120–123, zitiert nach Isserman: *If I Had a Hammer* (s. Anm. 15), S. 99. — **18** Vgl. Jumonville: *Critical Crossings* (s. Anm. 14), S. 186–211; Isserman: *If I Had a Hammer* (s. Anm. 15), S. 114–123; Pells: *The Liberal Mind in a Conservative Age* (s. Anm. 14), S. 380–392. — **19** Siehe dazu Jumonville: *Critical Crossings* (s. Anm. 14), S. 203 f. — **20** Harry Mulisch: *Das sexuelle Bollwerk. Sinn und Wahnsinn von Wilhelm Reich.* München 1997, S. 61 (niederl. Orig.-Ausg. 1973). — **21** Wilhelm Reich: *Massenpsychologie des Faschismus.* 2. Aufl. Kopenhagen – Prag – Zürich 1934. Vgl. dazu Richard Saage: *Faschismus. Konzeptionen und historische Kontexte. Eine Einführung.* Wiesbaden 2007, S. 178–186. — **22** Vgl. Lewis A. Coser:

Refugee Scholars in America. Their Impact and Their Experiences. New Haven – London 1984, S. 60 ff. — **23** Vgl. Myron Sharaf: *Wilhelm Reich. Der heilige Zorn des Lebendigen. Die Biografie.* Berlin 1994, S. 416. — **24** Vgl. Pells: *The Liberal Mind in a Conservative Age* (s. Anm. 14), S. 208 ff.; Jumonville: *Critical Crossings* (s. Anm. 14), S. 187 ff.; Gay Talese: *Du sollst begehren. Auf den Spuren der sexuellen Revolution.* Berlin 2007, S. 233–238; Sharaf: *Wilhelm Reich* (s. Anm. 23), S. 18 ff. — **25** Vgl. dazu vor allem Martin Jay: *The Dialectical Imagination. A History of the Frankfurt School and the Institute of Social Research, 1923–1950.* Berkeley 1973, S. 86–112 u. S. 127 ff. — **26** Vgl. Jürgen Hardeck: *Erich Fromm. Leben und Werk.* Darmstadt 2005; Lawrence S. Wittner: *Resisting the Bomb. A History of the World Nuclear Disarmament Movement 1954–1970.* Stanford 1997, S. 52; Andrew Jamison, Ron Eyerman: *Seeds of the Sixties.* Berkeley 1994, S. 54–62. — **27** Vgl. Isserman: *If I Had a Hammer* (s. Anm. 15), S. 105–108. — **28** Vgl. zum Folgenden insgesamt Jost Hermand: »Madison, Wisconsin 1959–1973. Der Einfluß der deutschen Exilanten auf die Entstehung der Neuen Linken«. In: Krohn, Rotermund u. a. (Hg.): *Kulturtransfer im Exil* (s. Anm. 15), S. 52–67. — **29** Vgl. Paul Buhle: »Madison: An Introduction«. In: Ders. (Hg.): *History and the New Left* (s. Anm. 11), S. 1–39, hier S. 2. — **30** Vgl. die Erinnerungen von Don Martindale, zitiert nach Arthur Vidich: »Hans Gerth. A Modern Intellectual«. In: Joseph Bensman, Arthur J. Vidich, Nobuko Gerth (Hg.): *Politics, Character, and Culture. Perspectives from Hans Gerth.* Westport, Conn., 1982, S. 3–13, hier S. 8 f. — **31** Vgl. Jamison, Eyerman: *Seeds of the Sixties* (s. Anm. 26), S. 36–46. — **32** Vgl. Pells: *The Liberal Mind in a Conservative Age* (s. Anm. 14), S. 249–261; James Miller: *»Democracy is in the streets«. From Port Huron to the Siege of Chicago.* New York 1987, S. 78–91. — **33** Siehe Paul Potter: »Speech to the April 17, 1965 March on Washington«. In: Judith Clavir Albert, Stewart Edward Albert (Hg.): *The Sixties Papers. Documents of a Rebellious Decade.* New York 1984, S. 218–225. — **34** William Appleman Williams: *The Tragedy of American Diplomacy.* Cleveland 1959. — **35** Vgl. Hermand: »Madison, Wisconsin 1959–1973« (s. Anm. 28), S. 56; *Radical America* Jg. 4 (1970), H. 8–9, S. 1. — **36** *Radical America* Jg. 1 (1967), H. 2, Herausgebernotiz. — **37** James B. Gilbert: »The Intellectuals and the First New Left«. In: Buhle (Hg.): *History and the New Left* (s. Anm. 11), S. 118–126, hier S. 120. — **38** Hermand: »Madison, Wisconsin 1959–1973« (s. Anm. 28), S. 57. — **39** Rudi Dutschke bezeichnete das Buch als »polit-ökonomische Grundlagen-Studie für die ›dritte Welt‹«. Siehe seine ausgewählte und kommentierte Bibliografie des revolutionären Sozialismus von Karl Marx bis in die Gegenwart, Box 13, Zsg 153, Sammlung Schwiedrzik, Bundesarchiv Koblenz (BAK). Zu Baran siehe ausführlich Peter Clecak: *Radical Paradoxes. Dilemmas of the American Left 1945–1970.* New York 1973, S. 72–127. Zu den Ursprüngen der neokolonialistischen Kritik im Allgemeinen vgl. Robert J. C. Young: *Postcolonialism. An Historical Introduction.* Malden, Mass., 2001, S. 45–56. — **40** Vgl. André Gunder Frank: *Latin America: Underdevelopment or Revolution. Essays on the Development of Underdevelopment and the Immediate Enemy.* New York 1970; James D. Cockcroft, Andre Gunder Frank, Dale L. Johnson: *Dependence and Underdevelopment. Latin America's Political Economy.* New York 1972. — **41** So Hans Magnus Enzensberger: »Europäische Peripherie«. In: *Kursbuch* Jg. 1 (August 1965) H. 2, S. 154–173. — **42** Vgl Jamison, Eyerman: *Seeds of the Sixties* (s. Anm. 26), S. 46–54; Meta Mendel-Reyes: *Participatory Democracy: The Sixties as Metaphor.* Ph. D. University of California at Berkeley, 1992, S. 155–191. — **43** Vgl. Daniel Levy, Natan Sznaider: *Erinnerung im globalen Zeitalter: Der Holocaust.* Frankfurt/M. 2001, die von einem neuen »Kosmopolitismus der Erinnerung« sprechen, der es den Menschen erlaube, »aufgrund gemeinsam erinnerter Barbarei neue Solidaritätsformen zu schaffen«. (S. 10 f.). — **44** Vgl. Jeffrey Shandler: *While America Watches. Televising the Holocaust.* New York 1999, S. 83–132; Tim Cole: *Selling the Holocaust. From Auschwitz to Schindler. How History is Bought, Packaged, and Sold.* New York 1999, S. 47–72. — **45** Dazu ausführlich Elizabeth Young-Bruehl: *Hannah Arendt. For Love of the World.* New Haven – London 1982, S. 328–378. Siehe auch Peter Novick: *The Holocaust in American Life.* Boston – New York 1999, S. 127–145. — **46** Randolph L. Braham: *The Eichmann Case: A Source Book.* New York 1969. — **47** Vgl. Anson G. Rabinbach: »Hannah Arendt und die New Yorker Intellektuellen«. In: Gary Smith (Hg.): *Hannah Arendt Revisited: ›Eichmann in*

Jerusalem‹ und die Folgen. Frankfurt/M. 2001, S. 33–56. — **48** Ebd., S. 52. — **49** Norman Fruchter: »Arendt's Eichmann and Jewish Identity«. In: *Studies on the Left* Jg. 5 (1965) H. 2; wiederabgedr. in James Weinstein, David W. Eakins (Hg.): *For a New America. Essays in History and Politics from* Studies on the Left, *1959–1967.* New York 1970. S. 423–454, hier S. 428 f. — **50** Vgl. Gabriel Motzkin: »Hannah Arendt: Von ethnischer Minderheit zu universeller Humanität«. In: Smith (Hg.): Hannah Arendt Revisited (s. Anm. 47), S. 177–201. — **51** So Paul Berman: *A Tale of Two Utopias. The Political Journey of the Generation of 1968.* New York – London 1996, S. 30–45. — **52** Hannah Arendt: »Organized Guilt and Universal Responsibility«. In: Dies.: *The Jew as Pariah,* hrsg. von R. Feldman. New York 1978, S. 237; zitiert nach Richard Wolin: *Heidegger's Children. Hannah Arendt, Karl Löwith, Hans Jonas, and Herbert Marcuse.* Princeton 2001, S. 58. — **53** Lewis Mumford: *The Myth of the Machine.* Bd. 2: *The Pentagon Power.* New York 1970, S. 279. — **54** Vgl. Dorothy Rabinowitz: *New Lives. Survivors of the Holocaust Living in America.* New York 1976, S. 193; Charles DeBenedetti: *An American Ordeal. The Antiwar Movement of the Vietnam Era.* Syracuse 1990, S. 127 f.; Klaus Naumann: »Sympathy for the Devil? Die Kontroverse um Hannah Arendts Prozeßbericht ›Eichmann in Jerusalem‹«. In: *Mittelweg 36.* Bd. 2 (1994), H. 1, S. 65–79. — **55** Carl Oglesby: »Trapped in a System«. In: Alexander Bloom, Wini Breines (Hg.): *»Takin' It to the Streets«. A Sixties Reader.* New York 1995, S. 220 f. — **56** J. W. Anderson: »The Whys and Hows of Student Revolt«, *Washington Post,* 30.6.1968, S. B4. — **57** Vgl. Claus-Dieter Krohn: »Die westdeutsche Studentenbewegung und das ›andere Deutschland‹«. In: Axel Schildt, Detlef Siegfried, Karl Christian Lammers (Hg.): *Dynamische Zeiten. Die 60er Jahre in den beiden deutschen Gesellschaften.* Hamburg 2000, S. 695–718; Wilfried Mausbach: »Wende um 360 Grad? Nationalsozialismus und Judenvernichtung in der ›zweiten Gründungsphase‹ der Bundesrepublik«. In: Christina von Hodenberg, Detlef Siegfried (Hg.): *Wo ›1968‹ liegt. Reform und Revolte in der Geschichte der Bundesrepublik.* Göttingen 2006, S. 15–47. — **58** Vgl. Andrew Hacker: »Philosopher of the New Left«, *New York Times,* 10.3.1968, S. BR1; Drew Pearson, Jack Anderson: »Marcuse Godfather of Student Revolt«, *Washington Post,* 6.7.1968, S. D7; Peter Osnos: »An Advocate of Revolution«, *Washington Post,* 4.2.1969, S. D4. — **59** Vgl. Michael Preston Karsch: *The Political Theory of Herbert Marcuse: Development and Impact.* M.A. thesis, Department of Political Science, University of Texas at El Paso, 1972, S. 115–134. — **60** Vgl. dazu Paul Breines: »Marcuse and the New Left in America«. In: Jürgen Habermas (Hg.): *Antworten auf Herbert Marcuse.* Frankfurt/M. 1968, S. 133–151. Siehe auch Ders. (Hg): *Critical Interruptions: New Left Perspectives on Herbert Marcuse.* New York 1970. — **61** Zur daran anschließenden Kontroverse zwischen Marcuse und Fromm vgl. Jay: *The Dialectical Imagination* (s. Anm. 25), S. 106–112; Anthony Heilbut: *Kultur ohne Heimat. Deutsche Emigranten in den USA nach 1930.* Weinheim – Berlin 1987, S. 360 ff. — **62** Vgl. Barry M. Katz: *Herbert Marcuse and the Art of Liberation. An Intellectual Biography.* London 1982, S. 150 ff.; Marianne DeKoven: »Psychoanalysis and Sixties Utopianism«. In: *Journal for the Psychoanalysis of Culture & Society* 8 (2003) H. 2, S. 263–272. — **63** Stanley Aronowitz: »The Unknown Herbert Marcuse«. In: *Social Text* 17 (1999) H. 1, S. 133–154, hier S. 144. — **64** Vgl. Katz: *Herbert Marcuse and the Art of Liberation* (s. Anm. 62), S. 164–168. — **65** Vgl. ebd., S. 181; Tim B. Müller: »Die geheime Geschichte des Herbert Marcuse«. In: *Ästhetik & Kommunikation* 36 (2005) H. 129/130, S. 131–141. — **66** Vgl. Clecak: *Radical Paradoxes* (s. Anm. 39), S. 220 ff. — **67** Herbert Marcuse: »The Problem of Violence and the Radical Opposition«. In: Ders.: *Five Lectures: Psychoanalysis, Politics, and Utopia.* Boston 1970, S. 83–108, hier S. 87. — **68** Gerd Koenen: *Das rote Jahrzehnt. Unsere kleine Kulturrevolution 1967–1977.* Köln 2001, S. 45. — **69** Zvi Tauber: »Herbert Marcuse: Auschwitz und My Lai?« In: Dan Diner (Hg.): *Zivilisationsbruch. Denken nach Auschwitz.* Frankfurt/M. 1988, S. 88–98, hier S. 90. — **70** Herbert Marcuse: *Eros and Civilization.* Boston 1974, S. XX. — **71** Herbert Marcuse: »Aggressivität in der gegenwärtigen Industriegesellschaft«. In: Ders. u. a.: *Aggression und Anpassung in der Industriegesellschaft.* Frankfurt/M. 1968, S. 7–29, hier S. 25.

Izabela Kazejak

1968 in der Volksrepublik Polen und die Juden in Wrocław

I Einführung

Der vorliegende Artikel basiert auf einer Master-of-Arts-Arbeit, die im Jahre 2007 an der kulturwissenschaftlichen Fakultät der Europa-Universität Viadrina verteidigt worden ist. Die Untersuchung zielte darauf ab, das jüdische Leben in Wrocław in den Jahren von 1945 bis 1968 zu analysieren. Breslau – seit Kriegsende Wrocław – war nach 1945 neben Łódź und Warszawa eines der wichtigsten Zentren des jüdischen Lebens in Polen. Zudem ist Wrocław aufgrund seiner wechselvollen Geschichte und seines besonderen Stellenwerts in der Propaganda der polnischen Regierung ein äußerst interessanter Untersuchungsort. Am Beispiel Wrocławs kann gezeigt werden, welche Möglichkeiten einer Kontinuität der langen Tradition des polnischen Judentums es nach dem Krieg im polnischen Staat gab. Dabei werden drei Problemkomplexe thematisiert.

Erstens handelt es sich bei Wrocław um ein Zentrum des jüdischen Lebens. Dabei werden die Voraussetzungen für die Sesshaftmachung der Juden in der Stadt nach 1945 sowie die Beweggründe für die Ausreise aus der Volksrepublik Polen und aus der Stadt Wrocław im Jahre 1968 dargestellt. In der Geschichte der Wrocławer jüdischen Gemeinde nach dem Zweiten Weltkrieg spiegeln sich beinahe alle für die polnische jüdische Minderheit relevanten Ereignisse wider. Zweitens wird die Stadt Wrocław generell als Fallstudie der polnisch-jüdischen Beziehungen zwischen Kriegsende und 1968 betrachtet. Dabei wird besonders dem Antisemitismus Aufmerksamkeit geschenkt. Drittens wird versucht zu zeigen, wie die Koexistenz von Juden und Nichjuden gerade in Wrocław aussah, wo sich fast alle Bewohner nach dem Zweiten Weltkrieg in einer neuen Umgebung befanden, weil die deutsche Bevölkerung Breslaus nach Kriegsende gezwungen war, nach Deutschland umzusiedeln. Das ist ein Charakteristikum Wrocławs im Unterschied zu anderen Städten Polens, dass hier Polen und Juden nach 1945 alle Neuankömmlinge waren. Während Polen am Vorabend des Zweiten Weltkriegs, wie Gregor Thum nachgewiesen hat, in Wrocław nicht einmal fünf Prozent der Einwohner der Stadt gestellt hatten[1], fanden sich jene Neuankömmlinge in Wrocław nach 1945 auf Schritt und Tritt mit deutscher Vergangenheit konfrontiert.

Das Judentum spielte in Polen seit Jahrhunderten eine bedeutende Rolle, und zu Zeiten der Zweiten Republik war die jüdische Bevölkerung nach den Ukrainern die zweitgrößte ethnische Minderheit im Staat. Das Nebeneinander beider Bevölkerungsgruppen war stets von Konflikten gekennzeichnet[2], und trotz des gerade geschehenen Holocausts eskalierten die antijüdischen Ausschreitungen nach dem Zweiten Weltkrieg erneut. Beispiele hierfür sind die Pogrome von Kraków (1945) und Kielce (1946).

Da die zerstörte Stadt Breslau / Wrocław nach Kriegsende an Polen gefallen war, begann mit dem Einmarsch der Roten Armee in die Stadt die Ansiedlung polnischer Staatsbürger, darunter auch polnische Juden. In der niederschlesischen Hauptstadt bestand seit Beginn des 19. Jahrhunderts bis 1933 nach Berlin und Hamburg die drittgrößte deutsche jüdische Gemeinde.[3] Im Krieg wurden die Breslauer Juden fast vollständig ermordet, lediglich eine Handvoll von ihnen überlebte den Holocaust, vor allem diejenigen, die wie zum Beispiel Fritz Stern rechtzeitig ins Exil gelangten. Jene Juden, die den Holocaust in Breslau überlebten oder nach der Befreiung aus den Konzentrationslagern in die Stadt zurückgekehrt sind, wurden entweder mit anderen deutschen Staatsbürgern gleichgestellt und ausgesiedelt oder verließen ihre Heimstadt freiwillig.[4] So ging die Tradition des deutschen Breslauer Judentums in der Stadt verloren. An die Vergangenheit des deutschen Judentums in der Stadt erinnerte lediglich die einzige erhaltene Synagoge »Synagoge zum Weißen Storch«, aber die Tradition der Juden in der niederschlesischen Metropole wurde wiederbelebt mit der Ankunft von polnischen Juden nach 1945.

Die Bildung des jüdischen Siedlungsschwerpunktes in Niederschlesien gehörte zum Plan der Besiedlung der »Wiedergewonnenen Gebiete«, der mit »propagandistischem Trommelfeuer« in die Öffentlichkeit gebracht wurde. Die polnischen Kommunisten in der Regierung verfälschten die Geschichte und sprachen von einer angeblichen »Heimkehr« der neuen Westgebiete, womit außerhalb wie innerhalb Polens die neuen Grenzen der Westverschiebung legitimiert wurden. Die Ansiedlung von Polen und polnischen Juden galt als Verwirklichung der »Repolonisierung von urpolnischen Landen«[5] und die Bildung des jüdischen Siedlungsschwerpunktes Teil der »wiedergewonnenen Gebiete«.

Alina Cała und Helena Datner-Śpiewak unterstreichen, dass die polnischen linken Parteien, vor allem die Kommunistische Partei Polens (Komunistyczna Partia Polski, KPP), den Antisemitismus stark bekämpften, da er mit rechts orientierten politischen Parteien assoziiert wurde. Auch betrieb die KPP eine Politik der Annäherung an die jüdische Minderheit, von der sie sich taktisch die Förderung der Partei und der neuen Staatsform versprach.[6] Darüber hinaus propagierte die jüdische Fraktion der Polnischen Arbeiterpartei (Polska Partia Robotnicza, PPR) eine Sesshaftmachung der Juden in

Niederschlesien, um die jüdische Bevölkerung an die Volksrepublik Polen zu binden.[7]

Am Beispiel Wrocław soll gezeigt werden, dass Polen und polnische Juden sich jedoch aufgrund der Erfahrung des Krieges stark voneinander entfernten. Dieser Prozess der Entfernung dauerte bis 1968, in erster Linie aufgrund immer wieder auftauchender antisemitischer Ausschreitungen sowie einer antisemitischen Stimmung in großen Teilen der polnischen Bevölkerung, die eine dauerhafte Koexistenz unmöglich erscheinen ließ. Darüber hinaus wird deutlich, dass das neue politische System Polens nach Kriegsende der jüdisch-polnischen Koexistenz schadete und die negative Wahrnehmung der Juden stärkte statt sie zu minimieren. Denn der Umgang der Regierung der Volksrepublik Polen mit der jüdischen Minderheit wurde von vornherein politisiert sowie je nach Gelegenheit instrumentalisiert und für politische Zwecke ausgenutzt. So wurden auch die negativen, tief in der polnischen Bevölkerung verfestigten Stereotypen bedient. Dies wiederum begünstigte die antisemitischen Ausschreitungen, die sowohl von »einfachen Leuten« verübt als auch von Politikern an der Spitze der Macht inspiriert wurden. Die Geschichte der Wrocławer Juden in der Nachkriegszeit ist also ein Fokus dieser Konflikte.

Zu berücksichtigen ist, dass die Wrocławer Juden im Vergleich zu den Juden Warszawas einen niedrigeren Status hatten, sie waren oft Handwerker oder Beamte und Funktionsträger in der lokalen Administration, wohingegen sich in der Hauptstadt unter ihnen Intellektuelle, hohe Amtspersonen und andere Offizielle fanden. Nicht erstaunlich ist daher, dass – wie Ilicki nachgewiesen hat – sich mehr Juden in Warszawa mit dem Polentum identifiziert haben als in Niederschlesien, weil das Judentum hier nach Kriegsende mehr traditionell und weniger in die polnische Mehrheitsbevölkerung integriert war. Generell ist jedoch auffallend, dass die Grenze zwischen Polen und jüdischer Minderheit in der Tat in der Nachkriegszeit bis in die 1960er weitgehend verschwunden war, vor allem was die Intellektuellen betrifft. Auch die Identifikation mit dem mosaischen Bekenntnis ist mit der Zeit verschwunden. Nach Ilicki, der die Emigranten von 1968, die nach Schweden emigriert sind, untersucht hat, waren sie zu 72 Prozent Atheisten und 14 Prozent waren Agnostiker.[8] Sie hatten also kaum Kontakte zu Kongregationen des mosaischen Bekentnisses, wie auch zu anderen Institutionen, die sich mit der Organisation des jüdischen kulturellen Lebens beschäftigt hatten.

Trotz des Faktums, dass es in der Tat Ende der 1960er Jahre vor allem in der jungen Generation polnischer Juden kaum Unterschiede zwischen Polen und Polen mit jüdischen Vorfahren gab, wurde dennoch die jüdische Herkunft periodisch in Krisenperioden zum Problem, die zeigen, dass alle Versuche, sich zu integrieren nach 1945 vielfach nur Illusionen waren und jederzeit in ihr Gegenteil umschlagen konnten. So war nach Melchior die

Erfahrung von 1968 für polnische Juden besonders hart, weil sie brutal daran erinnert wurden, dass ihre jüdischen Wurzeln ein Stigma waren.[9] Diese Tatsache bestätigt die These, dass der Antisemitismus, obwohl er in langen Perioden nicht öffentlich auftauchte, zwischen 1945 und 1968 in den »Köpfen« vieler polnischer Staatsbürger dennoch vorhanden war und die völlige Integration von Polen mit jüdischen Vorfahren letztlich nicht gegeben war.

Die Demoralisierung während des Krieges, die Erfahrung des Holocausts und das Versäumnis, über ihn aufzuklären sowie der Mangel an wissenschaftlicher Aufarbeitung des Themas der polnisch-jüdischen Gegensätze nach Kriegsende waren Ursache und Grundlage für die antisemitischen Ausschreitungen in Polen nach dem Zweiten Weltkrieg, konkret in den Jahren 1956 und 1968. Zudem verstärkten die Veränderungen im politischen System sowie innerhalb der herrschenden Partei und deren Machtkämpfe die antisemitischen Einstellungen und Ressentiments in der Volksrepublik Polen. Außerdem beförderte der Zustrom bäuerlicher Bevölkerung in die großen Städte, vor allem im Westen Polens (also auch nach Wrocław), den Antisemitismus. Polen war nämlich nach Kriegsende nicht vom Antisemitismus »geheilt«, auch wenn die meisten Polen von der massenhaften Judenvernichtung wussten und diese oft selbst beobachtet hatten.

Bei einer Analyse der Voraussetzungen für die Sesshaftmachung der polnischen Holocaustüberlebenden in Wrocław stellt sich zunächst die Frage nach den Beziehungen zwischen Juden und Nichtjuden nach Kriegsende. Es ist festzustellen, dass große Teile der polnischen Staatsbürger den Holocaustüberlebenden weder Mitgefühl noch menschliche Solidarität entgegenbrachten, wie die bereits unmittelbar nach dem Krieg stattgefundenen antisemitischen Ausschreitungen zeigen. Es gab nämlich in Polen nach 1945 nicht nur Pogrome, sondern ebenfalls Morde an Juden, die in ihre Heimatstädte zurückkehrten. Vor allem nach dem Pogrom von Kielce 1946 kam es zu einer ersten massiven Emigration aus Polen und auch aus Wrocław. Zwei gegensätzliche Folgen des Holocausts waren dabei zu beobachten. Einerseits lehnte ein Teil der Polen jüdischer Herkunft seine jüdischen Wurzeln ab und entschied sich zu einer vollständigen Eingliederung in die polnische Gesellschaft, inklusive der »Polonisierung« von Namen. Andererseits wurde bei vielen Juden das Bewusstsein ihrer konfessionellen und ethnischen Eigenheit stärker, sodass sie bewusst die Zugehörigkeit zum Judentum manifestieren wollten. In den frühen Nachkriegsjahren entstanden in Polen dann auch zahlreiche kulturelle Initiativen wie Schulgründungen und die konfessionell orientierten Riten konnten praktiziert werden. Dennoch hatte die Überzeugung von der angeblich hohen Anzahl von Parteifunktionären jüdischer Herkunft und von den linken politischen Präferenzen eines Teils der polnischen Juden und der Polen jüdischer Herkunft zur Folge, dass polnische Juden mit Kollaboration assoziiert wurden. Politisch engagierte polnische

Juden wurden als Verräter empfunden, weil sie in der Roten Armee vor allem Befreier sahen, während bei den anderen Polen die Feindseligkeit gegenüber den »Befreiern« ständig zunahm, besonders nachdem die Kommunisten die Macht übernommen hatten, wohingegen die Exilregierung Polens in London die nationale Kontinuität der polnischen Vorkriegszeit darstellte. Diese Spaltung in der Wahrnehmung des neuen politischen Systems und der Zugehörigkeit Polens zur sowjetischen Einflusszone war ein Hindernis für die dauerhafte Koexistenz.

Trotz der gewährten Rechte und der Gleichstellung mit anderen Bürgern nach dem Zweiten Weltkrieg emigrierten zahlreiche polnische Juden immer wieder aus Wrocław. Erst reisten diejenigen aus, denen das desillusionierende Kriegserlebnis und der latente polnische Antisemitismus deutlich machten, dass der Aufbau eines neuen Lebens nach der Shoah gerade in Polen unmöglich sei. Dann emigrierten diejenigen, die in Palästina zionistische Überzeugungsarbeit leisten wollten. Zudem war die Integration der ehemals deutschen Stadt in den polnischen Staat sowie die »Auferstehung« Wrocławs aus den Ruinen eine schwierige und prekäre Anforderung, die sicher in einigen Fällen die Sesshaftmachung erschwerte.

Die kulturelle und religiöse Autonomie der Juden sowie ihre Gleichstellung mit der polnischen Bevölkerung, die ihnen gewährten wichtigen Posten in der Partei und in der Regierung wurden bald ein Hindernis auf dem Weg zur erstrebten »Polonisierung«. Denn sie entsprachen nicht den Vorstellungen von einem monoethnischen und säkularisierten polnischen Staat. Das Jahr 1948 brachte daher das plötzliche Ende der jüdischen Autonomie. Die Verstaatlichung vieler autonomer jüdischer Einrichtungen und Institutionen sowie die Auflösung des Zentralkomitees der Juden (Centralny Komitet Żydów w Polsce, CKŻP) in Polen und der zionistischen Parteien in der aufkommenden Ära des Stalinismus waren eindeutige Zeichen des Strebens nach Übernahme der völligen Kontrolle über die jüdische Minderheit. Man kann davon ausgehen, dass die jetzt beginnende jüdische Emigration nicht nur aus überzeugten Zionisten bestand, sondern auch aus denjenigen, die den Kommunismus und das politische System Polens ablehnten. Dabei förderte die ohnehin antisemitische Einstellung großer Teile der Bevölkerung diese Entscheidung zusätzlich und trug so indirekt auch zur Etablierung des Staates Israel bei, der in dieser Phase noch häufig das Ziel der Emigration war.

An der Geschichte der Wrocławer Juden kann abgelesen werden, wie das neue politische System die jüdische Minderheit in Polen drangsalierte und die negative Wahrnehmung der Juden verstärkte. Die antijüdische Politik der polnischen Regierung wirkte sich auf die Wrocławer Gemeinde so destruktiv aus, dass selbst die Arbeit der Kongregation zu Beginn der 1950er Jahre infrage gestellt wurde und die Hälfte der Wrocławer Juden die Stadt und Polen verlassen wollte. Zudem zeigt die hohe Anzahl von Ehen mit polnischen Partnerinnen bzw. Partnern, dass offenbar ein Prozess des indirekt erzwungenen Heraustretens von polnischen Juden aus der Isolation stattfand.

Der Antisemitismus wurde von der Regierung in Warszawa schrittweise als Mittel genutzt, um die Aufmerksamkeit von politischen Konflikten abzulenken. Seit den frühen 1950er Jahren betrieb die UdSSR offiziell ihre antizionistische Politik, es ist jedoch deutlich, dass die polnische Regierung sich von ähnlich offensiven Kampagnen in der UdSSR und auch in der Tschechoslowakei noch fernhielt. Ein Brief Gomułkas an Stalin von 1948 zeigt aber, dass die »jüdische Problematik« bereits früh und dann immer wieder innerhalb der Regierenden auftauchte.[10] Der Brief dokumentiert, dass schon im Jahr 1948 innerhalb der Parteiführung die Notwendigkeit einer Säuberung des Parteiapparats von seinen jüdischen Mitgliedern aufgrund angeblicher Bedrohungen gesehen wurde. Später in der Ära der Entstalinisierung wurde die »jüdische Problematik« im Laufe eines innerparteilichen Konfliktes dann ebenfalls im Machtpoker verwendet. Es waren jedoch auch »einfache Staatsbürger Polens«, die – wie in Wrocław – in dieser Zeit ihren Nachbarn zeigten, dass sie aufgrund der jüdischen Herkunft für Polen »schädlich« seien. Sie wurden zum »Ersatzfeind«, der für die während des Stalinismus in der Volksrepublik Polen begangenen Verbrechen verantwortlich gemacht wurde. Alle Juden und Polen jüdischer Herkunft wurden jetzt häufig mit den Politikern an der Macht gleichgestellt.

Das wurde 1956 deutlich, als die Phase des Tauwetters nach dem XX. Parteitag in der UdSSR begann, in der die Verbrechen der Stalin-Ära thematisiert wurden und in dessen Folge in verschiedenen »Bruderländern« – vor allem in Ungarn und Polen – Oppositionsbewegungen entstanden. Die Oppositionsbewegungen glaubten an die Chance zu größeren Freiheiten und zeigten ihre Unzufriedenheit mit dem politischen System. Das führte jedoch zu massiven Gegenreaktionen der Apparate. Im Juni 1956 kamen zahlreiche Personen während großer Streiks in Poznań (Posen) ums Leben. Neben solchen Gewaltmaßnahmen wurde jedoch auch die Karte des Antisemitismus gespielt, wie die antisemitischen Flugblattkampagnen und antijüdischen Exzessen in Wrocław zeigten.[11] Es bedurfte hier lediglich eines Auslösers, um antijüdische Ausschreitungen zu provozieren. In Wrocław wurde eine Art Hetzjagd gegen Juden inszeniert, während der es zu anitjüdischen Ausschreitungen während »spontaner« Demonstrationen mit üblen Prügeleien kam.[12] Außerdem wurde das Eigentum der Sozio-Kulturellen Gesellschaft der Juden (Towarzystwo Społeczno-Kulturalne Żydów w Polsce / TSKŻ) und der Kongregation des mosaischen Bekenntnisses in Wrocław schwer beschädigt.[13]

Stützten die verbreiteten Strömungen in der polnischen Bevölkerung den Antisemitismus auf der Straße, so wurde er erkennbar auch als Waffe im politischen Machtkampf verwendet. Während des siebten Plenums des Zentralkomitees wurde von der »Notwendigkeit der nationalen Reinigung der

Parteistrukturen« gesprochen[14], die zwar nicht grundsätzlich umgesetzt wurden, immerhin wurden aber viele Funktionäre des Sicherheitsamtes aufgrund ihrer jüdischer Abstammung aus den Ämtern entlassen.[15] Einmal mehr zeigten sich 1956 die periodischen Ausbrüche des Antisemitismus in Polen nach 1945; es wird geschätzt, dass in den Folgejahren bis 1960 mehr als 50.000 polnische Juden emigrierten.[16] Spätestens hier zeigt sich einmal mehr der Widerspruch, dass Juden nach Kriegsende zwar ermutigt wurden, sich in dem neuen politischen System zu engagieren und rechtlich mit allen Polen gleichgestellt wurden, dieser Prozess der Inklusion aber bald endete, weil es am einfachsten war, gerade Juden zu »attackieren«, um verschiedene politischen Ziele zu verfolgen. Die Geschichte der Juden in Polen nach 1945 bis 1968 sowie die Politik gegenüber Juden ist dauernd von solchen dauernden Exklusions- und Inklusionsprozessen bestimmt.

1968 wurde den polnischen Juden dann endgültig klar gemacht, dass sie in der Volksrepublik eine unerwünschte Minderheit seien, sodass ein Großteil der verbliebenen jüdischen Minderheit, darunter sogar überzeugte Kommunisten und TSKŻ-Mitglieder, die Volksrepublik verließen. Nach 1968 blieben in der niederschlesischen Hauptstadt lediglich 400 bis 500 jüdische Wrocławer zurück.[17] Bis auf diese kleine Minderheit kam damit das einstmals so reiche jüdische Leben in der Stadt endgültig zum Erliegen. Es sei angemerkt, dass im Jahr 1947 ca. 20.000 Juden in Wrocław lebten[18] bei insgesamt 224.800 Einwohnern.[19]

II »Die antizionistische Kampagne« von 1968

Hier zeigte sich, dass die jüdische Konfession und die Herkunft Gründe für eine Ausweisung aus Polen sein konnten. Im politischen Machtpoker waren es wiederum die Juden, die aufgrund der »nicht-polnischen« Herkunft für politische Zwecke missbraucht wurden. Es waren aber damals nicht nur Juden, sondern auch Polen mit jüdischen Vorfahren, die jedoch mit dem mosaischen Bekenntnis oft nichts mehr zu tun hatten, die ihre Heimat verlassen mussten. Ewa Koźmińska-Frejlak schrieb von der »Depolonisierung« von Polen jüdischer Herkunft.[20] Dieser Prozess hatte sich durch den latenten Antisemitismus in den vorangegangenen Jahren immer weiter aufgeladen.

Die »antizionistische Kampagne« von 1968 markiert endgültig das Ende der Schein-Stabilität des jüdischen Lebens in Polen und damit auch in Wrocław. Hintergrund dafür bildete der Sechs-Tage-Krieg 1967 im Nahen Osten. In dem Konflikt gewann Israel, woraufhin sich der Einfluss der UdSSR in der Region verringerte und Israel sich als starker Staat auf der internationalen Bühne präsentierte. Dies führte zum Abbruch der diplomatischen Beziehungen Israels durch die UdSSR und ihre Verbündeten, also auch der

Volksrepublik Polen. Den Kern der Ereignisse von 1968 bildete zwar die Rebellion der jungen Generation nach amerikanisch/westeuropäischem Vorbild und deren Niederschlagung, mehr und mehr gehörten dabei jedoch antisemitische Akzente zum ideologischen Grundmuster.

Am 31. Januar 1968 protestierten Warschauer Studenten gegen die Absetzung von »*Dziady*« von Adam Mickiewicz aus dem Spielplan des Nationaltheaters. Die Absetzung war Folge der enthusiastischen Reaktionen des Publikums auf Textpassagen, die antirussische Aussagen beinhalteten. Die Demonstranten zielten darauf ab, die restriktive Politik der Regierung zu ändern. Einige Studenten, die sich an den Protesten beteiligten, wurden von der Warschauer Universität exmatrikuliert. Ein Beispiel hierfür ist Adam Michnik (heute der Chefredakteur der Zeitung *Gazeta Wyborcza*). Doch die Studenten verteidigten die relegierten Studenten und versammelten sich am 8. März an der Universität. Diese Versammlung wurde von ORMO-Einheiten (Ochotnicza Rezerwa Milicji Obywatelskiej / Freiwillige Reserve der Bürgermiliz) gewaltsam aufgelöst. In anderen Städten Polens kam es ebenfalls zu diversen Demonstrationen. Da sich an den Unruhen auch Studenten mit jüdischen Vorfahren beteiligten, kam es in der Presse zu massiven Attacken, dass »Zionisten« als Drahtzieher der gespannten Atmosphäre angesehen werden müssten. Seitdem versuchte der Sicherheitsdienst (Słuzba Bezpieczeństwa, SB), für alle Vorfälle in der Volksrepublik die jüdische Minderheit verantwortlich zu machen. Die ersten Entlassungen von Mitarbeitern jüdischer Herkunft fanden im Sicherheitsapparat und in der Armee statt. Bald wurden die »Säuberungen« auf Bereiche des öffentlichen Lebens ausgeweitet. Flankiert wurden die vom SB verbreiteten »Gerüchte«, dass die damals aktuellen Preiserhöhungen aufgrund »der feindlichen Tätigkeit einer zionistischen Gruppe« zustande gekommen seien.[21]

Feliks Tych nennt die »antizionistische Kampagne« von 1968 die größte seit dem Ende des Dritten Reiches und seit Stalins sogenannter antikosmopolitischer Kampagne.[22] Bei den Ereignissen im März und April 1968 in Polen handelte es sich um einen »Staatsstreichversuch sui generis des faschistoiden Flügels der herrschenden Partei.«[23] Das waren die Anhänger von General Mieczysław Moczar, dem Innenminister und Vorsitzenden des Kombattantenverbandes ZBOWID (Związek Bojowników o Wolność i Demokrację / Verband der Kämpfer um Freiheit und Demokratie). Vor allem der Gedanke einer angeblichen Bedrohung und die notwendige Reaktion darauf gegen die »antipolnische Kampagne«, verbunden mit Aufrufen zur Entfernung jüdischer Mitarbeiter aus den Parteistrukturen, beherrschten im Frühjahr 1968 die öffentliche Diskussion.[24] Dabei ist zu unterstreichen, dass ähnliche Pläne schon – wie bereits gezeigt – seit 1948 diskutiert wurden. Ende der 1940er und zu Beginn der 1950er Jahre wurden im Gegensatz zur UdSSR und der Tschechoslowakei solche Säuberungen innerhalb des polnischen Parteiapparates jedoch noch vermieden, weil er zu dieser Zeit noch selbstbewusst und pluralistisch genug gewesen war. 1956 wurden dann bereits einige jüdische Parteimitglieder wie Jakub Berman, der Chef des Sicherheitsamtes, zuerst aus dem Sicherheitsdienst entlassen und dann auch aus der Partei entfernt. Erst 1968 kam es zu der groß angelegten Kampagne, die systematische »Säuberungen« in ganz Polen zum Ziel hatte, und sie wurde ohne die bisher üblichen Vorgaben der UdSSR lanciert. Nach Feliks Tych lassen sich die Wurzeln des »März 1968« aus der autochthonen Einstellung der Polen zu den Juden in der Nachkriegszeit ableiten; er schrieb: »Dieses Versäumnis und der stillschweigende Konsens von der äußersten Linken bis zur äußersten Rechten angesichts der judenfeindlichen Gefühle der Bevölkerung waren mit jeweils anderer Motivation der eigentliche Grund dafür, dass der Antisemitismus in der März-Kampagne als Waffe eingesetzt werden konnte. Im März 1968 wurde zwar niemand ermordet, aber die Menge derer, die den Willen der Moczar-Gruppe und der Leitung der PVAP (PZPR) eilfertig ausführten, überstieg bei weitem den üblichen Kreis von pflichtbewussten Opportunisten, die sich früher politischen Kampagnen der Partei angeschlossen hatten.«[25]

Der antisemitische Akzent des »März 1968« wurzelt natürlich auch in den verheerenden Auswirkungen des Zweiten Weltkriegs und in dem Versäumnis, in Polen über den Holocaust aufzuklären. Zudem wuchs seit Mitte der 1960er Jahre allmählich die Oppositionsbewegung, und dies war die Basis für die Vorkommnisse von 1968.[26] Die Kampagne fand großes Echo und Unterstützung unter den antikommunistisch gesinnten, katholischen Polen, bei denen der Antikommunismus oft mit Judenhass und dem Verdacht einer »kommunistischen Judenverschwörung« gekoppelt war; es tauchte das Klischee von der »Judäo-Kommune« wieder auf.[27] Außerdem instrumentalisierten diejenigen, die 1968 die Macht übernahmen, die leninistisch-marxistischen Dogmen mit dem Ziel, die Kommunisten alter, stalinistischer Prägung aus der Partei zu entfernen. Die jüdischen Kommunisten wurden paradoxerweise gerade auch von Parteigenossen des »Stalinismus« beschuldigt. Seltsamerweise wurden sogar die »Zionisten« für das Aufkommen des Stalinismus verantwortlich gemacht, wobei der Zionismus als eine Art Nationalismus nach der Taktik des Leninismus bekämpft werden sollte.[28]

Als Zionist wurde eine politische Person bezeichnet, die ein »bewusster Feind des Sozialismus und Polens« war. In zahlreichen Presseartikeln wurde in seltsamer Widersprüchlichkeit versucht, sowohl den Zionismus als auch den Antisemitismus zu bekämpfen, obwohl das logisch alles nicht so stimmig war.[29] Auf jeden Fall hatte das Bild des imaginären Feindes ein »jüdisches Gesicht«, auch wenn es nicht direkt gezeichnet wurde. Es zirkulierte die Idee einer angeblichen »jüdischen Verschwörung«, die zum Ziel hatte,

»eine Art Bürgerkrieg zu initiieren, um das kommunistische System zu stürzen.«[30] Der Zionismus erschien 1968 in Polen viel gefährlicher als der »amerikanische Imperialismus«[31] und wurde als »eine Ideologie der jüdischen Bourgeoise« gesehen. In Summa, als Zionisten wurden aus der Perspektive des SB im Prinzip alle polnischen Staatsbürger jüdischer Herkunft bezeichnet.[32]

In der 1968 gestarteten »antijüdischen Kampagne« wurden rassistische Kriterien angewandt, die Feliks Tych an die »Nürnberger Gesetze« erinnerten: diejenigen, die auch nur einen jüdischen Vorfahren hatten, wurden aktenkundig gemacht.[33] Zwar stellten sowohl Jerzy Eisler als auch Dariusz Stola fest, dass den neuesten Untersuchungen zufolge keine direkte Sonderabteilung für »jüdische Angelegenheiten« im Ministerium für Innere Angelegenheiten (Ministerstwo Spraw Wewnętrznych, MSW) existierte[34], dennoch wurden »Untersuchungen« durchgeführt und der SB (Sicherheitsdienst) wusste genau, wer jüdische Vorfahren hatte oder wer seinen Nachnamen nach Kriegsende polonisiert hatte.

Selbst die jüdische Organisation TSKŻ, die einzige ihrer Art in der Volksrepublik, wurde, obwohl sie immer der Partei untergeordnet war, von der Kampagne nicht verschont. Einer der Hauptgründe dafür war die Teilnahme von Aleksander Smolar, dem Sohn von Grzegorz Smolar, Chefredakteur der *Fołks-Sztyme*, an den Studentenunruhen an der Warschauer Universität. Die *Fołks-Sztyme* war eine Zeitung der TSKŻ, die seit 1950 viermal wöchentlich in jiddischer Sprache erschien. Seit Oktober 1968 kam sie dann nur noch als eine Wochenzeitung heraus und Grzegorz Smolar wurde als Chefredakteur entlassen.[35] Zudem wurde das JOINT (American Jewish Joint Distribution Committee) zum zweiten Mal aus Polen ausgewiesen, womit die materielle Hilfe für ärmere Juden endete.[36] All diese politischen Eingriffe wirkten natürlich demoralisierend auf die jüdische Bevölkerung Polens, deren Mehrheit ein Verlassen des Landes in Erwägung zu ziehen begann.

III »März 1968« in Wrocław

Die Ereignisse, die als »März 1968« bezeichnet werden, beschränken sich auch in Wrocław nicht nur auf die »antizionistische Kampagne«. Wie in Warszawa begannen sie hier ebenfalls mit studentischen Protesten am 2. Februar 1968, als 1.000 Personen den Appell gegen die Absetzung von »Dziady« vom Spielplan des Theaters in der Hauptstadt unterschrieben.[37] Włodzimierz Suleja hat gezeigt, dass der SB gerade die Studenten mit jüdischen Wurzeln von der Wrocławer Medizinakademie, der Universität und der Staatlichen Hochschule für Medizin als die Hauptprovokateure der Proteste ausgemacht hatte. Im März 1968 wurden alle verdächtigt, die »die Unzufriedenheit hinsichtlich der Situation hegten, sowie diejenigen, die diese Lage guthießen und dafür Verständnis zeigten.« Agitatoren waren in den Augen des Wrocławer SB diejenigen, die, wie zum Beispiel Szyja Bronsztejn, ein Repräsentant der wissenschaftlichen Szene, dazu aufriefen, »dass die nationale und kulturelle Eigenart der polnischen Juden bewahrt bleibe.«[38] Szyja Bronsztejn wurde damals als eines der »gefährlichsten revisionistisch-zionistischen Elemente« eingestuft.[39]

Zudem wurde aus der PZPR ein wissenschaftlicher Mitarbeiter der Philosophisch-Historischen Fakultät verwiesen, da er eine »pro-zionistische Stellung« bezogen habe, obwohl die Universität in einer Verlautbarung festgestellt hatte, dass der aus der Partei Ausgeschlossene »kein Jude« sei.[40] In vielen Wrocławer Unternehmen wurden Personen »aufgedeckt«, die »eine negative Haltung gegenüber den aktuellen Entwicklungen zeigten«. Das bedeutete im Prinzip, dass die Mitarbeiter jüdischer Herkunft entlassen wurden. Damit sollte belegt werden, dass überall »die zionistische Bedrohung« existierte. Es wurden zum Beispiel Materialien »vorbereitet«, die eine »destruktive Tätigkeit und pro-zionistische Haltung« des Direktors der Wrocławer Staatlichen Waggonfabrik Pafawag bewiesen. In vielen Fällen reichte es aus, Kontakte zu Familienmitgliedern in Israel zu pflegen, um entlassen zu werden. So war es etwa im Falle des Direktors der Wrocławer Häfen. Insgesamt wurden in Wrocław 184 Zionisten »entlarvt«.[41] Polnische Ehepartner blieben von Entlassungen ebenfalls nicht verschont. Diejenigen, die trotz der Schwierigkeiten in Polen blieben, waren so gezwungen, häufig die Arbeitsstellen zu wechseln.[42]

»Demaskiert« wurden auch TSKŻ -Mitglieder, sowohl diejenigen, die der Partei angehörten, als auch diejenigen, die ihr ferngestanden hatten, weil sie angeblich »die Wrocławer Märzereignisse inspirierten, unterstützten oder sogar direkt vorbereitet haben sollten.«[43] Marcin Szydzisz zeigt, dass von diesem Personenkreis bis Oktober 1968 in Wrocław fünf Personen entlassen und 17 von der Partei ausgeschlossen wurden.[44] Es herrschte eine Atmosphäre der Angst, ein Gefühl, als »wären wir vom Antisemitismus gehetzt«, erinnerte sich ein damals 19-jähriger Wrocławer jüdischer Herkunft.[45] Immerhin hatten die Mitglieder der Wrocławer TSKŻ nach Ausbruch des Sechs-Tage-Krieges offiziell den israelischen Staat für den Angriff verurteilt, wobei allerdings zu betonen ist, dass das Ministerium für Innere Angelegenheiten, dem diese Institution unterstellt war, eine solche Erklärung der Gesellschaft erzwungen hatte.[46]

1968 wurde die Wrocławer TSKŻ ebenfalls dazu gezwungen, das Gebäude des ehemaligen jüdischen Theaters in der Świdnickastraße 28 an die Stadtverwaltung zu übergeben. Begründet wurde die Forderung damit, dass das Gebäude seine Funktion nicht erfüllt habe, da das Jüdische Theater 1955 nach Warszawa gegangen war. Obwohl sich die Wrocławer TSKŻ dagegen wehrte, konnte nichts gegen die Forderung der Stadtverwaltung getan werden.[47] Das Thema wurde in zahlreichen Artikeln der regionalen Presse behandelt.[48]

Am 31. August 1968 wurde der Wrocławer TSKŻ-Sekretär aus der PZPR ausgeschlossen, was gleichzeitig die Entlassung aus seiner Funktion bedeutete. Er wehrte sich scharf dagegen, antiisraelische Artikel zu publizieren, obwohl der »Druck von oben« groß war.[49] Er war zudem davon überzeugt, dass: »mit vielen Formulierungen der polnischen Presse (...) wir Juden nicht einverstanden sein [können], und sicherlich werden wir nicht so schreiben, wie zum Beispiel ›Życie Warszawy‹ zum Thema der Situation im Nahen Osten schrieb. (...) Da unsere Presse und der Rundfunk die Bevölkerung hinsichtlich der Situation im Nahen Osten desinformieren, lesen und hören wir und unsere Leute, was der Westen sagt und schreibt. Das kann uns keiner verbieten.«[50] Dem Sekretär wurde bei solchen Einlassungen zum Vorwurf gemacht, dass er kaum noch die Parteimeinung vertrat. Nach einer Meldung des Wrocławer SB an das Ministerium für Innere Angelegenheiten (MSW) vom 26. März 1968 waren die führenden TSKŻ-Mitglieder der Meinung, dass »der beste Ausweg aus der schwierigen Situation (...) die Ablösung der Wrocławer TSKŻ von den staatlichen Behörden [wäre].«[51]

Wie destruktiv sich die »antizionistische Kampagne« auf die Wrocławer TSKŻ auswirkte, zeigen die Statistiken. Während 1965 25 Personen in der Wrocławer TSKŻ-Filiale beschäftigt waren, verringerte sich diese Zahl im Jahre 1969 auf vier: einen Sekretär, einen Referenten, eine Putzfrau sowie zwei halbe Stellen, die eine für einen Regisseur und die andere für einen Dirigenten.[52] Von dem kleinen, nach 1968 in Wrocław verbliebenen Rest der jüdischen Bevölkerung hatten nur noch wenige Kontakte zur jüdischen TSKŻ oder zur Kongregation. Nach dem »März 1968« bezahlten nur noch 71 Personen Mitgliedsbeiträge bei der TSKŻ[53], während 1966 noch 1.144 Mitglieder der Wrocławer TSKŻ aktenkundig gewesen waren. Diejenigen, die in Wrocław blieben, wie zum Beispiel die heutigen TSKŻ-Mitglieder, blieben 1968 von Schikanen verschont. Ein Zeitzeuge erklärte dazu, dass »es für den Staat nicht gut wäre, würde er Polen verlassen«.[54] Es gab auch Personen, für die sich 1968 sogar ein Aufstieg bot, der sich nach Bekanntwerden der jüdischen Herkunft aber schnell als Illusion erwies.[55] Nach 1968 sahen diejenigen, die in Polen blieben, keinen Sinn mehr in der Tätigkeit der TSKŻ. Einige dachten, dass eine solche Kampagne wie die von 1968 sich wiederholen könne, weswegen es ihnen höchstwahrscheinlich sinnvoller erschien, sich nicht mehr in jüdischen Organisationen zu engagieren. Andere waren dagegen der Auffassung, dass sich die TSKŻ, während die Kampagne von 1968 im vollen Gange war, illoyal gegenüber der jüdischen Minderheit verhalten habe.[56]

Marcin Szydzisz hat nachgewiesen, dass der SB nicht nur unter den TSKŻ-Mitgliedern intensiv nach »zionistischen Haltungen« suchte. Es wurden auch Personen aktenkundig, die Mitarbeiter der Kongregation und der jüdischen Genossenschaften waren und eine »pro-israelische Haltung« zeigten. Laut SB sollten einige in Wrocław sogar Spenden für die Israel-Hilfe organisiert haben.[57] Vor allem bei diesen herrschte 1968 die Angst, dass ein »Holocaust erneut stattfinden könne«, weil die Verfolgungen einen nationalen Charakter hatten. In Niederschlesien wurde sogar befürchtet, dass für die jüdische Bevölkerung eigene Stadtviertel vorgesehen seien.[58] Ein Wrocławer TSKŻ-Mitglied soll sogar davon überzeugt gewesen sein, dass die Polen einen neuen »Nationalsozialismus« aufbauen wollten.[59] Darüber hinaus waren einige der Ansicht, dass die Vorfälle einen ausgeprochenen »Pogrom-Charakter« hätten.[60]

Während der »Märzereignisse« wurden auch Personen, die sich nicht als Juden betrachtet hatten und in vielen Fällen nicht einmal wussten, dass sie jüdischer Herkunft waren, entlassen oder aus Hochschulen und Universitäten exmatrikuliert. Viele von ihnen schlossen sich notgedrungen dem Exodus der polnischen Juden in Folge des »März 1968« an. Irena Hurwic-Nowakowska beobachtete: »Sie [die polonisierten Juden] empfanden das Unrecht doppelt, einmal wegen ihrer in Frage gestellten Zugehörigkeit zu Polen, zum anderen wegen ihrer jüdischen Abstammung. Das führte zum Gefühl der Fremdheit in der polnischen Gesellschaft.«[61]

IV Jüdische Emigration nach dem »März 1968«

Von 1968 bis etwa in das Jahr 1972 hinein emigrierten massenhaft polnische Juden und Polen jüdischer Herkunft. Einen Großteil der Emigranten stellten Wissenschaftler und Studierende. Zu nennen wären zum Beispiel Krzysztof Pomian und Zygmunt Bauman. Auch bedeutende Künstlerinnen und Künstler, wie Ida Kamińska (Theaterregisseurin) und Aleksander Ford (berühmter Regisseur), verließen 1968 Polen. Der Prozentsatz der Emigranten mit einem Hochschulabschluss und der Studentenanteil lag achtmal höher als der Prozentsatz der Ausgebildeten und Studierenden in ganz Polen.[62] In vielen Fällen waren es auch überzeugte Kommunisten, die Polen 1968 verlassen mussten.[63] Des Weiteren verließen Personen das Land, die im Laufe der Kampagne ihre Arbeitsplätze verloren haben. Zum Beispiel wurden in ganz Polen durch die Schließung des JOINT und der ORT 176 Personen entlassen.[64] Während die Kampagne stattfand, hatten die Angehörigen der jüdischen Minderheit natürlich Probleme, eine neue Arbeitsstelle zu finden.[65]

Um Polen zu verlassen, wurden in der Regel Reisedokumente ausgestellt, nur in wenigen Fällen Pässe. Damit konnten die Emigranten die Volksrepublik zwar verlassen, aber nicht zurückkehren. Um die Erlaubnis zur Ausreise zu bekommen, musste als Ziel der Ausreise Israel angegeben werden. Dariusz Stolas Untersuchungen zufolge verließen zwischen 1968 und 1971 circa 13.000 polnische Staatsbürger die Volksrepublik Polen. Bis Herbst 1969 kamen 30 Prozent der Emigranten aus Niederschlesien.[66] Nach Stola gab es damals lediglich 25.000 bis 30.000 Juden in der Volksrepublik, bei 32 Millionen Polen machte die jüdische Minderheit damit gerade 0,1 Prozent der Einwohner aus.[67] Laut Albert Stankowski emigrierten von den 13.000 Personen 28 Prozent nach Israel. Andere Länder, in die die Emigranten ausreisten, waren Dänemark, Schweden, Australien, Kanada und die USA. Gerade der Antizionismus und kommunistische Überzeugungen verhinderten in vielen Fällen die Ausreise nach Israel. Zudem befürchtete man, in Israel »intolerant behandelt zu werden, vor allem was die nicht-jüdischen Familienmitglieder betraf«. Nicht zuletzt beeinflussten die zahlreichen Konflikte im Nahen Osten, die ökonomischen Schwierigkeiten Israels sowie die klimatischen und kulturellen Unterschiede die Entscheidung, nicht nach Israel zu emigrieren.[68] Den Untersuchungen von Szyja Bronsztejn zufolge blieben – wie bereits erwähnt – nach 1969 lediglich 400 bis 500 Juden in Wrocław. Vergleicht man diese Anzahl mit der Zahl von 1.500 Personen jüdischer Herkunft, die zuvor noch in Wrocław wohnhaft waren, wird deutlich, dass ca. 1.000 Personen, also zwei Drittel, aufgrund der »antizionistischen Kampagne« die Stadt verließen.

V Schlussbemerkungen

Am Beispiel der Geschichte der Wrocławer Juden nach dem Zweiten Weltkrieg und hier insbesondere im Jahr 1968 wird offenkundig, wie die antijüdischen Ressentiments in politischen Auseinandersetzungen verwendet worden sind. Verantwortlich dafür waren die lange antisemitische Tradition in Polen sowie die Tatsache, dass nach dem Zweiten Weltkrieg einige Juden wichtige Posten im Machtapparat von Staat und Partei innehatten. Sie, wie ebenso ihre hohe Zahl unter den intellektuellen Eliten machten sie zu bequemen Angriffszielen und »Ersatzfeinden« dumpfer Ressentiments. Dabei wird ebenfalls deutlich, dass es Konflikte zwischen den Intellektuellen und der Partei gab, weil die Partei eine Politik betrieb, die »gegen den Intellektuellen« eingestellt war. Da, wie dargestellt, einige der Intellektuellen, die sich 1968 an den Protesten beteiligten, jüdische Vorfahren hatten, wurde der Antisemitismus 1968 mit Antiintellektualismus gekoppelt.[69]

Noch heute ist der Umgang mit den Ereignissen von März 1968 schwierig in Polen, weil viele, die zwangsweise Polen verlassen mussten, noch immer das Unrecht empfinden, obwohl mehr als 40 Jahre vergangen sind. Erst nach

1989 wurde es überhaupt möglich, dieses Thema öffentlich zu diskutieren. Seit den 1990er Jahren wurde es häufiger von polnischen Historikern untersucht, da die »antizionistische-Kampagne« bis zu der Zeit nur außerhalb von Polens Grenzen analysiert werden konnte. In den Ländern, in denen die Emigranten eine neue Heimatstätte gefunden hatten, war sie natürlich Gegenstand eines politischen Diskurses, in dem Polen in recht negativem Licht erschien. Es sei hier an die Tatsache erinnert, dass die Kampagne zwar von Politikern inspiriert worden ist, aber auch von denjenigen, die sich oft nicht politisch engagiert hatten, mit exekutiert wurde, sodass das damalige Unrecht in Polen selbst eine schwärende Wunde geblieben ist. In den letzten Jahren erinnert eine Reihe von neu herausgekommenen Büchern an jene Ereignisse[70]. Zeitzeugengespräche, Interviews und Memoiren zeigen darüber hinaus, wie aktuell das Thema noch bei denen ist, die nach 1968 gehen mussten. Und auch politisch ist das Thema wichtig geblieben. Lange Jahre hatten diejenigen, die nach 1968 gezwungen waren, das Land zu verlassen, keine Chance, ihre damals verlorene polnische Staatsangehörigkeit wieder zurückzuerhalten. Erst seit 2008 ist das möglich geworden.[71]

1 Vgl. Gregor Thum: *Die Fremde Stadt Breslau 1945.* Berlin 2003, S. 15. — **2** Vgl. Philipp Ther: »Chancen und Untergang einer multinationalen Stadt: Die Beziehungen zwischen den Nationalitäten in Lemberg in der ersten Hälfte des 20. Jahrhunderts.« In: Ders., Holm Sundhaussen (Hg.): *Nationalitätenkonflikte im 20. Jahrhundert. Ursachen von inter-ethnischer Gewalt im Vergleich.* Wiesbaden 2001, S. 144. — **3** Vgl. Till van Rahden: *Juden und andere Breslauer. Die Beziehungen zwischen Juden, Protestanten und Katholiken in einer deutschen Großstadt von 1860 bis 1925.* Göttingen 2000, S. 32. — **4** Vgl. Bożena Szaynok: *Ludność żydowska* na Dolnym Słasku 1945–1950. Wrocław 2003, S. 31; Andreas Hofmann: *Die Nachkriegszeit in Schlesien. Gesellschafts- und Bevölkerungspolitik in den polnischen Siedlungsgebieten 1945–1948.* Köln – Weimar – Wien 2000, S. 373 und S. 375 f. — **5** Vgl. Philipp Ther: *Eine Stadt erfindet sich neu,* online unter: http://oral-history.euv-ffo.de/breslau/html/einleitung.html. (letzter Zugriff am 23.9.2006). — **6** Vgl. Alina Cała, Helena Datner-Śpiewak: *Dzieje Żydów w Polsce 1944–1968. Teksty źródłowe.* Warszawa 1997. S. 11. — **7** Vgl. Bożena Szaynok: *Ludność Żydowska na Dolnym Śląsku 1945–1950.* Wrocław 2000, S. 23. — **8** Vgl. Julian Ilicki: »Changing identity among younger Polish Jews in Sweden after 1968«. In: *Polin. Journal of Polish – Jewish Studies* 4 (1989), S. 269–280, hier S. 270 f. — **9** Vgl. Małgorzata Melchior: »Facing Anitsemitism in Poland during the Second World War and in March 1968«. In: *Polin. Journal of Polish – Jewish Studies* 21 (2009), S. 189–203, S. 197. — **10** Vgl. Brief Gomułkas an Stalin in: Lech W. Gołuchowski: »Gomułka writes to Stalin«. In: *Polin. Studies in Polish Jewry* 17 (2004), S. 365–381, hier S. 366. — **11** Vgl. Paweł Machcewicz: *Polski rok 1956.* Warszawa 1993, S. 219. — **12** Ebd., S. 226 f. — **13** Vgl. AŻIH [Archiwum Żydowskiego Instytutu Historycznego / Archiv des Jüdischen Historischen Instituts in Warschau], Wydział Organizacyjny 69. Brief an die Hauptgeschäftsführung der Sozio-Kulturellen Gesellschaft der Juden in Warschau. — **14** Ebd., S. 217. — **15** Vgl. Andrzej Paczkowski: »Żydzi w UB: próba weryfikacji stereotypu«. In: Tomasz Szarota (Hg.): *Komunizm. Ideologia, system, ludzie.* Warszawa 2001, S. 204. — **16** Vgl. Szyja Bronsztejn: *Z dziejów ludności żydowskiej na Dolnym Śląsku po drugiej wojnie światowej.* Wrocław 1993, S. 18. — **17** Vgl. Leszek Ziątkowski: *Bres-*

lauer Juden. Wrocław 2000, S. 116. — **18** Vgl. Padraic Kenney: *Rebuilding Poland. Workers and Communists 1945–1950.* Ithaca – London 1997, S. 156. — **19** Vgl. Janusz Albin u. a. (Hg.): *Wrocław. Rozwój miasta w Polsce Ludowej.* Warszawa 1971, S. 77. — **20** Vgl. Ewa Koźmińska-Frejlak: »Polen als Heimat von Juden. Strategien des Heimischwerdens von Juden im Nachkriegspolen 1944–1949«. In: *Überlebt und unterwegs. Jüdische Displaced Persons im Nachkriegsdeutschland.* Jahrbuch des Fritz Bauer Instituts. Bd. 2. Frankfurt/M. 1997, S. 71–107. — **21** Die bisher beste Analyse der Mechanismen, die 1968 in Polen gegen die jüdische Minderheit verwendet wurden, bietet Dariusz Stola: *Kampania Antysyjonistyczna.* Warszawa 2000; für Niederschlesien vgl. Włodzimierz Suleja: *Dolnośląski Marzec '68.* Warszawa 2006, S. 231. — **22** Vgl. Feliks Tych: »Das polnische Jahr 1968«. In: Beate Kosmala (Hg.): *Die Vertreibung der Juden aus Polen 1968. Antisemitismus als politisches Kalkül.* Berlin 2000, S. 65. — **23** Ebd., S. 67. — **24** Ebd., S. 67. — **25** Ebd., S. 72. — **26** Ebd., S. 74 f. — **27** Vgl. Dariusz Stola: »Antyżydowski nurt Marca 1968«. In: Konrad Rokicki u. Sławomir Stępnia (Hg.): *Oblicza Marca '68.* Warszawa 2004, S. 66. — **28** Ebd., S. 66 f. — **29** Vgl. Piotr Osęka: *Syjoniści. Inspiratorzy, wichrzyciele. Obraz wroga w propagandzie Marca 1968.* Warszawa 1999, S. 75. — **30** Ebd., S. 76. Artikel, die in Breslau im Laufe der Märzereignisse publiziert wurden, analysierte Waldemar Sęczyk: »Obraz Marca '68 na Dolnym Śląsku w prasie lokalnej«. In: *Sobótka* 1 (2001), S. 87–98. — **31** Vgl. Osęka: *Syjoniści* (s. Anm. 29), S. 77. — **32** Vgl. Włodzimierz Suleja: *Dolnośląski Marzec '68. Anatomia protestu.* Warszawa 2006, S. 252. — **33** Vgl. Tych: *Das polnische Jahr 1968* (s. Anm. 22), S. 73; Dariusz Stola: *Kampania antysyjonistyczna.* Warszawa 2000, S. 68. — **34** Vgl. ebd., S. 54 und Jerzy Eisler: *Polski rok 1968.* Warszawa 2006, S. 137. — **35** AIPN (Archiv des Instituts für Nationales Gedenken), BU MSW II 7248, Wniosek w sprawie odwołania z funkcji redaktora naczelnego *Folks – Sztyme* – Grzegorza Smolara. — **36** AIPN (Archiv des Instituts für Nationales Gedenken) BU MSW II 7274, *Notatka dot. zaprzestania przyjmowania środków JOINT dla środowiska żydowskiego w Polsce.* — **37** Vgl. Łukasz Kamiński: Wrocławski *Marzec '68 w meldunkach Służby Bezpieczeństwa.* In: *Rocznik Wrocławski* 9 (2004), S. 243. Zu den studentischen Protesten siehe auch Edward Czapiewski: »Marzec 1968 roku i jego następstwa w moich wspomnieniach«. In: *Studia i Materiały z Dziejów Uniwersytetu Wrocławskiego.* Bd. 3 (1994), S. 221–235. — **38** Vgl. Suleja: *Dolnośląski marzec' 68* (s. Anm. 32), S. 233, S. 235 f. und S. 238. — **39** Ebd. — **40** Vgl. Projekt uchwały zgłoszony przez J. Ładosza na posiedzeniu Egzekutywy KU UWr. w dniu 9. 04. 1968 bei Wojciech Wrzesiński: *Wydarzenia marcowe 1968r. na uczelniach wrocławskich w świetle dokumentów.* In: *Studia i Materiały z Dziejów Uniwersytetu Wrocławskiego.* Bd. 3 (1994), S. 179 ff. — **41** Vgl. Suleja: *Dolnośląski* marzeć (s. Anm. 32), S. 245, S. 247 f., S. 252 und S. 257. — **42** Vgl. Interview, durchgeführt am 12. Januar 2006 in Wrocław; Angaben zur Person wurden anonymisiert. — **43** Vgl. Suleja: *Dolnośląski marzec' 68* (s. Anm. 32), S. 258. Zum Thema »März 1968« an den Breslauer Hochschulen siehe auch »Marzec 1968r. we Wrocławiu«. In: Alfred Jahn: »Z Kleparowa w świat szeroki. Wrocław« oder Tadeusz Lachowicz: »Mój Marzec 1968«. In: *Studia i Materiały z Dziejów Uniwersytetu Wrocławskiego.* Bd. 3 (1994), S. 194–208 und S. 215–219. — **44** Vgl. Marcin Szydzisz: *Społeczność żydowska na Dolnym Śląsku w latach 1950–1989 w świetle działalności Towarzystwa Społeczno – Kulturalnego Żydów w Polsce.* Breslau, S. 150. Unveröffentlicht. — **45** Vgl. Herman Litman: *Tu jesteś u siebie.* In: Wiszkiewicz, Joanna, *Z Polski do Izraela Rozmowy z pokoleniem '68.* Warszawa 1992, S. 44. — **46** Vgl. Bronsztejn: *Z dziejów ludności żydowskiej* (s. Anm. 16), S. 22. — **47** AIPN (Archiv des Instituts für Nationales Gedenken), BU MSW II 7217, MSW Departament Społeczno – Administracyjny do TSKŻ, Dot. nieruchomości położonej we Wrocławiu przy ul. Włodkowica 5/7/9 przez wrocławski TSKŻ. — **48** Vgl. Waldemar Sęczyk: »Obraz Marca '68 na Dolnym Śląsku w prasie lokalnej«. In: *Sobótka* 1 (2001), S. 96. — **49** AIPN (Archiv des Instituts für Nationales Gedenken) BU MSW II 7197, Notatka służbowa z rozmów przeprowadzonych przez kierownika Urzędu Spraw Wewnętrznych przy udziale kierownika Oddziału Społeczno-Administracyjnego w sprawie zwołania posiedzenia zarządu celem podjęcia rezolucji potępiającej agresję Izraela na kraje arabskie, 19.07.67. — **50** »(...) z wieloma sformułowaniami polskiej prasy, my Żydzi nie możemy się zgodzić i na pewno nie będziemy tak pisać, jak na przykład pisze

›Życie Warszawy‹, (…) Wobec tego, że nasza prasa i radio dezinformuje społeczeństwo o sytuacji na Bliskim Wschodzie my i nasi ludzie czytamy i słuchamy co pisze i mów i zachód. Tego nam nikt nie może zabronić.« Zitiert nach AIPN (Archiv des Instituts für Nationales Gedenken) BU MSW II 7197, Notatka służbowa z rozmów przeprowadzonych przez kierownika Urzędu Spraw Wewnętrznych przy udziale kierownika Oddziału Społeczno-Administracyjnego w sprawie zwołania posiedzenia zarządu celem podjęcia rezolucji potępiającej agresję Izraela na kraje arabskie z 19 lipca 1967. — **51** »Kierownictwo TSKŻ reprezentuje pogląd, iż najlepszym wyjściem z kłopotliwej sytuacji byłoby podjęcie decyzji przez władze państwowe o rozwiązaniu wrocławskiej placówki TSKŻ. Zitiert nach AIPN (Archiv des Instituts für Nationales Gedenken, Filiale in Wrocław, AIPN Wrocław, Sygn. 053/566, S. 279 f., gedruckt in: Łukasz Kamiński, Wrocławski Marzec '68 w meldunkach Służby Bezpieczeństwa, S. 265. — **52** Vgl. AIPN (Archiv des Instituts für Nationales Gedenken), BU MSW II 7204. Etaty w TSKŻ Wrocław na rok 1969. — **53** Vgl. Marcin Szydzisz: *Społeczność żydowska na Dolnym Śląsku w latach 1950–1989 w świetle działalności Towarzystwa Społeczno – Kulturalnego Żydów w Polsce.* Wrocław. S. 150. Dissertation der Universität Breslau, unveröffentlicht. — **54** Vgl. Interview durchgeführt im Rahmen des Oral-History-Seminars *Das polnische Breslau als europäische Metropole*, 2004. Angaben zur Person wurden anonymisiert. — **55** Vgl. Interview durchgeführt 2006 im Sitz des TSKŻ, Wrocław. Angaben zur Person wurden anonymisiert. — **56** Vgl. Szydzisz: *Społeczność żydowska* (s. Anm. 53), S. 58. — **57** Ebd., S. 92 ff. — **58** Vgl. Suleja: *Dolnośląski Marzec '68* (s. Anm. 32), S. 254. — **59** Ebd., S. 266. — **60** AIPN (Archiv des Instituts für Nationales Gedenken) BU MSW II 6657, Oświadczenie Zarządu Głównego Towarzystwa Społeczno-kulturalnego Żydów w Polsce, Opublikowany w poniedziałkowym numerze »Słowa Powszechnego« / Nr. 60/6618/ z dnia 11 marca 1968. — **61** Vgl. Irena Hurwic-Nowakowska: »Die Frage nach dem Heimatland«. In *Więź Sonderausgabe*: *Polen und Juden. Gemeinsam unter einem Himmel.* Warszawa 2000, S. 329. — **62** Vgl. Dariusz Stola: *Kampania antysyjonistyczna 1967–1968.* Warszawa 2000, S. 215 f. — **63** Vgl. Interview durchgeführt 2006 im Sitz des TSKŻ, Wrocław. Angaben zur Person wurden anonymisiert. — **64** AIPN (Archiv des Instituts für Nationales Gedenken), BU MSW II 829, Pracownicy komisji JOINT i ORT. MSW Departament Społeczno-administracyjny, Dot. Przebiegu rozmów z członkami Prezydium TSKŻ i jego budżetu na rok 1968. — **65** AIPN (Archiv des Instituts für Nationales Gedenken) BU MSW II 830 und IPN BU MSW II 7167. Sprawozdania, Prezydium Rady Narodowej m. Wrocławia Urząd Spraw Wewnętrznych. — **66** Stola: *Kampania antysyjonistyczna 1967–1968* (s. Anm. 62), S. 210–213. — **67** Dariusz Stola: »The Hale Campaign of March 1968: How did It Become Anti-Jewish«. In: *Polin. Studies in Polish Jewry.* 21 (2009), S. 16–36, hier S. 18. — **68** Vgl. Albert Stankowski: »Nowe spojrzenie na statystyki dotyczące emigracji Żydów z Polski po 1944«. In: Grzegorz Berendt, A. Grabski, A. Stankowski (Hg.): *Studia z histroii Żydów w Polsce po 1945 roku.* Warszawa 2000, S. 144. — **69** Stola: »The Hale Campaign of March 1968« (s. Anm. 67), S. 16–36, hier S. 18. — **70** Vgl. etwa Joanna Wiszniewicz: *Życie przecięte. Opowieści pokolenia marca.* Wołowiec 2008 oder Teresa Torańska: *Jesteśmy. Rozstania '68.* Warszawa 2008. — **71** Vgl. Online unter: http://miasta.gazeta.pl/lublin/1,48724,4993240.html und http://wyborcza.pl/1,85996,6376549,Marcowi_emigranci_Polakami__W_stu_procentach.html (letzter Zugriff am 28.4.2009).

Caroline Rothauge

Spanische Republikaner im Exil

Eine audiovisuelle Rückkehr

I Zum Umgang mit der Bürgerkriegsvergangenheit in Spanien

Das Ende des Spanischen Bürgerkriegs bot den unterlegenen Republikanern nur wenige Optionen: Unterwerfung, repressive Maßnahmen durch das franquistische Regime oder Flucht. Mit der Eroberung der baskischen Provinzen und Asturiens durch die aufständischen Truppen 1937 begann eine erste Flüchtlingsbewegung, die 1938 mit dem Vormarsch der Rebellen in Aragón, spätestens jedoch Anfang des darauf folgenden Jahres das Ausmaß eines Massenexodus annahm. Zwischen Januar und Anfang Februar 1939 verließen nahezu 500.000 Menschen – Angehörige der Zivilbevölkerung, Repräsentanten der Republik wie auch Reste der republikanischen Armee – die Iberische Halbinsel in Richtung Frankreich.[1] Für einige sollte das Exil ein Leben lang andauern, da ihnen die beinahe 40 Jahre währende Franco-Diktatur eine Rückkehr in ihre Heimat unmöglich machte. Doch selbst für die, die zurückkehrten[2], war es nicht opportun, öffentlich auf ihr kämpferisches Leben und Wirken aufmerksam zu machen. Denn in Spanien war eine kritische Auseinandersetzung mit dem Bürgerkrieg und der Franco-Diktatur bis vor kurzem kein Thema; sie wurde – einem informellen Konsens folgend – »beschwiegen«.[3]

Unter Franco war die Geschichte der sogenannten Verlierer offiziell dem Vergessen anheim gegeben, folglich auf die Vermittlung im familiär-privaten Rahmen angewiesen.[4] Im Zuge dieser Schweigekultur wurden die Erinnerungen des unterlegenen Spaniens aus dem öffentlichen Raum und zum großen Teil ins Exil verbannt.[5] Doch auch die *transición* – der gewaltlose Übergang von der Franco-Diktatur zu einer liberal-parlamentarischen Monarchie – bedeutete nicht, dass die Geschichte der »Verlierer« für das kollektive Gedächtnis »zurückgewonnen« wurde. Vielmehr führte die Erinnerung an den Bürgerkrieg samt der Gewalt und den damit einhergehenden sozialen Spannungen dazu, dass sich die *transición* maßgeblich an den Prinzipien *consenso* und *reconciliación* orientierte.[6] Das erklärt das Bestreben, »die explosive Wirkungsmacht der Vergangenheit rhetorisch zu neutralisieren.«[7] So wurde vereinfachenden Deutungen des Bürgerkrieges Vorschub geleistet, die nicht nur eine kritische Auseinandersetzung verhindern halfen[8], sondern auch die vielen Sperrzonen des öffentlichen Diskurses unangetastet ließen:

zum Beispiel die Ursachen für den Kriegsausbruch, Vergeltungsmaßnahmen, Massengräber, Gefangenenlager, Zwangsarbeiter, antifranquistische Widerstandskämpfer und nicht zuletzt die Hunderttausende Spanier, die sich gezwungen sahen, ihr Land zu verlassen.[9] Damit einher gingen die Bemühungen, republikanisch geprägte Lebenserfahrungen auf politischer wie gesellschaftlicher Ebene zu unterbinden.[10]

Diese »Tendenz zur Historisierung«[11] trat anlässlich des 50. Jahrestages des Kriegsausbruchs besonders deutlich zu Tage: Das *Moncloa*-Kommuniqué vom 19. Juli 1986 erklärte Spaniens kämpferische Vergangenheit als der gemeinsamen, öffentlich geteilten Erinnerung für unwürdig[12] und leistete somit einer – bereits zur Zeit des Franquismus ausgeprägten – Privatisierung des Gedenkens Vorschub. Andererseits wurde ein stärkeres Engagement seitens der historischen Forschung politisch forciert, was sich in zahlreichen Symposien, Kolloquien und den entsprechenden Publikationen niederschlug.[13] 50 Jahre nach Kriegsausbruch standen demnach keine Zeitzeugen und deren Angehörige im Mittelpunkt des Interesses, sondern Akademiker, die den Krieg selbst nicht miterlebt hatten. Auf Gedenkveranstaltungen mit wissenschaftlichem Charakter wurde vielmehr kontinuierlich betont, wie wichtig – angesichts der Tatsache, dass man über ein vergangenes Ereignis spreche, das schon Teil der Geschichte geworden sei – eine »objektive« und »historisch-distanzierende« Argumentation sei. Dadurch wurde die spanische Historiografie beschränkt auf die Rolle des passiven Akteurs.[14] Ende des letzten Jahrhunderts geriet eine solche Bürgerkriegsforschung, die zur Etablierung eines von politischen Prinzipien inspirierten offiziellen Geschichtsbildes diente, jedoch in die Kritik.[15] Seitdem häufen sich historiografische Publikationen und Fachtagungen zu den bisher tabuisierten Themen und Personengruppen und stoßen auf ein zuvor nicht bekanntes öffentliches Interesse.[16]

Auf gesellschaftlicher Ebene wurde der Wunsch nach einem anderen, kritischeren Umgang mit der eigenen Vergangenheit ab Mitte der 1990er Jahre laut. Das lässt sich einerseits durch das Generationengedächtnis[17] erklären, denn im Gegensatz zu den »Kindern der *transición*« erachtet es die »Generation der Enkel« angesichts der stabilen spanischen Demokratie nicht mehr für notwendig, sich an den *pacto del silencio* zu halten.[18] Sie fühlen sich verpflichtet, die Erinnerungen der vom Aussterben bedrohten Zeitzeugengeneration vor dem endgültigen Vergessen zu bewahren, um mit ihnen ein gemeinsames kulturelles Gedächtnis[19] zu schaffen, das 70 Jahre nach Kriegsende endlich eine ausgewogene institutionalisierte Form des Vergangenheitsbezugs ermöglichen würde. Zivilgesellschaftliche Bemühungen zur »Rückgewinnung der historischen Erinnerung«[20] ziehen folglich verstärkt lange vernachlässigte Zeitzeugenberichte heran, um bisher vorherrschende Deutungen und Sichtweisen zu korrigieren oder gar zu delegitimieren.

Andererseits provozierte die rechtskonservative Geschichtspolitik des *Partido Popular* (*PP*), der ab 2000 unter Manuel Aznar eine absolute Mehrheit im spanischen Parlament innehatte, Reaktionen auf zivilgesellschaftlicher Ebene, die letztlich zu einer breiten öffentlichen Debatte über Bürgerkrieg und Diktatur führten.[21] Die Haltung des *PP* und die Aktionen ziviler Initiativen wiederum veränderten die geschichtspolitische Herangehensweise der Oppositionsparteien, die sich der jüngeren Vergangenheit nicht zuletzt aus wahltaktischen Gründen annahmen.[22] Der *Partido Socialista Obrero Español* (*PSOE*), unter Parteichef José Luis Rodríguez Zapatero seit März 2004 an der Macht, unterstützt folglich die zivilgesellschaftlichen Bemühungen um eine »Rückgewinnung der historischen Erinnerung« – wenngleich nur vorsichtig.[23]

In einer Phase, in der die letzten Zeitzeugen des Bürgerkrieges sterben, konkurrieren in spanischen Erinnerungskulturen[24] individuelle Lebenserfahrung, offizielle Rhetorik und wissenschaftliche Geschichtsschreibung miteinander um die Art und Weise, wie man sich künftig auf diese vergangenen Ereignisse beziehen kann. Dabei ändern sich die Inhalte kommunikativer Gedächtnisse auf der Basis alltäglicher Lebenserfahrung vergleichsweise schnell; eine im kulturellen Gedächtnis geformte Erinnerung ist aufgrund seines institutionell gestützten Deutungsanspruchs jedoch weitaus stärker umkämpft. Dieses besondere Spannungsverhältnis äußert sich im heutigen Spanien in Form zahlreicher Ausstellungen, wissenschaftlicher Konferenzen, Archivstreitigkeiten, Gesetzesvorlagen und postumen Ehrungen – nicht zuletzt aber in den audiovisuellen Medien.

II Aussagekraft audiovisueller Geschichtsrekonstruktionen

Historische Phasen, Ereignisse und Personen gelangen nicht nur auf der Iberischen Halbinsel zunehmend in audiovisuellen Produktionen zur Darstellung. Aufgrund ihrer narrativen Struktur sowie ihres medienspezifischen Potenzials, Bild und Ton lebensnah zu verknüpfen und Empathie zu erzeugen, vergegenwärtigen entsprechende Formate Vergangenes auf besonders effektive Weise. Dennoch wurden sie in der Geschichtswissenschaft bisher selten zum Untersuchungsgegenstand gemacht.[25] Die Tatsache, dass populäre Geschichtsdarstellungen in den heutigen Mediengesellschaften zum kurzlebigen Konsumgut geworden sind, Unterhaltungs- und nostalgische Bedürfnisse befriedigen, darüber hinaus oftmals eine ideologische, ökonomische oder didaktisch oberflächliche Funktion erfüllen wollen, lässt sie für viele Historiker ungeeignet erscheinen, zum historischen Erkenntnisgewinn der audiovisuell rekonstruierten Epoche beizutragen. Umfassende Theorien zum Thema »Film und Geschichte« stehen deshalb bisher aus.[26]

Paradigmatisch für die geschichtswissenschaftliche Forschung ist die Frage, inwiefern historische Quellen die vergangene Realität abbilden oder mittels rhetorischer bzw. narrativer Techniken rekonstruieren.[27] Vielfältige wissenschaftliche und populäre »Diskursformen über die Geschichte«[28] – akademische Arbeiten, Historienromane, Verfilmungen von Geschichte – wählen historische Grundtendenzen auf ähnliche Art und Weise aus und organisieren diese nach vergleichbaren Kriterien, da sie allesamt davon geleitet sind, ihre Interpretation der Fakten zu stützen, die sich an gegenwärtigen Bedürfnissen orientieren. Jeder Film ist demnach eng mit dem jeweiligen gesellschaftlichen Kontext verbunden und besitzt einen potenziellen Wert als »Überrest«, der dem Historiker Auskunft geben kann über seine Entstehungszeit.[29] In Audiovisionen mit historischem Sujet kristallisieren sich bei der Darstellung und Interpretation einer historisch-gesellschaftlichen Wirklichkeit naturgemäß verstärkt die Formen des Bezugs auf die Vergangenheit heraus, die zur Entstehungszeit eines bestimmten Films populär waren.

Vielmehr als Überreste sind audiovisuelle Produktionen jedoch Quellen der Geschichtswissenschaft mit eigenständiger Aussagekraft und Wirkungsmacht.[30] Einerseits präformieren sie die persönliche Erfahrung historischer und lebensweltlicher Ereignisse. Andererseits verallgemeinern populäre Vergangenheitsvisionen die individuelle Erinnerung, produzieren so Geschichtsbilder und erfüllen eine Sinn stiftende Funktion.[31] Sie lassen sich als Vermittlungsinstanzen zwischen der individuellen und kollektiven Dimension des Erinnerns beschreiben. Zu »Agenturen des kulturellen Gedächtnisses«[32] werden sie, indem sie den Diskursraum des kommunikativen Gedächtnisses als Bühne nutzen, auf der historisches Wissen mittels Wiederholung, Neuanordnung oder -darstellung von Vergangenem erneut verhandelt wird.[33] Demnach re- und dekonstruieren audiovisuelle Produktionen die Vergangenheit aktiv und können historische Meistererzählungen bzw. Geschichtsbilder verändern, indem sie Raum für alternative Interpretationen schaffen.

III Spaniens »audiovisuelles Gedächtnis«

Mit ihren »aktualisierenden Neuversinnlichungen der historischen Ereignisse«[34] leisten Film- und TV-Produktionen Gedächtnisarbeit und stellen auf diese Art und Weise einen wichtigen Faktor »visueller Erinnerungs- und Geschichtspolitiken«[35] dar. Dies gilt besonders für Spanien, wo eine starke gedächtnismediale Kodierung audiovisueller Produktionen mit historischem Sujet außer Frage steht: Während der Bürgerkrieg und die daraus resultierende franquistische Diktatur jahrzehntelang – auch nach dem Tod des Diktators – auf gesamtgesellschaftlicher Ebene nicht zum Gegenstand kritischer Auseinandersetzungen wurden, griffen Teilöffentlichkeiten kontinuierlich

Inhalte kommunikativer Generationengedächtnisse auf und schufen anhand dessen mehr oder weniger nachhaltige und populäre Filmerzählungen sowie (Gegen-)Bilder zum offiziell propagierten »Beschweigen« der Vergangenheit.[36] Die derzeit in Spanien zu beobachtende Hochkonjunktur des memorialistischen Diskurses kündigte sich also schon auf medialem Weg an, lange bevor eine breite Diskussion über die jüngere Vergangenheit einsetzte. Heute fungieren audiovisuelle Geschichtsdarstellungen in Spanien mehr denn je als Verarbeitungsinstanz und Aktualisierungsquelle dominierender Geschichtsdeutungen.

Angesichts dieser medialen Rethematisierung[37] drängt sich die Frage auf, wie kulturelles Wissen über die Bürgerkriegs- und Diktaturvergangenheit in audiovisuellen Formaten visuell und narrativ inszeniert und transformiert wird sowie welche Sinnkonstruktionen und Werte damit – als konkretes Orientierungsangebot – verknüpft sind. Da diese Geschichtsrekonstruktionen sich bemerkenswerterweise größtenteils an Zuschauer richten, die den Bürgerkrieg selbst nicht miterlebt haben, ist das Aufspüren memorialistischer Bezugnahmen von besonderem Interesse: Wie wird in audiovisuellen Produktionen auf Vergangenheit verwiesen? Wie werden Inhalte des kulturellen Gedächtnisses in oder über Audiovisionen mit historischem Sujet (re-)aktiviert? Dies zu klären, ist nur durch ein systematisches Betrachten des komplexen Zusammenhangs von Film und Kontext möglich; durch eine Untersuchung also, die über eine rein filmimmanente Analyse der Darstellungsebene hinausgeht und gemeinsame Geschichts- und Alltagserfahrungen, historisch gewachsene Wahrnehmungsmuster und medial vermittelte Diskurse mit einbezieht.[38] Über die Frage nach dem historischen »Wahrheitsgehalt« audiovisueller Geschichtsdarstellungen hinaus geht es vor allem darum, Filmnarrative und -bilder als aussagekräftige Indizien für Darstellungskonventionen und Deutungsperspektiven von Vergangenheit zu werten.[39] Nur so können Audiovisionen mit historischem Sujet in ihrem Funktionszusammenhang verortet bzw. audiovisuelle Produkte als Quellen für Erinnerungskonstruktion und Geschichtspolitik kritisch untersucht werden.

IV Audiovisuelle Vergangenheitsrekonstruktionen zum Bürgerkriegs-Exil

Im Folgenden wird die Art und Weise, wie audiovisuelle Produktionen Vergangenheit rekonstruieren, auf sie Bezug nehmen und somit möglicherweise alternative Deutungsperspektiven des Geschehenen hervorbringen, exemplarisch herausgearbeitet. Ziel ist es nicht, die Gesamtheit der Audiovisionen, die das republikanische Exil thematisieren, einer umfassenden Inhaltsanalyse zu unterziehen, sondern vielmehr einen Eindruck davon zu vermitteln, wie mannigfaltig und komplex die Formen und Verfahren sind, mit denen filmische Geschichtsdarstellungen Vergangenes aktualisieren. Präformierende Genrekonventionen, Authentisierungs- und Kanonisierungsstrategien, Verfahren der diskursiven Einbettung, legitimierende intertextuelle Bezüge, symbolisch aufgeladene Bilder und narrative Topoi spielen dabei eine Rolle.

IV.1 Glaubwürdigkeit durch Genrekonventionen

Die Uraufführungs- bzw. Erstausstrahlungsdaten audiovisueller Produktionen, in denen konkret auf das republikanische Exil Bezug genommen wird, verdeutlichen, dass dieser Aspekt der spanischen Zeitgeschichte explizit, umfassend und wiederholt erst seit der Jahrtausendwende in mehreren historischen Dokumentarfilmen zur Darstellung gelangt.[40] Global betrachtet hat das dokumentarische Genre in den letzten Jahren eine erstaunliche Renaissance erfahren. In Spanien überrascht dies jedoch umso mehr angesichts der Tatsache, dass die kinematografische Geschichtsdokumentation seit ihrer kurzen Blüte zur Zeit der *transición* innerhalb des spanischen Filmschaffens praktisch nicht existent war.[41] Die Anzahl historischer Dokumentarfilme, die sich betont investigativ und kritisch mit Themen der zeitgenössischen spanischen Geschichte auseinandersetzen und nicht nur für die öffentlich-rechtlichen Fernsehanstalten, sondern auch wieder bewusst für die große Leinwand produziert werden, stieg in letzter Zeit beachtlich an.[42] Sie wollen mehrheitlich als ernsthafte Bemühungen zur »Rückgewinnung der historischen Erinnerung« verstanden werden und präsentieren ihre Inhalte nicht zuletzt deshalb im Gewand des dokumentarischen Genres, weil diesem ein höheres Maß an Authentizität und Reflexivität zugesprochen wird.

Diese Überzeugung geht im spezifisch spanischen Fall zurück auf den Dokumentarfilm der *transición*, der aufgrund unabhängiger Produktion oder ausdrücklicher Militanz dazu genutzt wurde, eine parteiische, engagierte Sicht auf die Vergangenheit und ihren Stellenwert in der Gegenwart zu werfen.[43] Diese Phase der postfranquistischen filmischen Entwicklung, deren kurze Lebensdauer auf die zunehmende soziopolitische Dominanz des *pacto de silencio* zurückzuführen ist, wird häufig als die einzige Periode bewertet, in der eine tatsächliche Rekonstruktion geschichtlicher »Wahrheit« im Film intendiert wurde.[44] Kennzeichnend für diese Tendenz war der Trend, Zeitzeugen im *cine-entrevista*[45] zu ihren Erfahrungen zu befragen. Einige Regisseure wollten bewusst als Sprachrohr derer fungieren, die bisher keine Stimme gehabt hatten. Heute werden tabuisierte Themen wie das Schicksal der Exilanten wieder bevorzugt in Form von Montagefilmen präsentiert, die ebenfalls der Erinnerungsarbeit verpflichtet sind und in denen Zeitzeugen und ihre Erinnerungen deshalb eine vergleichbar überragende Rolle spielen. Sie knüpfen somit formal an vergangene Darstellungskonvention an, wodurch die dem Dokumentarfilmgenre der *transición* filmgeschichtlich zugesprochene Glaubwürdigkeit als auch dessen betont investigativer Charakter auf heutige Produktionen abfärben soll.

IV.2 Authentisierung durch Zeitzeugeninterviews

Ein herausragendes Beispiel für das politisch engagierte Kino der *transición* ist der Dokumentarfilm *La vieja memoria* (dt.: »Das alte Gedächtnis«; Regie: Jaime Camino, E 1977). In diesem zwei Stunden und 41 Minuten langen Kinofilm werden bekanntes wie auch unveröffentlichtes Filmmaterial, Standfotos, Karten, Gemälde und aktuelle Aufnahmen mit 1976/77 aufgezeichneten Interviews kombiniert. Das Hauptgewicht liegt jedoch bei den Interviewten, also bei den Erfahrungsberichten ehemaliger Schlüsselfiguren des Bürgerkrieges.[46] Regisseur Camino montiert die ursprünglich als lange Monologe gefilmten Aussagen der Zeitzeugen so, dass der Eindruck entsteht, als würden diese Figuren der Zeitgeschichte, die sich zum Teil vor 40 Jahren noch mit Waffengewalt bekämpften, sich gegenseitig zuhören und einander gar antworten. Beim Zuschauer erweckt dies den Eindruck, tatsächlich einem Dialog zwischen allen Beteiligten des politischen Spektrums beizuwohnen, der durch den Putsch am 18. Juli 1936 und die sich daran anschließenden Ereignisse des Bürgerkrieges, des republikanischen Exils und der Diktatur unmöglich gemacht wurde.[47] Indem er lang unterdrückte Erinnerungen mithilfe physisch präsenter, unmittelbar wirkender Personen sowie deren gegensätzliche, unvereinbare Sichtweisen auf die Vergangenheit wieder zum Vorschein bringt, erweitert Camino – so kurz nach dem Tod des Diktators – das offizielle franquistische Geschichtsbild.[48]

Eine breite Palette memorialistischer Tonarten abdecken will Camino ebenfalls in der Kinodokumentation *Los niños de Rusia* (dt.: »Die Kinder aus Russland«; Regie: Jaime Camino, E 2001), in der passive Subjekte des Konflikts »miteinander reden«: 18 der insgesamt knapp 3.000 Kinder, die im Sommer 1937 infolge der zunehmenden Bombardierung des Baskenlandes in die UdSSR evakuiert wurden.[49] Beide Montagefilme zeichnen sich durch eine chorale Erzählweise aus, durch die der Eindruck eines Kaleidoskops konstrastierender Aussagen und Interpretationen entsteht, die für sich nicht weiter bewertet werden. In *Los niños de Rusia* ist diese Form der Narration dadurch auf die Spitze getrieben, dass die einzelnen Zeitzeugen nicht vorgestellt noch durch Bildunterschrift namentlich kenntlich gemacht werden. Dies stiftet beim Zuschauer zunächst Verwirrung, ermöglicht ihm jedoch, sich völlig auf das Erzählte einzulassen, ohne aufgrund bestimmter Informationen zu den berichtenden Zeitzeugen – beispielsweise deren Beruf oder Wohnort – voreingenommen zu sein. Dadurch wird Caminos unbedingtes Streben nach Unparteilichkeit und Objektivität offensichtlich und findet seine Entsprechung in der Tatsache, dass ein auktorialer Erzähler im Off bzw. eine Voice-over – eine Technik, die in Dokumentarfilmen mit didaktischer Intention häufig genutzt wird – in beiden Produktionen weitgehend fehlt.[50]

Dennoch ist in *Los niños de Rusia* eine stärkere Tendenz zur Emotionalisierung unverkennbar[51], was primär in der Themenwahl begründet liegt: Nicht der Spanische Bürgerkrieg als historisches Ereignis, wie noch in *La vieja memoria*, steht hier im Mittelpunkt, sondern die Biografien von Menschen, die dessen Folgen im Kindesalter zu erleiden hatten. Erfüllte das Archivmaterial in Caminos Produktion von 1977 noch eine bisweilen kontrastive Funktion, um die Aussagen bestimmter Zeitzeugen ad absurdum zu führen, so soll es die Zeitzeugenberichte in seinem aktuelleren Film ausschließlich illustrieren, dramaturgisch überhöhen oder bei fehlendem Interviewmaterial Übergänge herstellen. Nur wenige historische Daten werden in *Los niños de Rusia* konkret erwähnt, der Zuschauer dadurch auf seine persönlichen Geschichtskenntnisse zurückgeworfen und seine Aufnahmefähigkeiten verstärkt auf den affektiven Gehalt des Geschilderten gelenkt. Deutlich ist: In diesem Montagefilm wird eine menschliche Sicht auf den Bürgerkrieg konstruiert, die im Kontrast zu den nüchtern-kognitiven Lektüren des Konflikts steht, die den offiziellen wie auch wissenschaftlichen Diskurs über Spaniens Vergangenheit so lange dominierten und eine breite gesellschaftliche Debatte über die Vergangenheit verhindern halfen. Die Legitimierung und Authentifizierung der hier affektgeladeneren Gegenüberstellung von Zeitzeugen erfolgt demnach durch eine inhaltlich implizite Anlehnung an die zivilgesellschaftlichen Bemühungen zur »Rückgewinnung der historischen Erinnerung«, die in Caminos Wahl der Protagonisten deutlich wird – wie auch in einem späteren Interview mit einer der Betroffenen: »Ich fühle mich, als ob wir ein wenig auferstanden wären. Wir waren praktisch tot, vergessen und beerdigt.«[52]

IV.3 Kanonisierung durch Vermittlungskontexte

Aus denselben Gründen ist die zweiteilige Fernsehdokumentation *Exilio* (dt.: »Exil«; Regie: Pedro Carvajal, E 2002) als Ehrung des anonymen Exils angelegt[53], das darin in seiner Gesamtheit aufgearbeitet werden soll. Dies Vorhaben kann in einem insgesamt 114-minütigen Dokumentarfilm jedoch nicht eingelöst werden; die Vielzahl von Originaltönen wirkt im Falle von *Exilio* eher kontraproduktiv. Während die Anzahl der Interviewten sich in *Los niños de Rusia* noch übersichtlich gestaltet und darüber hinaus einige von ihnen als Perspektivträger gelten können, durch deren Blickwinkel der Zuschauer die sich im Film vollziehenden Ereignisse aufnimmt, ist die Quantität der in *Exilio* aufgebotenen Zeitzeugen dem inhaltlichen Fluss und Verständnis abträglich. So ist es dem Zuschauer kaum möglich, mit den Informationen, die verschiedene Personen aus den unterschiedlichsten Orten präsentieren, Schritt zu halten. Auch der konventionelle Erzähler im Off kann die hohe

Anzahl der Zeugenaussagen nicht bündeln und die zum Teil abrupten Übergänge zwischen Zeitabschnitten und Schauplätzen nicht hinreichend glätten. Für Rezipienten, die mit der Materie nicht vertraut sind, dürfte es schwierig sein, sich in den historischen Zusammenhängen zurechtzufinden, von denen das republikanische Exil geprägt war. Andererseits war die Erstausstrahlung der zweiteiligen Produktion *Exilio* eingebettet in eine breit angelegte, multimedial vermittelte Auseinandersetzung mit der Thematik des Exils, was das Verständnis dieser Dokumentation sehr begünstigt haben dürfte.

Produziert wurde *Exilio* nämlich unter anderem von der sozialistischen Pablo-Iglesias-Stiftung. Deren Präsident Alfonso Guerra, ehemaliger Vizepräsident der spanischen Regierung und *PSOE*-Mitglied, fungierte nicht nur als Ideengeber[54], sondern war gleichzeitig Initiator einer Ausstellung, die – wiederum im Verbund mit der *Fundación Pablo Iglesias* – Fotografien, Zeichnungen, Dokumente und Gegenstände zum Thema des republikanischen Exils gesammelt hatte. Die Ausstellung wurde am 17. September 2002 im Kristall-Palast des Madrider *Retiro*-Parks unter Anwesenheit ehemaliger Exilanten aus Mexiko, Belgien, Frankreich und Großbritannien vom spanischen König eröffnet[55]; *Exilio* lief kurz darauf im öffentlich-rechtlichen Fernsehen.[56] Wenngleich Kritiker dem *PSOE* aufgrund dieser sehr orchestriert anmutenden Hinwendung zu der Exil-Thematik im Dienste der *recuperación der memoria histórica* Opportunismus unterstellten[57], ist der Erfolg des medialen Gesamtkomplexes unbestritten. Die Ausstellung musste wegen des Publikumsandrangs um zwei Monate verlängert werden und wanderte danach durch Spanien.[58] Ein Zitat aus einem Leserbrief in der linksliberalen Tageszeitung *El País* unterstreicht, für wie wichtig die offensive Hinwendung zum republikanischen Exil von Teilen der Bevölkerung erachtet wurde: »Als Tochter und Enkeltochter von Republikanern, die das Exil erlebten, möchte ich meine Genugtuung hinsichtlich der Ausstellung *El exilio*, der Dokumentarfilme, die das öffentlich-rechtliche Fernsehen geboten hat und einiger kürzlich im Buchhandel erschienener Publikationen zum Ausdruck bringen, die zweifellos derjenigen vieler Spanier entspricht.«[59] So erschien genau am Tag der Ausstellungseröffnung ein Buch, u. a. von *Exilio*-Regisseur Pedro Carvajal herausgegeben, von der Pablo-Iglesias-Stiftung gefördert und mit einem Vorwort von Alfonso Guerra; ein Buch, das bezeichnenderweise vor allem Zeitzeugenaussagen viel Platz einräumt.[60]

Diese Kanonisierungsprozesse, die audiovisuelle Vergangenheitsrekonstruktionen in zunehmendem Maße rahmen, tragen beträchtlich dazu bei, dass diese als ernstzunehmende Beiträge mit Deutungshoheit wahrgenommen werden. Zudem dient das zusätzlich auf den käuflich zu erwerbenden DVDs enthaltene Material einer gebündelten Zusammenfassung der Personen und Diskurse, die an einer bestimmten Produktion mit- bzw. auf sie einwirkten und häufig entscheidend an deren geschichtspolitischer und gedächtnismedialer Institutionalisierung beteiligt waren. Diese Intention von *Exilio*, wie sie ein Sprecher gleich zum Filmbeginn deutlich macht – »Den Exilanten gegenüber hat das zeitgenössische Spanien, das der Verfassung von 1978, eine unbezahlbare Schuld zu begleichen. Ihnen ist dieses Dokument gewidmet, als Anerkennung und Ehrung – und mit Liebe.«[61] –, wird auf der DVD unter anderem durch ein ausführliches Interview mit Alfonso Guerra und eine Diskussion zur Exil-Thematik bekräftigt. An dieser Gesprächsrunde sind unter anderem die als »Experten« gehandelten Pedro Carvajal und Jaime Camino beteiligt, die dort ihre Überzeugung, die »Rückgewinnung der historischen Erinnerung« auf audiovisuellem Wege zu gestalten, unterstreichen.[62] *Exilio* wurde demnach in beispielhafter Weise flankiert von institutionalisierten Veranstaltungen und legitimierenden Bekundungen, was der alternativen Vergangenheitsrekonstruktion dieses Dokumentarfilms trotz dramaturgischer Defizite ein hohes Maß an Glaubwürdigkeit und Durchsetzungskraft verschafft haben dürfte.

IV.4 Erinnerungsfiguren durch intertextuelle Bezüge

Der Auftritt von »Experten« ist in dokumentarischen Formaten gängige Konvention, doch auch der Rekurs auf berühmte Persönlichkeiten der Zeitgeschichte, der sich formal auf der darstellerischen Ebene vollzieht, lässt sich immer häufiger beobachten. Leistungen, Wirken und Werke während des Franquismus tabuisierter Politiker, Dichter oder Maler werden zitiert, Intellektuelle und Künstler zu Erinnerungsfiguren[63] aufgebaut. Diese intertextuellen Bezugnahmen verdeutlichen einerseits das reaktivierende Potenzial der vielschichtigen audiovisuellen Medien. Andererseits wird damit der auf Inhalten des kommunikativen Gedächtnisses basierenden Handlung – gleich, ob fiktiv oder dokumentarisch – Autorität und Deutungshoheit verschafft, auch im Rahmen des Generationen übergreifenden kollektiven Erinnerns, also im kulturellen Gedächtnis.[64]

Interessant ist in diesem Zusammenhang zum Beispiel die Art und Weise, wie der von den Franquisten nach Kriegsende, am 15. Oktober 1940, standrechtlich erschossene Präsident Kataloniens Lluís Companys in *La vieja memoria* zur Erinnerungsfigur aufgebaut wird: mithilfe von Archivbildern und aktuellen Aufnahmen des traditionellen Sitzes der katalanischen Regierung (des *Palacio de la Generalitat*), aber auch durch die Aussagen des Exilpräsidenten der katalanischen Regionalregierung Josep Tarradellas, der Companys' Verhalten und Charakter beschreibt und lobt. Tarradellas selbst hingegen, als »historisches Gedächtnis der katalanischen Autonomie«[65] zu bezeichnen, wird von Camino mittels Bildästhetik und Montagetechnik als würdiger Präsident des zum Drehzeitpunkt noch provisorisch gewährten *Generalitat*-Status' Kataloniens präsentiert und somit zu einem Sympathieträger des Films.

Neben der Erinnerung an republikanische Politiker wird in erstaunlich vielen audiovisuellen Geschichtsrekonstruktionen auf den Dichter Antonio Machado Bezug genommen. Sowohl in Caminos Kinospielfilm *Las largas vacaciones del 36* (dt.: »Die langen Ferien von 36«; Regie: Jaime Camino, E 1976) wie auch in *La lengua de las mariposas* (dt.: »Die Zunge der Schmetterlinge«; Regie: José Luis Cuerda, E 1999) wird der am 22. Februar 1939 im französischen Exil verstorbene Dichter durch die Rezitation des Gedichts *Recuerdo infantil* (»Kindheitserinnerung«) mittels einer als dezidiert »republikanisch« gezeichneten Lehrerfigur evoziert, also indirekt zur Identität stiftenden Erinnerungsfigur aufgebaut bzw. »zurückgewonnen«.[66]

IV.5 Erfahrungsvermittlung durch symbolische Bilder

Gerade Bilder fungieren als wiederkehrende Metaphern für bestimmte Erfahrungen, insbesondere für solche, die sprachlich nicht verarbeitet werden können, da sie traumatisch oder unbewusst sind. Sie wirken unmittelbarer als Sprache und können als symbolische Ausdrucksformen bestimmte Erinnerungen evozieren.[67] Dies macht die Art und Weise deutlich, wie Pablo Picassos berühmtes Gemälde *Guernica* zu Beginn von *Los niños de Rusia* in Szene gesetzt wird: Zunächst werden Einzelheiten des Kunstwerks in den Blick genommen, wobei die Kamerafahrt auditiv unterlegt ist mit dem Zischen fallender Bomben und dem Dröhnen von Flugzeugmotoren. Dann zoomt die Kamera aus der Detailansicht heraus und vermittelt einen Gesamteindruck des Gemäldes, während die erste Zeitzeugin zu erzählen beginnt – eben über den Bombenangriff auf Guernica. Neben der illustrativen Funktion des Bildes in dieser Eingangssequenz und neben der parabelhaften Bedeutung der Kamerabewegung für den Film als Ganzes – die Berichte der einzelnen Zeitzeugen zusammen betrachtet sollen ein Gesamtbild des Geschehenen vermitteln –, dient Picassos Monumentalgemälde hier vor allem als prägnantes Element des Bildgedächtnisses, mit dem Assoziationen wie Krieg, Zerstörung und Leid der Zivilbevölkerung verknüpft sind.

Ähnlich eindrucksvoll verdeutlicht die Schlusssequenz von Caminos Kinospielfilm *Las largas vacaciones del 36* die erinnerungskulturell bedeutsame Symbolkraft von Bildern. Der 1976 freigegebene Film endet zweieinhalb Jahre nach dem Ausbruch des Krieges im Januar 1939 mit dem Fall Kataloniens, dargestellt anhand des Rückzugs der republikanischen Armee an einem nicht konkret benannten Ort.[68] Dem Abspann unterlegt ist das Standbild einer Straße, republikanische Soldaten sind zu sehen, darüber gelegt ist das Geräusch von Pferdehufen, was auf das beginnende Exil der Zivilbevölkerung anspielt. Der Bericht Caminos zu den Dreharbeiten für diese Sequenz veranschaulicht den Eindruck, den sie bei Zeitzeugen hinterließ: »Well, when the army, made up of extras in the film, came along the road, two very impressive things happened. There were two village women up on a hill who saw the ragged army coming by, and they wept; they wept because they remembered, even though they knew it was a film. Then, even though we had blocked the road for shooting, a delivery truck suddenly came zooming into the area. The man was delivering bread. We stopped him; the fellow saw an army on the move and he shouted in Catalán, ›You see, here they are again!‹ It being right after Franco's death, he imagined that all hell was breaking loose again.«[69] Dies zeigt deutlich, warum der Erinnerung an den Spanischen Bürgerkrieg zur Zeit der *transición* eine solch herausragende Stellung zukam und letztlich für ihr »Beschweigen« optiert wurde.

IV.6 Der narrative Topos des »Freiheitskämpfers«

Auffallend ist, dass in mehreren zeitgenössischen Audiovisionen mit Bürgerkriegs- bzw. Exilthematik Originalaufnahmen des Einzugs der Leclerc-Division in Paris bei der Befreiung im August 1944 auftauchen[70], beispielsweise in dem Kinospielfilm *Soldados de Salamina* (dt.: »Soldaten von Salamis«; Regie: David Trueba, E 2002). Darin wird einer der Protagonisten zum »Freiheitskämpfer« stilisiert[71], dessen universelle Bedeutung darin liegt, dass er nicht nur am Spanischen Bürgerkrieg, sondern als Fremdenlegionär auf der Seite der Alliierten auch am Zweiten Weltkrieg beteiligt war. Ähnliche Bilder tauchen ebenfalls in *Exilio* und *El sueño derrotado: la historia del exilio* (dt.: »Der zerschlagene Traum: die Geschichte des Exils«; Regie: Jaime und Daniel Serra, E 2004) auf: Aufnahmen von marschierenden alliierten Truppen auf den Champs-Elysées sowie die eines salutierenden General De Gaulle werden gekoppelt mit Bildern, die Panzer von Leclercs Division zeigen, deren Namen auf Bürgerkriegsschlachten verweisen.[72] Dies illustriert, was sämtliche Zeitzeugenberichte prägt: Die Überzeugung, dass alle Republikaner sich am gleichen Kampf beteiligten, der 1936 in Spanien begann, dort 1939 zwar erzwungenermaßen eingestellt werden musste, aber im Exil an den unterschiedlichsten Fronten fortgeführt wurde und für nur wenige von ihnen mit einer Rückkehr in ein demokratisches Spanien endete.[73]

Diese Deutung des republikanischen Massenexodus im kommunikativen Gedächtnis wird mittels zeitgenössischer Audiovisionen, die im großen Maße – auch im fiktiven Format – auf Zeitzeugenberichten basieren, zu einer alternativen Meistererzählung des kulturellen Gedächtnisses stilisiert. Denn auf rhetorischer Ebene verharren die der *recuperación de la memoria histórica* verschriebenen aktuellen Filme mit Exil-Bezug nicht bloß in einem simplen Opferdiskurs; vielmehr überlagert die narrative Struktur eines Heldenepos die der Tragödie in einer Vielzahl audiovisueller Fälle. Die Republikaner riskierten im Spanischen Bürgerkrieg ihr Leben, um ein demokratisches, laizistisches und föderales Regierungsprogramm zu verteidigen, wurden dafür mit der mangelnden Unterstützung vieler westlicher Staaten, harten repressiven

Maßnahmen unter Franco und/oder mit der physischen und psychischen Not eines lang andauernden Exils »belohnt«, um sich *trotzdem* am Kampf der französischen *Résistance*[74] oder alliierter Truppenteile gegen die Achsenmächte zu beteiligen. Wenn die Zeitzeugen etwas in diesen Dokumentarfilmen beklagen, dann nicht so sehr die zahlreichen Toten, sondern die Tatsache, dass ihr Kampf und ihre Bedeutung für das heutige demokratische Spanien wie auch für das moderne antifaschistische Europa nicht hinreichend honoriert worden ist.

V Fazit

Anlässlich des 60-jährigen Jahrestages der Befreiung des Konzentrationslagers Mauthausen erfolgte erstmals von offizieller Seite eine Würdigung der spanischen Deportierten. Bezeichnenderweise zollte Spaniens Ministerpräsident Zapatero vor Ort nicht nur ihrem Leid, sondern auch ihrem Kampf für die Freiheit Tribut: »Heute, als Ministerpräsident von Spanien, des demokratischen Spaniens, möchte ich all jenen Spaniern Achtung, Erinnerung, Gedenken und Bewunderung zollen, die hier in Mauthausen aufgrund ihres Kampfes für die Freiheit und die Würde litten.«[75] Dieser Ausschnitt aus Zapateros Ansprache ist in der Tonspur von *Lágrimas rojas* (dt.: »Rote Tränen«; Regie: Lucia Meler und Victor Riverola, E 2006) enthalten, einem Dokumentarfilm, der sich mit dem Schicksal von spanischen Republikanern in Mauthausen befasst und dessen Nachwirkungen sowohl bei den Angehörigen als auch bei den Durchschnittsspaniern von heute nachgeht, und mit dieser Absicht narrativ paradigmatisch zwischen Heldenepos und Opferdiskurs changiert.[76]

Welche Interpretation des Geschehens sich im kulturellen Gedächtnis letztlich durchsetzen wird, bleibt offen. Unbestreitbar ist aber, dass audiovisuelle Rekonstruktionen der mit dem Spanischen Bürgerkrieg zusammenhängenden Exil-Thematik gewertet werden können als aktive Auflehnung gegen die lange unwidersprochen gebliebene franquistische Sicht der spanischen Republikaner als »Verlierer«, gegen das andauernde »Beschweigen« der Vergangenheit und somit als Ausbruch aus der passiven Opferrolle. Mentalitätsgeschichtlich betrachtet haben es all die hier herausgearbeiteten, mit audiovisuellen Produktionen einhergehende Formen und Verfahren der aktualisierenden Vergangenheitsrekonstruktion ermöglicht, dass die Bürgerkriegs- und die Exilthematik nach und nach wieder explizit darstellbar und thematisiert wurde. Sie haben gezeigt, wie Kino- und TV-Filme mit historischem Sujet als Verbreitungsmedien der alltagsweltlichen Kommunikation, durch präformierende Strategien und nachgängige Kanonisierungsprozesse wie auch durch Verfahren der diskursiv-medialen Einbettung gedächtnismedial legitimiert, letztlich Verschiebungen überkommener Interpretationen und Sichtweisen bewirken können.

1 Etwa die Hälfte von ihnen kehrte bis Ende 1939 wieder nach Spanien zurück – nicht zuletzt aufgrund des massiven Drucks der französischen Behörden, die dem Ausmaß der Massenbewegung nicht gewachsen waren. Vgl. Geneviève Dreyfus-Armand, Émile Temime: *Les camps sur la plage, un exil espagnol.* Paris 1995, S. 17–22 und S. 30–36; Progreso Marin: *Exil. Témoignages sur la Guerre d'Espagne. Les camps et la résistance au franquisme.* Portet-sur-Garonne 2005, S. 82. — **2** Die größte Rückkehrwelle setzte erst 1977 ein, als der Demokratisierungsprozess in Spanien gesichert schien. Vgl. Walther L. Bernecker, Sören Brinkmann: *Kampf der Erinnerungen. Der Spanische Bürgerkrieg in Politik und Gesellschaft 1936–2006.* Nettersheim 2006, S. 236–242; Julia Macher: *Verdrängung um der Versöhnung willen? Die geschichtspolitische Auseinandersetzung mit Bürgerkrieg und Franco-Diktatur in den ersten Jahren des friedlichen Übergangs von der Diktatur zur Demokratie in Spanien (1975–1978).* Bonn – Bad Godesberg 2002, S. 49. — **3** Einen Bruch mit dem franquistischen Regime hat es in Spanien nicht gegeben, stattdessen eine ungeschriebene Verpflichtung zum kollektiven »Beschweigen« der jüngeren Vergangenheit, den sogenannten *pacto del silencio* (»Schweigepakt«). Der Begriff »Schweigen« ist hierbei jedoch differenziert zu betrachten: Der Bürgerkrieg und seine Folgen waren in politischen Kreisen ständig im Gespräch, wenn auch stets mit der Absicht, diese zeitgeschichtlichen Ereignisse aus einer politischen und gesamtgesellschaftlichen Debatte herauszuhalten. Vgl. Walther L. Bernecker: »Die verspätete Aufarbeitung der Vergangenheit. Spanien zwischen Amnesie und politisch-ideologischer Instrumentalisierung«. In: *Peripherie* Jg. 28 (2008) Nr. 109/110, S. 185. — **4** Vgl. Michael Richards: *A Time of Silence. Civil War and the Culture of Repression in Franco's Spain, 1936–1945.* Cambridge 1998, S. 2 und S. 170. — **5** Vgl. Bernecker, Brinkmann: *Kampf der Erinnerungen* (s. Anm. 2), S. 151; Alberto Reig Tapia: *Memoria de la Guerra Civil. Los mitos de la tribu.* Madrid 1999, S. 19. — **6** Vgl. Paloma Aguilar Fernández: *Memory and Amnesia. The Role of the Spanish Civil War in the Transition to Democracy.* New York 2002, S. XX und S. 163. — **7** Bernecker, Brinkmann: *Kampf der Erinnerungen* (s. Anm. 2), S. 246. — **8** Vgl. Macher: *Verdrängung um der Versöhnung willen?* (s. Anm. 2), S. 114. — **9** Vgl. David Rey: »Die Franco-Ära in der medialen Geschichtskultur Spaniens. Bürgerkrieg und Diktatur in Kino und Fernsehen seit 1975«. In: *Jahrbuch für Europäische Geschichte.* Bd. 4 (2003), S. 115 f. — **10** Vgl. Bernecker, Brinkmann: *Kampf der Erinnerungen* (s. Anm. 2), S. 265; Macher: *Verdrängung um der Versöhnung willen* (s. Anm. 2), S. 82 f. — **11** Hanno Ehrlicher: »Kampf und Konsens. Filmisches Erinnern an den spanischen Bürgerkrieg in Ken Loachs *Land and Freedom* (1995) und David Truebas *Soldados de Salamina* (2002)«. In: *Philologie im Netz.* Nr. 34 (2005), online unter: http://web.fu-berlin.de/phin/phin34/p34t1.htm#lub (letzter Zugriff am 26.3.2009), S. 3. — **12** Vgl. Sören Brinkmann: »Verspätete Erinnerung. Motive und Reichweite der jüngsten Vergangenheitsarbeit in Spanien«. In: *Sozial.Geschichte* Jg. 20 (2005) Nr. 3, S. 101. — **13** Ehrlicher: »Kampf und Konsens« (s. Anm. 11), S. 4. — **14** Bernecker: »Die verspätete Aufarbeitung der Vergangenheit« (s. Anm. 3), S. 177; Rey: »Die Franco-Ära in der medialen Geschichtskultur Spaniens« (s. Anm. 9), S. 115. — **15** Reig Tapia: *Memoria de la Guerra Civil* (s. Anm. 5), S. 327 ff. und S. 356 ff.; Ehrlicher: »Kampf und Konsens« (s. Anm. 11), S. 4 f. — **16** Dies ruft auch radikal entgegengesetzte Positionen hervor, zum Beispiel die Publikationen des ehemaligen Linksradikalen Pío Moa. Dazu Bernecker, Brinkmann: *Kampf der Erinnerungen* (s. Anm. 2), S. 312. — **17** Das Generationengedächtnis gilt als typischer Fall des »kommunikativen« Gedächtnisses, welches durch Alltagskommunikation entsteht, mittels biografischer Erinnerung funktioniert und sich auf einen begrenzten Zeithorizont der jeweils aktuell zurückliegenden 80 bis 100 Jahre bezieht. Vgl. Jan Assmann: *Das kulturelle Gedächtnis. Schrift, Erinnerung und politische Identität in frühen Hochkulturen.* München 1992, S. 51. — **18** Vgl. Paloma Aguilar

Fernández: »Presencia y ausencia de la guerra civil y del franquismo en la democracia española. Reflexiones entorno a la articulación y ruptura del «pacto de silencio»«. In: Julio Aróstegui; François Godicheau (Hg.): *Guerra Civil. Mito y memoria.* Madrid 2006, S. 273 und Julio Aróstegui: »Traumas colectivos y memorias generacionales: el caso de la guerra civil«. In: Ebd., S. 80 und S. 89. — **19** Das »kulturelle« Gedächtnis ist medial und institutionell gestützt, hat offiziellen Charakter und bezieht sich auf weiter zurückliegende Ereignisse. Vgl. Astrid Erll: *Kollektives Gedächtnis und Erinnerungskulturen. Eine Einführung.* Stuttgart 2005, S. 112. — **20** Span.: *recuperación de la memoria histórica.* Begriff, dessen Aufkommen und Verbreitung in Spanien mit der Gründung einer gleichnamigen Vereinigung zusammenhängt, die 2002 auf Betreiben des Journalisten Emilio Silva entstand und für die Aufklärung der von dem franquistischen Lager während und nach dem Bürgerkrieg zu verantwortenden politischen »Säuberungen« kämpft. Vgl. Bernecker, Brinkmann: *Kampf der Erinnerungen* (s. Anm. 2), S. 292 ff. — **21** Vgl. Brinkmann: »Verspätete Erinnerung« (s. Anm. 12), S. 106. — **22** Vgl. ebd., S. 105; Aguilar Fernández: »Presencia y ausencia de la guerra civil y del franquismo en la democracia española« (s. Anm. 18), S. 287 f. — **23** Exhumierungen von Bürgerkriegsgräbern sind bis heute auf lokale Initiativen hin erfolgt – und nicht etwa auf Betreiben oder gar mit der finanziellen Unterstützung des spanischen Staates. Auch mit dem Ergebnis des im Vorfeld polemisch diskutierten Gesetzesentwurfs *Ley de Memoria Histórica* (dt.: »Gesetz der historischen Erinnerung«) sind viele zivilgesellschaftliche Organisationen unzufrieden. Vgl. Bernecker: »Die verspätete Aufarbeitung der Vergangenheit« (s. Anm. 3), S. 191. — **24** Erinnerungskulturen sind tatsächlich zu beobachten und gruppenspezifisch. In ihnen geht es um die Frage, was nicht vergessen werden darf und was erinnert werden muss, um Gemeinschaft zu stiften. Vgl. Assmann: *Das kulturelle Gedächtnis* (s. Anm. 17), S. 30; Erll: *Kollektives Gedächtnis und Erinnerungskulturen* (s. Anm. 19), S. 7, S. 34–37, S. 46 und S. 102 f. — **25** Vgl. Axel Schildt: »Das Jahrhundert der Massenmedien. Ansichten zu einer künftigen Geschichte der Öffentlichkeit«. In: *Geschichte und Gesellschaft* Jg. 27 (2001) Nr. 2, S. 177; Jürgen Wilke: »Massenmedien und Zeitgeschichte aus der Sicht der Publizistikwissenschaft«. In: Ders. (Hg.): *Massenmedien und Zeitgeschichte.* Konstanz 1999, S. 21. — **26** In diesem Zusammenhang bleiben die Publikationen des Soziologen und Filmtheoretikers Siegfried Kracauer sowie des Historikers Marc Ferro von Bedeutung, die das Medium Film als Vehikel kollektiver gesellschaftlicher Sinnkonstruktionen begriffen und somit sozial- und kulturgeschichtliche Filmanalysen vorgenommen haben. — **27** Vgl. Knut Hickethier: »Film und Fernsehen als Mediendispositive in der Geschichte«. In: Ders., Eggo Müller, Rainer Rother (Hg.): *Der Film in der Geschichte. Dokumentation der GFF-Tagung.* Berlin 1997, S. 63. — **28** Marc Ferro: »Gibt es eine filmische Sicht der Geschichte?« In: Rainer Rother (Hg.): *Bilder schreiben Geschichte: Der Historiker im Kino.* Berlin 1991, S. 20; vgl. Wolfgang Hardtwig: »Formen der Geschichtsschreibung: Varianten des historischen Erzählens«. In: Hans-Jürgen Goertz (Hg.): *Geschichte. Ein Grundkurs.* Reinbek bei Hamburg 1998, S. 170. — **29** Vgl. Peter Stettner: »Film – das ist Geschichte, 24mal in der Sekunde. Überlegungen zum Film als historischer Quelle und Darstellung von Geschichte«. In: Geschichtswerkstatt e.V. (Hg.): *Film – Geschichte – Wirklichkeit.* Hamburg 1989, S. 15 f.; Georg Seeßlen: »*Sissi* – Ein deutsches Orgasmustrauma«. In: Hans-Arthur Marsiske (Hg.): *Zeitmaschine Kino. Darstellungen von Geschichte im Film.* Marburg 1992, S. 65; Rainer Rother: »Vorwort. Der Historiker im Kino«. In: Ders. (Hg.): *Bilder schreiben Geschichte.* (s. Anm. 28), S. 11. — **30** Vgl. Gerhard Paul: »Von der Historischen Bildkunde zur Visual History. Eine Einführung«. In: Ders. (Hg.): *Visual History. Ein Studienbuch.* Göttingen 2006, S. 8 und S. 14. — **31** Vgl. Knut Hickethier: »Der Krieg, der Film und das mediale Gedächtnis«. In: Waltraud »Wara« Wende (Hg.): *Krieg und Gedächtnis. Ein Ausnahmezustand im Spannungsfeld kultureller Sinnkonstruktionen.* Würzburg 2005, S. 354 f., S. 358 und S. 363; Alison Landsberg: »Prosthetic Memory: The Ethics and Politics of Memory in an Age of Mass Culture«. In: Paul Grainge (Hg.): *Memory and Popular Film.* Manchester – New York 2003, S. 148–158. — **32** Hickethier: »Film und Fernsehen als Mediendispositive in der Geschichte« (s. Anm. 27), S. 71. — **33** Vgl. ebd., S. 70; Astrid Erll, Stephanie Wodianka: »Einleitung. Phänomenologie und Methodologie des ›Erinnerungsfilms‹«. In: Astrid Erll, Stephanie Wodianka: *Film und kulturelle Erinnerung.*

Plurimediale Konstellationen. Berlin 2008, S. 4; Ludwig Jäger: »Transkription – zu einem medialen Verfahren an den Schnittstellen des kulturellen Gedächtnisses«. In: *TRANS* Nr. 15 (2003), online unter: http://www.inst.at/trans/15Nr/06_2/jaeger15.htm (letzter Zugriff am 26.3.2009). — **34** Hickethier: »Der Krieg, der Film und das mediale Gedächtnis« (s. Anm. 31), S. 349. — **35** Paul: »Von der Historischen Bildkunde zur Visual History« (s. Anm. 30), S. 28. — **36** Wiederkehrend thematisiert wurden Bürgerkrieg und Diktatur zudem in Literatur und Theater. — **37** Nach Jürgen Wilke die wiederholte Bezugnahme auf bestimmte zeitgeschichtliche Ereignisse in den Medien. Vgl. Wilke: »Massenmedien und Zeitgeschichte aus der Sicht der Publizistikwissenschaft« (s. Anm. 25), S. 24. — **38** Vgl. Erll, Wodianka: »Einleitung. Phänomenologie und Methodologie des ›Erinnerungsfilms‹« (s. Anm. 33), S. 6; Paul: »Von der Historischen Bildkunde zur Visual History« (s. Anm. 30), S. 25 und S. 27. — **39** Vgl. ebd., S. 25. — **40** Laut Filmwissenschaftler Sánchez-Biosca sei sogar kein Thema so systematisch durch aktuelle Fernsehdokumentationen »geplündert« worden wie das des republikanischen Exils. Vgl. Vicente Sánchez-Biosca: *Cine y Guerra Civil española. Del mito a la memoria.* Madrid 2006, S. 315. — **41** José Enrique Monterde: *Veinte años de cine español (1973–1992). Un cine bajo la paradoja.* Barcelona 1993, S. 155. — **42** Vgl. Carlos F. Heredero, Antonio Santamarina: »Raíces de futuro para el cine español. Paisajes creativos en la última década del siglo XX«. In: Dies. (Hg.): *Semillas de futuro: cine español 1990–2001.* Madrid 2002, S. 80 f. — **43** Zum Beispiel *¿Por qué perdimos la guerra?* (dt.: »Warum haben wir den Krieg verloren?«); Regie: Diego Santillán, E 1978. — **44** Vgl. Franz-Josef Albersmeier: »Spanienbilder im postfranquistischen Film«. In: *Hispanorama. Der spanische Film.* o. O. 1993, S. 57. Dabei leisten Dokumentarfilme ebenso wenig ein »objektives« Abbild der Realität wie der Spielfilm: Auch dokumentarische Aufnahmen unterliegen einer Inszenierung und Perspektivierung, bearbeiten somit nur einen ausgewählten, im Zuge der Montage und nach Sinn stiftenden Erzählkonventionen selektiv gestalteten, aktiv reproduzierten Ausschnitt der Wirklichkeit. — **45** Dt.: »Interview-Kino«. Vgl. Román Gubern: *1936–1939: La guerra de España en la pantalla. De la propaganda a la Historia.* Madrid 1986, S. 175 f.; Sánchez-Biosca: *Cine y Guerra Civil española. Del mito a la memoria* (s. Anm. 40), S. 262. — **46** Unter den insgesamt 20 Interviewten befanden sich Vertreter der unterschiedlichsten Lager: Gallionsfiguren der spanischen Anarchisten wie Federica Montseny, Symbolfiguren der Kommunisten wie Dolores Ibárruri, Repräsentanten der Zweiten Republik, aber auch überzeugte Falangisten. Vgl. Magí Crusells: *La Guerra Civil española. Cine y propaganda.* Barcelona 2000, S. 147–151. — **47** Die meisten der Zeitzeugen befanden sich zum Zeitpunkt der Dreharbeiten von Herbst 1976 bis Frühjahr 1977 sogar noch im Ausland. Vgl. ebd. und s. Anm. 2. — **48** Allerdings offenbart *La vieja memoria* eine der *transición* geschuldete latent »zentristische« Tendenz, sodass Albersmeier bezweifelt, dass das Aufbrechen franquistischer Meistererzählungen hier über die »sozial-politisch verträgliche(n) Ebene der Anregung zur Reflexion« hinausgeht. Vgl. Albersmeier: »Spanienbilder im postfranquistischen Film« (s. Anm. 44), S. 59. — **49** Vgl. Marie José Devillard, Álvaro Pazos, Susana Castillo, Nuria Medina: *Los niños españoles en la URSS (1937–1997): Narración y memoria.* Barcelona 2001, S. 228. — **50** Nur selten hört man Camino während der Interviews Fragen stellen und als Erzähler ergreift er in *La vieja memoria* nur eine wenige Male das Wort, wenn es darum geht, einzelne Kapitel mangels passender Zeitzeugenaussagen miteinander zu verbinden. — **51** Die nicht zuletzt darin begründet liegt, dass drei Cousins von Camino damals Teil der in die UdSSR evakuierten Kinder waren. Vgl. José María Caparrós Lera: *El cine del nuevo siglo (2001–2003).* Madrid 2004, S. 122. — **52** Josefina Iturrarán zitiert nach: *Los niños de Rusia,* DVD-Extras, Entrevistas, 00:05:44–00:05:52: »Yo me siento como si hubiéramos resucitado un poco. Estábamos casi muertos, olvidados y enterrados.« (Übersetzung d. Verf.). — **53** So die treibende Kraft hinter dem Film *Exilio,* Alfonso Guerra, in einem Interview. Einzelne Persönlichkeiten des republikanischen Exils seien aufgrund ihrer individuellen Leistungen bereits hinreichend geehrt worden. Vgl. *Exilio,* DVD-Extras, Entrevista Alfonso Guerra, 00:01:07–00:01:22. — **54** Vgl. die Homepage der Fundación Pablo Iglesias, http://www.fpabloiglesias.es/fundacionpabloiglesias/fpi/index.jsp (letzter Zugriff am 26.3.2009). — **55** *Exilio,* DVD-Extras, Entrevista Alfonso Guerra, 00:09:40–00:10:00. — **56** Rey: »Die

Franco-Ära in der medialen Geschichtskultur Spaniens« (s. Anm. 9), S. 118. — **57** Sánchez-Biosca: *Cine y Guerra Civil española* (s. Anm. 40), S. 316. — **58** Vgl. Ebd.; Bernecker, Brinkmann: *Kampf der Erinnerungen* (s. Anm. 2), S. 297. — **59** Carmen Lasso de la Vega Menéndez: »Cartas al director. El olvido de los perdedores«. In: *El País* vom 29.9.2002, online unter: http://www. elpais.com/articulo/opinion/olvido/perdedores/elpepiopi/20020929elpepiopi_9/Tes (letzter Zugriff am 12.3.2009). »Como hija y nieta de republicanos que vivieron el exilio (...), deseo expresar mi satisfacción, que sin duda es la de muchos españoles, por la exposición *El exilio,* (...) por los documentales que la televisión pública ha ofrecido y por algunas publicaciones aparecidas recientemente en las librerías.« (Übersetzung d. Verf.). — **60** Vgl. Julio Martín, Pedro Carvajal: *El exilio español (1936–1978).* Barcelona 2002. — **61** Fernando Hernández zitiert nach: *Exilio*, 00:01:39–00:01:56. »Con ellos, con los exilados, tiene la España actual, la de la Constitución de 1978, una deuda impagable. A ellos está dedicado este documento, como reconocimiento y homenaje – y con amor.« (Übersetzung d. Verf.). — **62** Vgl. *Exilio*, DVD-Extras, Coloquio Beca, 00:01:30–00:02:18 und 00:04:02–00:04:42. — **63** Erinnerungsfiguren sind konkrete Personen oder symbolische, ikonische oder narrative Formen, an denen Vergangenheit »festgemacht« und versinnbildlicht wird, um ins Gedächtnis Einzug zu erhalten bzw. in ihm fortzubestehen. Vgl. Assmann: *Das kulturelle Gedächtnis* (s. Anm. 17), S. 37 f. — **64** Dies entspricht der monumentalen Ausprägung der Gedächtnisrhetorik. Vgl. Erll: *Kollektives Gedächtnis und Erinnerungskulturen* (s. Anm. 19), S. 169–176. — **65** Macher: *Verdrängung um der Versöhnung willen?* (s. Anm. 2), S. 84. — **66** Allerdings dient das in die filmische Narration eingebundene Gedicht des spanischen Lyrikers mit dem Kain-und-Abel-Motiv als Symbol für den Bürgerkrieg als tragischer Bruderkampf, der alle Beteiligten zu Opfern gemacht habe und leistet somit vereinfachenden manichäistischen Deutungen des Konflikts Vorschub. — **67** Aleida Assmann: *Erinnerungsräume. Formen und Wandlungen des kulturellen Gedächtnisses.* München 1999, S. 218–228. — **68** In der ursprünglichen Schlusssequenz zeigte eine Teleobjektivaufnahme die marrokanische Kavallerie, die sich – die nationalistische Flagge mit sich führend – im Galopp auf die Kamera zubewegte. Vgl. Gubern: *1936–1939: La guerra de España en la pantalla* (s. Anm. 45), S. 173. Diese Schlusssequenz wurde noch 1976 zensiert und musste aus allen zur Vorführung freigegebenen Kopien herausgeschnitten werden. Vgl. John Hopewell: *El cine español después de Franco 1973–1988.* Madrid 1989, S. 154. — **69** Jaime Camino zitiert nach: Peter Besas: *Through the Spanish Lens. Spanish Cinema under Fascism and Democracy.* Denver, Colorado 1985, S. 152. — **70** Einige spanische Freiwillige traten General Leclercs Zweiter Panzerdivision bei, die im August 1944 als erster alliierter Verband in Paris einzog. Vgl. Helen Graham: *Der Spanische Bürgerkrieg.* Stuttgart 2008, S. 170 und S. 173. — **71** Die Stilisierung des Protagonisten Miralles in *Soldados de Salamina* ist durchaus nicht unproblematisch. Vgl. Ralph Wildner: »Javier Cercas: *Soldados de Salamina* und Verfilmung von David Trueba«. In: Bettina Bannasch, Christiane Holm (Hg.): *Erinnern und Erzählen. Der Spanische Bürgerkrieg in der deutschen und in der spanischen Literatur und in den Bildmedien.* Tübingen 2005, S. 550 f. — **72** Zum Beispiel »Brunete«, »Ebro« oder »Madrid«. Vgl. Graham: *Der Spanische Bürgerkrieg* (s. Anm. 70), S. 170. — **73** Diese »Freiheitskämpfer«-Narration des kommunikativen Gedächtnisses erklärt, warum in den Aussagen spanischer Zeitzeugen zwischen den Toten, die während der Flucht über die Pyrenäen oder in den französischen Internierungslagern zu beklagen waren, und jenen, die im Zuge des Zweiten Weltkrieges auf Seiten der *Résistance* bzw. der Alliierten oder in deutschen Konzentrationslagern ermordet wurden, nicht unterschieden wird bzw., warum die spanischen Exilanten mit dem Begriff »camps de concentration« weiterhin gleichermaßen die französischen Internierungslager wie auch die nationalsozialistischen Konzentrationslager bezeichnen. Vgl. Dreyfus-Armand, Temime: *Les camps sur la plage, un exil espagnol* (s. Anm. 1), S. 21 und S. 126; Graham: *Der Spanische Bürgerkrieg* (s. Anm. 70), S. 166. — **74** 50.000 Exilspanier waren an der französischen Widerstandsbewegung beteiligt und wirkten 1945 an den Endkämpfen in den südlichen Departements mit. Vgl. Bernecker, Brinkmann: *Kampf der Erinnerungen* (s. Anm. 2), S. 123. — **75** José Luis Rodríguez Zapatero zitiert nach: *Lágrimas rojas*, 00:35:28–00:35:48. »Hoy, como Presidente del Gobierno de España, de la España democrática, quiero rendir homenaje, recuerdo, memoria y admiración a todos los españoles que sufrieron aquí en Mauthausen en su lucha por la libertad y por la dignidad.« (Übersetzung d. Verf.). — **76** Aus geschichtswissenschaftlicher Sicht ist *Lágrimas rojas* ein einziges Ärgernis: Zahlreiche Fehler der deutschen Orthografie, willkürlich wirkende Aneinanderreihungen von Archivmaterial, plump gezeichnete SS-Offiziere in nachgestellten Szenen und kaum vorhandene bzw. nicht adressatengerecht aufbereitete Informationen werden der postulierten Intention und vor allem dem Leid der befragten Zeitzeugen nicht gerecht.

Samuel Salzborn

Entwurzelt im eigenen Land?

Die deutschen Vertriebenenverbände zwischen sozioökonomischer Integration und politischer Integrationsverweigerung

Die sozialen und ökonomischen Integrationsbemühungen für die Flüchtlinge und Vertriebenen aus den ehemaligen deutschen Ostgebieten der 1950er und 1960er Jahre sind beispiellos. Die bundesdeutsche Regierung hatte ein milliardenschweres Entschädigungs- und Integrationsprogramm aufgelegt, das noch bis in die Gegenwart wirkt. Auf der Basis des Bundesvertriebenengesetzes und des Lastenausgleichsgesetzes wurden weitreichende finanzielle und ideelle Maßnahmen durchgeführt, die zur Vertriebenenintegration dienen sollten: Von Entschädigungszahlungen für verlorenes Eigentum über die Vergabe günstiger Kredite, die Neuschaffung von Wohnraum und arbeitsmarktpolitische Bevorzugungen der Flüchtlinge bis hin zu rechtlichen Sonderleistungen, einem vererbbaren Vertriebenenstatus oder der Errichtung umfangreicher Erinnerungs- und Gedenkorte reichte das Programm.

Während ein Teil der Flüchtlinge sich mit den Folgen der politisch für notwendig erachteten Umsiedlung aus den ehemaligen deutschen Ostgebieten arrangiert hat, haben die Vertriebenenverbände von Beginn an eine Doppelstrategie verfolgt: die Entschädigungsleistungen in vollem Umfang in Anspruch zu nehmen, hierfür zeitweilig neben den Interessenverbänden auch mit einer eigenen Partei (Block der Heimatvertriebenen und Entrechteten, BHE) und einer massiven personellen Einflussnahmepolitik vor allem im Bundesvertriebenenministerium zu wirken, auf der anderen Seite den politischen Status quo aber abzulehnen und sich einer wirklichen Integration zu verweigern. Zeugnis davon legen heute am deutlichsten die Entschädigungsforderungen an Polen und die Tschechische Republik ab – obwohl es bereits von deutscher Seite umfassende Entschädigungszahlungen gegeben hat – und die erinnerungspolitische Einforderung nach Errichtung eines staatsoffiziellen »Zentrums gegen Vertreibungen« – obwohl es in Deutschland schon lange flächendeckend unzählige Mahn- und Gedenkorte für Flucht und Vertreibung gibt.

In diesem Beitrag soll die Ambivalenz von sozioökonomischer Integration und politischer Integrationsverweigerung in den Blick genommen werden. Dabei wird auch der Frage nach der Selbst- und Fremdzuschreibung von Identitätsvorstellungen innerhalb der deutschen Vertriebenenverbände nachgegangen, die insofern als ursächlich für die politische Integrationsverweigerung gelten müssen, wie die Differenz zwischen den in Verbänden organisierten Vertriebenen und den nicht (oder nicht mehr) organisierten Flüchtlingen markant ist. Die meisten derjenigen, die sich in den 1950er Jahren als *Flüchtlinge* verstanden haben (der Begriff war im Alltagsjargon zunächst vorherrschend und wurde erst durch die terminologische Festlegung im Grundgesetz und im Bundesvertriebenengesetz revidiert) und damit den Eigenanteil an Verantwortung gegenüber der im Begriff *Vertriebene* liegenden Opferkonzeptualisierung betont haben, sind heute nicht nur sozioökonomisch integriert, sondern legen seit geraumer Zeit politisch keinen Wert mehr auf die Kategorisierung als Flüchtlinge bzw. Vertriebene.[1] Das von den Vertriebenenverbänden politisch propagierte Gefühl der »Entwurzelung« im eigenen Land basiert somit auf einer spezifischen Haltung gegenüber der deutschen Vergangenheit, die mit einer Opfer-Täter-Inversion einhergeht und zugleich mit einem Menschenbild korrespondiert, in dem völkisch-kollektive Dimensionen gegenüber demokratisch-individuellen Perspektiven betont werden.

I Sozioökonomische Integration

Die soziale Lage der deutschen Flüchtlinge in der unmittelbaren Nachkriegszeit war dominiert von den sich infolge von Umsiedlung und Aufnahme in Deutschland ergebenden Problemen. Die Alliierten verfolgten dabei die Vorstellung, die »Aufzunehmenden in möglichst dünn besiedelten und von Kriegszerstörungen« wenig betroffenen und somit zumeist agrarisch strukturierten Gebieten anzusiedeln.[2] Die Grundlage für diese Entscheidung bildeten Kriterien wie die Wohnraum- und Ernährungslage, wobei die nach der wirtschaftlichen Tragfähigkeit und den Entwicklungsperspektiven der jeweiligen Regionen in den Hintergrund traten.[3] Infolge dieses Konzeptes gelangte ein Großteil der Flüchtlinge vor allem nach Nord- (Mecklenburg, Schleswig-Holstein und Niedersachsen) und Süddeutschland (Bayern). Bei der Frage, in welcher Region sich die Flüchtlinge jeweils niederließen, spielten neben der geografischen Nähe zum Herkunftsgebiet konfessionelle Überlegungen eine besondere Rolle.[4] So siedelten sich die Flüchtlinge aus dem ehemaligen »Reichsgau Sudetenland« schwerpunktmäßig im mehrheitlich katholisch geprägten Süddeutschland an, besonders in Bayern, aber auch in Baden-Württemberg und Hessen. Im Gegensatz zu den Sudetendeutschen gelangten die Flüchtlinge aus Ostpreußen, Nieder- und Oberschlesien aufgrund des Vorrückens der Roten Armee und der präventiv einsetzenden Fluchtbewegung bereits 1944/45 nach Deutschland. Während die Ostpreußen sich insbesondere in evangelisch dominierten Gebieten wie Schleswig-Holstein, Niedersachsen und den industriell mit einer besseren Infrastruktur versehenen Regionen in Nordrhein-Westfalen (Ruhrgebiet) ansiedelten, waren die Schlesier zunächst nach Sachsen, Bayern oder in den 1945 noch bestehenden Reichsgau Sudetenland geflohen und wurden erst 1946 planmäßig in den südlichen Teil Niedersachsens umgesiedelt.[5]

Neben den bereits genannten Herkunftsgebieten trafen auch Flüchtlinge und Umsiedler – die sich auf eine deutsche Herkunft oder Identität beriefen – in den vier Besatzungszonen Deutschlands ein, die größtenteils vor den nationalsozialistischen Umsiedlungsmaßnahmen in Ungarn, Jugoslawien, Rumänien, der Sowjetunion und den baltischen Staaten gelebt hatten. Deren Masse war jedoch quantitativ von geringerer Bedeutung als die der Umsiedler aus Schlesien, Ostpreußen oder dem Sudetengau, die in die Millionen ging.[6] Unabhängig von der tatsächlichen Gesamtanzahl der Menschen, die nach wie vor umstritten und Gegenstand von wissenschaftlichen wie politischen Kontroversen ist[7], muss davon ausgegangen werden, dass die Sozialstruktur der aus den vier Besatzungszonen später entstehenden Staaten BRD und DDR durch die Aufnahme der Flüchtlinge in hohem Maße beeinflusst und verändert wurde.[8]

Die erste Unterbringung der Flüchtlinge fand auf zwei Wegen statt: Erstens als (vorübergehende) Einquartierung in eigens dafür eingerichteten Flüchtlingsaufnahmelagern (beispielsweise Friedland)[9] und zweitens in Privatwohnungen der ansässigen Bevölkerung. Beide Varianten waren in sozialer Dimension mit hohem Konfliktpotenzial versehen. Die eine führte nicht selten zu Spannungen unter den Vertriebenen, während die andere solche zwischen den Neubürgern und den Einheimischen beförderte, weil diese darum fürchteten, dass die Flüchtlinge mittel- bis langfristig in ihren Wohnungen bleiben würden und somit ihre Lebensqualität gemindert werden könnte.[10] Die Befürchtung hatte einen realen Hintergrund, denn viele der so untergebrachten Menschen hatten sich tatsächlich bis an ihr Lebensende dort festgesetzt, wobei das Zusammenleben von mehr als einer Person pro Raum in einer Wohnung in der Zeit kurz nach der Umsiedlung keine Seltenheit gewesen ist.[11]

Später wurden zahlreiche Flüchtlinge in eigenen Städten, an deren Aufbau sie aktiv beteiligt waren, untergebracht (Beispiele für solche Stadtneugründungen sind Traunreut, Neu-Traubling und Waldkraiburg in Bayern und Espelkamp in Westfalen) oder sie begannen, innerhalb einer bereits bestehenden Stadt/Ortschaft in nahe beieinander gelegenen Unterkünften zu wohnen und somit eigene Bereiche innerhalb der Städte zu schaffen, die mehrheitlich bis ausschließlich von Flüchtlingen bewohnt wurden – ein Phänomen, das in nahezu jeder bundesdeutschen Kleinstadt anzutreffen war.[12] Die dadurch entstandene Situation der Isolation trug, neben den unvermeidlichen sozialen und ökonomischen Schwierigkeiten (Lebensmittelversorgung, sanitäre Einrichtungen, Arbeitsplatzbeschaffung usw.), nicht zuletzt zu wachsenden Konflikten zwischen Einheimischen und Flüchtlingen bei. Auch wurde so der soziale und politische Zusammenschluss der Umgesiedelten untereinander gefestigt, weil sie auf der Basis der bereits aus ihren vorherigen Wohngebieten bekannten gesellschaftlichen Zusammenhänge arbeiteten und lebten.

Eine wesentliche Rolle bei der Vertriebenenintegration in die bundesdeutsche Gesellschaft spielte gleichwohl ihre wirtschaftliche Einbindung in die vorhandene bzw. neu entstehende Sozialstruktur, die weitgehend bis Anfang der 1960er Jahre abgeschlossen wurde.[13] Durch die unterschiedliche Verteilung der Umsiedler in den westlichen Besatzungszonen – wie beschrieben wurden viele in vorwiegend agrarisch strukturierten Regionen sesshaft – stieg zunächst die Arbeitslosigkeit massiv an. Gleichzeitig mussten die Städte und Gemeinden hohe Unterbringungs- und Versorgungskosten für die Flüchtlinge aufbringen und wurden, was erschwerend hinzukam, durch ein geringes Steueraufkommen finanziell geschwächt.[14] So kam es zu einer nur teilweisen, lückenhaften oder fachfremden Beschäftigung sowie zu Gelegenheitsarbeit, wobei derartige Entwicklungen nicht nur die Flüchtlinge, sondern auch die Einheimischen betrafen. Denn aufgrund des wirtschaftlichen Zusammenbruchs, der im Wesentlichen durch die einseitige Ausrichtung der Wirtschaft auf die Kriegsführung bedingt war, blieb die Möglichkeit der Arbeitsplatzfindung im Allgemeinen und von qualifikationsgerechten Arbeitsstellen im Besonderen zunächst äußerst begrenzt.[15] Die Behebung dieser Situation erfolgte einerseits durch Soforthilfemaßnahmen, andererseits durch den Lastenausgleich bzw. das Lastenausgleichsgesetz (LAG).[16]

Das Lastenausgleichsgesetz wurde 1952 verabschiedet. Als dessen Hauptziel war die »Abgeltung von Schäden und Verlusten, die sich infolge der Vertreibungen und Zerstörungen der Kriegs- und Nachkriegszeit« (§ 1 LAG) ergeben haben, definiert worden. Aus dem Lastenausgleichsfonds wurden Entschädigungs- und Aufbauzahlungen für die Flüchtlinge geleistet. Zu diesen Entschädigungszahlungen zählten unter anderem solche für Schäden an Besitzständen, den Verlust von Gegenständen, Hausrat, Spareinlagen und anderen privatrechtlichen finanziellen Mitteln. Ferner fielen in diesen Bereich noch Zahlungen für den Verlust von Anteilen an Kapitalgesellschaften und Geschäftsguthaben, an Gewerbeberechtigungen und Urheberrechten. Im Zuge der Aufbauzahlungen wurden Eingliederungsdarlehen für die Flüchtlinge zum Aufbau einer neuen Existenz und Lebensgrundlage bereitgestellt sowie die Einrichtung von Kriegsschadensrenten durchgeführt und Mittel für die Förderung der Berufsausbildung und Umschulung bereitgestellt. Getragen wurden die anfallenden Kosten größtenteils durch Vermögensabgaben, Hypothekengewinnabgaben, Kreditgewinnabgaben, anteilige Vermögenssteueraufkommen sowie durch Zuschüsse aus den Haushalten des

Bundes und der Länder.[17] Die Vertriebenenverbände waren Jahrzehnte lang um eine möglichst weit gefasste Auslegung des LAG und eine breite Ausschöpfung der entsprechenden finanziellen Mittel bemüht. Und ihr Kampf um finanzielle Alimentierung und Entschädigung war erfolgreich – mit einem Leistungsvolumen von gut 130 Milliarden Mark, so Lutz Wiegand in einer Untersuchung zum Thema, habe der Lastenausgleich in »einem durchaus bemerkenswerten Umfang zur Lösung eines Teils der aus dem Krieg und seinen Folgen erwachsenen Aufgaben« beigetragen.[18]

Einige exemplarische Daten mögen verdeutlichen, wie die wesentlich durch den Lastenausgleich mit umgesetzte Vertriebenenintegration in das Sozialgefüge der Bundesrepublik vonstatten ging. Das wichtigste Mittel zur wirtschaftlichen Eingliederung waren dabei die Arbeitsplatzdarlehen, die fast zum völligen Abbau der Arbeitslosigkeit unter den Umgesiedelten führten: Ein Betrieb erhielt staatlicherseits dafür Darlehen, dass er lastenausgleichsberechtigte Personen (die hauptsächlich Flüchtlinge waren) beschäftigte und ihre Anstellung für mindestens fünf Jahre garantierte.[19] Auf diese Weise wurden mit dem Einsatz von Finanzmitteln in der Höhe von etwa 285 Millionen Mark ungefähr 84.000 Dauerarbeitsplätze geschaffen, von denen etwa 85 Prozent von Vertriebenen eingenommen wurden.[20] Zur Förderung der ökonomischen Selbstständigkeit unter den Flüchtlingen wurden gewerbliche Aufbaudarlehen gezahlt, die niedrig verzinst und mit langen Tilgungsfristen versehen waren. Deren Gesamtsumme machte über zwei Milliarden Mark aus, wobei etwa Zweidrittel der Nutznießer die Umsiedler gewesen sind: etwa 78.000 Vertriebene erhielten solche Darlehen in den ersten Jahren der Soforthilfe zur Gründung einer selbstständigen Existenz in Handel, Handwerk oder freien Berufen; ihnen folgten weitere 80.000 in der Zeit des LAG.[21] Größere Unternehmen wurden mit Krediten durch Banken unterstützt.[22]

Im Gegensatz zu den westlichen Besatzungszonen, in denen die Umsiedler einerseits bewusst als Neubürger betrachtet wurden und sich daraus andererseits auch zahlreiche juristische Sonderregelungen für sie ergaben (nahezu alle Gegebenheiten im sozialen und humanitären Bereich wurden in juristischen Verordnungen wie dem Bundesvertriebenen- und dem Lastenausgleichsgesetz fixiert)[23], wurde in der Sowjetischen Besatzungszone (SBZ) anders verfahren: Weil die Umsiedlung aus offizieller Perspektive nicht als Unrecht begriffen wurde, war den Vertriebenen auch kein Sonderstatus in der Behandlung eingeräumt worden. Somit unterschied sich die Aufnahme und Integration der Umsiedler grundlegend, weil die Menschen nach ihren individuellen politischen Einstellungen und ihren ökonomischen Möglichkeiten wahrgenommen wurden. Nicht zuletzt der in der SBZ unternommene Versuch, einen antifaschistischen Staat zu etablieren, trug dazu bei, was als die Unwichtigkeit des Vertriebenenstatus beschrieben werden könnte;

die Umsiedlung wurde im alltäglichen Leben für die individuelle Identität der Menschen von untergeordneter, wenn nicht sogar unwesentlicher Bedeutung.[24]

II Politische Integrationsverweigerung

Die Vertriebenenorganisationen waren die maßgeblichen Akteure, die auf zwei Ebenen die materiellen Ansprüche der Flüchtlinge und die umfangreichen Entschädigungszahlungen innenpolitisch durchsetzten: auf der einen Seite traten sie fordernd als Interessenverband auf, andererseits waren ihre Funktionäre im Bundes- und in den Landtagen als Abgeordnete und auf staatlicher Ebene als Angehörige der Ministerialbürokratie oder auch als Bundes- oder Landesminister selbst an der Durch- und Umsetzung derjenigen Forderungen beteiligt, die ihre Verbände zuvor aufgestellt hatten.[25] Von Verbandsherrschaftspatronage zu sprechen, wie dies Theodor Eschenburg getan hat, scheint in diesem Zusammenhang fast noch als Untertreibung.[26]

Neben der massiven innenpolitischen Einflussnahme auf die sozioökonomische Integration der Flüchtlinge und Vertriebenen verfolgten die Vertriebenenverbände stets auch außenpolitische Interessen. Denn die Vertriebenenverbände, deren Gründung bereits wenige Wochen nach der bedingungslosen Kapitulation Deutschlands in der Illegalität begann – solche Organisationen hatten die Alliierten seinerzeit wegen der Gefahr des Wiederauflebens von Militarismus und Nationalismus verboten –, begriffen sich keinesfalls nur als innenpolitische Interessenverbände.[27] Bereits frühzeitig wurde konkurrierend zu integrativen Ansätzen das Modell des »landsmannschaftlichen Gedankens« entwickelt.[28] Dabei handelt es sich um ein Konzept, nach dem alle Flüchtlinge und Umsiedler nicht nur real in ihrer »neuen Heimat« leben sollten, sondern parallel dazu auch weiterhin ideell in ihrer »alten« – um dieser wieder eine reale deutsche Zukunft geben zu können. Die Verwurzelung in der Landsmannschaft, die sich mit deutlich wahrnehmbarem territorialen Bezug artikulierte, sollte die Identität der bundesdeutschen Neubürger prägen.[29] Da es sich hierbei nicht nur um eine Erinnerung an vergangene Zeiten handeln sollte, sondern man vielmehr schnellstmöglich den früheren Zustand wieder herstellen wollte, wurde das Heimatkonzept der Vertriebenenverbände in eine außenpolitische Forderung gegossen, die für die osteuropäischen Nachbarstaaten als provokativ und aggressiv anmutende Drohung erscheinen musste, stellt(e) sie doch deren Existenz grundsätzlich in Frage: das »Recht auf die Heimat.«[30] Betont wurde und wird bis in die Gegenwart der bestimmte Artikel »die«. Es geht also nicht darum, dass jeder Mensch das Recht auf Leben an dem Ort haben soll, wo er sich aufhält, sondern um die an eine konkrete Region gebundene kollektive »Heimat«, die im Fall der Vertriebenenverbände die »Heimat« von Polen, Russen, Tschechen und anderen geworden ist. Unterstrichen wurde diese außenpolitische Stoßrichtung der völkischen Forderung nach einem »Recht auf die Heimat« dadurch, dass die Umsiedler ja längst eine neue Heimat gefunden hatten: in der Bundesrepublik und teilweise auch in der DDR.

Bis zur osteuropäischen Transformation 1989/90 wirkten die Forderungen und Thesen der Vertriebenenverbände wie eine Kampf-Ideologie, deren Prämisse die militärische und politische Systemkonfrontation gewesen ist.[31] Die mit der Potsdamer Konferenz hergestellte Teilung des ehemaligen Deutschen Reiches und die Rückgabe der während des Nationalsozialismus eroberten sowie Abtretung einiger anderer Gebiete, die sich daran anschließende Blockkonfrontation zwischen den westlichen und der sowjetischen Besatzungszone sowie das Entstehen zweier deutscher Staaten waren historische Hindernisse für die praktische Realisierbarkeit der Forderung der Vertriebenenverbände nach einem »Recht auf die Heimat«. Verstärkt wurde diese Entwicklung durch die Entstehung der militärischen Bündnisse NATO (1949) und Warschauer Pakt (1955), durch die die Systemgrenze in ihrer damaligen Unüberwindbarkeit weiter verfestigt wurde. Somit konnten die Vertriebenenverbände in den Jahren vor 1989/90 ihre Ansprüche als Interessengruppe im Wesentlichen nur innenpolitisch in der Bundesrepublik Deutschland geltend machen. Außenpolitisch war eigenständiges Handeln für sie kaum denkbar.

Deshalb waren die Vertriebenenorganisationen in den ersten Jahren nach der militärischen Niederschlagung des Nationalsozialismus durch die Alliierten eher um innenpolitische Konsolidierung der eigenen Strukturen und finanzielle Alimentierung durch die Bundesrepublik Deutschland bemüht. Die zu diesem Zweck existierenden Verbände mit explizit ökonomischer und sozialpolitischer Schwerpunktsetzung verloren jedoch im Kontext der Aufnahme und Integration der Flüchtlinge bis Mitte/Ende der 1950er Jahre zusehends an gesellschaftlicher und vor allem politischer Bedeutung. Die Landsmannschaften, im Vertriebenenverständnis eine »herkunftsbezogene« und »heimatpolitische« Organisationsform[32], begannen einhergehend mit der abschließenden Integration der Umsiedler in das bundesdeutsche Wirtschafts- und Sozialgefüge, mit ihrer explizit außenpolitischen Zielrichtung die Konzepte und Leitlinien der Vertriebenenverbände zu dominieren: Die desintegrative Forderung nach einem »Recht auf die Heimat« gewann an Bedeutung.

Die außenpolitische Ausrichtung der Vertriebenenverbände orientierte sich in den 1950er und 1960er Jahren analog zur bundesdeutschen Regierungspolitik an den Fragen der erstrebten Überwindung der Teilung von Bundesrepublik Deutschland und Deutscher Demokratischer Republik.[33] Sie war somit zunächst deutschlandpolitischer Prägung, da jede Debatte um die »Wiederherstellung« eines »Gesamtdeutschlands« vor dem Hintergrund der Ost-West-Konfrontation stattfand und geografisch wie politisch an der Grenze zur DDR begann – und nicht an der zu Polen oder der zur Tschechoslowakei. Diesen normativen Zwängen der Realpolitik ordneten sich auch die Vertriebenenverbände unter: So resümierte der seinerzeitige Vertriebenenpräsident Hans Krüger in einem Referat Anfang 1963, dass er die »politische Integration Europas als notwendig« ansehe, »weil nur dadurch erreicht werden kann, dass die auseinander gerissenen Teile Deutschlands wieder zueinander kommen.«[34] Und in der *Berliner Entschließung* von 1965 erklären die »frei gewählten Vertreter aller deutschen Stämme«, dass »Mitteldeutschland – die sowjetisch besetzte Zone – (...) untrennbar zum einigen Deutschland« gehöre und dass Partner eines »gerechten Friedensvertrages« nur »das ungeteilte Deutschland« sein könne. Ein solcher Friedensvertrag müsse die »Anerkennung des Rechtes auf die Heimat auf der Grundlage des Selbstbestimmungsrechtes – selbstverständlich für alle Deutschen – enthalten.«[35] Der in der immer wieder von Vertriebenenseite zitierten *Charta der deutschen Heimatvertriebenen* angesprochene Europa-Gedanke spielte politisch allerdings eine bestenfalls beigeordnete Rolle, war die Ausrichtung der Vertriebenenverbände zu dieser Zeit tatsächlich doch ebenso wenig wie die der Bundespolitik an einer »europäischen Lösung« der »deutschen Frage« interessiert. Die retrospektiv zwar immer wieder von den Vertriebenenverbänden als bedeutsam proklamierte europäische Ausrichtung ihrer Politik war zunächst rein taktischer Natur und blieb dies in den Grundzügen auch bis zum Aufweichen der Hallstein-Doktrin und dem Beginn der Neuen Ostpolitik Ende der 1960er Jahre.

Die Neue Ostpolitik stellte dann den eigentlichen Anlass zur – wie es zeitgenössisch hieß – »Aktivierung« der Europapolitik der Vertriebenenverbände dar.[36] Der europäische Kontext eröffnete für die völkischen Europakonzepte der Vertriebenenverbände neue Perspektiven, da der engstirnige und egoistische deutschlandpolitische Rahmen mehr zur Isolation als zur Umsetzung eigener Ziele beigetragen hatte. Es folgte die Einbettung der eigenen Forderungen in den scheinbar unverfänglichen Kontext Europa. Hierzu gehörte die über zwei Jahrzehnte betriebene Systematisierung der für einen europäisch ausgerichteten Ansatz der Vertriebenenverbände nötigen völkischen Grundlagen: Zum Vehikel für eine Durchsetzung der Interessen der Vertriebenenverbände im Ausland wurde ein »modernes Volksgruppenrecht als Baustein für ein Vereintes Europa«, wie es Theodor Veiter in einem Referat vor dem Witikobund, einer der drei Gesinnungsgemeinschaften innerhalb der Sudetendeutschen Landsmannschaft, einmal ausgedrückt hat.[37] Denn gerade wenn es zu einem »mehr oder weniger Vereinten Europa« komme, so Veiter an anderer Stelle, sei »besonders die große Gefahr zu beleuchten, die sich aus dem supranationalen Gedanken« ergebe. Einem »›Europa der Vaterländer‹ (= Europa der Staaten)« müsse »das ethnische Europa gegenüber gestellt und zur Seite gestellt« werden, da sonst »in einem solchen supranationalen Europa auch das Eintreten für die angestammte Heimat und das Leben in der angestammten Heimat und das Recht auf diese« zu »blassen Schemen« werden würde.[38]

Das Ziel dieses Vertriebenenkonzepts war die völkische Segmentierung nicht allein, aber vorrangig der osteuropäischen Nationalstaaten. Die Forderung nach einem europäischen Volksgruppenrecht sieht die Zerstückelung der europäischen Nationalstaaten nach ethnischen Kriterien vor, wobei die einzelnen Volksgruppen isoliert und in strikter ethnischer Separierung voneinander leben sollen. Der Mediziner und Historiker Karl Heinz Roth sprach in Bezug auf diese Forderung zutreffend davon, dass damit Europa in einen »Volksgruppenzoo« verwandelt würde – also in ein starres, ethnisches Gefüge, in dem menschliche und gesellschaftliche Interaktionen wie auch demokratische Partizipation kaum möglich sein würden.[39]

III Bevölkerungspolitik und Identitätskonstruktion

Die osteuropäische Transformation von 1989/90 konfrontierte die Vertriebenenverbände mit einer grundlegend geänderten außenpolitischen Situation. Nachdem sich ihre außenpolitische Arbeit zur Realisierung eines »Rechtes auf die Heimat« Jahrzehnte lang auf den theoretischen Bereich beschränkt hatte, bestand nun erstmals die Möglichkeit zur aktiven Außenpolitik gegenüber Osteuropa.

Im Rahmen der Diskussionen um die deutsche Einheit und die Anerkennung der polnischen Westgrenze Anfang der 1990er Jahre formulierten die Vertriebenenverbände verschiedene neue außenpolitische Optionen. Aufgrund der realpolitischen Entwicklungen setzten sich hierbei die völkisch-kulturellen gegen die staatlich-territorialen durch.[40] Im Verhältnis zu der Zeit vor 1989/90 zeigte sich unabhängig von diesen partiellen Differenzen eine Kontinuität in der Präferierung von außenpolitischen Modellen zur Realisierung eines »Rechtes auf die Heimat« vermittels eines europäischen Volksgruppenrechts. Die außenpolitischen Erwägungen der Vertriebenenverbände sind dabei in Abgrenzung zu einem nicht-völkischen Nationenverständnis ausgerichtet; die mit der Aufklärung verbundenen politischen und gesellschaftlichen Errungenschaften werden zugunsten eines völkischen Nationalismus abgelehnt. Dieser völkische Nationalismus kehrt sich außenpolitisch in einen völkischen Partikularismus, der auf die ethnische Parzellierung der osteuropäischen Nationalstaaten orientiert ist. Zu diesem Zweck erstreben die Vertriebenenverbände eine umfassende Kooperation mit den deutschen Volkstumsverbänden in Osteuropa – als bevölkerungspolitische Grundlage der eigenen Arbeit, da die *sozioökonomische Integration* der Flüchtlinge in den 1950er und 1960er Jahren dazu beigetragen hat, dass der *politischen Integrationsverweigerung* die Massenbasis fehlt. Es gibt schlichtweg eine, wie Tobias Weger es auf den Punkt gebracht hat, »sinkende Rückkehrbereitschaft«, das heißt die große Mehrheit der ehemaligen Flüchtlinge und Vertriebenen ist in der Bundesrepublik integriert und verfolgt im Unterschied zu den Vertriebenenverbänden kein bevölkerungspolitisches Interesse gegenüber den osteuropäischen Nationalstaaten, es gibt eine erhebliche Diskrepanz zwischen »Rückkehrrhetorik und Rückkehrbereitschaft« (Weger).[41]

Um diesem – aus Sicht der Vertriebenenverbände bestehenden – Dilemma beizukommen, haben sie sich seit der osteuropäischen Transformation 1989/90 massiv in der Minderheitenpolitik engagiert, konkret: in der Zusammenarbeit mit den deutschen Volkstumsverbänden in Osteuropa. Der wichtigste Grund für diese Kooperation zwischen Vertriebenen- und deutschen Volkstumsverbänden ist bevölkerungspolitischer Natur. Die einstige Massenbasis der Vertriebenenverbände in der Bundesrepublik wird heute als bevölkerungspolitische Komponente im Ausland benötigt, die politische Fakten auf substaatlich-völkischer Ebene schaffen soll. Die Menschen, die nicht (als Aussiedler) in die Bundesrepublik kommen, sondern (als Angehörige »deutscher Volksgruppen«) innerhalb von nichtdeutschen Staaten umsiedeln oder schlicht dort bleiben, fungieren als Basis zur praktischen Umsetzung des von den Vertriebenenverbänden geforderten »Rechtes auf die Heimat«. Denn die große Mehrheit der älteren Vertriebenenaktivisten in der Bundesrepublik ist nachhaltig in deren Wirtschafts- und Sozialgefüge der Bundesrepublik verankert, sodass für sie zumeist handfeste Gründe gegen eine Rückkehr in ihre ehemalige Heimat sprechen. Die deutschen Volkstumsverbände in Osteuropa stellen somit das bevölkerungs- und regionalpolitische Element für die Vertriebenenkonzepte dar.

So hat die Erkenntnis, dass es zwischen der Bundesrepublik Deutschland und ihren osteuropäischen Nachbarn keine »Grenzfrage« mehr gibt, bei den Vertriebenenverbänden im Laufe der letzten Jahre zur Herausbildung einer subtilen Strategie geführt – auf suboffizieller Ebene betreibt man eine konkrete, praktische Politik zur Erreichung des erstrebten Ziels, der völkischen Parzellierung osteuropäischer Nationalstaaten bei Nutzung der »Chance der offenen Grenzen im freien Europa«, wie es in einer Entschließung der Landsmannschaft Schlesien heißt.[42]

In Konkurrenz zu dem zumeist mit dem Etikett »revanchistisch« versehenen gebietsrevisionistischen Konzept entwickelte sich damit ein verstärkt auf völkische Momente ausgerichtetes Modell. Erstgenanntes richtete sich auf eine staatlich-territoriale Eingliederung der ehemaligen deutschen Ostgebiete in den bundesdeutschen Staatsverband, während Letztgenanntes auf eine völkisch-kulturelle Durchdringung der osteuropäischen Nationalstaaten setzt. Im Zuge der osteuropäischen Transformation 1989/90 haben sich so völkische Konzepte innerhalb der Vertriebenenverbände durchgesetzt. Seither wird die umfassende Realisierung von europäisch gesicherten Volksgruppenrechten für deutsche Minderheiten in Osteuropa erstrebt.

Damit ist deutlich geworden, dass eine Politik der unmittelbaren Gebietsrevision erfolglos wie auch unmöglich gewesen ist. So hat sich auch der Kern der Politik der Vertriebenenverbände im Vergleich zu historischen Expansionspraktiken grundlegend geändert. Nicht mehr die Erringung territorialstaatlicher Macht steht im Zentrum der politischen Bestrebungen, sondern ökonomischen und kulturellen Einfluss zu schaffen, bestimmt die Politikkonzepte. So erstreben die Vertriebenenverbände eine ethnische Parzellierung Europas und nutzen dabei für sich die kontinuierliche Erweiterung der bundesdeutschen Einflussnahme auf dem Kontinent, beispielsweise durch Angleichung des Rechtssystems, EU-Freizügigkeit und ökonomische Investitionsfreiheiten. Zu den erstrebten Zielen gehört aber andererseits auch die Anerkennung von historisch-kulturellen Leistungen der Deutschen sowie ihres »Rechtes auf die Heimat«. Und für die als »Heimatverbliebene« definierten Personen, also die deutschen Minderheiten außerhalb der Bundesrepublik, ferner auch die Gewährung des Rechtes zum Knüpfen freier Beziehungen zum Ausland als eigenständige Volksgruppe, die Förderung von Sprache und Kultur sowie die Repräsentanz im Parlament in den jeweiligen nichtdeutschen Staaten. Grundlage der von den Vertriebenenverbänden erstrebten ethnischen Parzellierung ist das Konzept eines völkischen Partikularismus. Dieser völkische Partikularismus greift auf eine über Jahrhunderte hinweg konstruierte, partikularistisch orientierte (sudetendeutsche, schlesische, ostpreußische usw.) Geschichte und daraus abgeleitete Gesinnung als Grundlage zurück. Volk und Territorium gehören dabei unmittelbar zusammen. Dieser Partikularismus geht erstens davon aus, dass es Volksgruppen gibt, die völkisch oder kulturell bestimmt über eine gemeinsame Identität verfügen; die zweitens in einer Jahrhunderte langen und damit als natürlich und unabänderbar betrachteten Tradition und Geschichte stehen; die drittens schützens- oder wiederbelebenswert sind und viertens in der Ausübung ihres so verstandenen Rechtes auf Selbstbestimmung behindert werden.

Theoretisch wird somit unter dem Begriff der Volksgruppe eine völkische Gemeinschaft verstanden, die zahlenmäßig kleiner ist als die übrige Bevölkerung desjenigen Staates, auf dessen Territorium sie lebt, und deren Angehörige sich durch völkische, sprachliche oder kulturelle Merkmale von den übrigen Staatsbürgern unterscheiden, die jedoch (auch) über die Staatsangehörigkeit des Staates verfügen, in dem sie leben.[43]

Die außenpolitische Kehrseite der innenpolitischen Integrationsverweigerung ist in ihrer bevölkerungspolitischen Dimension überdies auch noch ambivalent: denn während die Angehörigen der deutschen Minderheiten in

Osteuropa sich zunehmend mit den politischen und finanziellen Anreizen des »Deutschtums« identifizieren[44], befördern die Vertriebenenverbände durch diese Politik auf gesellschaftlicher Ebene zugleich soziale Desintegrationsprozesse in Osteuropa. Diejenigen Menschen, die heute als bevölkerungspolitische Schachfiguren in Osteuropa instrumentalisiert werden, waren zuvor in den osteuropäischen Staaten sozial integriert und fühlten sich in ihrer überwältigenden Mehrheit als Angehörige derjenigen Staaten, in denen sie leben.[45] Somit wirkt sich die politische Integrationsverweigerung der Vertriebenenverbände nicht nur für die bundesdeutsche Gesellschaft als desintegrierendes Moment aus, sondern stellt auch die Grundlage für weitreichende Desintegrationsprozesse in Osteuropa, insbesondere in Polen und der Tschechischen Republik dar. Die Vertriebenenverbände stilisieren sich damit nicht nur selbst zu *Entwurzelten im eigenen Land*, sondern mobilisieren überdies Fremdheitsgefühle im osteuropäischen Ausland, die ihrerseits wiederum Basis für sozialökonomische Desintegration und gesellschaftliche Parallelisierung sind.

1 Vgl. Karin Böke: »Flüchtlinge und Vertriebene zwischen dem Recht auf die alte Heimat und der Eingliederung in die neue Heimat. Leitvokabeln der Flüchtlingspolitik«. In: Dies., Frank Liedtke, Martin Wengeler: *Politische Leitvokabeln in der Adenauer-Ära.* Berlin – New York 1996, S. 131 ff. Entgegen des von den Vertriebenenverbänden verwendeten Terminus »Vertreibung« wird im Folgenden den Begriffen »Flucht« und »Umsiedlung« der Vorzug gegeben. Die Wahl eines generalisierenden Begriffs für den in mehrere Phasen zu unterteilenden historischen Vorgang ist bis heute umstritten, wobei der Oberbegriff »Vertreibung« nach dem Zweiten Weltkrieg bewusst moralisierend eingeführt wurde, wohingegen die Begriffe Flucht und Umsiedlung nicht nur weniger Pathos in sich bergen und somit für eine wissenschaftliche Auseinandersetzung angemessener sein dürften, sondern auch den tatsächlichen historischen Vorgängen eher gerecht werden. Denn nach einer kurzen Phase vor dem Potsdamer Abkommen, die als »wilde Vertreibung« zu bezeichnen wäre, machte neben der Flucht die Umsiedlung den gewichtigsten Teil aus. Vgl. Theodor Schieder: »Die Vertreibung der Deutschen aus dem Osten als wissenschaftliches Problem«. In: *Vierteljahrshefte für Zeitgeschichte* Jg. 7 (1960) H. 1, S. 1 ff. — **2** Vgl. Marion Frantzioch: *Die Vertriebenen. Hemmnisse, Antriebskräfte und Wege ihrer Integration in der Bundesrepublik Deutschland. Mit einer kommentierten Bibliographie.* Berlin 1987, S. 99. — **3** Vgl. ebd. — **4** Vgl. ebd., S. 102. — **5** Vgl. ebd., S. 102 f. — **6** Vgl. Statistisches Bundesamt (Hg.): *Die deutschen Vertreibungsverluste. Bevölkerungsbilanzen für die deutschen Vertreibungsgebiete 1939/50.* Stuttgart 1958. Das Statistische Bundesamt gibt für diese drei Gebiete folgende Zahlen der Flüchtlinge und Umsiedler an, die bis Ende 1946 in die vier Besatzungszonen gekommen waren: Ostpreußen 1,44 Millionen; Schlesien 2,69 Millionen; Tschechoslowakei (Sudetengau, Protektorat Böhmen und Mähren einschließlich der Karpatenländer) 1,19 Millionen. — **7** Die Gesamtangaben über die an diesem Umsiedlungsvorgang beteiligten Menschen sind höchst widersprüchlich, was an unterschiedlichen Definitionen der zu berücksichtigenden Umsiedlungsgebiete und des zu veranschlagenden Zeitraums liegt. Interessenbedingt werden beide Faktoren zumeist eher zu groß angesetzt und damit die Zahlen nach oben »korrigiert«, weshalb das Statistische Bundesamt (1958, S. 9) feststellte, dass es unmöglich sei, die Zahlen tatsächlich präzise zu bestimmen. Lässt man völlig abwegige Schätzungen außer Acht, so werden von wissenschaftlicher

Seite Zahlendimensionen von etwa acht Millionen Menschen genannt, im Bereich der Vertriebenenverbände kommen Angaben vor, die häufig fast die doppelte Menge nennen. Vgl. Hiddo M. Jolles: *Zur Soziologie der Heimatvertriebenen und Flüchtlinge.* Köln – Berlin 1965, S. 72 f. Eva Hahn und Hans Henning Hahn bereiten zu dieser Frage gerade eine umfangreiche Studie unter dem Titel *Die Vertreibung im deutschen Erinnern: Legenden, Mythos, Geschichte* vor. — **8** Vgl. Andreas Kossert: *Kalte Heimat. Die Geschichte der deutschen Vertriebenen nach 1945.* 3. Aufl., München 2008. — **9** Vgl. Dagmar Kleineke: *Entstehung und Entwicklung des Lagers Friedland 1945–1955* (Diss.). Göttingen 1992. — **10** Vgl. Klaus Hinst: *Das Verhältnis zwischen Westdeutschen und Flüchtlingen. Eine empirische Untersuchung.* Bern – Stuttgart 1968. — **11** Vgl. Georg Müller, Heinz Simon: »Aufnahme und Unterbringung«. In: Eugen Lemberg, Friedrich Edding (Hg.): *Die Vertriebenen in Westdeutschland. Ihre Eingliederung und ihr Einfluß auf Gesellschaft, Wirtschaft, Politik und Geistesleben (3 Bde.).* Bd. 1. Kiel 1959, S. 300 ff. — **12** Vgl. Elisabeth Pfeil: »Städtische Neugründungen«. In: Ebd., S. 500 ff. — **13** Vgl. Friedrich Edding: »Bevölkerung und Wirtschaft«, In: Ebd., Bd. 2., S. 1 ff. — **14** Vgl. Jolles: *Zur Soziologie* (s. Anm. 7), S. 175 ff. — **15** Vgl. ebd. — **16** Vgl. ebd., S. 193. — **17** Vgl. Myung-Sun Park: *Die Vertriebenen in der Bundesrepublik Deutschland. Mobilität und Klassenstrukturierung in den fünfziger Jahren* (Diss.). Bielefeld 1989, S. 143 ff. — **18** Vgl. Lutz Wiegand: *Der Lastenausgleich in der Bundesrepublik Deutschland 1949 bis 1985.* Frankfurt/M. 1992, S. 385. — **19** Vgl. Friedrich Käss: »Die Arbeits- und Wohnraumbeschaffung«. In: Hans Joachim von Merkatz (Hg.): *Aus Trümmern wurden Fundamente.* Düsseldorf 1979, S. 71 f. — **20** Vgl. ebd., S. 72. — **21** Vgl. ebd., S. 72 f. — **22** Vgl. Hermann Baier: »Maßnahmen zur Förderung der gewerblichen Wirtschaft«. In: Lemberg/ Edding (Hg.): *Die Vertriebenen in Westdeutschland.* Bd. 2 (s. Anm. 13), S. 375 ff. — **23** Vgl. Werner Nellner: »Grundlagen und Hauptergebnisse der Statistik«. In: Ebd. Bd. 1, S. 61–145. — **24** Vgl. Jolles: *Zur Soziologie* (s. Anm. 7), S. 143 f. Siehe hierzu auch Dierk Hoffmann, Michael Schwartz (Hg.): *Geglückte Integration? Spezifika und Vergleichbarkeiten der Vertriebenen-Eingliederung in der SBZ/DDR.* München 1999; Dierk Hoffmann, Marita Krauss, Michael Schwartz (Hg.): *Vertriebene in Deutschland. Interdisziplinäre Ergebnisse und Forschungsperspektiven.* München 2000; Philipp Ther: *Deutsche und polnische Vertriebene. Gesellschaft und Vertriebenenpolitik in der SBZ/DDR und in Polen 1945–1956.* Göttingen 1998. — **25** Vgl. Pertti Ahonen: *After the Expulsion. West Germany and Eastern Europe 1945–1990.* Oxford 2003; Manfred Max Wambach: *Verbändestaat und Parteienoligopol. Macht und Ohnmacht der Vertriebenenverbände.* Stuttgart 1971; Hans-Josef Brües: *Artikulation und Repräsentation politischer Verbandsinteressen, dargestellt am Beispiel der Vertriebenenorganisationen* (Diss.). Köln 1972; Michael Imhof: *Die Vertriebenenverbände in der Bundesrepublik Deutschland. Geschichte, Organisation und gesellschaftliche Bedeutung* (Diss.). Marburg 1975. — **26** Vgl. Theodor Eschenburg: *Ämterpatronage.* Stuttgart 1961, S. 67. — **27** Vgl. Samuel Salzborn: *Grenzenlose Heimat. Geschichte, Gegenwart und Zukunft der Vertriebenenverbände.* Berlin 2000, S. 52 ff. — **28** Vgl. Göttinger Arbeitskreis (Hg.): *Wesen und Bedeutung des landsmannschaftlichen Gedankens.* München 1952. — **29** Vgl. Ingeborg Zeiträg: *Die Selbstdarstellung der deutschen Vertriebenenverbände als Reflex ihrer gesellschaftlichen Situation* (Diss.). Hamburg 1970, S. 38 ff. — **30** Vgl. Samuel Salzborn: *Heimatrecht und Volkstumskampf. Außenpolitische Konzepte der Vertriebenenverbände und ihre praktische Umsetzung.* Mit einem Vorwort von Wolfgang Kreutzberger. Hannover 2001. — **31** Vgl. Joachim Reimann: »›Wir missionieren bis an die Memel‹. Die Vertriebenenverbände«. In: Siegfried Kogelfranz (Hg.): *Die Vertriebenen.* Reinbek 1985, S. 74 ff. — **32** Vgl. Bund der Vertriebenen (Hg.): *Handbuch.* 3. überarb. Aufl., Bonn 1996, S. 17 und S. 25. — **33** Vgl. Salzborn: Grenzenlose Heimat (s. Anm. 27), S. 66 ff. — **34** Hans Krüger: *Europäische Integration – Hoffnung für Deutschland?*, S. 14, Bundesarchiv Koblenz, Bestand B 234, Nr. 22. — **35** »Erklärung des Bundes der Vertriebenen«. Zitiert nach Ne.: »Ruf aus der Hauptstadt«. In: *Deutscher Ostdienst* (1965) H. 36–37, S. 6. — **36** Vgl. o.V.: »Ja zu Europa! Der Bund der Vertriebenen aktiviert seine Europapolitik«. In: *Deutscher Ostdienst* (1969) H. 40, S. 5. — **37** Vgl. Theodor Veiter: *Das Volksgruppenrecht als elementarer Baustein für ein vereinigtes Europa.* München 1967, S. 15. — **38** Vgl. Theodor Veiter: *Arbeitsgruppe »Volksgruppenrecht«: Themenaufbau,* S. 4 f., Bundesarchiv Koblenz, Bestand B 234,

Nr. 90–5340. — **39** Vgl. Karl Heinz Roth: »Der Volksgruppenzoo«. In: *konkret* (1999) H. 7, S. 20 ff. — **40** Vgl. Salzborn: Heimatrecht (s. Anm. 30), S. 65 ff. — **41** Vgl. Tobias Weger: *»Volkstumskampf« ohne Ende? Sudetendeutsche Organisationen 1945–1955*. Frankfurt/M., S. 531 ff. — **42** Vgl. Landsmannschaft Schlesien: *Zehn Sätze zu Schlesien, Pressemitteilung vom 3. Mai 1995*, S. 1. — **43** Vgl. Samuel Salzborn: *Ethnisierung der Politik. Theorie und Geschichte des Volksgruppenrechts in Europa*. Frankfurt/M. – New York 2005. — **44** Die finanziellen Anreize, sich zu einer deutschen Minderheit in Osteuropa zu bekennen, wurden fiskalisch in erster Linie vom Bundesinnenministerium geschaffen: Im Zeitraum von 1988 bis 2008 hat das BMI Finanzmittel für die deutschen Minderheiten in Osteuropa in einer Höhe 970 Millionen Euro aufgewandt. Vgl. Bundesministerium des Innern: *Pressemitteilung vom 3. September 2008*. — **45** Siehe hierzu mit zahlreichen Belegen: Salzborn: *Heimatrecht* (s. Anm.30).

Patrice G. Poutrus

Zuflucht Nachkriegsdeutschland

Flüchtlingsaufnahme in der Bundesrepublik und DDR von den späten 1940er bis zu den 1970er Jahren

Die Aufnahme von Flüchtlingen hat bisher in der deutschen Zeitgeschichte wie auch in der historischen Migrationsforschung kaum oder gar keine Beachtung gefunden.[1] Das gilt mit einer bemerkenswerten Ausnahme: Die Änderung des bundesdeutschen Asylrechts im Jahr 1993 erwähnen sogar prominente Gesamtdarstellungen zur bundesdeutschen Zeitgeschichte.[2] Zeitgenossen mag das kaum verwundern, wenn man sich vergegenwärtigt, dass diese Reform eine Verfassungsänderung erforderte und in einer innenpolitisch aufgeladenen Atmosphäre vollzogen wurde, die sich mit den Auseinandersetzungen um die Wiedereinführung der allgemeinen Wehrpflicht 1956 und der Verabschiedung der Notstandsgesetzgebung 1968 vergleichen lässt.[3] Die außerordentliche Mobilisierung der politischen Öffentlichkeit in der Bundesrepublik beim Thema Asyl von den späten 1970er bis in die frühen 1990er Jahre erklärt sich jedoch nicht allein aus den Schicksalen der vielen ausländischen Flüchtlinge[4] oder aus den mit der Aufnahme verbundenen Herausforderungen für den bundesdeutschen Sozialstaat, der ohnehin an seine Grenzen zu stoßen scheint.[5] Vielmehr war der Komplex Flüchtlingsaufnahme in Deutschland immer auch mit fundamentalen Fragen nach den politisch-moralischen Grundlagen der bundesrepublikanischen Gesellschaft verbunden. Für die einen stellte eine freizügige Flüchtlings- und Asylpolitik einen Beleg für die fundamentale Abkehr der Bundesrepublik von der rassistisch geprägten Vergangenheit nicht nur des Nationalsozialismus dar. Für die anderen war eine solche Position undenkbar, weil sie einen Bruch mit dem Paradigma des »Nichteinwanderungslandes« bedeutet hätte, was als Aufgabe der historischen, kulturellen und ethnischen Identität der Deutschen verstanden wurde.[6]

Im Folgenden wird die Geschichte der Flüchtlingsaufnahme im Nachkriegsdeutschland – jenseits quantitativer Erwägungen – als Teil sowohl einer umfassenderen Geschichte von Migration in und nach Deutschland seit 1945 als auch einer Geschichte der politischen Kulturen im Nachkriegsdeutschland betrachtet.[7] In Anlehnung an die Arbeiten des französischen Historikers Gérard Noiriel[8] soll es insbesondere darum gehen, den Wandel staatlichen Handelns auf dem Feld von Politik und Praxis der Flüchtlingsaufnahme in der frühen Bundesrepublik Deutschland zu erklären und zu zeigen, wie sich im Kontrast dazu die Entwicklung in der DDR vollzog.[9] Da die Aufnahme von ausländischen Flüchtlingen und die Gewährung von Asyl immer zugleich dazu herausforderte, neu zu bestimmen, was als Gesellschaft, als Gesellschaftsziel und mithin als sozialer Inhalt des modernen Staates verstanden werden soll[10], wird im Weiteren anhand der Aufnahme von Flüchtlingen der Frage nach Kontinuitäten und Brüchen in der Migrationspolitik in beiden Staaten Nachkriegsdeutschlands nachgegangen.[11] Somit kann auch die eingeschränkte Perspektive auf die Entwicklungen in der alten Bundesrepublik überwunden werden, ohne dabei das besondere Eigengewicht der westdeutschen Migrationsgeschichte für die weitere gesamtdeutsche Entwicklung in Frage zu stellen.[12]

I Parlamentarischer Rat und Artikel 16, Absatz 2, Satz 2 des Grundgesetzes der Bundesrepublik Deutschland

Der vom Parlamentarischen Rat verabschiedete und von 1949 bis zur Verfassungsänderung von 1993 geltende Passus im Grundgesetz »Politisch Verfolgte genießen Asyl« beeindruckt durch seine Prägnanz und Schlichtheit. Dieses Recht schützte den Asyl begehrenden ausländischen Staatsbürger oder Staatenlosen vor Zurückweisung an der Grenze, vor Ausweisung und Auslieferung.[13] Damit erhielt das bundesdeutsche Asylrecht eine »Doppelnatur«: Einerseits gewährte die Bundesrepublik auf der Basis ihrer Souveränität dem »politisch Verfolgten« auf dem eigenen Territorium Schutz vor dem »Verfolgerstaat«; andererseits erlangte der »politisch Verfolgte« das subjektive und durch das Grundgesetz gesicherte Recht auf Asylgewährung im Zufluchtsland Bundesrepublik. Hinzu kommt, dass der anerkannte politisch Verfolgte auf vielen Feldern, wie etwa im Arbeits-, Sozial- und Familienrecht, einen Status erhielt, der als eine weitgehende Gleichbehandlung gegenüber Inländern anzusehen ist.[14]

Der weitreichende Schutz des Artikel 16, Absatz 2, Satz 2 des Grundgesetzes stellte eine sowohl in der deutschen Verfassungstradition als auch in der Praxis der Aufnahme von Flüchtlingen außergewöhnliche Neuerung dar. Immerhin waren vom 19. Jahrhundert bis zum Ende des Ersten Weltkrieges die deutschen Staaten bzw. das Deutsche Reich eher Ausgangs- und nicht Zufluchtsort für politisch Verfolgte in Europa gewesen.[15] Selbst nach dem Ende der preußisch-deutschen Monarchie und unter dem Eindruck der bolschewistischen Revolution in Russland war es in der Weimarer Republik nicht möglich, den nach Westen wandernden osteuropäischen Flüchtlingen einen gesicherten Aufenthaltsstatus per Verfassung oder Gesetz zu gewähren.[16] In noch viel stärkerem Maße wurde Deutschland Ausgangspunkt für Fluchtbewegungen, als unter der nationalsozialistischen Diktatur Menschen sowohl aufgrund ihrer politischen Anschauungen oder ihrer Glaubenszugehörigkeit als auch wegen ihrer ethnischen Herkunft verfolgt wurden.[17]

Vor diesem Hintergrund erklärt sich, dass die im Grundgesetz gewählte Form der Asylgewährung den persönlichen Erfahrungen der Mitglieder des Parlamentarischen Rates mit der NS-Diktatur geschuldet war und sich deshalb die Mütter und Väter der Verfassung für eine bewusst großzügige Regelung des Asyls entschieden haben.[18] Ebenso zutreffend ist allerdings, dass in diesem Gremium bereits unmissverständliche Einwände gegen ein uneingeschränktes Asylrecht offen zur Sprache kamen. Der CDU-Abgeordnete Hermann Fecht äußerte die Befürchtung, dass somit unbegrenzt antidemokratische Kräfte aufgenommen werden müssten und dies eine Gefahr für den Staat darstellen würde.[19] Darauf entgegnete der SPD-Abgeordnete Carlo Schmid, dass Asylgewährung immer eine Frage der Generosität sei, die auch Risiken in sich berge – ein Argument, dem Fecht in dieser Sitzung nicht widersprach. Allerdings brachte Heinrich von Brentano (CDU) in der Zweiten Lesung zum Artikel 16 einen Änderungsvorschlag für die Asylbestimmung im Grundgesetz ein, die den von Fecht geäußerten Bedenken Rechnung trug. Auch wenn von Brentano vorschlug, eine inhaltliche Beschränkung des Asylrechts auf Verfolgte wegen des »Eintretens für Freiheit, Demokratie, soziale Gerechtigkeit oder Weltfrieden« vorzunehmen[20], so fand dieser Vorschlag keine Unterstützung im Plenum.

Dennoch war die in diesen Einsprüchen erkennbare latente Spannung zwischen der universellen Gültigkeit von politischen Freiheiten auf der einen Seite und der exklusiven Souveränität des Nationalstaates auf der anderen Seite mit der Verabschiedung eines unbeschränkten Asylrechts im Grundgesetz nicht aufgehoben. Die Konflikte um den Schutz politisch Verfolgter und die Gewährung von Asyl gehören eher zu den Gemeinsamkeiten in der Geschichte der europäischen Nationalstaaten. Bereits in der Französischen Revolution, in der sich die Exklusivität des neuzeitlichen Nationalismus mit der proklamierten Universalität der Menschenrechte verband, wurde dieser Komplex im Zusammenhang mit der Gestaltung eines säkularen Asylrechts in der damaligen republikanischen Verfassung verhandelt.[21] In letzter Konsequenz traf dies auch auf den historisch besonderen Fall des bundesdeutschen Asylrechts zu.

Zwar war es das unbestreitbare Ergebnis der Verhandlungen des Parlamentarischen Rates, dass dem Wort nach ein in jeder Hinsicht offenes Asylrecht in den Verfassungstext eingebracht wurde.[22] Gleichwohl definierte das Grundgesetz den Kreis der Asylberechtigten lediglich mit zwei Worten – nämlich »politische Verfolgte« – und verzichtete somit auf eine formale oder inhaltliche Abgrenzung dieses Personenkreises. Das wiederum hatte die Konsequenz, dass die Normen zur rechtswirksamen Bestimmung, *was* ein politisch Verfolgter sei und welche Verfolgungstatbestände zur Gewährung von

Asyl berechtigten, der exekutiven Praxis überlassen blieben, die ihrerseits nun einem permanenten Prozess höchstrichterlicher Überprüfungen unterzogen war.[23] Dass damit nach dem Grundgesetz der jeweiligen Ausgestaltung des Anerkennungsverfahrens für politisch Verfolgte zur Gewährung von Asyl eine zentrale Bedeutung zukam (und kommt), machte – unabhängig von der Anzahl der Asylsuchenden – dieses Verfahren von Beginn an zu einem bemerkenswerten Konfliktfeld innerhalb der damals noch nicht als solche bezeichneten Migrationspolitik der frühen Bundesrepublik.

II Die Asylverordnung von 1953

Die Verfahrensregeln für das bundesdeutsche Asylrecht wurden mit der Asylverordnung vom 6. Januar 1953[24] wirksam, also rund dreieinhalb Jahre nach Inkrafttreten des Grundgesetzes. Die Initiative für die rechtsverbindliche Regelung des Asylverfahrens durch die Bundesregierung ging von den alliierten Besatzungsbehörden aus.[25] In einem Memorandum vom 14. Juli 1950 forderte die Alliierte Hohe Kommission (AHK) die Bundesregierung auf, der bereits am 2. Dezember 1949 die Verantwortung über die Zulassung deutscher Flüchtlinge übertragen worden war, von nun an »gewisse zusätzliche Aufgaben in bezug [sic!] auf nichtdeutsche rassisch, religiös und politisch Verfolgte, die das Gebiet der Bundesrepublik betreten, zu übernehmen.« Unter direkter Bezugnahme auf die Asylbestimmung des Grundgesetzes forderte die AHK, dass alle ausländischen Flüchtlinge in der Bundesrepublik aufzunehmen seien, die an deren Grenzen um Asyl baten. Die Asylsuchenden sollten nicht in den Lagern für deutsche Flüchtlinge und Vertriebene untergebracht, sondern bei ihrer Ankunft auf ein oder mehrere separate Lager je Besatzungszone verteilt werden. Die ausländischen Flüchtlinge sollten von den deutschen Behörden angehört werden, um die Rechtmäßigkeit ihres Begehrens zu prüfen und um ihnen die Gelegenheit zu geben, mit den für Flüchtlingsfragen zuständigen Dienststellen der Vereinten Nationen Verbindung aufzunehmen. Den ausländischen Flüchtlingen hatte der Bund Ausweispapiere auszustellen und sie auf die Länder zu verteilen. Im Übrigen wurde die Bundesregierung darum gebeten, sowohl für Unterkunft und Arbeit als auch für eine Gleichbehandlung vor deutschen Zivil- und Strafgerichten Sorge zu tragen.[26]

Angesichts der aktuellen Nöte deutscher Flüchtlinge und Vertriebener galt der Bundesregierung wie ihren Fachverwaltungen die Aufnahme von ausländischen Flüchtlingen zu diesem Zeitpunkt als höchstens sekundäre Aufgabe.[27] Es war vor allem nicht vorgesehen, eine weitere gesetzliche Grundlage zu schaffen, die das Verfahren und die Rechtsstellung asylberechtigter Ausländer regeln sollte. Vielmehr wurde auf die weiterhin gültigen und als ausreichend angesehenen Grundsätze der Ausländer-Polizeiverordnung vom 28. August 1938 (APVO) Bezug genommen, wobei die Bundesregierung auf die unter anderem bevölkerungspolitisch schwierige Lage Westdeutschlands verwies[28], aufgrund derer keine große Anzahl ausländischer Flüchtlinge aufgenommen werden könnte.[29]

Zwar hatten die AHK sich damit einverstanden erklärt, dass auf bundesdeutscher Seite die praktischen Aufgaben der Flüchtlingsaufnahme und Integration in die Zuständigkeit des Bundesministeriums für Vertriebene fallen sollten. Da die Bundesregierung und insbesondere das federführende Bundesinnenministerium in der Frage des bundesdeutschen Asylrechts mit so offensichtlicher Zurückhaltung reagierte, sah sich die AHK veranlasst, verbindliche Zusicherungen zur Flüchtlingsaufnahme in der Bundesrepublik einzufordern. Es wurden nähere Angaben über Form und Ausgestaltung der Überprüfung ausländischer Asylsuchender verlangt, und insbesondere der Hinweis auf die Gültigkeit der Ausländer-Polizeiverordnung (APVO) von 1938 schien den alliierten Vertretern keine Gewähr für die geforderte Gleichbehandlung der ausländischen Flüchtlinge zu sein. Vielmehr sahen sie darin einen Rückfall hinter die Bestimmungen der Genfer Flüchtlingskonvention (GFK), der die Bundesrepublik beizutreten die Absicht hatte.[30] In den weiteren Verhandlungen zwischen Bundesbehörden und AHK zur Ausgestaltung des bundesdeutschen Asylrechts sorgten sich deren Vertreter darum, dass die von bundesdeutscher Seite vorgeschlagene Regelung »keinen Raum für Freizügigkeit lasse.«[31]

Aus außenpolitischen Erwägungen war die Bundesregierung jedoch an der Unterzeichung der Genfer Flüchtlingskonvention der UNO sehr interessiert, weshalb sie in den weiteren Verhandlungen mit den Vertretern der Alliierten Hohen Kommission offenkundig darauf verzichtete, die Grundgesetzgarantie als Basis des bundesdeutschen Asylrechts herauszustellen, und stattdessen die Übereinstimmung der Asylverordnung mit der GFK betonte. In diesem Kontext akzeptierte die bundesdeutsche Seite auch, dass dem Hohen Kommissar für Flüchtlingsfragen der UNO ein allgemeines Mitspracherecht in Flüchtlings- und Asylangelegenheiten auf dem Gebiet der Bundesrepublik eingeräumt wurde.[32] Nachdem das Bundesinnenministerium im Textentwurf der Asylverordnung vielfältige Formulierungsänderungen vorgenommen hatte und in den Verhandlungen zunehmend ein Klima grundsätzlicher Gemeinsamkeiten sichtbar wurde, gelangten die Vertreter der AHK zu der Auffassung, dass in den Vorschriften der Asylverordnung »eine sehr liberale Haltung der deutschen Behörden zum Ausdruck komme«, und stimmten dem Entwurf zu.[33]

Damit jedoch war der ausländerrechtliche Bezug auf die APVO keineswegs ausgeschlossen. Diese enthielt selbst nämlich keine asylrechtlichen Regelungen, sondern gab den zuständigen Behörden einen weitreichenden

Entscheidungsspielraum bei der Gewährung einer Aufenthaltserlaubnis, der sich zur Gänze an inländischen Interessen orientierte. Dies verdeutlichte schon § 1 der APVO: »Der Aufenthalt wird Ausländern erlaubt, die nach ihrer Persönlichkeit und dem Zweck ihres Aufenthaltes im Reichsgebiet die Gewähr dafür bieten, daß sie der ihnen gewährten Gastfreundschaft würdig sind.«[34] 1938 wirkte diese Formulierung wegen der Nürnberger Gesetze rassistisch exkludierend. Nach 1953 konnte eine so formulierte Rechtsnorm immer noch vieles bedeuten: würdig konnte sein, wer kein Feind der Verfassungsordnung war, wer keine Gefahr für die außenpolitischen Interessen der Bundesrepublik darstellte oder aber den bevölkerungspolitischen Vorstellungen in Westdeutschland entsprach.[35] In jedem Fall stand eine solche Rechtsgrundlage für die Asylgewährung dem subjektiven Recht des Asylsuchenden auf Anerkennung seines persönlichen Verfolgtenschicksals diametral entgegen. Weiterhin entschieden über die Aufenthaltsgewährung von Asylsuchenden auch nach Inkrafttreten der Asylverordnung am 6. Januar 1953 die Kreispolizeibehörden – später Ausländerbehörden – wie bei Einreise aller anderen Nichtdeutschen. Von einem neuen, offenen Asylrecht konnte zu diesem Zeitpunkt keine Rede sein. Das galt auch deshalb nicht, weil bundesdeutsche Vertreter gegenüber der nationalen und internationalen Öffentlichkeit lautstark die Position vertraten, dass die Bundesrepublik aufgrund der eigenen Flüchtlingslage faktisch außerstande sei, ausländische Flüchtlinge aufzunehmen.[36]

Immerhin hatten die Verhandlungen mit den Alliierten erbracht, dass sich die Bundesrepublik in der Asylverordnung auf die Bestimmungen der Genfer Flüchtlingskonvention von 1951 bezog, wonach Ausländer, die als politisch, rassisch oder religiös verfolgt angesehen wurden, ihren Rechtsstatus als Flüchtling erhalten sollten. Da die Flüchtlingsdefinition der GFK aber uneindeutig blieb und auf Ereignisse aus der Zeit vor dem 1. Januar 1951 begrenzt war, bauten sich hier andere Beschränkungen auf. Für politisch Verfolgte war das Anerkennungsverfahren faktisch zweigeteilt: Asylsuchende konnten sich entweder auf die Genfer Flüchtlingskonvention berufen, woraufhin das Verfahren bei der »Bundesdienststelle für die Anerkennung ausländischer Flüchtlinge« mit Sitz anfänglich im ehemaligen DP-Lager »Valka« in Nürnberg-Langwasser und später in Zirndorf (in der Nähe Nürnbergs) erfolgte.[37] Oder sie beriefen sich direkt auf den Asylsatz im Grundgesetz, dann waren allein die lokalen Ausländerpolizei-Behörden zuständig, und es lag ganz in deren Ermessen, dem jeweiligen Ausländer Aufenthalt zu gewähren. Von Beginn an waren dabei neben politischen auch wirtschaftliche Erwägungen maßgeblich, und nicht zuletzt stellte sich die Frage einer legalen bzw. illegalen Einreise der Betreffenden.[38]

Das Anerkennungsverfahren nach der Asylverordnung eröffnete den Antragstellern immerhin zwei Verwaltungs- und drei Gerichtsinstanzen zur

Durchsetzung ihres Asylbegehrens. Ursprünglich war vorgesehen, dass ein solches Verfahren nicht länger als zwei oder drei Monate in Anspruch nehmen sollte. Obwohl sich die Zahl der Asylbewerber in den ersten Jahren nach Inkrafttreten der Asylverordnung auf zwei- bis dreitausend Flüchtlinge pro Jahr beschränkte[39] und diese mehrheitlich aus den kommunistisch regierten Staaten Mittel- und Osteuropas stammten[40], kam es häufig zu unangemessen langen Verfahren mit einer Dauer von zwei bis drei Jahren. Wie Juristen der frühen Bundesrepublik scharfsinnig bemerkten, hatte sich damit die prägnante Formulierung des Grundgesetzes in eine Regelungsfalle für politisch Verfolgte verwandelt, denn das Verfahren war nicht nur uneinheitlich gestaltet, sondern zudem auf unterschiedlichen Ebenen deutlichen Restriktionen unterworfen. Die offene Asylgarantie des Grundgesetzes trat dahinter kaum noch zutage, weil in der frühsten Periode die Asylpraxis nach der Asylverordnung mehr der Abwehr von ausländischen Flüchtlingen als der Gewährung von Asyl diente.[41]

III Zuflucht im Osten: Asyl in der DDR

Derartige Diskrepanzen, wie die zwischen der verfassungsrechtlichen Normsetzung und der ausländerrechtlichen Verwaltungspraxis in der frühen Bundesrepublik, gab es im anderen deutschen Staat nicht. In Anlehnung an das sowjetische Beispiel[42] sah bereits die erste Verfassung der DDR die Möglichkeit für die Aufnahme politischer Flüchtlinge vor. Im Verfassungstext von 1949 wurde im Artikel 10 denjenigen Ausländern Asyl gewährt, die »wegen ihres Kampfes für die in dieser Verfassung niedergelegten Grundsätze im Ausland verfolgt werden.«[43] In der nachfolgenden »sozialistischen Verfassung« von 1968, Artikel 23[44], wandelte sich das Asylrecht der DDR allerdings sehr deutlich in eine reine Kann-Bestimmung.[45] In Fällen der Asylgewährung durch den SED-Staat, wie auch im allgemeinen Ausländerrecht der DDR, existierte keinerlei Rechtswegegarantie.[46] Von Fall zu Fall entschieden mit dem SED-Politbüro[47] bzw. dem Sekretariat des ZK der SED[48] die zentralen nichtstaatlichen Gremien über die Gewährung von Asyl bzw. über den dauerhaften Aufenthalt von Asyl suchenden Ausländern in der DDR. Von hier aus gingen die Anweisungen an das Ministerium des Innern der DDR und andere staatliche bzw. nichtstaatliche Institutionen, die sich in der Hauptsache mit der sozialen Einbindung der sogenannten »polit. Emigranten« zu beschäftigen hatten. Die unmittelbare politische Kontrolle über diese Vorgänge oblag der ZK-Abteilung Internationale Verbindungen.[49]

Damit entwickelte sich eine Aufnahmepraxis, die den jeweiligen aktuellen außenpolitischen Interessen der SED nachgeordnet war und auf einen eingeschränkten bzw. bedingten Aufnahmewillen der Staatspartei verweist. Bis in die 1970er Jahre lassen sich vor diesem Hintergrund zwei Tendenzen nachweisen: zum einen die Unterstützung kommunistischer »Bruderparteien«, die als Versuch einer internationalistischen und revolutionären Solidaritätspolitik gesehen werden kann, jedoch maßgeblich von den Konflikten des Kalten Krieges determiniert war und stets abhängig von den außenpolitischen Prämissen der Sowjetunion blieb[50]; zum anderen die Aufnahme von Emigranten aus sogenannten »Jungen Nationalstaaten«, die Züge einer nationalstaatlichen Interessenwahrnehmung zur Erlangung der außenpolitischen Anerkennung der DDR trug und folglich in einem gewissen Spannungsverhältnis zur erstgenannten Tendenz stand.[51] Die Unterstützung »fortschrittlicher Kräfte« im »Kampf gegen den Imperialismus« zeigte sich in der Ausbildung bzw. begrenzten Aufnahme von Mitgliedern und Funktionären weiterer Organisationen aus Staaten Afrikas und Asiens, wie der palästinensischen Befreiungsorganisation (PLO), der namibischen SWAPO und lateinamerikanischen Befreiungsbewegungen. Die Grenzen zwischen indirekter Außenpolitik, Entwicklungshilfe und humanitärer Hilfe waren hier fließend.[52] Durch die Wechselfälle des Kalten Krieges außerhalb Europas trat wiederholt die Situation ein, dass ausländische Auszubildende bzw. Studierende durch die schlagartige Änderung der politischen Machtverhältnisse in ihren Heimatländern nicht mehr imstande waren, ohne Risiko für Leib und Leben dorthin zurückzukehren. Deshalb hatten sie oft keine andere Wahl, als in den Status von Asylsuchenden bzw. »polit. Emigranten« zu wechseln.[53] Mit der Gewährung dieses Status oder der gezielten Aufnahme in der DDR blieb allerdings der Anspruch auf politische Kontrolle durch die DDR-Institutionen im Allgemeinen und den SED-Apparat im Besonderen dauerhaft erhalten und die Asylgewährung stand implizit unter Vorbehalt.

Bis zum Fall der Berliner Mauer 1989 kam es vor diesem Hintergrund wiederholt zur Aufnahme verfolgter Einzelpersonen aus den unterschiedlichsten Ländern. Hierbei, wie auch in anderen Fällen der Asylgewährung in der DDR, galt die Regel, dass vor allem Funktionäre bzw. als zuverlässig geltende Mitglieder der jeweiligen kommunistischen Parteien und sogenannter Bündnisorganisationen aufgenommen wurden. Für diesen Personenkreis war es unter Umständen möglich, mit der gesamten Familie in die Emigration zu gehen.[54] Die eigentlichen Spitzenkräfte reisten jedoch häufig nach Moskau bzw. in die Sowjetunion ins endgültige Exil aus. Der instrumentelle Gebrauch des Asylrechts in der DDR entsprach deutlich der Aufnahmepraxis der Sowjetunion in den 1930er Jahren.[55]

Die individuelle Rechtlosigkeit von Asyl suchenden Ausländern in der DDR und ihre Abhängigkeit von den außenpolitischen Interessen der SED-Führung kontrastierten scharf mit der Bedeutung, die ihnen im Einzelfall in der Propaganda der SED zukommen konnte. Die insgesamt zwiespältige Haltung von DDR-Führung und DDR-Bevölkerung gegenüber diesen öffentlich vorgestellten Ausländern zeigte sich besonders deutlich, als ab Herbst 1973 chilenische »polit. Emigranten« in der DDR aufgenommen wurden. Sie waren nach dem blutigen Militärputsch gegen die gewählte Linksregierung von Präsident Salvador Allende nach Europa geflohen und suchten bis Mitte der 1970er Jahre in der DDR Asyl. Mit maximal 2.000 Personen waren sie hier die letzte größere Migrantengruppe.[56]

Der eingemauerten DDR-Bevölkerung wurden die chilenischen Emigranten als Freiheitskämpfer und Objekte ihrer »Solidarität« präsentiert, die eine neue Lebensperspektive im SED-Staat gefunden hatten. An diesen »Vorzeigefamilien« aus dem Bilderbuch des proletarischen Internationalismus gab es nichts, was den Innenminister der DDR dazu hätte bewegen können, ihnen die Einreise in die DDR zu verweigern. Es war von vorbildlicher Berufsausbildung bzw. Berufsausübung der Eltern die Rede, die Kinder galten als klug und fleißig in der Schule und – wie die ganze kommunistische Familiendynastie – als politisch pflichtbewusst.[57] Solche Darstellungen dienten jedoch nicht in erster Linie der Rechtfertigung der Aufnahme von Ausländern in der DDR. Vielmehr richteten sie sich gerade an die Teile der DDR-Bevölkerung, die dem SED-Staat skeptisch oder ablehnend gegenüberstanden. Die Ankunft der chilenischen Emigranten sollte als erneuter Beweis für die eigene humanistische Mission des SED-Staates gelten[58] und demonstrieren, dass in der DDR auch weiterhin eine Lebensperspektive zu finden war – ein Argument, das in einer Zeit, in der die SED-Führung kritische Künstler einschüchterte oder gar aus dem Land trieb, an Bedeutung gewann.[59] Folglich werteten die öffentlichen Auftritte von Parteiprominenz und chilenischen Emigranten auf Protestveranstaltungen gegen die Militärdiktatur in Chile zu jener Zeit nicht nur den im westlichen Ausland um Anerkennung kämpfenden SED-Staat auf. Die »anti-imperialistischen« Demonstrationen dienten zugleich der Bestätigung einer unterstellten grundsätzlichen Übereinstimmung zwischen Parteiführung und Bevölkerung im SED-Staat und damit zu einer Legitimation des eigenen Herrschaftsanspruches nach innen.[60]

Für die »polit. Emigranten« hatte dies zur Folge, dass ihnen durch das Überschreiten der Demarkationslinie zwischen Ost und West in der Zeit der Blockkonfrontation eine äußere wie innere Mehrdeutigkeit zufiel. Ihre zumeist kommunistische Gesinnung verband sich sowohl mit einer emotionalen Bindung an das verlassene Heimatland als auch mit einer politischen Loyalität gegenüber dem SED-Staat. Beides vertrug sich nur bedingt mit der nationalen Orientierung und dem eingegrenzten Lebenshorizont in der DDR-Gesellschaft. Trotz der Lehre vom »proletarischen Internationalismus« waren die »polit. Emigranten« keine gleichberechtigten Mitglieder eines transnational gedachten, sozialistischen Kollektivs, sondern geduldete Gäste einer national definierten deutschen Gemeinschaft. Dies zeitigte hinsichtlich ihrer Selbstdefinition wie auch der Wahrnehmung durch den SED-Staat und die DDR-Bevölkerung eine »Mehrfachcodierung von personaler Identität«[61], die sie zu einer Randgruppe in der Gemeinschaft von DDR-Deutschen machte. Die notwendige Folge waren Konflikte, in denen Ausländer – auch und gerade die »polit. Emigranten« – in Abhängigkeit zu den Institutionen des SED-Staates standen und sich, angesichts der Unmöglichkeit, Rechtsgarantien einzuklagen, in einer schwachen und letztlich gefährdeten Position befanden. Nicht selten unterlief die gesellschaftliche Praxis der Asylgewährung und Flüchtlingsaufnahme gerade jenes allgemeine Schutzgebot, das dem säkularen Asylrecht zugrunde lag. Damit befand sich das politische Asyl in der DDR in einer eigentümlich ambivalenten Position zwischen der willkürlichen, aber auch generösen Asylgewährung und der Abwehr des Andersseins der aufgenommenen Flüchtlinge.[62]

Der von der SED reklamierte Anspruch auf »gesellschaftlichen Fortschritt« durch den »Kampf gegen den Imperialismus« – d. h. gegen den »kapitalistischen Westen« – war allerdings nicht nur eine rein ideologische Etikette. Vielmehr stellte er eines der Prinzipien dar, mit denen die SED einerseits ihre Herrschaft in der DDR über ihre 40-jährige Existenz hinweg rechtfertigte[63], dessen Bedeutung andererseits jedoch zugleich den Unwillen des Regimes verstärkte, sich im Grundsatz wie im Einzelfall mit den Schwierigkeiten im Zusammenleben von Einheimischen und Fremden auseinanderzusetzen. Entscheidend für den Umgang mit Fremden im Staatssozialismus war die mit der Totalität des marxistisch-leninistischen Herrschaftsanspruchs verbundene Homogenitätsvorstellung der kommunistischen Staatspartei. Nicht das Postulat des universalen Menschheitsfortschritts, sondern die dichotome Struktur des Klassenkampfes kann für den Umgang mit Fremden im »Arbeiter-und-Bauern-Staat« als grundlegend angesehen werden. Für DDR-deutsche Kommunisten wie auch für einfache DDR-Bürger war es unter Berufung auf den »proletarischen Internationalismus« durchaus möglich, im Alltag fremdenfeindliche Vorurteile bzw. nationalistische Stereotypen bedenkenlos zu benutzen, ohne dadurch in Konflikt mit der »sozialistischen Staatsmacht« zu geraten.[64]

IV Spannungen und Dynamik: Der politisch bedingte Wandel des Rechtsgutes Asyl in der frühen Bundesrepublik

Gegenüber den weitgehend statischen Strukturen in der Flüchtlingsaufnahme in der DDR, die bis zum Zusammenbruch des SED-Staates vorherrschten, erwiesen sich die Verhältnisse in der Bundesrepublik auf den Feldern Asylrecht sowie Politik und Praxis der Flüchtlingsaufnahme zwar nicht frei von Widersprüchen und Spannungen, zugleich aber waren sie von einer bemerkenswerten Veränderungsdynamik gekennzeichnet. Schon 1959 entschied das Bundesverfassungsgericht, dass das Asylrecht für politisch Verfolgte nicht allein auf der Grundlage der Genfer Flüchtlingskonvention zu gewähren sei.[65] Damit wurde in der bundesdeutschen Rechtsgeschichte eine Auseinandersetzung eingeleitet, die in ihrer Bedeutung weit über die Opportunität einer freizügigen oder restriktiven Asylgewährung hinausging. Es wurde am Rechtsgut Asyl mitverhandelt, ob die jeweiligen Interessen des Staates den Wirkungsbereich des Grundgesetzes begrenzen oder ob sich alles staatliche Handeln in der Bundesrepublik an dessen Verfassungsnormen messen lassen müsse.[66] Schließlich entschied das Bundesverwaltungsgericht 1975, dass das Asylrecht nach Artikel 16, Absatz 2, Satz 2 keine immanenten Schranken habe. Damit wurde anerkannt, dass der Asylberechtigte Träger dieses Grundrechtes ist und ihm die Ausländereigenschaft im Verfahren und insbesondere nach der Anerkennung nicht zum Nachteil gereichen darf.[67] Nicht die Interessen des Staates und seine Sicherheitsbedürfnisse sollten von nun an über die Gewährung von Asyl in der Bundesrepublik entscheiden, sondern allein die anzuerkennende politische Verfolgung des Asyl begehrenden Flüchtlings.

Damit wurde das bundesdeutsche Asylrecht mehr als 25 Jahre nach seiner verfassungsrechtlichen Verankerung im Grundgesetz durch eine höchstrichterliche Entscheidung so ausgelegt, dass seine Qualifizierung sowohl in der Intention als auch in der Auslegung als bewusst großzügig gerechtfertigt erscheint. Zudem verdeutlicht dieses bemerkenswerte Urteil schlaglichtartig, dass es immer wieder ausländische Flüchtlinge waren, die, mit durchaus wechselndem Erfolg, vor den Gerichten der Bundesrepublik um ihre Rechte stritten.[68] In dieser Hinsicht war das bundesdeutsche Asylrecht also keineswegs vergessen[69], sondern von Anfang an ein umkämpftes und im Wandel befindliches Rechtsgut.[70] Mit der Entscheidung des Bundesverwaltungsgerichts von 1975 war grundsätzlich der Vorrang des Verfassungsgrundsatzes gegenüber einfachen Gesetzesregelungen wie der Ausländer-Polizeiverordnung und dem ihr 1965 nachfolgenden Ausländergesetz sowie politischen Interessen insbesondere in der Ausländerpolitik höchstrichterlich geklärt. Allerdings war damit der Konflikt um eine grundsätzlich geschützte und ungehinderte Aufnahme von politisch Verfolgten in der Bundesrepublik nicht beendet, da eine derart freizügige Asylgewährung fast zwangsläufig in Kollision mit der in der Bundesrepublik vorherrschenden restriktiven Migrationspolitik geraten musste.[71] Umso mehr markiert die Entscheidung des Bundesverwaltungsgerichtes von 1975 einen Einschnitt in die rechtlichen Rahmenbedingungen von Flüchtlings- und Asylpolitik, der sich nicht allein aus einer rechtssystematischen Perspektive erklären lässt[72], sondern vielmehr auf die sich in der Bundesrepublik ab den 1950er Jahren wandelnden politischen Bezugnahmen hinsichtlich ausländischer Flüchtlinge und ihres Asylbegehrens verweist.

IV.1 Die Fluchtwelle aus Ungarn und die Folgen

Die Wende von einer weitgehend auf Abwehr von ausländischen Flüchtlingen ausgerichteten hin zu einer eher pragmatischen, d.h. von den Wechselfällen des Kalten Krieges geprägten Asylpolitik brachten nach dem Inkrafttreten der Asylverordnung von 1953 die revolutionären Ereignisse in Ungarn und die Flüchtlingswelle nach deren Niederschlagung durch sowjetische Truppen im Herbst und Winter 1956.[73] In den westeuropäischen Nachbarstaaten wie auch in der Öffentlichkeit der Bundesrepublik wurde den ungarischen Flüchtlingen große Sympathie entgegengebracht. Die Nachrichten und Bilder der sowjetischen Militärintervention beim ehemaligen Verbündeten hatten weite Teile der westdeutschen Bevölkerung sensibilisiert und führten zu einer Vielzahl von öffentlichen Solidaritätsbekundungen, in denen sich ein Stimmungsgemisch aus alter »Russen-Angst« und demonstrierter Zugehörigkeit zum demokratischen »Westen« zeigte.[74] Angesichts der sich zeitgleich weiter zuspitzenden Block-Konfrontation in Europa galt damals in der Öffentlichkeit der Bundesrepublik und insbesondere im Bundestag jeder ungarische Flüchtling als Verbündeter im Kampf gegen die kommunistische Bedrohung.[75]

Demgegenüber war die anfängliche Reaktion der verantwortlichen Bundesministerien auf ein Hilfeersuchen aus Österreich sehr zurückhaltend. Vor allem das Bundesinnenministerium war bemüht, seine abwehrende Haltung bei der Aufnahme von ausländischen Flüchtlingen aufrechtzuerhalten und argumentierte, ähnlich wie schon 1952 das Auswärtige Amt, mit den Belastungen aus den Nachkriegsmigrationen sowie der anhaltenden innerdeutschen Zuwanderung aus der DDR. Angesichts des öffentlichen Erwartungsdrucks schlug dann die Ministerialbürokratie im Sinne einer völkisch orientierten Migrationspolitik eine bemerkenswerte Reihenfolge der Flüchtlingsaufnahme in die Bundesrepublik nach »Dringlichkeit« vor: an erster Stelle standen deutsche Staatsangehörige aus Ungarn, an zweiter Stelle sogenannte Volksdeutsche, an dritter Stelle ungarische Studierende, die ihre Ausbildung an westdeutschen Universitäten fortsetzen sollten, an vierter Stelle Ungarn mit Verwandten in der Bundesrepublik, und an letzter Stelle schließlich sollten »eventuell andere Ungarnflüchtlinge« Aufnahme in der Bundesrepublik finden.[76] Berücksichtigt man den Umstand, dass deutsche Staatsangehörige laut Grundgesetzartikel 116 ohnehin nicht abgewiesen werden durften, wird deutlich, dass dieser Aufnahmekatalog mehr auf Abwehr ausländischer Flüchtlinge zielte als schnelle Hilfe für politisch Verfolgte zu leisten.

Allerdings wurde frühzeitig klar, dass derartige Aufnahmekriterien angesichts einer anhaltenden Fluchtbewegung aus Ungarn und der sich damit dramatisch verschlechternden humanitären Situation in den Flüchtlingslagern in Österreich nur schwerlich angewendet werden konnten.[77] Hinzu kam, dass eine solche Position in der emotionalisierten politischen Stimmung in der westdeutschen Gesellschaft kaum auf Verständnis stieß. So fasste die Bundesregierung schließlich Ende November 1956 den Beschluss, mehr als 10.000 ungarischen Flüchtlingen Zuflucht in Westdeutschland zu gewähren.[78] Mit dieser Aufnahmeentscheidung entfiel zugleich die Möglichkeit einer individuellen Zurückweisung der Asylsuchenden durch die lokalen Ausländerpolizei-Behörden, auch wenn die ungarischen Flüchtlinge aus dem sicheren Zufluchtland Österreich in die Bundesrepublik einreisten. Juristisch abgesichert wurde diese Handlungsweise durch eine aufschlussreiche Kausalkonstruktion, die davon ausging, dass die ungarische Revolution als Folge von Ereignissen – hier die kommunistische Machtergreifung von 1948/49[79] – zu sehen sei, die vor dem Stichtag 1. Januar 1951 lagen und somit unter die Bestimmungen der Genfer Flüchtlingskonvention fiel.[80]

Dieser »kreative« Umgang mit den Normen des Völkerrechts und die sich daran anschließende Praxis der Asylgewährung selbst wurden von den politisch Handelnden als Teil der Blockauseinandersetzung im Kalten Krieg verstanden, hinter der die vorherrschende Abwehrhaltung gegenüber ausländischen Migranten zurückzutreten hatte. Nicht zuletzt deshalb kritisierte Bundeskanzler Adenauer schon früh das Zögern des Bundesinnenministeriums und forderte von den verantwortlichen Bundesministerien, auch unter Berücksichtigung von Sicherheitsinteressen und finanziellen Aufwendungen, »dass das Verfahren so einfach wie möglich gehalten wird.«[81]

Bezeichnend ist in diesem Zusammenhang nicht nur, dass die westdeutsche Bevölkerung die ungarischen Flüchtlinge herzlich aufnahm[82], sondern dass Interessengruppen wie die Vertriebenenverbände sowie das für deren Belange zuständige Bundesministerium für Vertriebene, Flüchtlinge und Kriegsgeschädigte der Aufnahme und Integration dieser nicht-deutschen Migranten besondere Aufmerksamkeit schenkten.[83] Die Vertreter der Vertriebenenverbände im Bundestag, die sich zu dieser Zeit in allen Regierungs- und Oppositionsparteien fanden, nahmen nun die Position von Interessenvertretern aller Flüchtlinge im Parlament ein[84], und das Bundesministerium für Vertriebene handelte in Anlehnung an seine Aufgaben gegenüber den Vertriebenen und den »Heimatlosen Ausländern« wie eine Integrationsbehörde des Bundes. Die von ihm erbrachten Leistungen reichten von Eingliederungshilfen über Kredite zur Existenzgründung, Sprachkursen und Wohnraumbeschaffung bis hin zur Familienzusammenführung im Ausland und Härtefallregelungen für nicht-arbeitsfähige Flüchtlinge.[85] Diese Praxis einer aktiven Integrationshilfe nach der Flüchtlingsaufnahme in der Bundesrepublik ist für sich genommen schon bemerkenswert, denn sie offenbart – unter der Voraussetzung einer positiven Interpretation der Anwesenheit von Ausländern in der westdeutschen Gesellschaft – die erheblichen Handlungsmöglichkeiten für politische Verantwortungsträger in diesem Feld.

Nicht allein die in der zweiten Hälfte der 1950er Jahre verbesserte Lage auf dem westdeutschen Arbeitsmarkt, wie in der Literatur wiederholt dargestellt[86], erklärt die vergleichsweise konfliktfreie Aufnahme der ungarischen Flüchtlinge in der Bundesrepublik. Vielmehr ergaben sich Aufstiegsmöglichkeiten für deutsche Flüchtlinge und Vertriebene wie auch für ausländische Flüchtlinge, gerade weil ihre Integration in die westdeutsche Gesellschaft aktiv von der bundesdeutschen Politik betrieben worden war.[87] Im Zusammenhang mit der politisch gewollten Aufnahme von ausländischen Flüchtlingen wurde dann zehn Jahre nach der Aufnahme ungarischer Flüchtlinge von der ständigen Bundesinnenministerkonferenz am 26. August 1966, mitten in einer ersten wirtschaftlichen Rezession, der Beschluss gefasst, osteuropäische Asylsuchende, deren Anträge abgelehnt worden waren, dennoch nicht in ihre Herkunftsstaaten abzuschieben. Im Kalten Krieg galt es auch unter den verantwortlichen Innenpolitikern der Bundesrepublik als unbillige Härte, diese Menschen wieder an die kommunistischen Diktaturen zu überstellen.[88]

Diese Entscheidung in der bundesdeutschen Asylpolitik fügt sich angesichts der anfänglichen Abwehr gegenüber ausländischen Flüchtlingen in die Tendenz hin zur allgemeinen Liberalisierung der westdeutschen Gesellschaft seit den späten 1950er Jahren.[89] Die frühzeitig durch die Bundesbehörden formulierte Sorge um die innere Ordnung der Bundesrepublik bei einer unkontrollierten Aufnahme von ausländischen Flüchtlingen trat angesichts der wiederholt vorgestellten Bedrohung durch den Kommunismus in den Hintergrund. Dies machte es möglich, die Asylpraxis in der Bundesrepublik zwar nicht von Beginn an, sondern sukzessive in Übereinstimmung mit der offen formulierten Asylbestimmung im Grundgesetz zu bringen. So kam es 1968 nach der Invasion der Truppen des Warschauer Vertrages in der ČSSR[90] und 1973 nach dem Militärputsch gegen die linksgerichtete Regierung in Chile[91] in der Öffentlichkeit und im Bundestag erneut zu emotionalen Solidaritätsbekundungen für politisch Verfolgte, was schließlich zur Aufnahme von Flüchtlingen aus diesen Ländern führte, die dann in das reguläre Asylverfahren eintraten.[92]

Aus der Perspektive einer sich allmählich liberalisierenden Asylpraxis steht die Aufnahme ungarischer und tschechoslowakischer Flüchtlinge für die überwiegend antikommunistische Ausrichtung der bundesdeutschen Flüchtlingspolitik während des Kalten Krieges in Europa. Der chilenische Fall kann als Tendenz zur Universalisierung des Schutzes politisch Verfolgter vor jeglicher diktatorischer Herrschaft angesehen werden. Allerdings zeigte die politische Auseinandersetzung um die Gewährung von Asyl für politisch Verfolgte der Pinochet-Diktatur in den Jahren 1974 und 1975 eine Auflösung des anti-totalitären Konsenses der 1950er und 1960er Jahre zwischen den im Bundestag vertretenen Parteien und offenbarte, dass die Liberalisierung bei der Aufnahme politisch Verfolgter in der Bundesrepublik an ihre Grenzen stieß. Letztlich ging es in den Auseinandersetzungen um die Frage, ob auch Kommunisten Zuflucht in der Bundesrepublik erhalten sollten.[93] Also jene Frage, die schon die Abgeordneten Fecht und von Brentano im Parlamentarischen Rat beschäftigte. Es spricht für die innere Stabilität und den Wandel der politischen Kultur der Bundesrepublik, dass dieser Konflikt zugunsten der politisch Verfolgten entschieden wurde und es letztlich keine Auswahl entlang der jeweiligen politischen Gesinnung der Asylsuchenden gab.[94] Damit war allerdings der Höhepunkt der Entwicklung auf dem Feld der Asylpolitik in der Bundesrepublik erreicht.

IV.2 Grenzen des Wandels: Algerische Flüchtlinge, neues Ausländerrecht und Flüchtlingsaufnahme in Bayern

Parallel zum deutlichen Wandel der Asylpraxis gegenüber Flüchtlingen aus den Staaten des sowjetischen Herrschaftsbereiches lassen sich in der bundesdeutschen Flüchtlingspolitik seit den späten 1950er Jahren allerdings Konfliktfelder aufzeigen, die auf die Grenzen der oben beschriebenen Entwicklung verweisen und zugleich veranschaulichen, dass die Spannung zwischen humanitärem Flüchtlingsschutz und einer traditionellen Abwehrpolitik gegenüber »unerwünschten Ausländern« weder durch den Kalten Krieg noch durch die geringe Zahl von Asylsuchenden in dieser Zeit aufgehoben wurde. Ab 1959[95] wurden in der bundesdeutschen politischen Öffentlichkeit mit deutlich abwehrendem Duktus vom »Missbrauch des Gastrechts«[96] durch ausländische Flüchtlinge gesprochen, wie es 20 Jahre später in der Asyldebatte unter veränderten Vorzeichen gang und gäbe werden sollte.[97] Aus diesen Äußerungen sprach die andauernde Befürchtung, dass die Aufnahme von politisch Verfolgten bzw. der Aufenthalt von ausländischen Flüchtlingen sowohl die innere Ordnung der Bundesrepublik als auch deren gerade gewonnene außenpolitische Stellung gefährden könnten.

Insbesondere galt dies für die Auswirkungen des algerischen Unabhängigkeitskrieges, durch den auch die Kolonialmacht Frankreich selbst zum Schauplatz gewaltsamer Konflikte wurde.[98] Für die Bundesregierung stellte sich zu diesem Zeitpunkt die Situation als extrem schwierig dar. Zwar hatten sich die Beziehungen zu Frankreich bedeutend verbessert, doch betrachtete die US-Regierung als eigentliche Schutzmacht der Bundesrepublik die französische Kolonialpolitik mit größter Skepsis.[99] Und nicht zuletzt galten die Methoden der französischen Kriegsführung in Algerien in der bundesdeutschen Öffentlichkeit als höchst umstritten.[100] In dieser Situation suchten aus Frankreich kommende algerische Migranten vor dem Zugriff des französischen Staates in der Bundesrepublik Zuflucht und gefährdeten damit aus Sicht der Bundesregierung potenziell die eigenen außenpolitischen Interessen.[101]

Nach einer Reihe von Gewalttaten gegen Algerier in den westdeutschen Regionen an der Grenze zu Frankreich schien es, als würde die Bundesrepublik zu einem weiteren Schauplatz des algerisch-französischen Konflikts werden. Obwohl die Hintergründe jener Taten noch unklar waren, erklärten sich die Innenbehörden der betroffenen Bundesländer und des Bundes dazu bereit, den französischen Staat bei der Suche nach »arabischen Terroristen« unter den algerischen Flüchtlingen zu unterstützen, und übermittelten persönliche Daten von algerischen Asylsuchenden.[102] Diese dem Flüchtlingsschutz widersprechende Praxis setzte sich auch dann noch fort, als bekannt wurde, dass eine Reihe von Attentaten auf Algerier in Westdeutschland von einer französischen Terrororganisation mit Verbindungen zum französischen Geheimdienst verübt worden war.[103]

Im Zusammenhang mit dem Aufnahmebegehren von algerischen Flüchtlingen in der Bundesrepublik fällt generell auf, dass vom Bundesinnenministerium gegenüber dem Auswärtigen Amt nicht weiter ausgeführte, aber doch sehr ernsthafte Bedenken gegen die Aufnahme von außereuropäischen Migranten vorgebracht wurden.[104] Im Zentrum der darin wiedererkennbaren Abwehrhaltung gegenüber einer offenen Zufluchtgewährung stand die fortwährende und sich nun scheinbar beispielhaft zu bestätigende Furcht der bundesdeutschen Exekutive vor »gefährlichen Ausländern«, die den verfassungsrechtlich gesicherten Schutz von Flüchtlingen nachrangig erscheinen ließ.[105]

Die anhaltende Spannung zwischen einer situativ vorhandenen Aufnahmebereitschaft für politisch Verfolgte in der westdeutschen Gesellschaft während des Kalten Krieges und der fortwährenden Abwehrhaltung gegenüber ausländischen Flüchtlingen in der Exekutive der Bundesrepublik, die in der Öffentlichkeit auch ihr Echo fand[106], schlug sich insbesondere in den 1965 erlassenen Bestimmungen des neuen Ausländergesetzes nieder, das die Asylverordnung von 1953 ablöste. Auf die hier neu geregelten Bestimmungen lässt sich die von Karin Hunn und Ulrich Herbert gewählte Formulierung für die Ausrichtung der frühen bundesdeutschen Asyl- und Flüchtlingspolitik ebenfalls anwenden: »so liberal wie nötig und so restriktiv wie möglich.«[107] Zwar wollten die Parlamentarier des Bundestages mit der Ablösung des Ausländer-Polizeigesetzes von 1938 eine symbolische Distanzierung von der diskriminierenden Rechtspraxis gegenüber Ausländern demonstrieren, doch konnten sie sich zu einem uneingeschränkten Vorrang der Verfassungsbestimmung zur Asylgewährung nicht durchringen.[108] Das Anerkennungsverfahren wurde vereinheitlicht und wird seitdem ausschließlich über die in Zirndorf zum Bundesamt aufgewertete Bundesstelle für die Anerkennung ausländischer Flüchtlinge abgewickelt. Schließlich verankerte das Ausländergesetz auch das Prinzip der Duldung von abgelehnten Asylbewerbern, um diese vor einer Abschiebung zu bewahren, die aus humanitären oder politischen Gründen nicht geboten erscheint.[109] Damit erhielten insbesondere Flüchtlinge aus den kommunistischen Staaten Osteuropas ein gewisses Maß an Schutz vor Auslieferung in ihre Herkunftsländer, denn dort galt oft genug schon der Fluchtversuch selbst als schwere Straftat. Damit wurde die gesetzliche Grundlage für jenen oben bereits erwähnten Duldungsbeschluss der Innenministerkonferenz geschaffen.[110]

Das hinter dieser Regelung verborgene Problem der Anerkennung von gesicherten »Verfolgungstatbeständen« blieb damit jedoch ungelöst. Es sollte wiederum zu langwierigen Anerkennungsverfahren führen, da auch weiterhin nicht allein die Formulierung des Grundgesetzes, sondern gleichermaßen die Genfer Flüchtlingskonvention mit der darin enthaltenen Einschränkung des Abschiebeschutzes als der entscheidende Maßstab galt.[111] Wie die Praxis bis zum Zeitpunkt der Gesetzesänderung von 1965 gezeigt hatte, waren die Bestimmungen zur Flüchtlingseigenschaft der Genfer Konvention im Bedarfsfall dehnbar, führten jenseits tagespolitischer Aufmerksamkeit aber zu einer leichter handhabbaren und damit letztlich restriktiven Auslegung des Asylrechtes. Daran änderte sich auch nichts, als die Konvention 1967 per Zusatzprotokoll eine Fassung erhielt, die keine Geltungsfrist mehr beinhaltete. Sie wurde von der Bundesrepublik im Unterschied zur DDR auch deshalb unverzüglich unterzeichnet[112], weil es der Bundesregierung innerhalb dieses Verfahrens immer möglich war, ihre Interessen durch den rechtswirksamen Einspruch des vom Bundesinnenministerium zu berufenden Bundesbeauftragten für Asylangelegenheiten durchzusetzen.[113]

Dennoch galten die Regelungen des neuen Ausländerrechtes insbesondere führenden Politikern und Innenbehörden in Bayern als »Dammbruch« für eine von ihnen schon in den 1960er Jahren befürchtete »Flüchtlingsschwemme«, weil die Bayerische Staatsregierung mutmaßte, dass dem Asylrecht in Zukunft keine strikten Beschränkungen mehr zugemessen werden könnten.[114] Bayern (und in erster Linie München) war in der Frühphase der bundesdeutschen Migrationsgeschichte – also in der Zeit vor dem Massenflugverkehr über das Drehkreuz Frankfurt am Main – durch seine geografische Lage sowohl Ziel als auch Durchgangsstation eines Großteils der Migrationsbewegungen in Richtung Bundesrepublik.[115] Auch lagen das »Bundesamt für die Anerkennung ausländischer Flüchtlinge« und das ihm zugeordnete Aufnahmelager für Ausländer in Zirndorf auf dem Territorium des Freistaates. Die damit geteilte Zuständigkeit zwischen dem Bund und dem Freistaat für die Unterbringung der Asylsuchenden hatte zur Folge, dass sich die Bayerische Staatsregierung in allen Asylfragen als eine Art strenger Torwächter einen besonders restriktiven Standpunkt einzunehmen bemühte. Das reichte vom grundsätzlichen Infragestellen jeglicher gesetzlicher Regelung des Asyls bis hin zur präventiven Abwehr von sogenannten »Wirtschaftsflüchtlingen« in der Phase von Vollbeschäftigung und Wirtschaftswachstum. Die Anerkennungsquote von Asylanträgen lag in jener Zeit bei etwa 20 Prozent.[116]

Exemplarische Bestätigung für ihre abwehrende Haltung gegenüber ausländischen Flüchtlingen fanden die bayerischen Behörden und Politiker in den anhaltenden Konflikten um das Ausländersammellager Zirndorf. Dessen wiederholte Überlastung und die daraus resultierende menschenunwürdige Unterbringung der Asylsuchenden führten in den 1960er Jahren zu andauernden Auseinandersetzungen zwischen den Ländern und dem Bund.[117] Vor allem zwischen 1968 und 1970, als Flüchtlinge aus der Tschechoslowakei die Asylbewerberzahlen zeitweise auf jährlich über 10.000 steigen ließen[118], wurde die Bereitstellung mindestens eines weiteren Sammellagers Gegenstand der Verhandlungen. Allerdings stimmte weder der Freistaat Bayern einem erwogenen Ausbau des Ausländerlagers zu, noch fanden sich die anderen Bundesländer zu diesem Zeitpunkt bereit, ausländische Flüchtlinge vor dem Entscheid über ihren Asylantrag aufzunehmen.[119] Insbesondere die wiederholten Spannungen unter den Asylsuchenden im Zirndorfer Lager, zumeist bedingt durch die zuweilen Jahre währenden Anerkennungsverfahren und einen damit verbundenen unsicheren Status, entluden sich mehrfach in tätlichen Auseinandersetzungen im Lager und in der Gemeinde Zirndorf. Diese Vorfälle schrieben weder die einheimische Bevölkerung noch die lokalen und regionalen Politiker der schwierigen Situation der ausländischen Flüchtlinge im Aufnahmelager zu. Vielmehr galt die von Asylsuchenden ausgehende Störung von Ruhe und Ordnung als eindeutiger Beleg für die Gefährdung des Gemeinwesens durch Ausländer.[120]

Damit waren schon Ende der 1960er Jahre die Missbrauchs-, Belastungs- und Gefahrenargumentationen im Zusammenhang mit der Gewährung von Asyl in den Institutionen der Bundesrepublik etabliert, auch wenn diese Topoi erst in der Asyldebatte der 1980er Jahren die öffentliche Wahrnehmung von Migranten in der Bundesrepublik beherrschen sollten.[121] Derartige Argumente waren jedoch bis zu diesem Zeitpunkt nicht dazu geeignet, den verfassungsrechtlichen Rahmen der Asylgewährung in der Bundesrepublik in Frage zu stellen. Trotz erheblichen Drucks der Exekutive fand sich weder im Bundestag noch im Bundesrat eine Mehrheit, die solche abwehrenden Bewertungen zum Gegenstand politischer Interventionen in das Asylrecht machen wollte.[122] Auch galt das Ziel einer möglichst weitreichenden Beschränkung des Asylrechtes in der bundesdeutschen Rechtslehre dieser Zeit bereits als hoch umstritten und letztlich als der Verfassung widersprechend.[123]

Dem folgend mehrten sich, parallel zu den Debatten um die Aufnahme von politisch Verfolgten aus den kommunistischen Diktaturen Ostmitteleuropas, die Entscheidungen von Bundesgerichten, die einer restriktiven Aufnahme von Flüchtlingen bzw. eine exklusive Gewährung von Asyl immer stärker entgegentraten.[124] In diesem Sinne waren die Aufnahme von chilenischen Asylsuchenden in den Jahren 1974 und 1975 und die Entscheidungen des Bundesverwaltungsgerichts vom 10. Oktober 1975 zur unbeschränkten Wirkung der Asylnorm des Grundgesetzes[125] bemerkenswerte Ereignisse in einer langwierigen und andauernden Auseinandersetzung um Inhalt und Anwendung des Asylrechts. Diese historische Bedingtheit des Asyls für politisch Verfolgte in der Bundesrepublik rechtfertigt deshalb auch nicht das Narrativ vom Verlust des »guten Ursprungszustandes« nach 1975, wie es in der Asyldebatte der 1980er Jahre immer zugespitzter vorgetragen wurde.[126]

V Kurzer Ausblick

Während in der DDR bis zu ihrem Untergang das Asyl als willkürlicher Akt unveränderlich in der Gewalt der kommunistischen Staatspartei lag[127], war das bundesdeutsche Asylrecht bis zur Verfassungsänderung von 1993 fortwährenden Neuinterpretationen unterworfen.[128] Diese Dynamik war beeinflusst durch die Nachkriegssituation in Westdeutschland und das sich im Kalten Krieg wandelnde Verständnis von Rechtsstaatlichkeit, Demokratie und der Bedeutung der Verfassungsnormen für die politische Kultur der Bundesrepublik. Allerdings erklären sich die bis in die jüngste Zeitgeschichte anhaltenden Konflikte um das Asylrecht nicht allein aus dieser Entwicklung. Im Hintergrund stand immer die latente Spannung zwischen den Souveränitätsansprüchen des modernen Nationalstaates und den mit diesem zugleich historisch untrennbar verbundenen Normen der allgemeinen Menschenrechte.[129]

Vor dem Hintergrund der geschilderten Entwicklungen bis 1975 stellen die nachfolgenden Konflikte um die Anwendung und Ausgestaltung des politischen Asyls eine neue Etappe[130] in der andauernden Auseinandersetzung um Asylrecht sowie Politik und Praxis der Flüchtlingsaufnahme in der Bundesrepublik dar, die schließlich in den Asylkompromiss von 1993 mündete.[131] Dass es den Anhängern eines großzügigen bzw. unbeschränkten Asylrechts nicht gelang, sich durchzusetzen, mag den Asylkompromiss als Niederlage erscheinen lassen. Dennoch spricht der Asylkompromiss zugleich für die Stärke und die fundamentale Verankerung der Menschenrechte in der politischen Kultur der inzwischen vereinigten Bundesrepublik Deutschland[132]; immerhin hatte es in dieser Auseinandersetzung nicht an Stimmen gefehlt, die das Asylrecht gänzlich abschaffen wollten. Die latente Spannung zwischen Nationalstaatsprinzip und Menschenrechten war und ist damit im Feld der Migrationspolitik nicht aufgehoben. Vielmehr weist Vieles darauf hin, dass dieser Konflikt andauert, auch wenn er künftig wohl mehr und mehr auf europäischer Ebene ausgehandelt werden wird.[133]

1 Jochen Oltmer: *Migration im 19. und 20. Jahrhundert.* München 2009, S. 157. — **2** Heinrich August Winkler: *Der lange Weg nach Westen.* Bd. 2. München 2004, hier S. 613. — **3** Vgl. Peter Graf Kielmansegg: *Nach der Katastrophe. Eine Geschichte des geteilten Deutschland.* Berlin 2000, hier S. 319–332. — **4** Johannes Müller (Hg.): *Flüchtlinge und Asyl. Politisch handeln aus christlicher Verantwortung.* Frankfurt/M. 1990. — **5** Hans F. Zacher: »Sozialer Einschluß und Ausschluß im Zeichen von Nationalisierung und Internationalisierung«. In: Hans Günter Hockerts (Hg.): *Koordinaten deutscher Geschichte in der Epoche des Ost-West-Konflikts.* München 2004, S. 103–152. — **6** Klaus J. Bade: *Ausländer – Aussiedler – Asyl. Eine Bestandsaufnahme.* München 1994, hier S. 91–146. — **7** Klaus J. Bade, Michael Bommes: »Migration und politische Kultur im ›Nicht-Einwanderungsland‹«. In: Klaus J. Bade, Rainer Münz (Hg.): *Migrationsreport 2000. Fakten – Analysen – Perspektiven.* Bonn 2000, S. 163–204; vgl. Karl Rohe: »Politische Kultur und ihre Analyse. Probleme und Perspektiven der politischen Kulturforschung«. In: *Historische Zeitschrift* 250 (1990), S. 321–346. — **8** Gérard Noiriel: *Die Tyrannei des Nationalen. Sozialgeschichte des Asylrechts in Europa.* Lüneburg 1994. — **9** Christoph Kleßmann: »Konturen einer integrierten Nachkriegsgeschichte«. In: Aus Politik und Zeitgeschichte (2005) H. 18/19, S. 3–11. — **10** Rainer Münz, Wolfgang Seifert, Ralf Ulrich: *Zuwanderung nach Deutschland. Strukturen, Wirkungen, Perspektiven.* Frankfurt/M. 1999. — **11** Klassisch dazu Klaus J. Bade (Hg.): *Deutsche im Ausland – Fremde in Deutschland. Migration in Geschichte und Gegenwart.* München 1993. — **12** Ein Paradefall einer rein westdeutschen politischen Migrationsgeschichte lieferte Ulrich Herbert, ohne dass ihren Grundaussagen hier widersprochen werden muss; s. Ders.: *Geschichte der Ausländerpolitik in Deutschland. Saisonarbeiter, Zwangsarbeiter, Gastarbeiter, Flüchtlinge.* München 2001, bes. S. 263–334. — **13** Ursula Münch: *Asylpolitik in der Bundesrepublik Deutschland. Entwicklung und Alternativen.* 2. Auflage. Opladen 1993, S. 22–35; vgl. Bertold Huber: *Ausländer- und Asylrecht.* München 1983, hier S. 151. — **14** Vgl. »Die Rechtsstellung nach der Anerkennung, Abschnitte Aufenthaltsrecht und Arbeitserlaubnis«. In: Wolfgang G. Beitz, Michael Wollenschläger (Hg.): *Handbuch des Asylrechts.* Bd. 2. Baden-Baden 1981, S. 586–601 und S. 618–622. — **15** Herbert Reiter: *Politisches Asyl im 19. Jahrhundert. Die deutschen politischen Flüchtlinge des Vormärz und der Revolution von 1848/49 in Europa und den USA.* Berlin 1992. — **16** Jochen Oltmer: »Flucht, Vertreibung und Asyl im 19. und 20. Jahrhundert«. In: Klaus J. Bade (Hg.): *Migration in der europäischen Geschichte seit dem späten Mittelalter.* (= *IMIS-Beiträge*, H. 20). Osnabrück 2002, S.107–134. — **17** Vgl. Claus-Dieter Krohn, Erwin Rotermund, Lutz Winckler, Wulf Koepke (Hg.): *Exile im 20. Jahrhundert* (= *Exilforschung. Ein internationales Jahrbuch.* Bd. 18). München 2000. — **18** Hans-Peter Schneider: »Das Asylrecht zwischen Generosität und Xenophobie. Zur Entstehung des Artikels 16 Absatz 2 Grundgesetz im Parlamentarischen Rat«. In: Wolfgang Benz (Hg.): *Jahrbuch für Antisemitismusforschung* 1 (1992), S. 217–236. — **19** 18. Sitzung vom 4.12.1948. In: *Parlamentarischer Rat. Verhandlungen des Hauptausschusses.* Bonn 1948/49, S. 217. — **20** 44. Sitzung des Hauptausschusses vom 19.1.1949. In: ebd., S. 582. — **21** Vgl. Noiriel: *Tyrannei des Nationalen* (s. Anm. 8), S. 14–18. — **22** Jochen Hoffmann: »Die Erarbeitung von Artikel 16 Grundgesetz im Herrenchiemseer Verfassungskonvent und Parlamentarischen Rat«. In: Otto-Benecke-Stiftung (Hg.): *Vierzig Jahre Asylgrundrecht, Verhältnis zur Genfer Flüchtlingskonvention. 4. Expertengespräch für Asylrichter, 25.–27.9.1989 in Bonn.* Baden-Baden 1990, S. 63–90. — **23** Reinhard Marx: »Die Definition politischer Verfolgung in der Bundesrepublik Deutschland«. In: Andreas Germershausen, Wolf-Dieter Narr (Hg.): *Flucht und Asyl. Berichte über Flüchtlingsgruppen.* Freiburg i.Br. 1988, S. 148–158. — **24** BGBl. 1953 I, S. 3. — **25** Vgl. dazu Ulrich Herbert, Karin Hunn: »Beschäftigung, soziale Sicherung und soziale Integration von Ausländern«. In: Bundesministerium für Arbeit und Soziales (Hg.): *Geschichte der Sozialpolitik in Deutschland seit 1945.* Bd. 3. Baden-Baden 2005, S. 779–801, hier S. 788 ff. — **26** Alliierte Hohe Kommission (AHK) vom 14.7.1950, Zulassung und Behandlung nicht deutscher Flüchtlinge in der Bundesrepublik, Bundesarchiv Koblenz (BArch), B 106, Nr. 47453, o. Bl. — **27** Schreiben des Bundesministeriums des Innern an Bundeskanzleramt, Verbindungsstelle zur AHK vom 21.9.1950, betr.: Memorandum der AHK vom 14.7.1950 über Zulassung und Behandlung nicht deutscher Flüchtlinge in der

Bundesrepublik, BArch, B 106, Nr. 47453, o. Bl. — **28** Vgl. Klaus J. Bade: *Europa in Bewegung. Migration vom späten 18. Jahrhundert bis zur Gegenwart.* München 2000, hier S. 284–305. — **29** Abschrift des Schreiben der AHK-Verbindungsstelle an den Generalsekretär der AHK, Herrn Joseph E. Slater, vom 10.11.1950, BArch, B 106, Nr. 47453, o. Bl. — **30** Übersetzung des Schreibens der AHK an Bundeskanzleramt, VLR Dr. Dittmann, vom 16. Februar 1951, BArch, B 106, Nr. 47453, o. Bl. — **31** Bundesministerium für Vertriebene, Niederschrift vom 1. Oktober 1951 über Besprechung mit der Flüchtlingsabteilung der AHK auf dem Petersberg am 27.9.1951, BArch, B 106, Nr. 47453, o. Bl. — **32** DBMdI (gemeint: BMI), MR Kleberg, Vermerk über Besprechung mit der Flüchtlingsabteilung der AHK auf dem Petersberg am 27.9.1951, BArch, B 106, Nr. 47453, o. Bl. — **33** Vermerk von ORR Breull vom 21.12.1951, betr.: Besprechung mit der Flüchtlingsabteilung der AHK auf dem Petersberg am 19.12.1951, BArch, B 106, Nr. 47453, o. Bl. — **34** *Ausländer-Polizeiverordnung vom 22. August 1938* (Reichsgesetzblatt I, S. 1053), nebst Dienstanweisung (Teil I – Allgemeines), amtliche Ausgabe. Berlin 1939, S. 5. In der betreffenden Dienstanweisung heißt es sogar: »Der Ausländer hat kein Recht zum Aufenthalt im Reichsgebiet«, ebd. — **35** Berhard Santel, Albrecht Weber: »Zwischen Ausländerpolitik und Einwanderungspolitik. Migrations- und Ausländerrecht in Deutschland«. In: Bade, Münz (Hg.): *Migrationsreport 2000* (s. Anm. 7), S. 109–140, hier S. 111. — **36** Vgl. Erklärung der Deutschen Delegation des Beratenden Ausschusses des Hohen Kommissars der Vereinten Nationen für Flüchtlinge vom 15.9.1952, betr.: Die wirtschaftliche Eingliederung der Flüchtlinge, Politisches Archiv des Auswärtigen Amtes (PAAA), B 10, Nr. 69, Bl. 76–83. — **37** Schreiben der Bundesdienststelle für Anerkennung ausländischer Flüchtlinge an Bundesministerium des Innern vom 16.5.1953, betr.: Aufnahme und Unterbringung anderer Dienststellen in herzurichtenden Sammellagern, BArch, B 106, Nr. 47472, o. Bl. — **38** Bayerischer Staatssekretär für Angelegenheiten der Heimatvertriebenen im Bayerischen Staatsministerium für Inneres an Bundesministerium des Innern, betr. Aufnahme und Überprüfung illegal eingewanderter Ausländer vom 4.12.1951, vgl. dazu Münch: *Asylpolitik* (s. Anm. 13), S. 52. — **39** Regine Heine: »Ein Grundrecht wird verwaltet«. In: Amnesty International (Hg.): *Bewährungsprobe für ein Grundrecht.* Baden-Baden 1978, S. 413. — **40** Herbert, Hunn: Beschäftigung (s. Anm. 25), S. 791; vgl. Otto Kimminich: *Grundprobleme des Asylrechts.* Darmstadt, 1983, S. 111. — **41** Heinrich Meyer: »Neues vom Asylrecht«. In: *Monatsschrift für Deutsches Recht 1953*, S. 534–536; vgl. Otto-Beneke-Stiftung (Hg.): *Grenzfragen des innerdeutschen Asylrechts.* Bulletin einer Arbeitstagung vom 1.–3. Dezember 1975 in Bonn. — **42** Vgl. Jochen Laufer: »Die Verfassungsgebung in der SBZ 1946–1949. ›Errichten wir die Diktatur des Proletariats, dann werden die Dinge klar und einfach‹«. In: *Aus Politik und Zeitgeschichte* (1998), Nr. 32/33, S. 29–41. — **43** *Verfassung der Deutschen Demokratischen Republik*, Art. 10, Abs. 2. Berlin (Ost) 1949, S. 5. — **44** *Verfassung der Deutschen Demokratischen Republik.* Berlin (Ost) 1976, S. 25. — **45** Vgl. Siegfried Mampel: *Die Sozialistische Verfassung der DDR. Text und Kommentar.* Goldbach 1997, S. 597 f. — **46** Vgl. Heidemarie Beyer: »Entwicklung des Ausländerrechts in der DDR«. In: Manfred Heßler (Hg.): *Zwischen Nationalstaat und multikultureller Gesellschaft. Einwanderung und Fremdenfeindlichkeit in der Bundesrepublik Deutschland.* Berlin 1993, S. 211–227. — **47** Vgl. z. B. Politbürositzung vom 13.3.1950, Tagesordnungspunkt 11: Einreise des Chirurgen und griechischen Genossen T., Stiftung Archiv der Parteien und Massenorganisationen der DDR im Bundesarchiv (SAPMO-BArch), DY 30/J IV 2/2A, Nr. 76, o. Bl. — **48** Vgl. z. B. Sekretariatssitzung vom 24. Juli 1989, Tagesordnungspunkt 7: Aufnahme des Mitglieds des Politbüros des ZK der Irakischen Kommunistischen Partei H. M. M. und dessen Familie als politische Emigranten in der DDR, SAPMO-BArch, DY 30/J IV 2/3A, Nr. 4423, o. Bl. — **49** Patrice G. Poutrus: »Polit. Emigranten in der DDR«. In: Elena Demke, Annegret Schüle (Hg.): *Fremde Freunde – Nahe Fremde.* Berlin 2006, S. 59–78. — **50** Patrice G. Poutrus: »Zuflucht im Ausreiseland. Zur Geschichte des politischen Asyls in der DDR«. In: *Jahrbuch für Historische Kommunismusforschung 2004.* Berlin 2004, S. 355–378. — **51** Patrice G. Poutrus: »An den Grenzen des proletarischen Internationalismus. Algerische Flüchtlinge in der DDR«. In: Jürgen Danyel, Ders. (Hg.): *Der Algerienkrieg in Europa* (= Themenheft der Zeitschrift für Geschichtswissenschaft 2007, H. 2). Berlin 2007, S. 162–178. — **52** Hans-Joachim Döring: *Es geht um unsere Existenz. Die Politik der DDR gegenüber der Dritten Welt am Beispiel von Mosambik und Äthiopien.* Berlin 1999. — **53** Patrice G. Poutrus: »Teure Genossen. Die ›polit. Emigranten‹ als ›Fremde‹ im Alltag der DDR-Gesellschaft«. In: Christian Th. Müller, Ders. (Hg.): *Ankunft – Alltag – Ausreise. Migration und interkulturelle Begegnungen in der DDR-Gesellschaft.* Köln 2005, S. 221–266. — **54** Patrice G. Poutrus: »Asyl im Kalten Krieg. Eine Parallelgeschichte aus dem geteilten Nachkriegsdeutschland«. In: *Totalitarismus und Demokratie.* Jg. 2 (2005) H. 3: *Fluchtpunkt Realsozialismus – politische Emigranten in Warschauer Pakt-Staaten.* Göttingen 2005, S. 273–288. — **55** Vgl. dazu Reiner Tosstroff: »Spanische Bürgerkriegsflüchtlinge nach 1939«. In: Krohn, Rotermund u. a. (Hg.): *Exile im 20. Jahrhundert* (s. Anm. 17), S. 88–111. — **56** Jost Maurin: »Die DDR als Asylland. Flüchtlinge aus Chile 1973–1989«. In: *Zeitschrift für Geschichtswissenschaft* (ZfG) 51 (2003), H. 9, S. 814–831. — **57** Gabi Klotzsche: »Die Estays fanden bei uns ein neues Zuhause. Chilenische Patrioten leben und arbeiten in Dresden«. In: *Junge Welt,* 25.7.1978. — **58** Michael Stolle: »Inbegriff des Unrechtsstaates. Zur Wahrnehmung der chilenischen Diktatur in der deutschsprachigen Presse zwischen 1973 und 1989«. In: *ZfG* 51 (2003), H. 9, S. 793–813. — **59** Manfred Krug: *Abgehauen. Ein Mitschnitt und ein Tagebuch.* Düsseldorf 1996. — **60** Jost Maurin: »Flüchtlinge als politisches Instrument – Chilenische Emigranten in der DDR«. In: *Fluchtpunkt Realsozialismus* (s. Anm. 54), S. 345–374. — **61** Elisabeth Bronfen, Benjamin Marius: »Hybride Kulturen. Einleitung zur anglo-amerikanischen Multikulturalismusdebatte«. In: Dies. (Hg.): *Hybride Kulturen. Beiträge zur anglo-amerikanischen Multikulturalismusdebatte.* Tübingen 1997, S. 1–29, hier S. 7. — **62** Patrice G. Poutrus: »Mit strengem Blick. Die sogenannten ›Polit. Emigranten‹ in den Berichten des MfS«. In: Jan C. Behrends, Thomas Lindenberger, Patrice G. Poutrus (Hg.): *Fremde und Fremd-Sein in der DDR. Zu den historischen Ursachen der Fremdenfeindlichkeit in Ostdeutschland.* Berlin 2003, S. 205–224. — **63** Vgl. Sigrid Meuschel: *Legitimation und Parteiherrschaft. Zum Paradox von Revolution und Stabilität in der DDR 1945–1989.* Frankfurt/M. 1992. — **64** Patrice G. Poutrus: »Die DDR, ein anderer deutscher Weg? Zum Umgang mit Ausländern im SED-Staat«. In: Rosmarie Beier-de Haan (Hg.): *Zuwanderungsland Deutschland. Migrationen 1500–2005.* Wolfratshausen 2005, S. 118–131. — **65** Vgl. BVerfGE 9, 174 (181) vom 4.2.1959, zitiert nach Münch: *Asylpolitik* (s. Anm. 13), S. 53. — **66** Kimminich: *Grundprobleme* (s. Anm. 40), S. 99–106. — **67** Vgl. BVerwGE 49, 202 vom 7.10.1975, ebd., S. 103. — **68** Vgl. Erhard Schüler, Peter Wirtz (Hg.): *Rechtsprechung zur Ausländerpolizeiverordnung und zum Ausländergesetz.* Berlin 1971. — **69** So Simone Wolken: *Das Grundrecht auf Asyl als Gegenstand der Innen- und Rechtspolitik in der Bundesrepublik Deutschland.* Frankfurt/M. 1988, S. 37. — **70** Vgl. Simone Klausmeier: *Vom Asylbewerber zum »Scheinasylant«. Asylrecht und Asylpolitik in der Bundesrepublik Deutschland seit 1973.* Berlin 1984, bes. S. 3–16. — **71** Vgl. Klaus Bade: *Normalfall Migration. Deutschland im 20. und frühen 21. Jahrhundert.* Bonn 2004. — **72** Peter Nicolaus: »Der Flüchtlingsbegriff in der obergerichtlichen Rechtsprechung«. In: Gustav-Stresemann-Institut e.V. (Hg.): *Asylrecht und Asylpolitik – eine Bilanz des letzten Jahrzehnts.* Bonn 1986, S. 79–100. — **73** Sándor Csík: »Die Flüchtlingswelle nach dem Ungarn-Aufstand 1956 in die Bundesrepublik«. In: Deutsch-Ungarische Gesellschaft (Hg.): *Almanach II (2003–2004).* Berlin 2005, S. 207–246. — **74** »Stille Demonstration gegen Terror. Überfüllte Kirchen in Budapest – Über 191 000 Flüchtlinge«. In: *Die Welt,* 25.10.1956; »Mehr Flüchtlinge aus Ungarn. Österreich gewährt jedem Hilfesuchenden Asyl«. In: *Frankfurter Rundschau,* 31.10.1956. — **75** Gedenkworte des Bundestagsvizepräsidenten auf der 168. Sitzung des Deutschen Bundestages, Bonn, den 8. November 1956. In: *Verhandlungen des Deutschen Bundestag. 2. Wahlperiode. Stenografische Bericht.* Bd. 32, S. 9259 B. — **76** MR Breull, Referat IB3, betr.: Ungarnhilfe der Bundesregierung, Vermerk 7.11.1956, BArch, B 106, Nr. 47465, o. Bl. — **77** Telegramm der Botschaft der Bundesrepublik aus Wien, 16.11.1956, betr.: Aufnahme von Ungarn-Flüchtlingen, BArch, B 106, Nr. 47465, o. Bl. — **78** Bundeskanzleramt, IA2, Kabinettssache vom 22.11.1956, betr.: Hilfe für ungarische Flüchtlinge, BArch, B 106, Nr. 47465, o. Bl.; vgl. 161. Kabinettssitzung am 28. November 1956. In: *Die Kabinettsprotokolle der Bundesregierung 9 (1956).* München 1998, S. 746. — **79** Vgl. Arpad von Klimo: *Ungarn seit 1945.* Göttingen 2006, hier S. 33–37. — **80** Bundesministerium des Innern (BMI) an Innenminister der Länder, betr.: Rechtstellung der ungarischen Flüchtlinge, 20.12.1956, BArch, B 106, Nr. 47476, o. Bl.; vgl. Reinhardt Marx: »Vom Schutz vor Verfolgung zur Politik der Abschreckung. Zur Geschichte des Asylverfahrensrechtes in der Bundesrepublik Deutschland«. In: *Kritische Justiz* Jg. 18 (1985) H. 4, S. 379–395, hier S. 380. — **81** Mitteilung des Staatsekretärs I an Abt. I des BMI vom 14.11.1956, BArch, B 106, Nr. 47476, o. Bl. — **82** »Viel Hilfe für Ungarn. Die ersten Flüchtlinge in der Bundesrepublik – Letzte Augenzeugenberichte«. In: *Stuttgarter Nachrichten,* 20.11.1956. — **83** Bundesministerium für Vertriebene an alle Länderflüchtlingsverwaltungen, betr.: Betreuung der Ungarn-Flüchtlinge, 29.11.1956, BArch, B 106, Nr. 24545, Bl. 62 f. — **84** Bundestagsausschuss für Heimatvertriebene an Bundesregierung, 7.11.1956, BArch, B 106, Nr. 47465, o. Bl. — **85** Auswärtiges Amt an Bundesministerium für Vertriebene am 8.1.1958, betr.: Bildung eines besonderen Härtefonds für ausländische Flüchtlinge, BArch, B 106, Nr. 25038, Bl. 3. — **86** Z. B. Eugen Deterding: *Asyl. Anspruch und Wirklichkeit.* Berlin 1987, hier S. 9. — **87** Vgl. Michael Schwartz: »›Zwangsheimat Deutschland‹. Vertriebene und Kernbevölkerung zwischen Gesellschaftskonflikt und Integrationspolitik«. In: Klaus Naumann (Hg.): *Nachkrieg in Deutschland.* Hamburg 2001, S. 114–148. — **88** Sitzung der Ständigen Konferenz der Innenminister der Länder am 26.8.1966 in Hannover, BArch, B 106, Nr. 60299, o. Bl. — **89** Ulrich Herbert: »Liberalisierung als Lernprozeß. Die Bundesrepublik in der deutschen Geschichte – eine Skizze«. In: Ders. (Hg.): *Wandlungsprozesse in Westdeutschland. Belastung. Integration, Liberalisierung 1945–1980.* Göttingen 2002, S. 7–49. — **90** Bundesamt für die Anerkennung ausländischer Flüchtlinge an BMI, betr.: Aufnahme tschechoslowakischer Flüchtlinge im Sammellager für Ausländer in Zirndorf, 18.11.1968, BArch, B 106, Nr. 25086, Bl. 143 f. — **91** BMI an Auswärtige Amt, betr.: Aufnahme politisch verfolgter Personen aus Chile in der Bundesrepublik, 17.10.1973, BArch, B 106, Nr. 69037, o. Bl. — **92** Vgl. Jiri Prenes: »Das tschechoslowakische Exil 1968. Exilanten, Emigranten, Landsleute: Diskussion über Begriffe«. In: Dittmar Dahlmann (Hg.): *Unfreiwilliger Aufbruch. Migration und Revolution von der Französischen Revolution bis zum Prager Frühling.* Essen 2007, S. 187–196. Zum chilenischen Fall Irmtrud Wojak, Pedro Holz: »Chilenische Exilanten in der Bundesrepublik Deutschland (1973–1989)«. In: Krohn, Rotermund u. a. (Hg.): *Exile im 20. Jahrhundert* (s. Anm. 17), S. 168–190. — **93** Sitzung der Ständigen Konferenz der Innenminister am 9. Dezember 1974 in Bonn, Punkt 14: Aufnahme chilenischer Staatsangehöriger in Bundesrepublik, BArch, B 106, Nr. 39858, o. Bl. — **94** Vgl. dazu Fred Balke, Norbert Kreuzkamp, Diane Nagel, Thomas Seiterich (Hg.): *Mit dem Kopf hier – mit dem Herzen in Chile. Zehn Jahre Diktatur – zehn Jahre Exil. Chilenen berichten.* Reinbek 1983. — **95** »Schärfere Kontrolle der Algerier. Länder wollen ihre Maßnahmen koordinieren«. In: *Die Welt,* 28.10.1959. — **96** »Mißbrauchtes Gastrecht«. In: *Bonner Generalanzeiger,* 30.11.1962. — **97** Astrid Bröker, Jens Rautenberg: *Die Asylpolitik in der Bundesrepublik Deutschland unter besonderer Berücksichtigung des sogenannten »Asylmissbrauchs«.* Berlin 1986. — **98** Marcel Streng: »Abrechnungen unter Nordafrikanern? Algerische Migranten im Alltag der französischen Gesellschaft während des Algerienkriegs (1954–1962)«. In: *WerkstattGeschichte* Jg. 12 (2003) H. 35, S. 57–80. — **99** Jean-Paul Cahn, Klaus-Jürgen Müller: *La République fédérale d'Allemagne et la guerre d'Algérie (1954–1962). Perception, implication et retombées diplomatiques.* Paris 2003. — **100** Erstmals dazu Klaus-Jürgen Müller: »Die Bundesrepublik Deutschland und der Algerienkrieg«. In: *Vierteljahrshefte für Zeitgeschichte* Jg. 38 (1990) H. 4, S. 609–641. — **101** Jüngst dazu Paul-Jean Cahn: »Bedrohung für die deutsch-französischen Beziehungen? Die Bundesrepublik und der Algerienkrieg«. In: Christiane Kohser-Spohn, Frank Renken (Hg.): *Trauma Algerienkrieg. Zur Geschichte und Aufarbeitung eines tabuisierten Konflikts.* Frankfurt/M. – New York 2006, S. 227–243. — **102** BMI an Auswärtiges Amt, betr.: Vorbeugende Maßnahmen gegen bedenkliche Einreise von Algeriern, 9.9.1959; Liste des franz. Verbindungsdienstes über angeblich gefährliche Algerier, 17.10.1959, beides in BArch, B 106, Nr. 5351, o. Bl. — **103** »Diplomat als Agent der ›Roten Hand‹? Französischer Botschaftssekretär als Verbindungsmann der Terrororganisation genannt«. In: *Hamburger Echo* vom 27.11.1959. — **104** MR Breull an Auswärtiges Amt, betr.:

Algerier im Bundesgebiet, 26.11.1959, BArch, B 106, Nr. 5351, o. Bl. — **105** Aufzeichnung über Besprechung im BMI, betr.: Zusammenarbeit der Polizei und Grenzdienststellen an der dt.-franz. Grenze, 22.1.1960, BArch, B 106, Nr. 5350, o. Bl. — **106** Grundsätzlich dazu Birgit Stark: *Streitpunkt »Asyl« im Spannungsfeld von Medien, Politik und öffentlicher Meinung.* Stuttgart 1998, bes. S. 17–37. — **107** Herbert, Hunn: *Beschäftigung* (s. Anm. 25), S. 791. — **108** Karen Schönwälder: »›Ist nur Liberalisierung Fortschritt?‹. Zur Entstehung des ersten Ausländergesetzes der Bundesrepublik«. In: Jan Motte, Rainer Ohliger, Anne von Oswald (Hg.): *50 Jahre Bundesrepublik – 50 Jahre Einwanderung.* Frankfurt/M. – New York 1999, S. 127–144. — **109** Vgl. Ausländer-Gesetz. In: BGBl. 1965 I, S. 353. — **110** Vgl. Sitzung der Ständigen Konferenz der Innenminister der Länder am 26.8.1966 in Hannover, BArch, B 106, Nr. 60299, o. Bl. — **111** Fritz Franz: »Asylrecht im Schatten der Flüchtlingskonvention«. In: *Deutsches Verwaltungsblatt* 1966, S. 623–630. — **112** Vgl. Amt des Hohen Flüchtlingskommissars der Vereinten Nationen (Hg.): *Zur Lage der Flüchtlinge in der Welt 2000/01. 50 Jahre Humanitärer Einsatz.* Bonn 2000, S. 62–65. — **113** Vgl. Münch: *Asylpolitik* (s. Anm. 13), S. 52. — **114** Bayerisches Staatsministerium des Innern an Bundesministerium des Innern, betr.: Fremdenrecht, Umgang mit Schranken des Asylrechts, 12.5.1964, BArch, B 106, Nr. 39962, o. Bl. — **115** Vgl. dazu Franziska Dunkel, Gabriella Stramaglia-Faggion (Hg.): *»Für 50 Mark einen Italiener«. Zur Geschichte der Gastarbeiter in München.* München 2000. — **116** Herbert, Hunn: *Beschäftigung* (s. Anm. 25), S. 698–701. — **117** Auswirkungen der Bundessammellager für asylsuchende Ausländer in Zirndorf, BArch, B 106, Nr. 38057, o. Bl. — **118** Bundesamt für die Anerkennung ausländischer Flüchtlinge an BMI, betr.: Aufnahme tschechoslowakischer Flüchtlinge im Sammellager für Ausländer in Zirndorf, 18.11.1968, BArch, B 106, Nr. 25086, Bl. 143 f. — **119** Niederschrift über Besprechung am 24.10.1973 im BMI, Entlastung des Sammellagers für Ausländer in Zirndorf, BArch, B 106, Nr. 25088, Bl. 231–235. — **120** Weißbuch über die Bemühungen um die Gewährleistung der Sicherheit und Ordnung in der Stadt Zirndorf, BArch, B 106, Nr. 25088, Bl. 209–225. — **121** Vgl. Martin Wengeler: *Topos und Diskurs. Begründung einer argumentationsanalytischen Methode und ihre Anwendung auf den Migrationsdiskurs (1960–1985).* Tübingen 2003, hier S. 442–514. — **122** Herbert, Hunn: *Beschäftigung* (s. Anm. 25), S. 808. — **123** Vgl. Otto Kimminich: *Asylrecht.* Berlin 1968. — **124** Vgl. Erhard Schüler, Peter Wirtz (Hg.): *Rechtsprechung zur Ausländerpolizeiverordnung und zum Ausländergesetz.* Berlin 1971. — **125** Vgl. BVerwGE 49, 202 vom 7.10.1975, zitiert nach: Kimminich: *Grundprobleme* (s. Anm. 40), S. 103. — **126** So in Heiko Kaufmann (Hg.): *Kein Asyl bei den Deutschen. Anschlag auf ein Grundrecht.* Reinbek 1986. — **127** Poutrus: »Polit. Emigranten in der DDR« (s. Anm. 49). — **128** Vgl. Olaf Köppe: *MigrantInnen zwischen sozialem Rechtsstaat und nationalem Wettbewerbsstaat. Zur Bedeutung von Justiz und Politik bei der Vergabe von »bürgerlichen« und sozialen Rechten an MigrantInnen unter sich verändernden sozialen, politischen und ökonomischen Bedingungen.* Diss. Duisburg 2003. — **129** Joan Fitzpatrick: »The Human Rights of Migrants«. In: Thomas Alexander Aleinikoff, Vincent Chetail (Hg.): *Migration and International Legal Norms.* Cambridge 2003, S. 169–184. — **130** Vgl. dazu Konrad H. Jarausch: »Verkannter Strukturwandel. Die Siebziger Jahre als Vorgeschichte der Probleme der Gegenwart«. In: Ders. (Hg.): *Das Ende der Zuversicht? Die siebziger Jahre als Geschichte.* Göttingen 2008, S. 9–26. — **131** Günter Renner: »Aktuelle und ungelöste Probleme des Asyl- und Flüchtlingsrechts«. In: Bade, Münz (Hg.): *Migrationsreport 2002* (s. Anm. 7), S. 179–206. — **132** Vgl. dazu Mathias Hong: *Asylgrundrecht und Refoulementverbot.* Baden-Baden 2008. — **133** Elisabeth Haun: *The Externalisation of Asylum Procedures. An Adequate EU Refugee Burden Sharing System?* Frankfurt/M. 2007.

Valentin Rauer

Identität, Integration und Hybridität

Migrationspolitische Diskurse türkischer Dachverbände in Deutschland

Im Jahre 2008 hielt der türkische Ministerpräsident Recep Tayyip Erdogan in Deutschland eine viel diskutierte Rede. Anlass war der Brand eines Wohnhauses, in dem viele Bewohner mit türkischem Migrationshintergrund lebten. Neun Menschen starben und 60 wurden verletzt. Die Brandkatastrophe erlangte aufgrund des Verdachts eines rechtsextremistischen Anschlages eine politische Dimension. Erdogan besuchte am 7. Februar 2008 zusammen mit dem rheinland-pfälzischen Ministerpräsidenten Kurt Beck den Brandort in Ludwigshafen und hielt am 10. Februar die inzwischen berühmt gewordene Rede in Köln vor mehreren Tausend Zuhörern in türkischer Sprache. Seine Sätze »Was für die Integration getan werden soll, das muss getan werden« und »Assimilation ist ein Verbrechen gegen die Menschlichkeit«[1] sorgten in der deutschen und türkischen Öffentlichkeit für Aufsehen. Zahlreiche Politiker und Journalisten kommentierten die Rede kritisch oder zustimmend. Die Öffentlichkeit debattierte vor allem, was unter ›Integration‹, ›Assimilation‹ und ›Identität‹ zu verstehen sei, wer ›deutsch‹ sei, wer ›türkisch‹ etc. Die Rede und die anschließenden öffentlichen Reaktionen demonstrierten, dass wissenschaftliche Konzepte keineswegs pur deskriptiv und wertneutral sind. ›Assimilation‹ und ›Integration‹ sind nicht nur analytische Konzepte, sondern auch Vorstellungen, die in der Öffentlichkeit ihre eigene Semantik entfalten. Um diese öffentliche Semantik von strukturellen Annahmen zu ›Integration‹, ›Identität‹ und ›Hybridität‹ soll es in diesem Beitrag gehen.

Die empirische Grundlage bildet eine Medienanalyse, in der nach den Äußerungen und konnotierten Bedeutungen gefragt wurde, die Sprecher von migrationspolitischen Verbänden in der deutschen Öffentlichkeit solchen Konzepten zuschreiben.[2] Als Ergebnis zeigt die Studie, dass die Vorstellungen über die Ursachen von Ausgrenzung und Konflikten nicht kongruent sind mit den klassischen Annahmen der migrationssoziologischen Assimilations- und Identitätskonzepte.[3] Vielmehr konterkarieren diese Vorstellungen die klassischen Grenzen von ethnischer oder nationaler Identität.[4] Der Literaturwissenschaftler Özkan Ezli hat mit Blick auf die deutsch-türkische Literatur einmal den Begriff der »komplexen Querung« in »hybriden Räumen« gebraucht.[5] Solche Formulierungen treffen die in der Studie ermittelten Beobachtungen weitaus eher als die Begriffe ›Assimilation‹ oder ›Multikulturalismus‹. Die Migrationsforschung kann, wenn sie sich mit ›kultureller Identität‹ beschäftigt, von solchen literaturwissenschaftlichen Ansätzen profitieren.

Dieses Argument soll im Folgenden in fünf Schritten entfaltet werden. Erstens erfolgt eine kurze Begriffsdefinition zu dem Terminus ›Hybridität‹. Dabei sollen die oftmals vergessenen Vorformen des Hybriditätsbegriffes bei den soziologischen Klassikern erwähnt und mit neueren Ansätzen – den relationalen Hybriditätskonzepten – verglichen werden. Diese neuen Ansätze werden auf das Konzept der politischen Öffentlichkeit in Einwanderungsgesellschaften im Zusammenhang von Diskurs, Dachverbänden und Medien übertragen. Der anschließende Abschnitt enthält eine Skizze zum Kontext der wichtigsten Dachverbände in Deutschland. Im vierten Abschnitt werden die Resultate einer Medienanalyse zu migrationspolitischen Diskursen zweier Dachverbände erläutert. Abschließend werden die in den Diskursen enthaltenen Wir/Sie-Unterscheidungslogiken herausgearbeitet und mit dem Hybriditätskonzept kontrastiert.

I Hybridität

In der soziologischen Migrationsforschung bestimmte von Beginn an der sogenannte methodologische Individualismus die empirischen Zugangsweisen. Als erste und letzte Untersuchungseinheit gilt im Rahmen dieser Methodologie das Individuum. Empirisch erhoben und anschließend zu Strukturen aggregiert werden individuelle Vorstellungen, Werte und kulturelle Kompetenzen. Ein solches Vorgehen ist selbstverständlich berechtigt und soll hier auch gar nicht weiter diskutiert werden.[6] Interessant ist hier lediglich, dass einer der wesentlichen Gründerväter der Migrationssoziologie, Robert E. Park, diesen Individualismus in die Modernisierungstheorie selbst eingelassen hat.[7] So gilt für Park, dass sich die moderne Massenmigration von der Massenmigration vergangener Jahrhunderte vor allem darin unterscheide, dass seit dem 19. Jahrhundert vorwiegend Individuen oder einzelne Familien migrieren und nicht mehr ganze Völker. Während bei den sogenannten ›Völkerwanderungen‹ die wandernden Kollektive ihre Traditionen und kulturell partikulären Lebens- und Sichtweisen importierten und sich nicht auf ein neues Umfeld einstellen müssen, gilt für die modernen Migranten das Gegenteil. Ihre kulturelle Kompetenz wird in der neuen Umgebung entwertet und sie müssen ›wie ein Kind‹ neu beginnen. In diesem Prozess des Bruches mit dem Alten und Lernen des Neuen steckt für Park der Schlüssel zum modernen Individualismus. Die Neuaneignung von Kultur induziert, so sein an Georg Simmels berühmten *Exkurs über den Fremden*[8] orientiertes Argument, ein bewusstes und reflektiertes Verhältnis zur ›Kultur an sich‹.

Die Konsequenz ist ein höheres Reflexionsvermögen und Skepsis gegenüber tradierten Lebensformen.[9] Insgesamt resultiert dieser Prozess der Ent- und Aneignung von kulturellen Formen in einem gesteigerten Maß an individueller Autonomie und Urteilsvermögen. Für Park erzeugt die individualisierte Massenmigration des 19. und 20. Jahrhunderts also keineswegs ein »Integrationsproblem« per se, sondern ist als Motor der Individualisierung und Modernisierung zu interpretieren.

Nur wenn der Individualisierungsprozess scheitert, sind sozialer Abstieg und Desintegration möglich. Parks berühmter »Marginal Man«, der als *cultural hybrid* an den »margins of two cultures« positioniert ist, befindet sich am Kreuzungspunkt. Er hat sich weder von der einen Kultur völlig gelöst, noch ist er in die andere Kultur vollständig assimiliert.[10] Mit Blick auf diese Argumente Parks weist Claus-Dieter Krohn dankenswerter Weise darauf hin, dass Hybridität lange vor der Wiederentdeckung durch die *Postcolonial Studies* als Konzept existierte.[11] Allerdings hat sich ein wesentliches Element in dem Begriffsverständnis verändert. Die klassische Migrationssoziologie, so Krohn, konzeptualisierte den *cultural hybrid* als »Vermittler« zwischen den Kulturen.[12] Beispielsweise heißt es in dem Aufsatz »The Hybrid in Hawaii as a Marginal Man« von William C. Smith aus dem Jahre 1934 in diesem Sinne: »The hybrid plays an important role on the life of Hawaii. As participant in two or more cultures he acts as an intermediary and interpreter.«[13] In diesem alten Verständnis von Hybridität wird das Konzept als ein intermediärer Ort zwischen zwei klar unterscheidbaren Kulturen verstanden. Zwischen der nationalen Kultur A und der nationalen Kultur B ist der ›Interpretierende‹ positioniert, der die beiden Positionen gegenseitig näher bringt. Diesem klassischen *cultural hybrid* wurde also die Rolle der Brückenfunktion oder des bedeutungsorientierten Vermittlers in multikulturellen Einwanderungsgesellschaften zugeschrieben.

Dies ändert sich im Zuge der Neukonzeption durch die Postcolonial Studies. Seither, so Krohn weiter, ist nicht mehr eine Vermittlerrolle, sondern die ›Andersheit‹, die ›Differenz‹ mit der Begriffsverwendung von ›Hybridität‹ gemeint. Hybridität ist nicht zwischen der Kultur A und der Kultur B als Vermittler zu interpretieren, sondern als etwas Drittes, als Kultur C. Diese dritte Position liegt ›jenseits‹ der klassischen Identitätsformen von Wir-Sie-Schemata. Hybridität wendet sich von binären Weltanschauungen ab. Hybridität präfiguriert stattdessen, wie Stephan Braese mit Blick auf Homi K. Bhabha betont, eine Logik des »Weder-noch«.[14] Dieses Weder-noch impliziert keine ›Zwischenlage‹ mehr. So heißt es beispielsweise bei Özkan Ezli zur aktuellen deutsch-türkischen Migrantenliteratur: »Gibt es in der Migrantenliteratur Anfang der 1980er Jahre noch ein problematisches *Dazwischen*, eine Art Identitätskonflikt, so entsteht (Anfang der 1990er Jahre) ein hybrider Raum, der sich weder dem Türkischen noch dem Deutschen zuordnen lässt.«[15] Hybride Identität befindet sich in einem Außen, in einem ›beyond‹. Sie konstituiert keine kulturelle Brücke *zwischen* nationalen Identitäten, sondern etwas Drittes (*third space*). Der neue Hybriditätsbegriff indiziert also keine multiplen Kulturen, sondern er bezeichnet einen zusätzlichen Ort – ein »Supplement«[16] – wie es oftmals in Referenz zu Jacques Derrida heißt. Der hybride Raum unterscheidet nicht in Innen versus Außen, sondern negiert die klassischen Freund/Feind- und Wir/Sie-Schemata. Seine Unterscheidungslogik ist das ›Hinzugefügte‹, das weder in A noch in B präsentiert ist.

Hybridität wird vor allem in räumlichen Metaphern beschrieben. Homi K. Bhabha spricht explizit von einer »Location of Culture«.[17] Auch die Metapher des ›Außen‹ oder des *third space* konnotieren räumliche Vorstellungen. Inzwischen wurde das Hybriditätskonzept auch verzeitlicht und damit aus dem beschränkten Umkreis der Migration befreit und wie bereits bei Park wieder auf die ›Moderne‹ hin verallgemeinert. So trägt beispielsweise Andreas Reckwitz' Buch *Das hybride Subjekt* den Untertitel *Eine Theorie der Subjektkulturen von der bürgerlichen Moderne zur Postmoderne*[18] und verweist damit auf eine rein temporale Konzeption von Hybridität. Reckwitz argumentiert nicht aus der Migrationsforschung heraus – Robert E. Park und die Nachfolger werden nicht erwähnt[19] – sondern aus der Kultur- und Subjekttheorie des Poststrukturalismus. Hybridität resultiert bei Reckwitz nicht mehr aus räumlichen Bewegungen von Akteuren und Verortungen von Kulturen, sondern aus zeitlichen Überlagerungen subjektiver Stil- und Handlungsmuster. Beispielsweise unterscheidet Reckwitz drei verschiedene Subjektordnungen der Moderne: die »bürgerliche Moderne (19. Jahrhundert), die organisierte Moderne (1920er bis 1970er Jahre) und die Postmoderne (ab den 1980er Jahren).«[20] Diese jeweiligen Subjektordnungen sind niemals »rein«, sondern enthalten immer auch spezifische Elemente von vorhergehenden Subjekt- und Identitätsformen: »(…) Spuren historisch vergangener Subjektformen finden sich in den später entstehenden (…) Subjektkulturen, so dass sich eigentümliche Mischungsverhältnisse ergeben.«[21] Hier stehen also nicht die synchronen Mischungsverhältnisse von räumlichen Distanzen, sondern die diachronen Mischungsverhältnisse von zeitlich disparaten Ordnungen im Vordergrund des Hybriditätsbegriffes. Nicht das räumliche In-Beziehung-Setzen, sondern das zeitliche Überlagern-von-Ungleichzeitigem kennzeichnet hybride Kulturen. Damit bildet Hybridität räumlich und zeitlich nicht mehr die Ausnahme, sondern die Regel: »›Hybridität‹ bezeichnet dabei die – nicht exzeptionelle, sondern verbreitete, ja regelmäßige – Kopplung und Kombination unterschiedlicher Codes verschiedener kultureller Herkunft in einer Ordnung des Subjekts.«[22] Diese Kombination ist dabei keineswegs auf die Jetztzeit der Globalisierung oder die Postmoderne beschränkt, sondern, »(…) alle modernen Subjektformen [sind] von Anfang an als hybride arrangiert.«[23]

Die Begriffsbestimmung zur Hybridität lässt sich also wie folgt zusammenfassen: Von hybriden Identitäten ist bereits bei den migrationssoziologischen Klassikern die Rede. Allerdings unterscheidet sich die Bedeutung in einem wesentlichen Punkt. Der alte Hybriditätsbegriff ›vermittelt‹ zwischen Wir-Sie-Unterscheidungen, der neue Hybriditätsbegriff negiert Wir-Sie-Unterscheidungen. Den alten Hybriditätsbegriff könnte man als ›multikulturellen Hybriditätsbegriff‹ bezeichnen, denn er geht von der Existenz unterscheidbarer kultureller Einheiten einerseits und der Existenz exzeptioneller Zwischenräume andererseits aus. Den neuen Ansatz könnte man als ›relationalen Hybriditätsbegriff‹ bezeichnen. Hybridität befindet sich nicht mehr im Zwischenraum, sondern thematisiert den Raum jenseits binärer Unterscheidungen. Seine Unterscheidung folgt nicht der Logik des ›Innen versus Außen‹ oder des ›Zwischen-den-Kulturen‹, sondern des ›Weder-noch‹. Im Folgenden sollen diese Annahmen von dem nicht exzeptionellen Charakter hybrider Identitätskonstruktionen vor dem Hintergrund einer empirischen Fallanalyse erläutert werden: den migrationspolitischen Forderungen von türkischen Dachverbänden in deutschen Printmedien.

II Migrationspolitische Dachverbände und Medien

In den sogenannten Massenmedien schreiben Journalisten Texte für imaginierte Leser, deren kulturelle Grenzvorstellungen sie voraussetzen. Die Journalisten zitieren Akteure, die sich bei einem Thema zu Wort melden – in erster Linie die Politiker (zumindest in Deutschland). Gleichzeitig werden in deutschen Medien Sprecher von sozialen Bewegungen und Verbänden zitiert. Zu jedem Thema, seien es die Lohnnebenkosten oder die Abtreibung oder aber der Weltfrieden – im Durchschnitt finden sich immer auch zu sechs bis sieben Prozent die Meinungen und Zitate von Verbänden in den Medien. Seit Mitte der 1990er Jahre finden sich solche Verbände auch in dem Feld der sogenannten ›Ausländerpolitik‹, wie diese Regulierungspraxis bis vor kurzem ja noch hieß. Um ein Beispiel zu geben: Als ein neues Einwanderungsgesetz verabschiedet wurde, wird in einer deutschen Tageszeitung das Urteil eines Verbandes zitiert: »›Das ist weder ein Zuwanderungs- noch ein Integrationsgesetz‹, so Sprecher des Türkischen Bundes Berlin-Brandenburg, ›das ist ein Gesetz zur Gefahrenabwehr von Migranten.‹«[24] Was bedeuten diese Zitationen und Präsentationen von Einwandererverbänden in den deutschen Printmedien? Um welche Textgattungen oder Diskurse handelt es sich bei diesen Zitaten? Offenbar handelt es sich nicht um die sogenannten und viel beforschten Minderheitsdiskurse, die einem Mehrheitsdiskurs im Sinne einer Wir-Sie-Dichotomie gegenüberstehen. ›Minderheitsöffentlichkeiten‹, die im scharfen Kontrast zur Mehrheit stehen, wurden vielfach untersucht. Solche Hinzufügungen und ›Supplements‹ wurden bisher kaum beachtet. Dabei sind sie eine Nahtstelle zwischen sogenannter Minder- und Mehrheitsposition. Der dem ›Mehrheitsdiskurs‹ zugerechnete Journalist fügt Meinungen aus den ›Minderheitsdiskursen‹ hinzu, die jedoch für die ›Mehrheitsdiskurse‹ entwickelt wurden. Diese Unterscheidung in Minder- und Mehrheit wird unterlaufen. Gleichwohl werden Identitäten benannt und unterschieden. Nicht eine beliebige Person wird zitiert, sondern der Sprecher des Türkischen Bundes. Es handelt sich um Texte, in denen Mehrheits- und Minderheitspositionen sich überlappen oder miteinander »vernäht« sind, um einen Terminus von Chantal Mouffe zu verwenden.[25] Als Zusammenfügungen präsentieren die Texte etwas Drittes, eine Position jenseits von A und B.

Übertragen auf die oben formulierten Überlegungen zur Hybridität, wäre dies dem relationalen Hybriditätsbegriff zuzuordnen, und zwar im Sinne als ›Supplement‹ und im Sinne von ›Hybridität als Regel‹ moderner Subjektbildung. Blickt man in den diskursiven Alltag deutscher Printmedien, so wird dort keineswegs nur ›über‹ Migranten und Minderheiten geschrieben, sondern auch ›mit‹ ihnen. Deren Positionen sind sehr wohl im medialen ›Mainstream‹ präsent, sie wurden dort jedoch noch nie untersucht. Diese Positionen sind nicht an den Rändern und marginalisiert, sondern befinden sich im Zentrum der öffentlichen Imaginationsmaschine. Im folgenden Abschnitt soll kurz auf die Gründungsgeschichte des wichtigsten Verbandes eingegangen werden, bevor die Ergebnisse der Medienanalyse skizziert werden.

III Migrationspolitische türkische Verbände in Deutschland

Als sich 1995 der erste bundesweit erfolgreich auftretende Dachverband, die Türkische Gemeinde in Deutschland e.V. (TGD) – Almanya Türk Toplumu gründete, wurde dies in allen überregionalen Medien ausführlich gewürdigt. Als Vorbild bei der Gründung galt der Zentralrat der Juden in Deutschland. Laut Selbstauskunft, versammelt der Dachverband über »150 türkische Vereine«.[26] In der Presse wurde betont, dass der Verband sich ausschließlich der deutschen Integrationspolitik widmet, im Bezug auf die »Türkei will man strikte Neutralität bewahren.«[27] »Weder Rechte noch Linke, weder Kurden noch Alewiten, weder Gläubige noch Agnostiker sollen ausgegrenzt werden.«[28] Auch enthielt die Satzung ein »Bekenntnis zu Pluralismus, Demokratie und Rechtsstaat« und den Anspruch, als »eine wirklich repräsentative Organisation« der deutschen und türkischen Regierung gegenüber treten zu können. Gleichzeitig betont der Verband, so die FAZ: »immer wieder die Bedeutung der ursprünglichen kulturellen Identität der Einwanderer.«[29] Hierzu heißt es in der Präambel zur Satzung des TGD: »Wir, Bürgerinnen und Bürger türkischer Herkunft, haben uns dauerhaft in der Bundesrepublik Deutschland niedergelassen. Deutschland ist unsere neue Heimat und die Heimat unserer Kinder und nachkommender Generationen, die hier geboren sind und hier aufwachsen. (...) Wir wollen nach dem Grundsatz der Gleichstellung und Gleichbehandlung zur Verwirklichung unserer Rechte als kulturelle Minderheit in allen (...) Bereichen unseren Beitrag leisten. Wir wollen unsere fortschreitende Identität als kulturelle Minderheit vom Staat geschützt und gefördert sehen.«[30]

Mit dieser Präambel konstituiert sich der Dachverband über eine nationale Identität. Trotz dieses Bezugsrahmens bleibt der Verband eine NGO, d. h. ein rein zivilgesellschaftlicher Interessenverband. Der Dachverband ist keine politisch repräsentative staatliche oder substaatliche Institution. Seine Legitimität als kollektiver Akteur konstituiert sich über seine performative Selbstsetzung.[31] Damit bildet der Dachverband keine Ausnahme zu anderen Interessenverbänden. Soviel zu dem Dachverband als solchem. An dieser Stelle geht es insbesondere darum, den hier getroffenen Bezug auf die Selbstdefinition als klar abgegrenzte »nationale Minderheitenidentität« im Gedächtnis zu behalten.

Die Gründung des Dachverbandes im Jahr 1995 fällt in eine Zeit, die die Migrationshistoriker als Übergang von der ›Ausländerpolitik‹ zur ›Integrationspolitik‹ bezeichnet haben.[32] Dieser Übergang spiegelt sich auch in der medialen Rahmung dieses Politikfeldes wider. Empirisch lässt sich der Wandel bereits an der puren Nennungshäufigkeit beider Begriffe abbilden. Vergleicht man beispielsweise die Begriffe ›Integrationspolitik‹ und ›Ausländerpolitik‹ rein nach quantitativen Kriterien für das Jahr 1995/96 mit dem Jahr 2005/06, so ergibt sich eine deutliche Verschiebung in Richtung ›Integrationspolitik‹ (s. Tabelle 1).

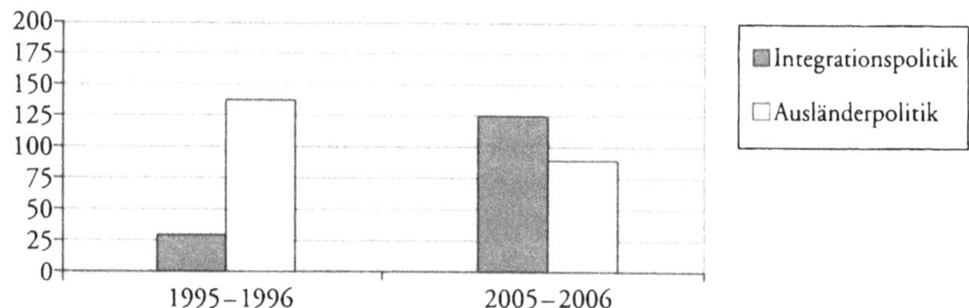

Tabelle 1: Die mediale Nennung von ›Ausländerpolitik‹ und ›Integrationspolitik‹ im Vergleich (N=754).[33]

Die Rahmung ›Integrationspolitik‹ hat sich in diesem Zeitraum verfünffacht, während die ›Ausländerpolitik‹ abnimmt. Diese Abnahme sagt nichts über die politische Realität aus, weil es sich hier um bloße Häufigkeiten handelt.

Jedoch lassen solche Tendenzen durchaus Rückschlüsse über die öffentlich diskursive Realität zu. ›Integrationspolitik‹ ist per Rahmung eher auf Inklusion ausgerichtet, ›Ausländerpolitik‹ auf Exklusion. ›Ausländerpolitik‹ verortet die Migranten in einem ›Außen‹, während Integrationspolitik auf eine Aufnahme nach ›Innen‹ zielt.

IV Integration, Staatsbürgerschaft und Islam

Im Folgenden sollen kurz die inhaltlichen Dimensionen der empirischen Analyse zu identitätspolitischen Forderungen ausgewählter Dachverbände erläutert werden. Analysiert wurden in der Studie sämtliche Artikel von vier deutschen Tageszeitungen für den Zeitraum von 1995 bis 2004. Als Auswahlkriterium diente die explizite Nennung von diversen türkischen Dachverbänden. Für die endgültige Analyse wurden die beiden häufigsten Verbände ausgewählt. Hierbei handelte es sich um die Türkische Gemeinde in Deutschland e.V. (TGD) und den Türkischen Bund Berlin-Brandenburg (TBB).[34] Eine solche über Häufigkeiten ermittelte Auswahl trifft zwar empirisch die mediale Relevanz der Verbände, sie ist jedoch nicht ohne Widersprüche. So ist beispielsweise der regionale Dachverband TBB Mitglied bei dem bundesweiten Dachverband TGD. Dessen ungeachtet wird der regionale Verband ebenso häufig zitiert, wie der Bundesverband. Die Auswahl demonstriert also reale Inkonsistenzen und beruht nicht auf methodischen Artefakten.[35]

Auf der Basis von über 800 Artikeln wurde nach der Methode *Grounded Theory* kodiert.[36] Das allgemeinste Ergebnis zeigt vier verschiedene formale Kategorien: Erstens ›Politische Forderungen‹ (n=572/44 Prozent), zweitens ›Politische Kommentare‹ (n=384/29 Prozent), drittens ›Performative Aktionen‹ und viertens ›Aussagen von Anderen‹ (n=169/13 Prozent). Die politischen Forderungen und die politischen Kommentare ähnelten sich sehr und wurden deshalb in eine Kategorie zusammengefasst. Die Kommentare enthielten letztlich immer auch Kritiken, die als indirekte Forderungen zu verstehen sind. Die ›performativen Aktionen‹ bezeichneten von den Verbänden organisierte Veranstaltungen wie Podiumsdiskussionen oder Bildungsmessen etc. Als ›Aussagen von Anderen‹ wurden Kommentare über die Verbände selbst kodiert. Hier fanden sich anfangs vereinzelt Kritiken, in der Regel aber vor allem Erläuterungen zur Organisation und Funktion des jeweils zitierten Sprechers.

Des Weiteren ist es inhaltsanalytisch notwendig, die Nennungsfrequenz der Verbände zu bestimmen. Hier ergab sich eine durchschnittliche Häufigkeit von 50 bis 70 Artikeln pro Jahr mit jeweils außerordentlichen Häufungen. So findet sich eine außerordentliche Häufung im Jahr 1999. Dieser

Peak hängt mit der Reform des Staatsbürgerschaftsrechtes in der Bundesrepublik zusammen. Die Staatsbürgerschaftsreform erregte ein enormes Medienecho. Zweitens zeigt sich ein Peak im Jahre 2004. Dieser hängt mit dem außerordentlichen Bedürfnis der Medien nach Kommentaren der Verbände zur Ermordung von Theo van Gogh in den Niederlanden zusammen.

Schließlich ist die wichtigste Frage zu beantworten, die inhaltlich-diskursive Dimension der Forderungen und Kommentare. Hier lassen sich fünf Kategorien unterscheiden: Etwa ein Viertel (26 Prozent) sämtlicher Forderungen, Kritiken und Kommentare bezieht sich auf das Thema der »Staatsbürgerschaft und Einbürgerung«. Etwa ein Fünftel (22 Prozent) der Forderungen etc. bezieht sich auf das Themenspektrum »Islam«. Ebenfalls 22 Prozent setzen sich mit dem Problemfeld »Integration« in Form von Bildung, Sprache und Arbeit auseinander. Das Thema »Ausgrenzung, Rassismus oder Diskriminierung« findet sich in 14 Prozent der Forderungen. Zu acht Prozent werden Forderungen zur »Aufnahme der Türkei in die Europäische Union« in den Medien zitiert oder inhaltlich wiedergegeben. Alle anderen Themenbereiche wurden unter der Kategorie »Sonstiges« zusammengefasst.

Im Staatsbürgerschaftsdiskurs thematisieren die Verbände das Einwanderungsgesetz und die doppelte Staatsbürgerschaft. Im Diskurs zum Islam werden Topoi wie das Kopftuch, der bekennende Religionsunterricht an staatlichen Schulen sowie der islamistische Terrorismus verhandelt. Im Integrationsdiskurs formulieren die Verbände Forderungen zu Integrationskursen, zu Bildungseinrichtungen sowie anderen Formen des Kompetenzerwerbs. Abschließend sollen lediglich die drei häufigsten Diskurse, Integration, Staatsbürgerschaft und Islam etwas detaillierter erläutert werden.[37]

In den Jahren vor der Reform des Staatsbürgerschaftsgesetzes durch die neue rot-grüne Bundesregierung galten die ehemaligen Gastarbeiter symbolisch als ›der Fremde‹, der ›heute kommt‹ und ›morgen wieder geht‹, um Georg Simmel zu paraphrasieren. Zu den klassischen Fremden, die ›heute kommen‹ und ›morgen bleiben‹[38] und die deshalb das Recht auf Integrationsprogramme hätten, wurden sie erst nach der Reform. Mit dem Regierungswechsel im Jahre 1998 begann eine Periode, in der eine ›Integrationspolitik‹ nunmehr realistisch erschien. So bat beispielsweise die *taz* den damaligen Vorsitzenden der Türkischen Gemeinde, Hakki Keskin, seine Erwartungen zusammenzufassen: Dort heißt es dann: »Die Kohl-Ära, welche ausländerpolitisch Abwehr und Absonderung betrieb, ist endlich vorbei (...). Die rechtliche, politische und soziale Gleichstellung und Gleichbehandlung der Migrantenbevölkerung stellt ein unverzichtbares Gebot des demokratischen Rechtsstaates dar. Gleichstellung und Gleichbehandlung setzen Integration voraus.«[39]

Der Regierungswechsel markiert hier den Beginn einer neuen Zeitrechnung. Nun scheint eine »Integrationspolitik« denkbar, in der es nicht mehr um die Abwehr, sondern auch um die Einbeziehung von Einwanderern gehen soll. Umfassende demokratische Grundrechte, »die Gleichstellung und Gleichbehandlung der Migrantenbevölkerung« können nunmehr proklamiert werden. Dazu einige Beispiele: So ruft der Verband das Motto aus: »Schulsprache Deutsch, Muttersprache Türkisch«. »Türkische Sprache und Kultur« an deutschen Schulen als Regelfach, Bilingualität nicht als Desintegration, sondern als Zitat »ein Reichtum, den wir unbedingt fördern sollten.«[40] Insgesamt liegt dem Integrationsdiskurs die Vorstellung einer doppelten individuellen Kompetenz (Bilingualität etc.) zugrunde. Die Identität der Migranten wird in diesem neuen Integrationsdiskurs vom Ausländer zum Einwanderer transformiert. Der Ausländer symbolisiert eine kollektive Negativbestimmung, der Einwanderer symbolisiert eine individualisierte Positivbestimmung doppelter Kompetenzen.

Die Unterscheidung in ›Ausländer‹ versus ›Einwanderer‹ findet eine Analogie in der Geschichte der deutschen Staatsbürgerschaft. Bereits in den Debatten seit der Paulskirche 1848 unterscheiden sich die Positionen in kulturelle versus soziale Staatsbürgerschaft.[41] Das kulturelle Staatsbürgerschaftsverständnis prägt die Ausländerpolitik. Die soziale Staatsbürgerschaft prägt die Integrationspolitik. Die Forderung der Verbände nach einem Staatsbürgerschaftsrecht, welches eine Integrationspolitik ermögliche, wurde beispielsweise anlässlich der Gründungsversammlung der Türkischen Gemeinde bereits im Jahre 1995 in den deutschen Medien ausführlich zitiert: »Keskin nannte den immer noch diskriminierenden Status der Türken in Deutschland inakzeptabel und inhuman und eine Gefahr für den sozialen Frieden. Die Türkische Gemeinde in Deutschland trete für die rechtliche Gleichstellung und gleiche Behandlung der Türken ein, die bereits in der dritten Generation in Deutschland lebten, aber sich hier immer noch nicht zu Hause fühlen dürfen. Haupthindernis einer Einbürgerung der Türken sei es, dass die deutsche Politik eine doppelte Staatsbürgerschaft nur in Ausnahmefällen toleriere.«[42] Die doppelte Staatsbürgerschaft scheiterte. Die CDU veranstaltete im Jahre 1999 eine Unterschriftenaktion gegen die doppelte Staatsbürgerschaft. Etabliert wurde der Catchframe »Doppel-Pass«, der nicht mehr doppelte Kompetenz, sondern Spielertricks suggerierte. Die Verdoppelung der individuellen Kompetenzen fand keine Entsprechung auf der Ebene der Staatsbürgerschaft. Die Stellungnahmen der Verbände zur Unterschriftenkampagne waren harsch.[43] In einem offenen Brief forderten sie die CDU dazu auf, die Kampagne sofort abzubrechen.[44] Der Türkische Bund konstatierte, dass sich weniger »in rassistischen Äußerungen«, als in solchen Kampagnen »die großen Ressentiments in der Bevölkerung gegenüber Nichtdeutschen« offenbarten.[45] Gleichwohl blieb es dabei. Die doppelte Staatsbürgerschaft für Nicht-EU-Bürger wurde nicht eingeführt. Insgesamt changiert der Staatsbürgerschaftsdiskurs also zwischen verdoppelten Zugehörigkeiten und Entweder-oder-Unterscheidungen.

Die dritthäufigste Kategorie waren die Forderungen der Verbände zum Islam. Kein Symbol scheint in der Bundesrepublik stärker die identitäre Differenz der Einwanderer zu repräsentieren, als der muslimische Glaube und das Kopftuch. Doch gemäß den Forderungen der Verbände scheint nichts so unklar zu sein, wie der Fremdheitsstatus des Islam in der Bundesrepublik. Stattdessen findet sich ein Gemengelage polarer, inkommensurabler Positionen. Die Schnittstelle zwischen den beiden Positionen verläuft nicht zwischen den »autochthonen Einheimischen« und den »allochthonen Fremden«, sondern mitten durch die beiden Gruppen hindurch. So kam es aus Anlass einer Gesetzesverabschiedung zum Kopftuchverbot für Lehrer im Land Niedersachsen zu einer Anhörung. In der Anhörung sprachen sich die evangelischen Kirchen, die liberalen Juden und die Türkische Gemeinde für ein solches »Verbot« aus, während die katholische Kirche, die orthodoxen Juden und der Zentralrat der Muslime dagegen waren.[46] Und in der *FAZ* heißt es zu diesem Thema: »In dankenswerter Klarheit (...) stellt die Türkische Gemeinde klar, daß jene, die das Kopftuch auch ›amtlicherseits‹ tragen wollen, nicht ›den‹ Islam repräsentieren (...).«[47] In einer anderen Debatte, dem Streit um den islamischen Religionsunterricht an staatlichen Schulen, werfen die Verbände der Bundesregierung vor, aus »falsch verstandener Toleranz zur Salonfähigkeit von Extremisten beigetragen zu haben.«[48] Insgesamt verläuft im Islamdiskurs also die identitäre Grenzziehung zwischen *einerseits* den Verfechtern von säkular-laizistischen Normen und *andererseits* den Anhängern religiös-fundamentalerer Werte. Die Unterscheidung in das Fremde und das Eigene verläuft im Islamdiskurs der Verbände also quer – oder »transversal« – zu den nationalen Identitäten.

V Drei Unterscheidungslogiken innerhalb des Migrationsdiskurses

Die Identitäten und binären Unterscheidungen imaginierter Ego-Alter-Grenzziehungen sind in den drei skizzierten Diskursen nicht homogen, sondern verlaufen quer über die jeweiligen kollektiven Grenzziehungen hinweg. Die Unterscheidungslogik ist weder durchgängig als *horizontal* (hier/dort), noch als *vertikal* (oben/unten), oder als *funktional* (arbeitsteilig spezialisiert) zu bewerten. Vielmehr liegt eine Unterscheidungslogik zugrunde, die – in Ermangelung eines eleganteren Begriffes – ›*transversal*‹ genannt werden soll. Transversalität bedeutet quer verlaufend, d.h. die kollektiven Grenzziehungen überschreiten Oben/Unten-Unterscheidungen und verbinden Gruppen, die im Rahmen der anderen Unterscheidungslogiken als Disparat gedacht werden.[49] Beispielsweise wird im *Integrationsdiskurs* den MigrantInnen die individuelle Fähigkeit zugerechnet, sowohl den Anforderungen der Herkunftskultur als auch denen der Ankunftskultur gerecht zu werden. ›Integration‹ bedeutet sowohl in der türkischen als auch in der deutschen Kultur Kompetenzen zu erwerben. Die MigrantInnen werden innerhalb des ›Eigenraums‹ kulturell verdoppelt. Im Staatsbürgerschaftsdiskurs sind die Positionen umstrittener. Die konservativen Stimmen betonen die exklusive Zugehörigkeit zu einer Nation – die sozialdemokratischen Stimmen und die Verbände plädieren hingegen für eine Verdoppelung der Zugehörigkeit. Der Islamdiskurs ist demgegenüber übereinstimmend nach dem exklusivistischen Entweder-oder-Prinzip organisiert. Entweder, jemand ist gläubig oder ungläubig, christlich oder muslimisch, fundamentalistisch oder laizistisch. Verdoppelungen und Übergänge finden sich hier nicht. Glaubensfragen gelten nicht als addierbar, sie schließen sich im Sinne eines Entweder-oder wechselseitig aus.

Insgesamt finden sich also drei Modi der Grenzziehung: Erstens das kulturell verdoppelbare Individuum im Integrationsdiskurs, zweitens der zur Entscheidung geforderte staatsbürgerliche Akteur und drittens das exkludierte Andere der fundamentalen Werte und des Glaubens. Die Unterscheidung in additive und exklusivistische Zugehörigkeiten präfigurieren jeweils die migrationsinduzierten Identitäten. Damit folgt der Diskurs weder der Logik einer nationalen Homogenisierung, noch der Logik einer multikulturellen Differenz. Die Grenzen einer nationalen Monokultur oder einer ethnisch differenzierten Multikultur werden je nach Kontext transzendiert und neu kombiniert. Statt Mono- und Multikultur finden sich komplexe identitätslogische Querungen der nationalen und ethnischen Zuschreibungen.

Übertragen auf die Perspektiven der Migrations- und Exilforschung verweist dieses unterscheidungslogische Modell auf potenzielle methodische Erweiterungsformen. Im methodologischen Individualismus standen stets die Personen und Biografien, die durch den Raum ›wanderten‹, im Mittelpunkt der Forschung. Individuen wurden damit als a priori kulturell unteilbar – denn nichts anderes bedeutet der Begriff ›(In)Dividuum‹[50] – konzipiert. Individuen sind trotz ihrer vereinheitlichten Bezeichnung jedoch sehr wohl in der Lage, ihre kulturellen Kompetenzen zu teilen. Diese Vorstellung stößt zudem öffentlich auf keinerlei Irritation und wird als selbstverständlich akzeptiert. In der Forschung dominierte hier viel zu häufig der Blick auf die Einheit des Individuums im Sinne eines Entweder-oder. Die Möglichkeit des Sowohl-als-auch wurde übersehen.

Eine andere Unterscheidungslogik gilt bei Fragen der Emigration oder Immigration. Hier dominierte bisher die Perspektive auf nationale Zugehörigkeiten. So stehen immer die Fragen für die Rückwanderung oder Einwanderung, d.h. die »Entscheidung« im Sinne eines Entweder-oder im Vordergrund. Die Staatsbürgerschaft legt institutionell ein strukturelles Optionsdenken nahe. Doppelte Staatsbürgerschaften würden wohl das Problem lösen[51], sie gelten jedoch in weiten Teilen der Öffentlichkeit und Forschung als illegitim. In diesem Kontext wären demgegenüber jedoch beide Unterscheidungslogiken prinzipiell durchaus denkbar. Die einfache Staatsbürgerschaft legt die Entweder-oder-Logik nahe, die doppelte Staatsbürgerschaft die Sowohl-als-auch-Logik. Im letzteren Falle erodiert die Unterscheidbarkeit von Emigranten versus Immigranten und die Übergänge wären als fließend zu interpretieren.

Wiederum eindeutige Unterscheidungskriterien gelten bei Fragen des Glaubens und der universalen Werthaltungen: Glaubensinhalte sind nicht im Sinne eines ›muslimisch-christlichen‹ Weltbildes addierbar. Hier herrscht diesbezüglich ein völliger Konsens. Die exklusivistische Logik des Entweder-oder, des Innen versus Außen ist also keineswegs obsolet. Allerdings gilt sie nicht ubiquitär für Individuen und nationale Zugehörigkeiten, sondern bezieht sich vorwiegend auf den Kontext normativer Vorstellungen und transzendenter Inhalte.

Eine solche analytische Ausweitung der Perspektive vermeidet den reduktionistischen Blick des methodologischen Individualismus. Für dieses kontextsensitive Modell unterschiedlicher Unterscheidungslogiken wird deshalb der zugegeben sperrige Begriff der ›transversalen Differenzierung‹ bemüht. Dies soll zum Einen die Idee der Querung und des Schneidens und neu Vernähens von kollektiven Grenzziehungen im Sinne Chantal Mouffs betonen. Zum Anderen markiert die Begriffswahl eine Distanz zum Hybriditätsbegriff, um das analytische Unterscheidungsvermögen zu schärfen. Wie zu Beginn skizziert, richtet sich das neue Hybriditätskonzept gegen binäre Unterscheidungslogiken. Damit geraten aber die binären Unterscheidungslogiken des Sowohl-als-auch und des Entweder-oder nicht aus dem Blickfeld. Der Hybriditätsbegriff liefert jedoch im Gegenzug eine äußerst hilfreiche Erweiterung: die Logik des ›Weder-noch‹. Dieses, vor allem in den Literaturwissenschaften beschriebene Konzept, richtet den methodischen Blick auf Transformationen von Identitätsbezügen und kollektiven Imaginationen. Dies ist eine wichtige Ergänzung: Neben der additiven Logik des Integrationsdiskurses und der exklusivistischen Logik des universalen Glaubens- und Wertediskurses findet sich, zumindest in der Literatur, die negierende Logik des Hybriditätsdiskurses. Vereinfachend ist das Modell folgendermaßen zusammenzufassen: Integrationsdiskurse folgen einer addierenden, Wert- und Glaubensdiskurse einer exkludierenden und transformierende Diskurse einer negierenden Logik.

1 Die vollständige Rede ist als Übersetzung erschienen in: *Süddeutsche Zeitung*, online unter: http://www.sueddeutsche.de/deutschland/artikel/180/157758/17/ (letzter Zugriff am 9.6.2009): — **2** Für eine ausführlichere Darstellung vgl. Valentin Rauer: *Die öffentliche Dimension der Integration. Migrationspolitische Diskurse türkischer Dachverbände in Deutschland*. Bielefeld 2008. — **3** Milton M. Gordon: *Assimilation in American Life: The Role of Race, Religion and National Origins*. New York 1964; Hartmut Esser: *Aspekte der Wanderungssoziologie. Assimilation und Integration von Wanderern, ethnischen Gruppen und Minderheiten. Eine handlungstheoretische Analyse*. Darmstadt 1980. — **4** Bernhard Giesen: *Kollektive Identität. Die Intellektuellen und die Nation*. Frankfurt/M. 1999. — **5** Özkan Ezli: »Von der Identitätskrise zu einer ethnographischen Poetik. Migration in der deutsch-türkischen Literatur«. In: Heinz Ludwig Arnold (Hg.): *Literatur und Migration* (= *Text+Kritik. Sonderband*) München 2006, S. 61–73, hier S. 65. — **6** Für weitere Ausführungen s. Klaus Eder, Valentin Rauer, Oliver Schmidtke: *Die Einhegung des Anderen. Türkische, polnische und russlanddeutsche Einwanderer in Deutschland*. Wiesbaden 2004. — **7** Robert E. Park: »Human Migration and the Marginal Man«. In: *American Journal of Sociology* Jg. 6 (1928) H. 33, S. 881–893. — **8** Georg Simmel: *Exkurs über den Fremden*. In: Ders.: *Gesamtausgabe*. Bd. 11: *Soziologie*. Frankfurt/M., S. 764–771. — **9** Dieses Argument hat insbesondere Alfred Schütz im Zuge seiner Exilerfahrung in seinem berühmten Text »Der Fremde« wissenssoziologisch weiter ausgeführt: Alfred Schütz: *Gesammelte Aufsätze. Bd. 2: Studien zur soziologischen Theorie*. Hg. von Arvid Bordersen. Den Haag 1972, S. 53–69. Vgl. dazu auch Claus-Dieter Krohn: »Differenz oder Distanz? – Hybriditätsdiskurse deutscher *refugee scholars* im New York der 1930er Jahre«, in diesem Band, S. 20–39. — **10** Ebd. — **11** Ebd. — **12** Ebd. — **13** William C. Smith: »The Hybrid in Hawaii as a Marginal Man«. In: *The American Journal of Sociology* Jg. 4 (1934) H. 39, S. 459–468, hier S. 459. Man stellte sich zu jener Zeit Hybridität nicht nur als *cultural hybrid*, sondern auch *biological hybrid*, d. h. als ›Mischling‹ im Sinne von ›Abstammung‹ vor. Der Begriff war also durchaus mit biologistischen und rassistischen Kategorien vereinbar und auch abwertend gemeint. Bisweilen gingen kulturelle und biologistische Konzeptionen auch nahtlos ineinander über. In seinem Aufsatz setzt Smith beispielsweise beide Sichtweisen in direkte Beziehung zueinander: »The fact that being a biological hybrid is not a serious matter unless it results in cultural hybridity.« Ebd. S. 461. — **14** Stephan Braese: »Exil und Postkolonialismus«, in diesem Band, S. 1–19. — **15** Ezli: »Von der Identitätskrise zu einer ethnographischen Poetik« (s. Anm. 5), S. 65. — **16** Homi K. Bhabha: »DissemiNation: Zeit, Narrative und die Ränder der modernen Nation«. In: Elisabeth Bronfen, Benjamin Marius (Hg.): *Hybride Kulturen. Beiträge zur anglo-amerikanischen Multikulturalismusdebatte*. Tübingen 1997, S. 149–194, hier S. 171. — **17** Homi K. Bhabha: *The Location of Culture*. London 1994. — **18** Andreas Reckwitz: *Das hybride Subjekt. Eine Theorie der Subjektkulturen von der bürgerlichen Moderne zur Postmoderne*. Weilerswist 2006. — **19** Bemerkenswert ist, dass auch in diesem Buch die von Krohn beobachtete »Amnesie« gegenüber der Konzeptgeschichte gilt, Krohn: »Differenz oder Distanz?« (s. Anm. 9), S. 22. — **20** Andreas Reckwitz: *Das hybride Subjekt* (s. Anm. 18), S. 15. — **21** Ebd. — **22** Ebd. S. 19. — **23** Ebd. S. 19. — **24** Als Kritikpunkte wurden u. a. angeführt: »Die vorgesehenen Maßnahmen im Bereich Sicherheit, wie die Abschiebungsanordnung aufgrund einer ›tatsachengestützten Gefahrenprognose‹ und die Regelanfrage beim Verfassungsschutz vor Erteilung einer Niederlassungserlaubnis, die die Union in das Gesetz hineinverhandelt hat, seien ›verfassungsrechtlich fragwürdig.‹« So in: *taz*, 27.5.2004. — **25** Chantal Mouffe: »Demokratische Staatsbürgerschaft und politische Gemeinschaft«. In: *Episteme. Online-Magazin für eine Philosophie der Praxis*. 1993, abrufbar unter: http://www.episteme.-de/download/Mouffe.rtf (letzter Zugriff am 9.6.2009); Chantal Mouffe: *Über das Politische. Wider die kosmopolitische Illusion*. Frankfurt/M. 2007. — **26** Tätigkeitsbericht des Bundesvorstands, 1995–1998, (18.2.2000), posted by: TGD, 12.01.2003; online unter: http://www.tgd.de/index.php?name=News&file=article&sid=86 (letzter Zugriff am 9.6.2009). — **27** *Frankfurter Allgemeine Zeitung*, 14.11.1995. — **28** *Frankfurter Allgemeine Zeitung*, 1.12.1995. — **29** *Frankfurter Allgemeine Zeitung*, 29.4.2002. — **30** Satzung, Präambel, posted by: TGD, 12.1.2003; online unter: http://www.tgd.de/modules. php?op=modload&name=News&file=article&sid=183 (letzter

Zugriff am 9.6.2009). — **31** Bourdieu, Pierre: *Was heißt Sprechen? Die Ökonomie des sprachlichen Tausches.* Wien 1990. — **32** Klaus J. Bade: »Einheimische Ausländer: ›Gastarbeiter‹ – Dauergäste – Einwanderer«. In: Ders. (Hg.): *Deutsche im Ausland – Fremde in Deutschland. Migration in Geschichte und Gegenwart.* München 1992, S. 393–400; Ulrich Herbert: *Geschichte der Ausländerpolitik in Deutschland. Saisonarbeiter, Zwangsarbeiter, Gastarbeiter, Flüchtlinge.* München 2001. — **33** Die Tabelle zeigt in absoluten Zahlen die Häufigkeiten pro Artikel, in der die Begriffe ›Ausländerpolitik‹ und ›Integrationspolitik‹ vorkamen. Gezählt wurde immer nur pro Artikel, Mehrfachnennungen innerhalb eines Artikels wurden nicht eigens gezählt. Bei den ausgewählten Tageszeitungen handelte es sich um: *Frankfurter Allgemeine Zeitung* (*FAZ*) und *Süddeutsche Zeitung* (*SZ*). Selbstverständlich kann eine solche Online-Untersuchung nur Annährungen demonstrieren. Um valide Ergebnisse zu produzieren, müsste jede einzelne Textstelle auf ihren denotativen und konnotativen Gehalt kodiert und miteinander in Beziehung gesetzt werden. Eine solche Analyse würde hier jedoch zu weit führen. — **34** Als Grundgesamtheit wurden sämtliche Artikel im Zeitraum von zehn Jahren aus der online-Datenbank ›LexisNexis‹ ausgewählt. Der Zeitraum war auf den 1.1.1995 bis zum 31.12.2004 begrenzt. Bei den Tageszeitungen handelte es sich um die *Frankfurter Allgemeine Zeitung* (*FAZ*), die *Süddeutsche Zeitung* (*SZ*), *Die Welt* (*Welt*) und die *tageszeitung* (*taz*). Die Auswahl erfolgte nach Verbreitungsmuster, d.h. alle Zeitungen sind überregional ausgerichtet, und nach politischen Richtungen, d.h. die *FAZ* und *Welt* gelten als eher liberal oder konservativ, die *SZ* und *taz* eher als sozialdemokratisch oder links-alternativ orientiert. — **35** Vgl. dazu ausführlicher: Yasemin Karakasoglu-Aydin: »Zwischen Türkeiorientierung und migrationspolitischem Engagement: Neuere Entwicklungen bei türkisch-islamischen Dachverbänden in Deutschland«. In: *Zeitschrift für Türkeistudien*, Jg. 4 (1996) H. 2., S. 267–282; Eva Oestergaard-Nielsen: *Transnational Politics. Turks and Kurds in Germany.* London 2003; Valentin Rauer: »Additive versus exklusive Zugehörigkeiten: (trans)nationale Grenzziehungen bei migrationspolitischen Verbänden in der Öffentlichkeit«. In: Ludger Pries (Hg.): *Jenseits von Identität oder Integration. Grenzen überspannende Migrantenorganisationen.* Wiesbaden (voraussichtlich 2009). — **36** Barney G. Glaser, Anselm Strauss: *The Discovery of Grounded Theory. Strategies for Qualitative Research.* Chicago 1967; Udo Kelle: »›Emergence‹ vs. ›Forcing‹ of Empirical Data? A Crucial Problem of ›Grounded Theory‹ Reconsidered«. In: *Forum: Qualitative Social Research* [Online Journal: http://www.qualitative-research.net/index.php/fqs/article/view/467], 6(2) (2005), S. 1–52 (letzter Zugriff am 9.6.2009). — **37** Für eine ausführlichere Darstellung vgl. Rauer: *Die öffentliche Dimension der Integration* (s. Anm. 2). — **38** Simmel: *Exkurs über den Fremden* (s. Anm. 8). — **39** *taz*, 14.10.1998. — **40** Ebd. — **41** Dieter Gosewinkel: »›Unerwünschte Elemente‹ – Einwanderung und Einbürgerung der Juden in Deutschland 1848–1933«. In: *Tel Aviver Jahrbuch für Deutsche Geschichte* XXVII (1998), S. 71–106. — **42**. *Süddeutsche Zeitung*, 4.12.1995. — **43** Vgl. *Die Welt*, 13.3.1999 und *Süddeutsche Zeitung*, 16.4.1999. — **44** Vgl. *taz*, 19.1. 1999. — **45** Vgl. *taz*, 12.2.1999. — **46** Vgl. *taz*, 27.2.2004. — **47** *Frankfurter Allgemeine Zeitung*, 20.1.2004. — **48** *taz*, 29.8.2003. — **49** Vgl. zu dem Begriff Heinz Bude: »Die Überflüssigen als transversale Kategorie«. In: Peter A. Berger, Michael Vester (Hg.): *Alte Ungleichheiten – neue Spaltungen.* Opladen 1998, S. 363–382. — **50** Armin Nassehi: »Inklusion, Exklusion – Integration, Desintegration. Die Theorie funktionaler Differenzierung und die Desintegrationsthese«. In: Wilhelm Heitmeyer (Hg.): *Was hält die Gesellschaft zusammen?* Bd. 2. Frankfurt/M. 1997, S. 113–148. — **51** Thomas Faist: »Jenseits von Nation und Post-Nation. Transstaatliche Räume und Doppelte Staatsbürgerschaft«. In: *Zeitschrift für Internationale Beziehungen* Jg. 7 (2000) H. 1, S. 109–144.

Rezensionen

Simone Barck: *Antifa-Geschichte(n). Eine literarische Spurensuche in der DDR der 1950er und 1960er Jahre.* Köln – Weimar – Wien (Böhlau) 2003. 275 S.

Die 2007 viel zu früh verstorbene Literaturwissenschaftlerin und Exilforscherin Simone Barck untersucht in ihrem umfangreichen letzten Buch die Transformation des Antifaschismus vom Opfer- und Widerstandsdiskurs der Zeugen in einen Legitimations- und Herrschaftsdiskurs der Gesellschaft und Politik der DDR. Die Verfasserin bedient sich diskursanalytischer Verfahrensweisen. Die historische Rekonstruktion des Antifaschismus erfolgt im Durchgang durch die unterschiedlichen, am Diskurs beteiligten gesellschaftlichen Akteure und Institutionen: der Vereinigung der Verfolgten des Naziregimes, den in den Lagergemeinschaften organisierten und öffentlich agierenden ehemaligen Häftlingen, dem Komitee der Antifaschistischen Widerstandskämpfer, den Entscheidungs- und Kontrollorganen der Partei und den politisch Verantwortlichen. Einbezogen sind Verlage, Zeitungen und Zeitschriften, Forschungszentren innerhalb und außerhalb der Universitäten, wie das Institut für Marxismus-Leninismus und dessen Vorläufer. Die Spannweite der untersuchten Texte reicht vom Brief, Zeugenbericht, Lebenslauf und Interview über Presse- und Zeitschriftenartikel, literarische Texte wie Tagebücher, Biografien, Erzählungen und Romane bis hin zu expositionellen Texten und Dokumentationen zur Publikationsgeschichte und Zensurvorgängen, institutions- und parteiinternen Debatten und Beschlüssen. Möglich wurde eine derartige Untersuchung durch die Öffnung der Archive nach 1990. Die Rekonstruktion des Diskurses und seines institutionellen Verlaufs sowie die Interpretation der unterschiedlichen ›Texte‹ verlangen archivalischen Spürsinn, setzen historisches und literaturgeschichtliches Wissen voraus. Über beides verfügte Simone Barck in hervorragendem Maß.[1]

Das erste Kapitel untersucht die Erinnerungsarbeit der Vereinigung der Verfolgten des Naziregimes (VVN) und ihres Verlages: Texte (u.a. von Friedrich Wolf) über die von den Nationalsozialisten ermordete Widerstandskämpferin Lilo Hermann, den autobiografischen Bericht über Sachsenhausen von Arnold Weiss-Rüthel, das Buch des Holländers Nico Rost über seine Haft in Dachau *Goethe in Dachau* (1948), die Aufzeichnungen Rolf Weinstocks über seine Odyssee als jüdischer Häftling in verschiedenen Konzentrationslagern, Hilde Hupperts Bericht über das Schicksal verfolgter deutscher und polnischer Juden im Zweiten Weltkrieg und Walter Hammers Aktivitäten als Verleger und Gründer eines Forschungsinstituts über das Zuchthaus Brandenburg. Die konfliktreiche Geschichte dieser Publikationen und Aktivitäten wird bestimmt von institutionellen Debatten über die Rolle der jüdischen Opfer und nichtkommunistischer Zeugnisse zu Widerstand und Verfolgung. Mit Beginn des Kalten Krieges verschärften sich die kontrollierenden Eingriffe, die unterschiedlichen Erfahrungen und Gruppenerinnerungen entwickelten sich zu Ausschlussbarrieren. Walter Hammer ging nach dem Scheitern seines Verlages in den Westen; Nico Rost wurde aus der DDR ausgewiesen, sein Buch erfuhr in der DDR keine Neuauflage; 1953 wurde die VVN in der DDR verboten. Damit verschwanden Lagerberichte und Zeugnisse nichtkommunistischer Verfolgter, insbesondere auch jüdischer Zeugen aus der öffentlichen Erinnerung und es entstand eine folgenreiche »Leerstelle« (S. 66) im antifaschistischen Diskurs.[2]

Das zweite Kapitel verfolgt die Entwicklung der Erinnerung in den 1950er Jahren am Beispiel literarischer und dokumentarischer Opfer- und Täterdarstellungen des Frauenkonzentrationslagers Ravensbrück. Zur Chronistin (S. 75) des Lagers wurde Erika Buchmann. Die von ihr ursprünglich zur Strafverfolgung der Täter und für Entschädigungsansprüche der Opfer angelegte Dokumentation der im Lager begangenen Verbrechen bildete die Grundlage des von ihr herausgegebenen, mit einem kommentierenden Text versehenen Erinnerungsbuches *Die Frauen von Ravensbrück* (1959). Zwischen ›Fakt und Fiktion‹ bewegen sich die literarischen Texte Stephan Hermlins (*Die Kommandeuse*, 1954) und Hedda Zinners *Ravensbrücker Ballade* (1961). Während Hedda Zinner ein differenziertes Bild des Lagers, der sozialen Herkunft und des Verhaltens auch der unpolitischen weiblichen Häftlinge zeichnete und sich damit gegen die »Festschreibung von widerspruchsfreien Lagerlegenden« (S. 107) wandte, entsprach Hermlins literarisches Psychogramm der Aufseherin Hedwig Weber alias Erna Dorn dem Mainstream faschistischer Täterbeschreibung, die ihren aktuellen Bezug in der bundesrepublikanischen Restauration zu finden glaubte. Widerstands- und Täterdiskurs entwickelten sich widersprüchlich. Die Wahrnehmung der Opfer in einfühlsamen literarischen Texten und Zeugnissen kollidierte mit der vorherrschenden Tendenz zur Heroisierung des Widerstands in den Lagern. Die Erinnerungskultur der Lagergemeinschaften, wie sie Erika Buchmann dokumentierte, war nicht mit dem politischen Deutungsanspruch kompatibel, wie er vom Komitee antifaschistischer Widerstandskämpfer und der SED erhoben wurde.

Gleichzeitig rührten die Versuche sozialpsychologischer Analyse des Verhaltens der Mitläufer und Akteure an das politische Tabu der massenhaften Unterstützung des Nationalsozialismus durch die deutsche Bevölkerung. Simone Barck geht diesem Konflikt an einer Reihe von prominenten Beispielen nach. Robert Merles 1952 in Frankreich erschienenes Psychogramm des Auschwitzkommandanten Rudolf Höß, *Der Tod ist mein Beruf*, konnte erst 1957 in deutscher Übersetzung erscheinen; eine Taschenbuchausgabe und damit größere Wirkung blieb dem Buch allerdings versagt. Die in Polen und der CSR erschienenen Höß-Tagebücher konnten in der DDR nicht erscheinen. Die *Psychologie der deutschen Faschisten* (1955) des Leipziger Hochschullehrers und Klinikdirektors Dietfried Müller-Hegemann erlebte nach wissenschaftlichen Diskussionen und Kontroversen und einem langen Gutachterverfahren keine Neuauflage. Der das Schicksal des Buches entscheidende Vorwurf bemühte die vereinfachende, aber herrschaftskonforme These von der Überbetonung psychologischer Faktoren seitens des Autors gegenüber den ökonomischen Ursachen des Faschismus und der durch sie bestimmten Verhaltensweisen. Auf diese Weise, so Simone Barck, wurde ein »Angebot zur Aussprache über die großenteils kollektiv und individuell verdrängte Vergangenheit« (S. 117) versäumt.

Das dritte Kapitel *Widerstandserzählungen und Heldenberichte* ist die überarbeitete Fassung eines 2000 im Rahmen des von Martin Sabrow herausgegebenen Sammelbandes zur *Geschichte als Herrschaftsdiskurs* erschienenen Beitrags über literarische und historisch-dokumentarische Darstellungen des antifaschistischen Widerstands in den späten 1940er und 1950er Jahren.[3] Zu den frühesten literarischen Veröffentlichungen zählen Ricarda Huchs *Porträts deutscher Widerstandskämpfer* (1946/47). Ihr Aufruf zur Sammlung von Zeugnissen und Dokumenten aus dem Widerstand bildete die Quellengrundlage für Günther Weisenborns *Lautlose(n) Aufstand* (1953). Diese erste ›Gesamtdarstellung‹ des deutschen Widerstands ›in Selbstzeugnissen‹ konnte in der DDR nicht erscheinen, weil nach Auffassung der Gutachter und Zensoren die Rolle der KPD im Widerstand nicht ausreichend betont wurde. Mehr Erfolg hatten Stephan Hermlins Porträts junger Widerstandskämpfer (*Die erste Reihe*, 1951), nicht zuletzt auch wegen des heroischen Pathos, die aus mutigen, politisch entschieden handelnden Menschen makellose Helden machten. Unter den veröffentlichten Sammlungen dokumentarischer Lebensbilder, von Zeugnissen und letzten Briefen deutscher Antifaschisten ragt die populärwissenschaftliche Quellensammlung Walter A. Schmidts hervor. Unter dem Titel *Damit Deutschland lebe* (1958) sind autobiografische Zeugnisse, Dokumente und Berichte aus dem Widerstand in Betrieben, Lagern und Gefängnissen versammelt und zu einer vom Herausgeber verfassten Textmontage verbunden. Die Widerstandskonzeption des weitverbreiteten und wiederaufgelegten Werks geriet in den Sog der wissenschaftlichen und politischen Debatten, die zur Festschreibung des offiziellen Widerstandsbildes im 1963 erschienenen *Grundriss zur Geschichte der deutschen Arbeiterbewegung* führte (dazu weiter unten). Weitere Auflagen des Buches von Walter A. Schmidt scheiterten an der vom Herausgeber bewusst offengelassenen Spannung zwischen Alltagswiderstand und offiziellem, in die Geschichte hineinprojiziertem Selbstbild der Partei als zentraler Instanz des Widerstands. 1980 übergab der Autor sein auf 3150 Seiten angewachsenes Manuskript dem Zentralkomitee der SED, in dessen Archiv es unauffindbar ist.

Bewegt sich der Widerstandsdiskurs der historisch-dokumentarischen Texte im Spannungsfeld zwischen vielstimmiger Alltagswirklichkeit und rekonstruierter Vorbildhaftigkeit der Partei, so verlegt die Literatur diese Spannung in die Menschen und die Widerstandshandlungen hinein. Bereits in frühen Texten wie Willi Bredels im Exil entstandenen autobiografischen Roman *Die Prüfung* (1934), Elfriede Brünings Roman *Damit Du weiterlebst* (1949) über die ›Roten Kapelle‹, Kurt und Jeanne Sterns *Stärker als die Nacht* (Buch und Film 1954) verbindet sich die Darstellung der Vereinsamung, Tragik und individueller Schwäche der Protagonisten mit plakativ-heroisierenden Tendenzen. Eindrucksvoll stellt Simone Barck diese Konflikte und die daraus folgenden Konsequenzen am Beispiel des Schreibprozesses, der Publikation und der öffentlichen Aufnahme von Bodo Uhses Roman *Die Patrioten* (1954) dar. Die Schwierigkeiten setzten beim Umgang mit dem historischen Material ein: Die Quellen über Bernhard Bästlein und die Hamburger Widerstandsgruppe, die Überlieferungen zur ›Roten Kapelle‹ und die Materialien über deutsche vom sowjetischen Geheimdienst angeworbene Fallschirmspringer gehen zu wesentlichen Teilen auf Recherchen und Verhörprotokolle der Gestapo zurück und sind deshalb nicht objektiv. Über diese quellenkritische Verunsicherung legte sich eine Schicht politischer Verdächtigungen und Anklagen im Gefolge der offiziellen, heroisierenden Widerstandskonzeption, die Widersprüche im Verhalten der Widerständler, taktische ›Zusammenarbeit‹, Schwäche und Angst angesichts der gewaltsamen Verhörmethoden pauschal als Verrat deutete. Der Roman, so Simone Barck, unterläuft diese Stereotype, indem er den Widerstand aus der Perspektive der Opfer darstellt, auf Fehler und Versäumnisse in den eigenen Reihen verweist und die Indifferenz gerade auch der Arbeiterbevölkerung gegenüber dem Widerstand betont. Die realistische, auf jegliches Pathos verzichtende Darstellung, das Eingehen auf die Psychologie der handelnden Personen haben die Kritik polarisiert: F.C. Weiskopf und Marcel Reich-Ranicki (in einer 1955 im *Aufbau* erschienenen Rezension) lobten den Roman, Henryk Keisch verurteilte ihn als ›überpsychologisiert‹ und bewegte sich damit auf der Linie der späteren offiziellen Geschichtsdeutung. Uhses literarischer Zugang zum Widerstand fand keine unmittelbare Nachfolge, die Fortsetzung des Romans blieb Fragment. Bestimmend für die literarische Rezeption des Widerstands wurde Bruno Apitz' *Nackt unter Wölfen* (1958). Der von der antifaschistischen Thematik überspielte Hinweis auf das jüdische Kind wurde als eigentliches Thema erst mehr als zehn Jahre später von Jurek Becker in *Jakob der Lügner* (1969) und von Fred Wander in *Der siebente Brunnen* (1971) gestaltet. Die Öffnung des Antifaschismus für die jüdischen Opfer und den jüdischen Widerstand blieb, so wichtig sie war, an die Grenzen des offiziellen Diskurses gebunden. So konnten die Bücher Primo Levis »wegen ungeheuerlicher Beschuldigungen politischer Häftlinge in Auschwitz«, so der zensurierende Einspruch eines Repräsentanten des Komitees der antifaschistischen Widerstandskämpfer (S. 192), nicht erscheinen.

Zum entscheidenden, für alle Texte, Aussagen und Entscheidungsprozesse normsetzenden Bereich entwickelte sich die Geschichtsschreibung, wie im vierten Kapitel dargestellt wird. Erste verbindliche Ansätze einer Parteigeschichtsschreibung waren die politischen Biografien: Willi Bredels auf Arbeiten im Exil zurückgehende Thälmann-Biografie (1948), Fritz Erpenbecks Buch über Wilhelm Pieck (1951), Johannes R. Bechers Ulbricht-Biografie (1958). Sie vermittelten ein widerspruchsfreies und stilisiertes Bild der dargestellten Personen und ihrer Lebensläufe, wobei individuelle Züge hinter den historischen Abläufen und den zeitgeschichtlichen politischen Anforderungen zurücktraten. Simone Barck beschreibt anschaulich, wie infolge dieser widersprüchlichen Anforderungen Bechers Ulbricht-Biografie Torso bleiben musste und als Werk gescheitert ist. Die endgültige Fassung wurde von Otto Gotsche und Lotte Ulbricht redigiert. Eine der Ursachen der Mängel und des Scheiterns der politischen Biografik bestand im Fehlen einer wissenschaftlichen Dokumentation und Konzeption für die Darstellung der deutschen Geschichte zwischen 1918 und 1945, insbesondere auch der Geschichte der KPD. Diese Aufgabe kam dem 1949 gegründeten *Marx-Engels-Lenin-Institut* (ab 1956: *Institut für Marxismus-Leninismus*) zu.

Die Arbeit der hier beschäftigten Wissenschaftler und Forscher schuf die Grundlagen für die achtbändige *Geschichte der deutschen Arbeiterbewegung* (1966), die als »zensurpolitischer Leittext« (S. 210) fungierte. Die Geschichte des Antifaschismus zwischen 1933 und 1945 bildete das Thema des fünften Bandes. Bei seiner Darstellung und Bewertung wurden zwar die extremen Auswüchse der stalinistischen Geschichtsdeutung vermieden, der Terror, die Prozesse und Verfolgungen auch der deutschen Antifaschisten in der Sowjetunion fanden jedoch auch jetzt keine eingehende Darstellung. Die These von der ›führenden Rolle der Partei‹ wurde unter Aussparung aller Brüche und Fehler, aller Niederlagen und Katastrophen festgeschrieben – immerhin gehörte die Untersuchung des Alltags unter dem Nationalsozialismus zu den selbst von Walter Ulbricht als Mitverfasser der *Geschichte* hervorgehobenen Desiderata für spätere Neuausgaben, zu denen es infolge des politischen Macht- und Diskurswechsels Anfang der 1970er Jahre allerdings nicht mehr kam. Entstehung, Propagierung, Verbreitung und wissenschaftliche Auswertung des wissenschaftlichen Kollektivunternehmens können anhand der heute zugänglichen Arbeits- und Diskussionsprotokolle des Autorenkollektivs verfolgt werden. So ist ein einzigartiger Einblick möglich in den Vorgang der Transformation von historischen Dokumenten und historischem Wissen über den Widerstand in das politische Kollektivgedächtnis und den antifaschistischen Herrschaftsdiskurs.[4]

Wie flexibel dieser Diskurs, wie auslegungsfähig seine ideologischen Subtexte waren, zeigt der Ausblick über Möglichkeiten und Grenzen, Widerstandsgeschichte ›von unten‹ zu schreiben im abschließenden Kapitel (S. 229–257). Im Mittelpunkt steht die Geschichte der Charlotte Bischoff als reale Person und Widerstandskämpferin und als fiktionale Figur in Peter Weiss' *Ästhetik des Widerstands*. Als freie Mitarbeiterin des Instituts für Marxismus-Leninismus hat Charlotte Bischoff Dokumente des Widerstands in Berlin gesammelt. Auf dieser Grundlage und ihrer eigenen Erfahrungen im Widerstand hat sie einen kurzen, aber wichtigen Text über die »Innere Front« (1961) verfasst. Der Text überrascht durch den Aufweis einer Vielzahl kleiner unabhängiger Widerstandsgruppen mit einer beachtlichen Zahl von Akteuren und vermittelt so ein differenziertes Bild des Alltagswiderstands während des Krieges, ohne dass der Widerspruch zum offiziellen Bild des zentral von der Partei organisierten Widerstands benannt wird. Ein weiteres Dokument, ihr für das Erinnerungsarchiv des *Instituts für Marxismus-Leninismus*[5] verfasster Lebenslauf, enthält eine realistische und illusionsfreie Darstellung der Arbeit der von Herbert Wehner und Kurt Mewes geleiteten Parteigruppe in Schweden. Bischoffs Kritik der von Mewes verantworteten Pannen und Fehler mit ihren z. T. katastrophalen Folgen für die konspirative Tätigkeit in Deutschland blieb wirkungslos, da Mewes dank seiner herausragenden Stellung in der Parteihierarchie jede öffentliche Diskussion unterbinden konnte. Charlotte Bischoffs Lebenslauf blieb im Archiv verschlossen. Die politische Bedeutung und Wirksamkeit, die Charlotte Bischoff in der Öffentlichkeit der DDR verwehrt war, erhielt sie in anderer Form, als »repräsentative Gestalt« und ›Parallel-Erzähler-Figur« (S. 245) in Peter Weiss' *Ästhetik des Widerstands*. Sie wird dort zum zentralen epischen Medium für die im Roman entfaltete Konzeption eines im selbstbewussten Handeln parteiischer, aber nicht parteigebundener Menschen sich vollziehenden Widerstands. Zugleich wird die Romanfigur der Charlotte Bischoff, im Rückgriff auf die lebensgeschichtlich verbürgte Berührung der realen Person mit der Arbeiterkulturbewegung, zur ›Chiffre‹ für eine den Widerstand begleitende und begründende »Welt der Kunst und Ästhetik« (S. 248), die eigenen Gesetzen folgt und keiner Zensur unterliegt. Dass dieses Programm in der DDR politische und ästhetische Utopie bleiben musste, zeigt die Publikationsgeschichte der *Ästhetik des Widerstands*. Erst acht Jahre nach der Veröffentlichung des ersten und zwei Jahre nach Erscheinen des dritten und letzten Bandes konnte 1983 eine auf 5.000 Exemplare begrenzte Auflage erscheinen. Sie gelangte nicht in den Buchhandel, sondern ging unmittelbar an den ›kleinen Kreis der Kenner‹.

Abschließend seien die wichtigsten Ergebnisse des Buches festgehalten:
1. Die unmittelbar nach dem Ende des Krieges einsetzende, vielstimmige und vieldeutige, über Zonen- und Ländergrenzen reichende Aufarbeitung des Widerstands wurde verengt zu einem antifaschistischen Gründungs- und Herrschaftsdiskurs. Den Höhepunkt, zugleich aber auch den Umschlagspunkt für spätere Differenzierungen bildeten die institutionsintern geführten politischen und wissenschaftlichen Diskussionen zur Redaktion und Rezeption der *Geschichte der deutschen Arbeiterbewegung* (1966). Die politische Vielfalt und Widersprüchlichkeit des Widerstands wurde, in aktualisierender Absicht, dem Anspruch auf die ›führende Rolle der Partei‹ untergeordnet. Der von Brüchen, Misserfolgen und schwerwiegenden Fehleinschätzungen gekennzeichneten realen Geschichte des Widerstands wurde eine linear verlaufende, bis in die unmittelbare Gegenwart reichende nationale Erfolgsgeschichte übergestülpt.
2. Damit fielen aus der offiziellen Erinnerungsgeschichte die Zeugenliteratur der ehemaligen Lagerinsassen (1. und 2. Kapitel), die Erfahrungsberichte und Lebensgeschichten aus dem Alltagswiderstand (5. Kapitel) heraus. Jüdische Verfolgung und Widerstand, Antisemitismus und Shoah waren im Rahmen des offiziellen Antifaschismusdiskurses als ›eigene Erfahrung‹ und ›Zivilisationsbruch‹ nicht artikulierbar.[6] Die Zeugnisse der jüdischen Opfer und des jüdischen Widerstands, die Bestandteil der Erinnerungsarbeit der Vereinigung der Verfolgten des Naziregimes waren, blieben bis in die 1950er Jahre ohne Nachfolge. Erst die Aufführung von Peter Weiss' *Ermittlung* 1965 öffnete den Raum für literarische Texte, die den jüdischen Widerstand thematisierten (Jurek Becker, Fred Wander).
3. Produktion und Rezeption von Erinnerung in lebensgeschichtlichen Zeugnissen und Dokumenten, in wissenschaftlichen, publizistischen und literarischen Texten sind institutionell vermittelt. An die Öffentlichkeit gelangen nur Texte, die diese zweite, institutionalisierte Öffentlichkeit der gesellschaftlichen Organisationen und politischen Parteien, der Verlage, Zeitschriften und Zeitungen passiert haben. Diese zweite Öffentlichkeit bildet den Ort von Diskussionen und Entscheidungen, von Ausschlüssen, Disziplinierung und Zensur – materialisiert sind diese Prozesse in einer besonderen Art von Texten: Briefen, Stellungnahmen, Gutachten und Protokollen, die ein eigenes Archiv bilden, das für die Forschung geöffnet ist. Die Auswertung dieses Archivs ermöglicht eine historische Rekonstruktion der Diskursverläufe und eine Analyse der diskursiven Machtverhältnisse. Sie verweist auf die Zusammensetzung der in der zweiten Öffentlichkeit sich herausbildenden Entscheidungsinstanzen und ihre Rolle bei der Transformation des Antifaschismus zum Herrschaftsdiskurs. Es entstand aber kein geschlossener Kreis. Einerseits bildeten sich an den institutionellen Schnittstellen der zweiten Öffentlichkeit Räume, die offen für literarische Versuche, nichtkonforme Interventionen (etwa die sozialpsychologische Faschismusforschung), für die Einrichtung von Erinnerungsarchiven waren, deren Integrierbarkeit in den offiziellen Diskurs allerdings nicht erprobt wurde (vgl. etwa das Erinnerungsarchiv des Instituts für Marxismus-Leninismus). Auf der anderen Seite bot die zweite Öffentlichkeit mit dem Zwang zur Diskussion und auf Texten beruhenden Entscheidungen immer wieder die Möglichkeit zu Abweichungen, Korrekturen und relativer Öffnung (vgl. etwa die Praxis der Verlags- und externen Fachgutachten, die die Entscheidungen über die Veröffentlichung oder Zensur literarischer und wissenschaftlicher Texte entscheidend beeinflusste bzw. korrigierte).
Im Blick auf die beiden Öffentlichkeiten, ihre veröffentlichten und nicht veröffentlichten, ins Archiv gestellten Texte über den antifaschistischen Widerstand in Deutschland und im Exil, in den Lagern und im Alltag kann die Verfasserin mit Recht von einem »vieldimensionierte(n) Erfahrungsschatz« (S. 263) sprechen, den auszuwerten ihr Buch einen eindrucksvollen Anfang macht.
4. Die Komplexität des antifaschistischen Diskurses, wie sie aus dem Miteinander und Gegeneinander der beiden Öffentlichkeiten, von zentraler Lenkung und institutioneller Heteronomie, von politischer Kontrolle, historischer Erfahrung und subjektiver Überzeugung resultiert, lässt sich angemessen nicht interpretieren aus dem präkonstruierten Gegensatz von Herrschaft und Gesellschaft. Sie erschließt sich nur der diskurskritischen

Analyse gesellschaftlicher »Handlungsketten« (Foucault), in denen die Macht zirkuliert: vom Zentrum zu den Rändern, aber auch gegenläufig von den Rändern zum Zentrum, von unten nach oben. Das methodisch Innovative der Untersuchung Simone Barcks liegt darin, dass sie die Subjekte der diskursiven Macht und der durch sie ausgeübten Zensur nicht nur im Zentrum der Partei, sondern in den an den ›Rändern‹ angesiedelten kollektiven Subjekten der Lagergemeinschaften und politischen Widerstandskämpfer aufsucht und als institutionelle Vermittler periphere Akteure wie Universitäten und wissenschaftliche Institute, Verlage, Zeitungen und Zeitschriften und die hier tätigen Wissenschaftler, Schriftsteller, Journalisten, Kritiker und Gutachter ausmacht.[7] Diese methodische Öffnung macht es möglich, die Subjektgeschichte des politischen Gedächtnisses zwischen ›Verantwortlichkeit‹ und Zensur kritisch aufzuarbeiten.

Das Buch erschien bereits 2003. Warum es erst nach so langer Zeit vorstellen? Die Frage richtet sich zuerst an den Rezensenten, der sein Versäumnis eingesteht und es wiedergutzumachen sucht – in der Hoffnung, dass es für ein wichtiges Buch nie zu spät sein möge. Dieser Text soll zugleich an eine befreundete Kollegin erinnern, die sich als Wissenschaftlerin darin auszeichnete, dass sie mit der Aufarbeitung des kollektiven Gedächtnisses des Exils die historisch reflektierende Arbeit am eigenen Gedächtnis verband.

Lutz Winckler

1 Nach ihrer Promotion (Simone Barck: *Johannes R. Bechers Publizistik in der Sowjetunion 1935–1945.* Berlin 1976) ist Simone Barck vor allem als Mitarbeiterin und Mitautorin des von Werner Mittenzwei geleiteten Projekts *Kunst und Literatur im antifaschistischen Exil 1933–1945* hervorgetreten. Vgl. Simone Barck, Klaus Jarmatz: *Exil in der UdSSR.* Leipzig 1979; überarb. und erw. Neuausgabe in 2 Bdn. Leipzig 1989. Zusammen mit Silvia Schlenstedt u.a. hat sie ferner das *Lexikon sozialistischer Literatur. Ihre Geschichte in Deutschland bis 1945.* Stuttgart 1994 herausgegeben. Weitere Veröffentlichungen: Simone Barck (Hg.): *Im Dialog mit Werner Mittenzwei: Beiträge und Materialien zu einer Kulturgeschichte der DDR.* Berlin 1997; Simone Barck, Siegfried Lokatis (Hg.): *Fenster zur Welt: eine Geschichte des DDR-Verlages Volk und Welt.* Berlin 1997; Simone Barck, Stefanie Wahl (Hg.): *Bitterfelder Nachlese: ein Kulturpalast, seine Konferenzen und Wirkungen.* Berlin 2007. – Simone Barck war langjährige wissenschaftliche Mitarbeiterin am *Zentrum für Zeithistorische Forschung der Universität Potsdam*; weitere Veröffentlichungen s. Anm.2, 3 und 7. — **2** Vgl. dazu Simone Barck: »Zeugnis ablegen. Zum frühen Antifaschismus-Diskurs am Beispiel des VVN-Verlags«. In: Martin Sabrow (Hg.): *Verwaltete Vergangenheit. Geschichtskultur und Herrschaftslegitimation in der DDR.* Leipzig 1997, S.259 ff.; Karin Hartewig: *Zurückgekehrt. Die Geschichte der jüdischen Kommunisten in der DDR.* Köln – Weimar – Wien 2000, S. 373 ff. zur Auflösung der VVN; S. 466 ff zu frühen Zeugnisberichten aus den Konzentrationslagern. — **3** Vgl. Martin Sabrow (Hg.): *Geschichte als Herrschaftsdiskurs. Der Umgang mit der Vergangenheit in der DDR.* Köln – Weimar – Wien 2000, S. 119 ff. — **4** Zur Entstehungsgeschichte, Konzeption und Verbreitung der *Geschichte der deutschen Arbeiterbewegung* vgl. Siegried Lokatis: *Der rote Faden. Kommunistische Parteigeschichte und Zensur unter Walter Ulbricht.* Köln – Weimar – Wien 2003, S. 233–357. Von Lokatis stammt auch der Begriff des ›Leittextes‹ als Text, der ›mit anderen Texten kommuniziert und sie regiert‹ (S. 26). — **5** Vgl. Beatrice Vierneisel: »Das Erinnerungsarchiv. Lebenszeugnisse als Quellengruppe im Institut für Marxismus-Leninismus beim ZK der SED«. In: Sabrow (Hg.): *Verwaltete Vergangenheit* (s. Anm.2), S. 117 ff. — **6** Vgl. dazu grundlegend Hartewig: *Zurückgekehrt* (s. Anm. 2). Dort auch zum strukturellen Wandel und zur Öffnung der Erinnerung an die jüdische Verfolgung und die Shoah im letzten Jahrzehnt der DDR (*Die wiederentdeckte Erbschaft*, S. 575 ff). – Zur historischen Topografie jüdischen Lebens im Berliner Scheunenviertel vgl. Simone Barck, Karlheinz Barck: »Grenzen der Toleranz. Berlin-Mitte: Große Hamburger Straße«. In: Richard Faber, Barbara Naumann (Hg.): *Literatur der Grenze – Theorie der Grenze.* Würzburg 1995, S. 21–39. — 7 Nicht zufällig befassen sich wichtige Publikationen Simone Barcks der letzten zehn Jahre mit Problemen der Zensur: Simone Barck, Martina Langermann, Siegfried Lokatis (Hg.): *Jedes Buch ein Abenteuer. Zensur-System und literarische Öffentlichkeiten in der DDR bis Ende der 60er Jahre.* Berlin 1997; Simone Barck, Siegfried Lokatis, Günther Agde: *Zensurspiele: heimliche Literaturgeschichten aus der DDR.* Halle 2008.

Marianne Kröger: *Das »Individuum als Fossil« – Carl Einsteins Romanfragment BEB II. Das Verhältnis von Autobiographie, Kunst und Politik in einem Avantgardeprojekt zwischen Weimarer Republik und Exil.* (= *Komparatistik im Gardez!* Hg. von Winfried Eckel, Carola Hilmes, Werner Nell. Bd. 5). Remscheid (Gardez! Verlag) 2007. 428 S.

Carl Einsteins Roman *Bebuquin oder die Dilettanten des Wunders* (1912) ist eines der bedeutendsten Werke der literarischen Avantgarde. Der Autor, ein Multitalent, schöpfte aus Kunstgeschichte, Ethnologie, Philosophie, Religionsgeschichte, politischer Theorie und Literatur für seine Darstellung des kritisch-reflexiven Intellektuellen, »der in der Kunst ein Medium der Befreiung von Positivismus, Kausalität, von Alltagsroutine, Konvention und Kitsch« erkennt. Diesem Buch wollte Einstein ein zweites, den sogenannten *Bebuquin II*, folgen lassen, von dem sich jedoch nur zwischen 1922 und 1940 entstandene Fragmente – 50 Mappen voller Notizen, Korrekturstreifen, zusammenhangsloser Textpassagen und Gedichte – erhalten haben. In diesem Werk sollte ebenfalls ein kritischer Intellektueller, ein dem Kollektiv gegenüber einflussloses, jedoch nicht hoffnungsloses Individuum im Zentrum stehen. 1963 tauchten die Mappen in Georges Braques Nachlass in Paris auf. Marianne Kröger hat es sich zur Aufgabe gemacht, das Mammutfragment zu sichten, zu ordnen und zu kategorisieren und den Spuren zweier Leitthemen nachzugehen: Einsteins Verarbeitung biografischer Fakten und seine Gesellschaftsanalyse. In letzterer diagnostiziert Kröger eine »Fundamentalkritik« an Staat, Kirche, Wirtschaft und ganz besonders der Justiz im Kaiserreich und der Weimarer Republik. Der mehrfach wegen Gotteslästerung angeklagte Autor sprach aus Erfahrung.

Kröger stellt ihre Untersuchung auf das solide biografische Fundament der Vita Einsteins während der Entstehungszeit des *BEB II*-Materials. Die Epoche umfasst Einsteins Berliner Jahre bis 1928, als seine erfolgreiche *Kunst des 20. Jahrhunderts* in drei Auflagen erscheint (Propyläen-Kunstgeschichte Bd. XVI, 1926), seine Aufsätze in russischen und französischen Zeitschriften veröffentlicht werden, und er mit Léger, Gris, Braque und Picasso korrespondiert. 1928 zieht Einstein, einer der bedeutendsten Vermittler zwischen Deutschland und Frankreich nach Paris. Eine weitere produktive Phase endet 1936, als er sich auf republikanischer Seite am Spanischen Bürgerkrieg beteiligt. Kröger präsentiert erstaunliche Details aus dieser Zeit, in der Einstein *Die Front von Aragon* (1937) über die deutsch/italienischen Interventionen während des Krieges schreibt; ein erläuterndes Verzeichnis der zahlreichen Abkürzungen von Namen politischer Gruppen wäre hier allerdings hilfreich gewesen. Die republikanische Niederlage und Einsteins Flucht nach Frankreich, seine Internierung 1940, erneute Flucht und sein Freitod 1941 erklären, warum *BEB II* nicht geschrieben wurde.

Im zweiten Teil ihrer Untersuchung bietet Kröger eine prägnante Rezeptionsgeschichte der bisher veröffentlichten Fragmente und zeigt die ständige Vertiefung der Fragestellung und neu gewonnener Erkenntnisse über die Dekonstruktion bestehender literarischer Formen, das Fehlen struktureller und narrativer Kohärenz in einem Werk, dessen Autor in »permanenter Lebens- und Kunstrevolte« (Dirk Heißerer) gesehen wird. Krögers wichtigster Beitrag zur *BEB II*-Forschung ist die Beschreibung des bisher nicht edierten Materials. Sie übersieht keinen Aspekt, beginnend mit der Wahl der Gattung. Einstein hat das geplante Werk stets als Roman bezeichnet. Kröger sieht Bezüge zu Jonathan Swift und Cervantes. Mitunter erscheint es als Epos, Mythen und psychoanalytische Handlungsstränge werden ausgemacht. Mit Entschiedenheit lehnt sie die Bezeichnung Entwicklungsroman ab. Sie diskutiert die Titulierung – Einstein hatte offenbar an den Titel »Flucht« gedacht – und arbeitet in ihrer strukturellen Rekonstruktion Romansegmente und eine Konzeption von 50 Kapiteln heraus, deren autobiografische Basis unübersehbar ist. Ein »Grosses Kapitel Elternlosigkeit« war von Einstein geplant, ein »Erzählgerüst« wird in »intentionalen Notizen« erkennbar. Kröger charakterisiert Figuren, die mit oder ohne Namen erscheinen. Sie beschreibt räumliche Konfigurationen, wie sie Einstein aus der Kunst übernehmen konnte. Hier wird wieder sein »transdisziplinäres Vorgehen« sichtbar. Ein Überblick über die Orte verweist erneut auf die autobiografische Basis von *BEB II* wie auch die Zeitabschnitte von der wilhelminischen Epoche bis zum Aufstieg des Nationalsozialismus. Es gelingt der Verfasserin, die Intention des Autors überzeugend zu verdeutlichen, der mit *BEB II* seinen »politisch profundesten Text« geschrieben hätte. Ihr großes Verdienst ist es, aus der verlorenen, weil ungeschriebenen deutschen Literatur des 20. Jahrhunderts eines ihrer singulären Werke gerettet zu haben.

Sigrid Bauschinger

Wulf Koepke: *Deutsche Schriftsteller im Exil nach 1933*. Erkelenz (Altius-Verlag) 2008. 480 S.

Als Summe einer wissenschaftlichen Lebensleistung darf Wulf Koepkes Buch über *Deutsche Schriftsteller im Exil nach 1933* ohne

Übertreibung bezeichnet werden; zugleich ist es nach dem Willen seines Verfassers »ein Stück Geschichte der Exilforschung« (S. 18). 22 Aufsätze, die in den vergangenen 30 Jahren entstanden und zum Teil an entlegenen Orten erschienen sind, werden in drei großen systematischen Abschnitten noch einmal präsentiert. Sie dokumentieren die Tendenzen, Themen und theoretisch-politischen Perspektiven, mit denen das literarisch-kulturelle Exil einerseits und die literarisch-kulturwissenschaftliche Exilforschung andererseits auf das »Trauma von 1933« zu reagieren versuchten.

Die Einleitung (S. 7–19) markiert denn auch den irreversiblen Bruch im künstlerischen und politischen Selbstverständnis, den zunächst das Jahr 1914 und dann die Machtübergabe an Hitler bedeuteten. Die programmatische Trennung von Literatur und Politik ließ sich nicht länger aufrecht erhalten, die Idee »Deutschland«, die extrem divergierenden Konzepte von »Nation« und »Volk« zwangen zu Positionsbildungen, die sich noch im Exil fortsetzen sollten. Im Streit um die »bessere Gesellschaft der Zukunft« wurden nicht selten »die aktuellen Probleme ignoriert« (S. 9). Die z. T. zögernde, z. T. verweigerte »Begegnung« (S. 14) der Emigranten mit ihren Gastländern führte nicht nur zur Selbstisolierung und Verzweiflung, oft wurde eine kulturelle und politische Chance vertan. »Das Leben in Amerika wurde zum wirklichen Exil« (S. 15) und die Situation nach 1945, das Nach-Exil, sollte die Lage nicht wirklich verändern. In großen Linien skizziert die Einleitung und bilanzieren die den drei Kapiteln vorangestellten thematischen Einführungen die materiellen, künstlerischen und politischen Bedingungen und Kontroversen, die das deutschsprachige Exil bestimmten.

Den Ausgangspunkt (unter der Überschrift »Der Schock der Vertreibung«) bilden sechs Beiträge zu Grundfragen des politischen und schriftstellerischen Selbstverständnisses nach 1933; u. a. zu Heinrich Manns berühmtem Aufsatz »Der Sinn dieser Emigration«, zum »Judesein« im Jahre 1933, zum Begriff des Volkes in der deutschen Literatur nach 1933 sowie zu wirkungsgeschichtlichen Perspektiven von Exil, Exilliteratur und Exilforschung. Trotz der inzwischen gut dokumentierten und erforschten Geschichte von Klaus Manns *Die Sammlung* liefert der Beitrag über Franz Schoenberner wichtige Informationen zu Konzeption und Vorgeschichte einer literarischen Zeitschrift des Exils (S. 73 ff).

Unter dem Titel *Um uns die Fremde* folgen Aufsätze zu Alfred Döblin, Lion Feuchtwanger, Walter Schönstedt und Jochen Klepper. Als eine Fundgrube für Forschungen zum »Exotismus« in der deutschsprachigen Exilliteratur liest sich der hier erstmals auf Deutsch erschienene Aufsatz über »Die Indios in der Sicht europäischer Exilschriftsteller« (S. 231 ff.). Ebenso materialreich wie systematisch verfolgen alle Studien dieses Abschnitts das Ziel, die künstlerische Verarbeitung von Fremdheits- und Exilerfahrungen, von Identitätskrisen und Selbstbewahrungsbemühungen zu rekonstruieren und dabei zugleich Signaturen und Strategien einer »Ästhetik des Exils« aufzuspüren.

Die Sicht auf Deutschland, die Hoffnungen auf und Erwartungen an ein Deutschland nach Hitler bilden das thematische Zentrum des dritten Abschnitts (S. 283 ff.); mit Arbeiten über Emil Ludwig und Georg Kaisers Exildramatik, über Thomas Mann, Alfred Döblin und F. C. Weiskopf, Stephan Hermlin und Erich Arendt einerseits und Überblicksdarstellungen zu den Erwartungen der emigrierten Schriftsteller an das Nachkriegsdeutschland andererseits. Wie schwach die Stimme des deutschsprachigen Exils in der weltpolitischen Konstellation nach Kriegsende war, wie wenig es den konfrontativen Kurs und die Blockbildungen des Kalten Krieges aufzuhalten vermochte, bezeugen diese Beiträge eindrucksvoll.

»Nachwirkung und Echo des Exils« ist der Epilog (S. 445 ff.) überschrieben, der im Horizont des Epochenjahres 1989 ohne Larmoyanz konstatiert, die »Erbschaft des Exils« sei »unzeitgemäß«: »Die Sprache ihrer Texte ist nicht mehr die heutige« (S. 447). Das freilich ist kein Plädoyer fürs Vergessen, sondern für einen (selbst)kritischen Umgang mit den literarischen, essayistischen und autobiografischen Zeugnissen eines stets bedrohten Vernunft- und Humanitätsglaubens. Dem Autor und der Weichmann-Stiftung gebührt großer Dank dafür, dass sie diesen für die Kultur- und Literaturgeschichte des deutschsprachigen Exils so wichtigen Band möglich gemacht haben.

Irmela von der Lühe

Centre d'études et de recherches allemandes et autrichiennes contemporaines de l'université Stendhal-Grenoble 3 (Hg.): *Indésirables-indesiderabili. Les camps de la France de Vichy et de l'Italie fasciste. (=Chroniques allemandes. 12/2008).* 272 S.

Die Erforschung der französischen und italienischen Lager stand lange Zeit im Schatten der *résistance* bzw. der *résistenza*, den Gründungsmythen der beiden Nachkriegsstaaten. Erste wissenschaftliche Untersuchungen gingen vom Centre de documentation juive et contemporaine de Paris und von französischen und deutschen Exilforschern, Gilbert Badia und Jacques Grandjonc für Frankreich, Klaus Voigt für Italien aus. Die französische und italienische Geschichtsschreibung entdeckte das Thema erst zu Beginn der 1990er Jahre, setzte damit aber einen Forschungsprozess ingang, der bis heute anhält. Der vorliegende Band geht auf ein französisch-italienisches Kolloquium aus dem Jahr 2001 zurück; die Veranstalter Carlo Saletti und Christian Eggers sind auch die Herausgeber des Bandes. Christian Eggers resümiert in einer ausführlichen Einleitung den Forschungsstand und gibt einen vergleichenden Überblick über die Geschichte der Lager in beiden Ländern (vgl. auch die aktualisierte Bibliografie im Anhang S. 223–238). Eine erste Reihe von Beiträgen befasst sich mit der staatlichen Gesetzgebung und den Organisationsstrukturen des Lagersystems beider Länder. Hervorzuheben sind die Beiträge von Anne Grynberg über die Internierungsgesetzgebung und -praxis der Dritten Republik und Christian Eggers zu Vichy; Enzo Collotti und Carlo Spartaco Capogreco untersuchen die italienische Lagerpolitik der späten 1930er und 1940er Jahre. Die zweite Gruppe von Beiträgen widmet sich der politischen und sozialen Identität der Lagerpopulation: den 1939 nach Frankreich geflüchteten spanischen Republikanern (Marie Rafaneau-Boj), den Roma in Frankreich (Marie-Christine Hubert) und Italien (Giovanna Boursier), Slowenen und Kroaten in italienischen Lagern (Tone Ferenc) – vor allem aber den internierten und deportierten Juden (Diane Afoumado, Maurice Rajsfus). Von den in Frankreich internierten Juden starben etwa 4.000 aufgrund der schlechten Lagerbedingungen, von den 70.000 mit aktiver Beihilfe der französischen Verwaltung und Polizei deportierten Juden kehrte 1945 nur eine verschwindende Minderheit aus den deutschen Konzentrations- und Vernichtungslagern zurück.

Einen Schwerpunkt der Untersuchungen bildet die Frage nach der Kontinuität oder Diskontinuität in der Gesetzgebung, der Lagerverwaltung und den Feindbildern zwischen Vorkriegszeit und Kriegszeit bzw. in Frankreich zwischen republikanischer Gesetzgebung und den Gesetzen und Verordnungen Vichys. In Italien und Frankreich, so der übereinstimmende Befund, wurden die gesetzgeberischen Grundlagen der Lagerpolitik in der Vorkriegszeit geschaffen. Vichy trat somit das Erbe (Anne Grynberg) des republikanischen Frankreich an; die italienische Lagerpraxis konnte auf Gesetze und Dekrete der 1920er und späten 1930er Jahre zurückgreifen. Auch der Begriff ›gefährlicher‹ bzw. ›unerwünschter‹ Personen existierte in beiden Ländern bereits vor 1940 und wurde später auf ganze Personengruppen und -kollektive, in erster Linie auf die jüdische Bevölkerung, ausgeweitet. Die ›Radikalisierung‹ der Ausgrenzung wird anhand der Gesetzgebung und Lagerpraxis in beiden Ländern deutlich.

Einig sind sich die BeiträgerInnen darin, dass die französischen und italienischen Lager, obwohl sie nicht als Vernichtungslager geplant waren, der Deportation und Vernichtung der Juden vorgearbeitet haben, wobei die aktive Beteiligung Vichys eindeutiger ist als die des faschistischen Italien bis 1943. Für eine befriedigende Antwort auf die Frage nach den Ursachen des Radikalisierungsprozesses, die Anfälligkeit demokratischer Gesellschaften, wie des Vorkriegsfrankreichs, bedürfte es weiterer Untersuchungen, die die politische Kultur stärker miteinbeziehen müsste. Die entsprechenden Denkanstöße, die Christian Eggers in der Einleitung zur Ambivalenz der administrativen Einschließungspraxis, zur Wahrnehmung des Fremden und daraus folgender Ausschließungsprozesse bis hin zur Auslieferung und Vernichtung von ›Unerwünschten‹ gibt, bedürften interdisziplinärer Forschungen auf anderer Stufe – einer Zusammenarbeit mit Soziologen, Politologen und Philosophen, sofern sich die Historiografie der Lager ein Mitspracherecht bei der Verwertung ihrer Ergebnisse bewahren will.

Lutz Winckler

Helmut Böttiger, Bernd Busch, Thomas Combrink (Hg.): *Doppelleben. Literarische Szenen aus Nachkriegsdeutschland.* 2 Bde. Göttingen (Wallstein Verlag) 2009. 418 und 438 S. + Anhang.

Doppelleben verweist nicht nur auf die baldige Spaltung der Literatur zwischen Ost und West im Nachkriegsdeutschland, sondern auch auf die – hier mehr interessierenden – Gegensätze von Emigranten und den im Lande Gebliebenen, die sich nach 1945 häufig als »innere Emigranten« verstanden. Die Verlogenheit dieses vor allem von Frank Thiess popularisierten Selbstanspruchs ist bekannt, ebenso die damit verbundene Abwehr der 1933 aus Deutschland vertriebenen Intellektuellen. Dennoch bietet der umfangreiche, zu einer im Berliner Literaturhaus beginnenden Wanderausstellung entstandene Katalog – dem ein weiterer Band mit Aufsätzen zur schriftstellerischen und verlegerischen Situation in verschiedenen Regionen Deutschlands nach 1945 beigegeben ist – einen vielfach neuen Einblick in den literarischen Neuanfang. D. h., von einem solchen kann nicht gesprochen werden, denn charakteristisch war die bruchlose völkische, nationale und elitäre Kontinuität aus der NS-Zeit, wie hier mit wünschenswerter Eindeutigkeit am Beispiel einzelner Autoren (u. a. Frank Thiess, Kasimir Edschmid, Hermann Kasack) und systematischer Aspekte dargestellt wird. Alte, schon vor 1933 verbreitete Kulturkampf-Metaphern, so die Überlegenheitsattitüde der »Geistigen« bzw. Kulturträger gegenüber den blutleeren »Intellektuellen« und Zivilisationsliteraten, erlebten eine Neuauflage und wurden ausgerechnet von jenen reklamiert, die sich zuvor schamlos in serviler Kumpanei den Nazis angedient hatten.

Zum Verdienst des Bandes gehört insbesondere die erstmals genauere Rekonstruktion der Gründung der Deutschen Akademie für Sprache und Dichtung anlässlich der Feiern zu Goethes 200. Geburtstag. Man erinnere sich hierbei an die Empfehlung des Historikers Friedrich Meinecke 1946, »Goethe-Gemeinschaften« zur Rettung aus dem mentalen Elend der Deutschen zu gründen. Ähnlich war auch das erklärte Ziel der Akademie unter der Präsidentschaft Rudolf Pechels und seines Stellvertreters Frank Thiess, das Vergessen, Verdrängen und Versöhnen zu befördern, Letzteres nicht etwa mit den Emigranten, sondern mit den noch stärker verstrickten NS-Schriftstellern.

Die minutiöse institutionengeschichtliche Wiedergabe dieser Gründung, ebenso wie die der kurz darauf entstandenen Mainzer Akademie, in der Angehörige der ehemaligen Preußischen Akademie der Wissenschaften zusammenkamen und deren literarische Klasse von Alfred Döblin geleitet wurde, liefert neue und vertiefende Anregungen für die Remigrationsforschung. Die dort geführten Debatten und die dabei von den aus der NS-Zeit belasteten Literatur- und Wissenschaftsfunktionären bestimmten Akzente entlarven biederste Selbstgefälligkeit, die von tiefsitzenden Aversionen gegen die Emigranten geprägt war. Ihre Ablehnung als Kompensation des eigenen schlechten Gewissens ist dabei nicht einmal ein zentrales Motiv, sondern weiterhin virulente antisemitische Ressentiments sind mindest ebenso wichtig. Und beim Feindbild par excellence, Thomas Mann, der das literarische Schaffen in Deutschland nach 1933 für wertlos und blutbefleckt gehalten hatte, offenbarten die aggressiven verbalen Zuspitzungen ein Freund-Feind-Denken, das ebenfalls für die NS-Zeit typisch gewesen ist.

So informativ der Band ist, so sehr werden die physischen Fähigkeiten des Lesers herausgefordert. Die zeitgenössischen Zitationen im Petit-Satz sind bereits eine Mühsal, zahlreiche Faksimiles von Zeitungsausschnitten und auch viele Bilder sind ohne Lesehilfen überhaupt nicht zu identifizieren.

Claus-Dieter Krohn

Barbara Picht: *Erzwungener Ausweg. Hermann Broch, Erwin Panofsky und Ernst Kantorowicz im Princetoner Exil.* Darmstadt (Wissenschaftliche Buchgesellschaft) 2008. 311 S.

Barbara Picht hat in ihrer Dissertation das Institute for Advanced Study in Princeton als Ausgangspunkt für Erkundungen zum Erfahrungswandel von Wissenschaftsemigration genommen. Unter Einbeziehung der intellektuellen Biografien ihrer Untersuchungspersonen vor der erzwungenen Flucht wird die Änderung mitgebrachter Überzeugungen und Denkstile durch die Exilerfahrung auf den Prüfstand gestellt. Entsprechende Neuorientierungen werden dann als Voraussetzung einer gelungenen Integration begriffen.

In vier Abschnitten verfolgt Picht in einem parallelen Durchlauf die Wege des Schriftstellers Hermann Broch, des Kunsthistorikers Erwin Panofsky und des Mediävisten Ernst Kantorowicz. Dabei erweisen sich die gewählten Kategorien »Sprache«, »Arbeitsumfeld« und »Geschichtsbilder« als sinnvolles Raster, um die von Reinhart Koselleck entlehnte These vom Erfahrungswandel stark zu machen. Unter dem Eindruck der NS-Politik und ihrer Folgen sowie einer bisher weitgehend unbekannten (Wissenschafts-)Kultur veränderten sich die Theorien und Methoden bei allen drei zu einer Generation gehörenden Emigranten. Zentral war ihr ursprüngliches Verständnis von Wissenschaft, eine große Rolle spielte daneben die Aufmerksamkeit für das Verhältnis von Wissenschaft und Kunst. In diesem Zusammenhang wurde das Bemühen um die neue Sprache als Herausforderung angenommen, was im Ergebnis zu einer intensiven Auseinandersetzung mit den verschiedenen Möglichkeiten des sprachlichen Ausdrucks und zu einer so empfundenen Bereicherung führte. Dies galt selbst für Broch, der, anders als Kantorowicz und Panofsky, weiterhin deutsch schrieb.

Vor allem mit Blick auf Letztere ist Pichts multidisziplinärer Ansatz aufschlussreich. Während Panofsky in den USA kaum weniger Anpassungsleistungen zu erbringen hatte als Kantorowicz, bereitete seine deutsche Vorgeschichte ihn in mancher Hinsicht besser auf den amerikanischen Wissenschaftsstil vor. Aus dem Hamburger Kreis um Aby Warburg stammend, waren seine persönliche und wissenschaftliche Haltung der Vorstellung vom »guten Europäer« verpflichtet. Interdisziplinäre und interkulturelle Forschungen waren in diesem Umfeld verbreitet, sodass Panofsky im Exil hier unschwer anknüpfen konnte. Eine solche auffällige Kontinuität hatte jedoch ihre Bruchstellen. Die Konfrontation mit der amerikanischen Kunstgeschichte, die sich nicht allein an ein Fachpublikum richtete, beeinflusste Panofskys Werk nachhaltig. Abgesehen von Veränderungen des Sprachstils hebt Picht hervor, dass er nach seiner Emigration kaum mehr theorie- und begriffsgeschichtliche Arbeiten verfasste. Zwar waren die wichtigen *Studies in Iconology* von 1939, welche die nun vor allem mit Panofskys Namen verbundene Ikonologie in den USA zur kunstgeschichtlichen Methode schlechthin werden ließen, ein Werk in diesem Sinne. Doch orientierte es sich deutlich am Verständnis der Leser, da die theoretischen Ausführungen mittels »einer beispielhaften Anwendung der ikonologischen Interpretation von Kunst« (S. 138) in praktische Anschaulichkeit überführt wurden.

Charakteristisch für Panofskys Exil-Werk wurden Publikationen, die vor allem aus Vorträgen hervorgingen. Darüber hinaus waren es Bücher, wie etwa die 1943 erschienene Dürer-Monografie und *Early Netherlandish Painting* (1953), die – obgleich thematisch als Fortführung seiner Studien in Deutschland zu begreifen – als Gesamtdarstellungen von einer anderen Wissenschaftskultur geprägt sind. Zunächst fehlte es an der Aufnahmebereitschaft für die vornehmlich in Aufsätzen abgehandelten früheren gelehrten Detailstudien, die nur an ein enges Fachpublikum gerichtet waren. Allmählich aber wurde die räumliche und kulturelle Distanz zum alten Europa grundlegend für seine Behandlung der kunsthistorischen Gegenstände. Der erzwungene Blick von außen, Panofskys Standpunkt eines »versprengten Europäers«, ermöglichte eine Überschau, die auf Vollständigkeit verzichtete und dennoch wagte, Grundlinien zu entwerfen.

Im Gegensatz zu Panofsky war der George-Anhänger Kantorowicz, der an das »Geheime Deutschland« geglaubt hatte, von vornherein gezwungen, auf dem Weg ins Exil seinen Bezugsrahmen zu verlassen: »Ein Buch im Stil und mit der Intention der Friedrich-Biographie hätte seine Karriere in den USA vereitelt.« (S. 174) Sein ursprünglich auf Deutschland bezogenes Geschichtsbild sollte in seinen amerikanischen Arbeiten dann tatsächlich keine sichtbare Rolle mehr spielen. Mit den 1946 publizierten *Laudes Regiae* und dem monumentalen *The King's Two Bodies* von 1957 legte er zwei Studien vor, die erkennbar auf eine unmittelbare politische Wirkungsabsicht verzichteten. Diese Enthaltsamkeit ging zwar mit einer gewissen Anlehnung an den angelsächsischen Positivismus einher. Doch auch wenn Kantorowicz – anders als Panofsky – nun ausschließlich für ein Fachpublikum schrieb, sprengte er mit seiner Einbeziehung der Sprache der Symbole und der Mystik sowie literarischer Quellen weiterhin die Grenzen der historischen Disziplin. In diesem Sinne blieb die fachübergreifende Arbeitsweise in den USA seinem früheren interdisziplinären Ansatz verpflichtet. Etwas Neues war hingegen die offene Form dieser Werke. Picht erkennt hier Parallelen zu Warburgs Projekt der 1920er Jahre, dem Bilderatlas *Mnemosyne*. Eine Entsprechung scheint in der Haltung Panofskys aufzutreten: Sie besteht im Verzicht auf ein dem Werk eingeschriebenes eindeutiges Geschichtsbild, stattdessen ist der Sinn der Historie durch ein Inbeziehungsetzen ihrer vielfältigen Erscheinungen beständig zu rekonstruieren. Dass die Exilerfahrung bzw. die Auseinandersetzung mit den kulturellen Praktiken des Aufnahmelandes hier eine entscheidende Wirkung entfaltete, ist anzunehmen.

Auch Hermann Broch zeigte als Emigrant eine grundlegende Offenheit gegenüber der amerikanischen Kultur. Seine politiktheoretischen Studien zum Massenwahn stehen zwar in thematischer Kontinuität mit seinem Werk vor der Emigration. Allerdings hatte der Schriftsteller dieses Feld vor allem literarisch bearbeitet und erst unter dem Eindruck der politischen Verhältnisse und der eigenen Exilerfahrung einer wissenschaftlichen Analyse den Vorzug gegeben. Es waren vornehmlich Zweifel über die Einflussmöglichkeiten von Literatur, die Brochs massenpsychologische Forschungen motivierten. Seine damit verbundenen Pläne für ein Institut zur Erforschung des Massenwahns sind auch unter dem Blickwinkel eines politischen Engagements zu sehen, welches Broch sichtlich am Herzen lag. Die Aufnahmebereitschaft seiner Arbeiten von amerikanischer Seite war insofern gegeben, als er Unterstützung durch Stipendien erhielt. Dennoch war er nicht in den eigentlichen Wissenschaftsbetrieb integriert. Inwieweit er danach strebte, wird nicht recht deutlich, fraglich bleibt zudem, in welchem Maß das unvollendete und zu Lebzeiten weitgehend unveröffentlichte politiktheoretische Werk im engeren Rahmen der Wissenschaftsemigration zu betrachten ist. Für das Buchprojekt *The City of Man. A Declaration on World Democracy* (1940), einem Gemeinschaftswerk von Emigranten und amerikanischen Gelehrten, schrieb Broch einen kleinen Text zum Thema »Ökonomie« als Beitrag zur Massenwahnforschung. Im Blick standen dabei auch die USA, deren Gefährdungen er im Auge hatte. Dies deute an, so die Autorin, dass die Begegnung Brochs mit der amerikanischen Realität einen wichtigen Impuls für sein Exil-Werk darstellte.

Der Schwerpunkt der Fallstudien von Picht liegt auf dem Erfahrungswandel, den sie anhand von Veränderungen des Arbeitsumfeldes sowie der Sprache und der Geschichtsbilder im wissenschaftlichen Werk ihrer Untersuchungspersonen bestimmen kann. Mit dieser auf das wissenschaftliche Selbstverständnis gerichteten Perspektive verzichtet sie bewusst und begründet auf umfassende Werkanalysen. Damit wird ein Aspekt ausgeklammert, der für die Wissenschaftsemigration wie generell zum biografischen Wandel wichtige Einsichten zur Bedeutung interkultureller Prozesse hätte geben können. So bleibt zu wünschen, dass diese Arbeit fortgesetzt wird.

Perdita Ladwig

Marion Beckers, Elisabeth Moortgat: *Riess. Fotografisches Atelier und Salon in Berlin 1918–1932.* Tübingen, Berlin (Ernst Wasmuth Verlag) 2008. 256 S.
Irme Schaber, Richard Whealan, Kristen Lubben (Hg.): *Gerda Taro.* Göttingen (Steidl Verlag) 2007. 176 S.
Gisèle Freund: *Photographien & Erinnerungen.* München (Schirmer/Mosel) 1985/2008. 222 S.
Bettina de Cosnac: *Gisèle Freund. Ein Leben.* Zürich – Hamburg (Arche Literatur Verlag) 2008. 298 S.
Aubrey Pomerance (Hg.) im Auftrag des Jüdischen Museum Berlin: *Ruth Jacobi. Fotografien.* Berlin (Nicolaische Verlagsbuchhandlung) 2008. 132 S.
Yudith Caplan (Hg.): *Eine Frau mit Kamera. Liselotte Grschebina, Germany 1908 – Israel 1994.* Jerusalem (The Israel Museum) 2008. 158 S.

Bemerkenswerte wie beeindruckende Neu- und Wieder-Entdeckungen gibt es für 2008 im Bereich der (Exil-)Fotografie zu vermelden. Ihrem Standardwerk über Fotografinnen der Weimarer Republik hatte die Fotohistorikerin Ute Eskildsen den Titel *Fotografieren hiess teilnehmen* gegeben. Und teilnehmen wollten, teilgenommen haben die Fotografinnen, die durch Ausstellungen wie Kataloge im vergangenen Jahre gewürdigt wurden.

Eine Neuentdeckung ist die Fotografin Frieda Riess (1890–1957). Selbst einschlägige Fotografenlexika führten sie bislang nicht, mit falschem Vornamen oder ohne Lebensdaten auf. Was die beiden Herausgeberinnen vom »Verborgenen Museum« in Berlin recherchiert und zusammengetragen haben, kann nicht hoch genug gelobt werden. Nach ihren Publikationen zu Lotte Jacobi und Yva (= Else Neuländer) rücken sie mit ihrer detaillierten Dokumentation eine weitere jüdische Fotografin ins Licht der Öffentlichkeit. Allein die 300 im Archiv von »ullstein bild« in Berlin gefundenen Presseabzüge rechtfertigen Ausstellung wie Katalog. Der nachdenkliche Betrachter gerät angesichts der Porträtgalerie ins Staunen, denn wer hier abgelichtet wurde, besaß Rang und Namen: Emil Jannings, Claire Goll, Gerhart Hauptmann, Georg Kaiser, Leni und Ernst Lubitsch, Rudolf Leonhard, Heinrich und Klaus Mann, Tilla Durieux, Max Hermann-Neiße, Lil Dagover, André Gide, Ruth Landshoff, Rudolf Leonhard, Asta Nielsen, Marc Chagall, Max Schmeling und – Benito Mussolini. 1932 übersiedelte Frieda Riess nach Paris. Die Okkupation Frankreichs und die drohende Deportation überlebte sie dank Protektion und eines Pseudonyms, das ihre jüdische Herkunft verschleierte. Dass sie nach 1945 in Vergessenheit geriet, wirft ein bezeichnendes Licht auf die von anderen, nichtjüdischen Kollegen eingenommenen Stellen und Institutionen. Es war eben nicht nur ein Prozess des Vergessens, es war in mehrfacher Hinsicht ein Prozess bewussten Verdrängens.

Auch für die 1910 in Stuttgart geborene Gerta Pohorylle, Tochter einer aus Ostgalizien stammenden jüdischen Familie, gab es nach 1933 in Deutschland keine Lebensperspektive mehr. In Paris lernte sie den ebenfalls aus Deutschland geflohenen André Friedmann kennen. Hier gründeten sie gemeinsam eine Bildagentur und gaben sich klangvollere Namen; aus Pohoyrlle wurde Taro, aus Friedmann Capa. 1936 gingen beide nach Spanien, um als Fotoreporter über den Spanischen Bürgerkrieg zu berichten.

Die im Juli 1937 bei einem tragischen Unfall getötete Gerta Taro war fast in völlige Vergessenheit geraten, allerhöchstens als Freundin und zeitweilige Kollegin des berühmten Kriegsfotografen Robert Capa ein Begriff. Es ist den langjährigen Recherchen und Bemühungen Irme Schabers geschuldet, dass nach ihrer schon 1994 erschienenen Biografie zu Gerta Taro nunmehr in Zusammenarbeit mit dem Capa-Biografen Richard Whelan eine international beachtete, englischsprachige Monografie zu Taro vorliegt. Nach ersten Präsentationen einer parallel erstellten Ausstellung in New York und in London ist auch eine Eröffnung in Stuttgart geplant, wo dank der Initiative Irme Schabers seit Oktober 2008 ein Platz nach Gerta Taro benannt ist.

Beim Namen Jacobi denken Fotokenner sofort an Lotte Jacobi, doch nicht an ihre jüngere Schwester Ruth (1899–1995). Aber gerade ihr, die viel zu lange im Schatten ihrer selbstbewussteren Schwester stand, galt die Sonderausstellung »Ruth Jacobi: Fotografien« im Jüdischen Museum Berlin. Seit zwei Jahren befinden sich 400 Fotoabzüge und zahlreiche Negative aus ihrem Nachlass im Archiv des Jüdischen Museums. Um diverse Familienfotos ergänzt, wurden sie in dem vom Ausstellungskurator Aubrey Pomerance herausgegebenen Begleitbuch gleichen Titels präsentiert. Zu den von Ruth Jacobi porträtierten Prominenten zählen etwa Albert Einstein, Viktor de Kowa, der Schriftsteller Leonard Frank und der Maler Max Pechstein. Doch neben Porträts treten diverse Reportage- und Reisefotografien, Pflanzen- und Landschaftsaufnahmen, Stilleben und Experimentalfotografien. Von besonderer Eindringlichkeit ist Ruth Jacobis Fotoserie von New Yorks Lower East Side, die schon 1928 entstand. Eines ihrer Fotos, das einen armen, jüdischen Straßenhändler zeigt, erschien schon 1930 auf dem Schutzumschlag von Michael Golds Buch *Jews Without Money*, das 1931, gestaltet von John Heartfield, auch auf deutsch erschien.

Mit der Machtübertragung 1933 begann die Zerstörung des seit drei Generationen tätigen fotografischen Familienbetriebs. Wer erfahren möchte, mit welcher Brutalität und Kaltschnäuzigkeit die Nationalsozialisten gegen Fotografen jüdischer Herkunft vorgingen, der lese aufmerksam die Memoiren Ruth Jacobis. Im Mai 1935 emigrierte sie gemeinsam mit ihrem zweiten Mann nach New York. Wie es in ihren, im Katalogbuch erstmals veröffent-

lichten Erinnerungen heißt: »Wir waren froh und alles war schön, wir hatten das Glück, der Hölle Hitlers entkommen zu sein.«
Im Dezember 2008 wurde ebenfalls in Berlin des 100. Geburtstages der berühmten Fotografin Gisèle Freund (1908–2000) gedacht. Einer jüdischen Kaufmanns- und Kunstsammlerfamilie entstammend, war sie 1933 vor der Verhaftung durch die Nazis nach Frankreich geflohen, wo sie 1936 ihre Dissertation *Die Fotografie im 19. Jahrhundert in Frankreich* abschloss. Exilforscher werden sich besonders für ihre Fotos vom »1. Internationalen Schriftsteller-Kongress zur Verteidigung der Kultur 1935« in Paris interessieren. In der französischen Hauptstadt schuf die Autodidaktin Freund jene farbigen Porträtaufnahmen von Walter Benjamin, Arthur Koestler, George Bernard Shaw, Jean Cocteau, André Malraux, Louis Aragon, Gustav Regler, Anna Seghers, Andre Gide, Romain Rolland, Paul Valéry und Virginia Woolf, die mit Fug und Recht als »Ikonen der Moderne« bezeichnet wurden. Freunds weitere Emigration führte nach Argentinien, von wo sie 1953 nach Paris zurückkehrte. Die von Bettina de Cosnac vorgelegte erste Biografie widmet sich zwar ausführlich Freunds Pariser (Exil-)Jahren, doch bietet sie ihre durchaus detailreichen Recherchen allzu häppchenweise und atemlos an, sodass man dankbar auf den 1985 noch von Gisèle Freund selbst komponierten, neu aufgelegten, prächtigen Band ihrer *Photographien & Erinnerungen* zurückgreift. Allein schon um die mit Kodakdiafilmen entstandenen Farbfotografien damaliger Geistesgrößen bewundern zu können.
Eine weitere Neuentdeckung ist die im April 2009 im Martin-Gropius Bau eröffnete Ausstellung »Eine Frau mit Kamera« zu der Fotografin Liselotte Grschebina (1908–1994). Ausstellung wie das begleitende, dreisprachige Katalogbuch würdigen die in Mannheim als Liselotte Billigheimer geborene Fotografin, die nach ihrem Studium der Gebrauchsgrafik, figurativen Malerei und Werbefotografie an der badischen Landeskunstschule in Karlsruhe Werbefotografie unterrichtete. Ein eigenes Studio für Werbefotos und Kinderporträts existierte nur kurze Zeit. Im März 1934 verließ sie gemeinsam mit ihrem Mann Deutschland und emigrierte nach Palästina. In Tel Aviv eröffnete sie gemeinsam mit der Fotografin Ellen Rosenberg, der späteren Ellen Auerbach, ein Atelier mit dem Namen »Ishon« (hebr. »Augapfel«). Noch im gleichen Jahr wurde Grschebina offizielle Fotografin der Women's International Zionist Organization (WIZO). Erst nach ihrem Tod, sie starb im Alter von 86 Jahren in Tel Aviv, entdeckte ihr Sohn etwa 1.800 Fotos und übergab sie dem Israel-Museum in Jerusalem. Ausstellung wie Katalog präsentieren eine von der »Neuen Sachlichkeit« inspirierte, selbstbewusste (Foto-)Künstlerin. Für sie wie für die anderen hier vorgestellten Fotografinnen gilt ein Urteil Gisèle Freunds: »Bei der Bildbetrachtung kommt kein Mensch auf die Idee, sich zu fragen: Ist der Fotograf ein Mann oder eine Frau? Das ist der Beweis, dass sich in unserem Metier die Frau mit genauso viel Stärke und Talent ausdrücken kann wie ein Mann.«

Wilfried Weinke

Irmtrud Wojak: *Fritz Bauer 1903–1968. Eine Biographie.* München (C.H. Beck) 2009. 638 S.

Fritz Bauer, der aus der skandinavischen Emigration zurückgekehrte Generalstaatsanwalt – zunächst in Braunschweig, dann in Hessen – gehörte zu den streitbaren Juristen, die weitreichende, auch international wahrgenommene Spuren in der politischen Kultur der Bundesrepublik hinterlassen haben. Dennoch ist er nach seinem Tod 1968 in der breiteren Öffentlichkeit schnell in Vergessenheit geraten. Erst rund 30 Jahre später wurde er von der Forschung entdeckt und sogar mit der Gründung des Studien- und Informationszentrums zur Geschichte und Wirkung des Holocaust in Frankfurt am Main geehrt, das seinen Namen trägt. Jetzt hat Irmtrud Wojak, lange Zeit Mitarbeiterin des Fritz Bauer-Instituts, eine längst überfällige Biografie vorgelegt, die nicht nur die Leistungen und Wirkungen dieses Juristen im Nachkriegsdeutschland würdigt, sondern auch sein weitgehend unbekanntes früheres Leben in erstaunlicher Dichte zu erhellen vermag. Das ist beeindruckend, weil es einen Nachlass Fritz Bauers nicht gibt, ja alle persönlichen Zeugnisse von ihm kurz vor seinem Ruhestand, den er dann nicht mehr erlebte, offenbar gezielt vernichtet worden sind.

Zeit seines Lebens war Bauer ein Außenseiter. Der junge Amtsrichter in Stuttgart und dort auch Leiter des republikanischen »Reichsbanners« war den Nationalsozialisten besonders verhasst. Als doppelt stigmatisierter Jude und Sozialdemokrat war er gleich im März 1933, noch vor seiner Entlassung aus dem Richteramt, ins KZ gebracht und dort ohne Anklage acht Monate festgehalten worden. Mit Rücksicht auf seine Eltern floh er erst mit Erlass der Nürnberger Gesetze zu der bereits 1934 emigrierten Familie seiner Schwester nach Dänemark und nach der deutschen Besetzung von dort weiter nach Schweden. Hier wie dort engagierte er sich als Journalist im Kampf gegen die NS-Herrschaft, u. a. gab er in Stockholm mit Willy Brandt die *Sozialistische Tribüne* heraus, und er publizierte seine große vorausschauende Studie *Die Kriegsverbrecher vor Gericht* (schwed. 1944, dt. 1945), die neben der notwendigen strafrechtlichen Ahndung die pädagogische Unerlässlichkeit solcher Verfahren für die Demokratisierung der Deutschen betont.

Das ist der intellektuelle Fundus, mit dem er 1949 in die gerade gegründete Bundesrepublik zurückgekehrt ist; vorangegangene Versuche, nach 1945 in seine württembergische Heimatregion zu gehen, waren an der amerikanischen Besatzungsmacht gescheitert. Erst mit der Bildung des Landes Niedersachsen sollte er Erfolg haben. Als Generalstaatsanwalt in Braunschweig setzte er alsbald Zeichen und zog damit sogleich die ersten Feindschaften und Drohungen auf sich, als er 1952 die postfaschistische Öffentlichkeit mit dem über die regionalen Grenzen hinaus bekannt gewordenen Beleidigungsprozess gegen den bekennenden Nazi Otto-Ernst Remer provozierte. Dieser ehemalige Kommandeur des Berliner Wachbataillons »Großdeutschland«, hatte die von ihm seinerzeit verhafteten Männer des 20. Juli 1944 später immer wieder als Landesverräter beschimpft, woraufhin er in dem Braunschweiger Verfahren wegen Beleidigung zu einer Haftstrafe verurteilt wurde. Initiiert worden war der Prozess von Bauer nicht nur als strafrechtliche Sühne, sondern mehr noch als Aufklärung über die obsessiv beschwiegene jüngste Vergangenheit. Noch deutlicher wurde das in dem von ihm lange vorbereiteten Auschwitz-Prozess 1963–1965 als hessischer Generalstaatsanwalt in Frankfurt, an den sich weitere Verfahren etwa zur Verfolgung der Euthanasie-Verbrechen anschlossen. Dieser Prozess markierte, wie man heute weiß, eine Zäsur in der Geschichte der Bundesrepublik; er prägte nicht nur das Bewusstsein der Nachkriegsgeneration, sondern gab auch entscheidende Anstöße für die Zeitgeschichtsforschung.

In der aus der NS-Zeit schwer belasteten bundesdeutschen Justiz stießen solche Aktivitäten auf wenig Sympathie. Im Klima der Trägheit ihrer Ermittlungsbehörden und der täterfreundlichen Rechtsprechung bis hinauf zum Bundesgerichtshof machte sich Bauer keine Freunde. In der weiteren Öffentlichkeit galt er ebenfalls als Nestbeschmutzer. Symptomatisch mag sein, dass Bauer seine Recherchen zum Aufenthalt Adolf Eichmanns, dem einstigen Organisator der Judenvernichtung, nicht den deutschen Behörden anvertraute, sondern dem israelischen Geheimdienst. Mit jenem Image blieben auch seine Bemühungen in der Debatte um eine demokratische Strafrechtsreform erfolglos, die das Schuldstrafrecht der Rache und Sühne zugunsten des Resozialisations-Prinzips überwinden wollte. Trotz seiner zahlreichen gesellschaftspolitischen Engagements, etwa bei Gründung der Humanistischen Union (1961), bei der Zeitschrift *Kritische Justiz* (1968) und mit einer Unzahl von Vorträgen kam er sich zunehmend isoliert und als Gescheiterter vor. Resigniert und vereinsamt starb er wenige Tage vor seinem 65. Geburtstag. Das erklärt wohl die Vernichtung seiner persönlichen Lebenszeugnisse kurz vor seinem Tod. Jedenfalls vermittelt die eindringliche Studie Irmtrud Wojaks einen solchen Eindruck. Zu ihr sei aus engerer fachlicher Sicht lediglich der Einwand erlaubt, dass sie die hier und da fehlende biografische Überlieferung zu Bauer gelegentlich mit allgemeinen historischen, in der Regel bekannten Darstellungen – so beispielsweise zur sozialdemokratischen Parteigeschichte Stuttgarts in Bauers frühen Jahren oder zum Exil in Skandinavien – allzu stark kompensiert hat.

Claus-Dieter Krohn

Ulrike Quadbeck: *Karl Dietrich Bracher und die Anfänge der Bonner Politikwissenschaft.* (= *Nomos Universitätsschriften Geschichte.* Bd. 19). Baden-Baden (Nomos) 2008. 436 S.

In den 1950er, 1960er Jahren zählte Karl Dietrich Bracher zu den prominenten Politikwissenschaftlern, der mit seiner berühmten, 1955 und danach in diversen Neuauflagen erschienenen Studie *Die Auflösung der Weimarer Republik* weit über seine Fachgrenzen hinaus bekannt geworden ist. Die vorliegende, der intellektuellen Biografie Brachers gewidmete Dissertation rechtfertigt eine Besprechung in diesem Jahrbuch, weil er zu den herausragenden, der zweiten Nachkriegs-Generation angehörenden Vertretern des Faches zählt, der seine wissenschaftliche Sozialisation im Kontext der Reeducation und der vor allem von ehemaligen Emigranten mit amerikanischer Förderung aufgebauten Politikwissenschaft als universitärer Disziplin erfahren hatte.

Die familiäre Herkunft Brachers (geb. 1922), seine Begegnung mit der westlichen Zivilisation in dreijähriger amerikanischer Kriegsgefangenschaft (1943–46), an die sich ein Studium der Alten Geschichte und nach Abschluss der Dissertation ein einjähriger Aufenthalt an der Harvard Universität anschloss, bietet eine spannende Lektüre. In Harvard hat offenbar Brachers Interessenverlagerung zur Zeitgeschichte und mit fließenden Grenzen zur Politikwissenschaft begonnen, für die er sich pari passu an der Freien Universität Berlin mit jener genannten Studie habilitierte. Diese Passagen bleiben jedoch vergleichsweise unscharf, denn der Autorin scheinen die organisatorischen Anfänge des Faches nach 1945 offenbar nicht ganz klar geworden zu sein. Sie erwähnt zwar die von der amerikanischen Besatzungsmacht dafür einberufenen Konferenzen und andere Initiativen, die dahinter stehenden komplexen Strategien im Rahmen der »Reeducation« und später der »Reorientation« werden jedoch kaum deutlich. Sonst hätte sie die in der Forschung eigentlich gesicherte Annahme nicht so forsch zurückweisen können, dass der Neuaufbau der Politikwissenschaft nach 1945 ein Import aus den USA sei. Stattdessen beschäftigt sie sich mit Kontinuitätslinien, die von Aristoteles ausgehend die Beschäftigung mit Politik an den deutschen Universitäten auf die Geisteswissenschaften in obrigkeitsstaatlichem Sinne reduzieren. Selbst der 1959 in Bonn neu geschaffene Lehrstuhl, auf den Bracher berufen wurde, wird dieser Tradition zugeordnet, indem die Autorin den »Staatswissenschaftler« F.C. Dahlmann (1785–1860, sic!) quasi zum Vorläufer Brachers macht.

So entgeht ihr, dass die nach 1945 institutionalisierte Politikwissenschaft, damals gelegentlich auch Demokratiewissenschaft genannt, ganz andere Gegenstandsbereiche und methodische Ansätze hat. Ferner blendet sie aus, dass die FU Berlin von der amerikanischen Besatzungsmacht gegründet und finanziert worden ist, um jene an den westdeutschen Universitäten wiederauflebenden Traditionen aufzubrechen. Nur an der FU und der mit ihr später verschmolzenen Hochschule für Politik – ebenfalls eine Neugründung gegenüber den Absichten ihrer Vorgängerin aus den 1920er Jahren – konnte man bis in die 1960er Jahre ein politikwissenschaftliches Examen ablegen, wohingegen die vereinzelten Lehrstühle an den westdeutschen Universitäten nur das damals verbreitete Studium Generale zu bedienen hatten.

Eine stärker quellengestützte Recherche hätte der Autorin zeigen können, dass der von den Gründervätern der Berliner Politikwissenschaft geschätzte Bracher, den sie als ehemalige Emigranten und Kontaktleute der großen philanthropischen Stiftungen in den USA dorthin empfahlen, von diesen erhebliche Summen für seine Arbeit erhielt. Die Rockefeller Foundation beispielsweise finanzierte nicht nur seine Forschungsstelle an der FU mit DM 80.000, sondern bewilligte nach seinem Ruf an die Universität Bonn auch mehr als DM 20.000 zum weiteren Ausbau der dortigen Bibliothek. Der Verzicht, die Verankerung Brachers in diese von den USA nach 1945 begonnene Förderung in Deutschland näher zu analysieren, hat dem Gelehrten und seinem Werk sicher keinen Gefallen getan.

Claus-Dieter Krohn

Ludwig Quidde: *Deutschlands Rückfall in Barbarei. Texte des Exils 1933–1941.* Hg. und eingel. von Karl Holl. Bremen (Donat) 2009. 144 S.
Lothar Wieland: »*Wieder wie 1914!*« *Heinrich Ströbel (1869–1944). Biografie eines vergessenen Sozialdemokraten.* Mit einem Geleitwort von Hans Koschnik. Bremen (Donat) 2009. 407 S.

Die Publikation der unveröffentlichten Texte Ludwig Quiddes aus dem Exil ist eine willkommene Ergänzung der im vergangenen Jahr erschienenen umfangreichen Biografie des deutschen Pazifisten von Karl Holl. Der erste, im Sommer 1933 geschriebene mehr als 90 Seiten umfassende Essay, der als Titel der Textsammlung gewählt wurde, ist zu verstehen als Versuch der Selbstverständigung nach der Katastrophe, als Zwischenbilanz der politischen und gesellschaftlichen Hintergründe der Machtübernahme durch die Nationalsozialisten. Der Essay richtet sich an ein ausländisches Publikum, wurde aber, wie der Herausgeber vermutet, mit Rücksicht auf Quiddes in Deutschland gebliebene Frau und verfolgte politische Freunde nicht veröffentlicht. Im Mittelpunkt steht die Darstellung des Prozesses der ›Gleichschaltung‹: der Länder, der Verwaltung und der demokratischen Parteien, der Presse und Verlage, des geistigen und wissenschaftlichen Lebens. Einen breiten Raum nimmt – noch vor dem *Braunbuch* – die Darstellung des Terrors, der gewaltsamen Verfolgung der politischen Gegner und die Errichtung von Lagern ein. Die Ursachen sieht Quidde im übersteigerten, durch den Versailler Vertrag populistisch instrumentalisierbaren Nationalismus, in der Inflation und Wirtschaftskrise, den fehlenden, auf die schwachen demokratischen Traditionen zurückgeführten politischen Konsens der sozialdemokratischen und der bürgerlichen Parteien, der Gewerkschaften und nicht zuletzt der öffentlichen Verwaltung. Quidde beklagt den Mangel an Zivilcourage, kritisiert ein »würdeloses und massenhaftes Sichanpassen«; statt mutiger Selbstbehauptung sieht er einen »Triumph der Knechtseligkeit« (S. 98). Er glaubt nicht an ein schnelles Ende der Diktatur, da die Voraussetzungen für eine breite Oppositionsbewegung fehlen. Hoffnung setzt er allein in einen militärischen Putsch – eine erstaunliche Feststellung, wenn man an Quiddes Kritik der Reichswehr und der geheimen Aufrüstung in der Weimarer Republik denkt. Ebenso im Raum schwebt auch die abschließende, mehr aus liberaldemokratischer Grundüberzeugung als dem kritischen Befund nationalistischer Mentalität hervorgehende Versicherung, der Nationalsozialismus werde »eine Episode bleiben, aus der das deutsche Volk sich zur Freiheit und Demokratie zurückfinden wird« (S. 109). Erstaunlich klarsichtige Analysen stehen so neben lebensgeschichtlich deutbaren Bekenntnissen und illusionären Hoffnungen – ein Widerspruch, der auch die beiden anderen kürzeren, ebenfalls nicht veröffentlichten Beiträge »Die Kehrseite des Friedens« (1938), zum Münchner Abkommen), vor allem aber »Das andere, wahre Deutschland« (1939) durchzieht. Der letzte Text hat Vermächtnis-Charakter. Allzu unvermittelt steht neben der Kritik des deutschen Nationalismus und des ›Irrwegs‹ in den Nationalsozialismus das Bekenntnis zum ›anderen Deutschland‹, das darauf warte, sich vom Nationalsozialismus zu befreien und zur Demokratie und in die europäische Völkerfamilie zurückzukehren. Begründet wird das ›Vertrauen auf den wahren Genius des deutschen Volks‹ durch keinerlei politische Fakten oder historische Analysen, sondern durch die bildungsbürgerliche Berufung auf den deutschen Beitrag zur ›Kultur des Abendlands‹ und zur Freiheitsidee (S. 128).

Die gleichzeitig erschienene Biografie Heinrich Ströbels erlaubt einen vergleichenden Blick auf Einstellungen und Positionen eines sozialistischen Pazifismus im Exil. Heinrich Ströbel, neben Friedrich Küster »der führende Kopf des pazifistischen Sozialismus in der Weimarer Republik« (S. 25) war bereits 1931 ins Schweizer Exil gegangen – zu einem Zeitpunkt, als die organisierte deutsche Friedensbewegung infolge innerer Konflikte und zunehmendem politischen Druck von außen in der deutschen Öffentlichkeit nahezu wirkungslos war. Ströbel begann als Redakteur des sozialdemokratischen *Vorwärts*, war Reichstagsabgeordneter der SPD, später der USPD, zu deren Mitbegründern er zählte; nach der Vereinigung beider Parteien saß er erneut für die SPD im Reichstag, die er für die SAP verließ. Als linker Sozialist, als Kritiker der KPD und des Pazifismus der *3. Internationale* fiel Ströbel durch die Erinnerungsmuster des politischen Gedächtnisses deutscher Sozialisten. Die von Lothar Wieland sorgfältig recherchierte und lebendig geschriebene Biografie kann dem überzeugend entgegenwirken.

Von Quidde unterscheidet Ströbele seine auf die Einbeziehung der Massen abzielende Konzeption des organisierten Pazifismus, eine auf sozialstrukturelle Veränderungen abzielende Kritik des Militarismus und Nationalismus der Weimarer Republik. Eine radikale Demokratisierung der staatlichen Verwaltung, insbesondere des Heeres und seiner hierarchischen Führungsstruktur galten ihm als unabdingbare Voraussetzungen des Pazifismus; zu seiner Durchsetzung hätte es intensiver politischer und pädagogischer Überzeugungsarbeit bedurft. Beides war nicht zu trennen und hier hatte Ströbels umfangreiche publizistische Aktivität ihren historischen Ort. Als ›Pazifist unter Marxisten‹ (vgl. S. 183 ff.) nahm er eine Position ein, die ihn innerhalb der Sozialdemokratie isolierte und ihn von den Kommunisten trennte. Die Entwicklung zur Diktatur, die er früh voraussah, verstärkte seine Überzeugung, der Nationalismus sei das »deutsche Kernproblem«, weil er verhindert habe, nach 1918 »aus Deutschland eine wirkliche Demokratie zu formen« (S. 329). Nüchterner und klarsichtiger als Quidde akzeptierte Ströbel von Anfang an die im Versailler Vertrag festgelegten territorialen Grenzen und ließ sich nicht auf politische Anleihen am ›kulturellen‹ Nationalismus ein. Aber ähnlich wie Quidde, der Ströbel und seiner Frau aus den ihm zur Verfügung stehenden Hilfsfonds im Exil materielle Unterstützung zukommen ließ (S. 330 f.), setzte er – als überzeugter Pazifist – auf die kriegerische Intervention Frankreichs und Englands zur Eindämmung und Niederschlagung des Nationalsozialismus.

Beide Veröffentlichungen sind sorgfältig kommentiert und mit einem Personen-Register ausgestattet. Die Biografie Lothar Wielands enthält ausführliche Anmerkungen, ein Quellen- und Literaturverzeichnis, die zur Weiterarbeit einladen. Seltsam befremdend mutet allerdings die Gestaltung der Einbände an: die kaum als Kollage kenntlichen Bildzitate aus dem Arsenal martialischer Metaphorik lassen nur schwer erahnen, welche Texte sich hinter den Buchdeckeln verbergen.

Lutz Winckler

Charmian Brinson, Anna Müller-Härlin, Julia Winckler: *His Majesty's Loyal Internee. Fred Uhlman in Captivity.* London – Portland,Oregon (Vallentine Mitchell) 2009. 166 S.

Drei Autorinnen, die Germanistin Charmian Brinson, die Kunsthistorikerin und Expertin von Fred Uhlmans Leben und Werk, Anna Müller-Härlin, und die Künstlerin und Fotografin Julia Winckler liefern mit ihrem Band über die Internierung von Fred Uhlman einen bisher vernachlässigten und zentralen Beitrag zur Geschichte der Internierung der Zivilbevölkerung während des Zweiten Weltkrieges in England. Sechs Monate verbrachte der deutsch-jüdische Maler und Schriftsteller Fred Uhlman, der seit 1936 im englischen Exil lebte, im Lager Hutchinson auf der Isle of Man, inmitten der Irischen See.

Uhlmans Tagebuch aus dieser Zeit (Ende Juni bis Ende Dezember 1940), von Julia Winckler durch Zufall in den Aktenbergen des Imperial War Museum entdeckt, wird hier erstmals in seiner Originalfassung veröffentlicht, der vom Autor überarbeiteten Fassung von 1979 gegenübergestellt und ausführlich kommentiert. 16 Zeichnungen und Linolschnitte aus der während der Internierung auf der Isle of Man entstandenen Produktion des Künstlers zeigen, wie Uhlman diese Erfahrung künstlerisch zu bewältigen sucht (Julia Winckler). Düstere Szenarien von Stacheldraht, Totenköpfen und Ruinen werden erhellt von dem kleinen Körper eines Mädchens, das einen Luftballon einer Laterne gleich durch den menschlich geschaffenen Horror führt, hin zu besseren Tagen. Uhlman wurde nur wenige Tage vor der Geburt seines ersten Kindes interniert. Der Gedanke an sein ihm noch unbekanntes Kind durchzieht wie ein Leitmotiv ebenso das Tagebuch. Erstmals publizieren die Autorinnen auch Briefe von Uhlman und seiner englischen Frau Diana, die bei den entsprechenden Behörden um seine Freilassung kämpfte. Die Korrespondenz mit ihrem Vater dagegen, dem konservativen Aristokraten Lord Croft (Anna Müller-Härlin widmet ihm ein eindringliches biografisch-polititisches Porträt), zeigt dessen grundsätzlich ablehnende Haltung den Deutschen gegenüber und seinen höchst verhaltenen Einsatz für den unerwünschten deutsch-jüdischen Schwiegersohn.

Wie Charmian Brinson ausführlich darstellt, hatten die Internierten auf der Isle of Man trotz aller Einschränkungen die Möglichkeit, künstlerisch und intellektuell tätig zu sein. Künstler wie Kurt Schwitters, Paul Hamann, Georg Ehrlich, Hellmuth Weissenborn, Ludwig Meidner, Schriftsteller, Journalisten und Wissenschaftler wie Rudolf Olden, Heinrich Fraenkel, Klaus Hinrichsen, Paul Jacobsthal, Musiker wie Maryan Rawicz und Egon Wellesz standen in regem geistigen Austausch miteinander. Es gab ein Cultural Departement: fast täglich wurden Vorlesungen, Konzerte, Sprachkurse oder Theaterstücke organisiert. Kurt Schwitters bastelte im eigenen Atelier an Plastiken aus Porridge und Fred Uhlman ließ sich vom Bildhauer Paul Hamann in dessen künstlerische Technik einführen.

Die vorliegende Publikation erinnert an den vergessenen Künstler Fred Uhlman. Dieser ist einem breiten Publikum heute, wenn überhaupt, dann als Schriftsteller bekannt. Seine bereits 1960 erschienene Autobiografie *The Making of an Englishman* (deutsch 1992) verschaffte ihm in England einen Namen. Der internationale Durchbruch gelang ihm 1977 mit der Wiederveröffentlichung seiner Erzählung *Reunion* (*Der wiedergefundene Freund,* 1985), die 1988 verfilmt wurde. Uhlman hatte früh davon geträumt, als Maler Anerkennung zu finden. Der ehemalige Rechtsanwalt aus Stuttgart, der 1933 als Jude und aktives Mitglied der SPD von den Nationalsozialisten ins Exil getrieben wurde, ging zunächst nach Paris, wo er – gefördert vom Kunstkritiker Paul Westheim – zum Maler wurde und seine ersten Bilder ausstellte. 1936 lernte er Diana Croft kennen, folgte ihr nach London und heiratete sie. Ihr gemeinsames Haus wurde zum Zentrum des künstlerischen Exils in England. 1938 wurde dort die Free German League of Culture gegründet, das Artists' Refugee Committee agierte von dort aus. Uhlmans Zeichnungen und Holzschnitte aus der Zeit seiner Internierung liegen heute teils im British Museum und im Imperial War Museum in London, im Fitzwilliam Museum, Cambridge, in der Staatsgalerie sowie im Kunstmuseum Stuttgart.

Ines Rotermund-Reynard

Susanne Fontaine, Ulrich Mahlert, Dietmar Schenk, Theda Weber-Lucks (Hg.): *Leo Kestenberg. Musikpädagoge und Musikpolitiker in Berlin, Prag und Tel Aviv (Rombach Litterae 144).* Freiburg/Br. u.a. (Rombach) 2008. 348 S. + div. Abb.

Die Auseinandersetzung mit Leo Kestenberg, einem der bedeutendsten Musikpädagogen und Kulturpolitiker der Weimarer Republik, hat in den letzten Jahren einen beträchtlichen Aufschwung erfahren. Insbesondere dem Leo Kestenberg Projekt, einem engagierten Kreis um Berliner Musikpädagogen und -wissenschaftler, ist es zu verdanken, dass der zuvor hauptsächlich in einzelnen Fachdebatten geführte Diskurs über Kestenberg gebündelt und inhaltlich auf einen neuen Stand gebracht wurde. Die hervorragend gestaltete und materialreiche Homepage des Projekts (http://www.leo-kestenberg.com) gibt hiervon ebenso beredtes Zeugnis wie der vorliegende, auf ein im Dezember 2005 in Berlin veranstaltetes Symposium zurückgehende Sammelband. Die für 2009–2012 im Rombachverlag avisierte Gesamtausgabe der Schriften Kestenbergs (einschließlich der gesamten erhaltenen Korrespondenz) dürfte dabei den vorläufigen Höhepunkt dieser verdienstvollen Bemühungen bilden.

Leo Kestenberg ist heute vor allem als Reformer der Schul- und Privatmusiklehrerausbildung und visionärer Kulturpolitiker der Weimarer Republik bekannt. Seine Ideen und Konzepte einer »universalen Musikausbildung« und einer »Erziehung zur Menschlichkeit mit und durch Musik« gelten bis heute als wegbereitend für eine moderne Musikpädagogik. Dies belegt Ulrich Mahlerts Beitrag über das von Kestenberg initiierte Seminar für Musikerziehung an der Hochschule für Musik mit seinem auf offenen Austausch zwischen Lehrpersonal, Studierenden und Schülern ausgerichteten Ansatz sehr eindrucksvoll. Die personal- und institutionspolitische Arbeit Kestenbergs in seiner Zeit als Musikreferent, später Ministerialrat im Preußischen Kultusministerium gilt bis heute als legendär und prägte das einzigartige kulturelle Leben Berlins der 1920er Jahre. Die Liste der von ihm in und nach Berlin berufenen Künstler umfasst – um nur die bekanntesten zu nennen – Namen wie Schönberg, Schreker, Klemperer und Erich Kleiber, auch die

Einrichtung der Experimentierbühne Krolloper war letztlich sein Werk.
Die Wirkmächtigkeit von Kestenbergs Tätigkeit in Berlin ist mittlerweile gut dokumentiert und steht daher weniger im Zentrum des Bandes. Vielmehr galt es den InitiatorInnen und AutorInnen des Symposiums (darunter Musik-, Literaturwissenschaftler, Historiker, Musikpädagogen und Musiker aus Deutschland, Tschechien und Israel), sein Leben und Wirken auch in anderen Kontexten und unter neuen Perspektiven zu betrachten. So wird auf der Grundlage einer Vielzahl bislang unbekannter Quellen erstmals Kestenbergs Tätigkeit an dessen Exilorten Prag und Tel Aviv umfassend untersucht. Dabei haben die Beiträge von israelischer Seite durchaus Zeitzeugencharakter, eindrucksvoll etwa Judith Cohens Schilderung der Begegnung mit Kestenberg in dessen privatem Lebensumfeld in Tel Aviv. Dieser schien der nachwachsenden jüngeren Generation im Israel der 1950er Jahre mehr und mehr als »eine Figur aus dem 19. Jahrhundert«, beeindruckend zwar, aber zeitlich und ideell zunehmend entrückt.
Für die Zeit nach 1945 als besonders spannend erweisen sich Andreas Eschens Beobachtungen zum komplexen Verhältnis Leo Kestenbergs zu den Vertretern und Ideen der Jugendmusikbewegung, die – unter Berufung auf ihn als prominenten Emigranten – in der Nachkriegszeit versuchten, ihr in der NS-Zeit kompromittiertes Gedankengut zu rehabilitieren. Auch Kestenbergs bislang wenig bekannte frühe Zeit in Berlin rückt innerhalb des Bandes in den Blick, Nancy Tannenbergers reich bebilderter Beitrag über dessen Beziehungen zu bildenden Künstlern wie Oskar Kokoschka oder Max Slevogt ist hierbei ebenso zu nennen wie Albrecht Dümlings Untersuchung zu Kestenbergs 1905 beginnender Tätigkeit für die Freie Volksbühne in Berlin als sozialdemokratisch agierender Kulturmanager.
Eine ausführliche Beschreibung des im Archive of Israeli Music in Tel Aviv liegenden größten Teilnachlasses von Leo Kestenberg, ein Personenregister sowie ein Literaturverzeichnis erhöhen die Nutzbarkeit des sorgfältig edierten Bandes und dessen Anschlussfähigkeit für künftige Forschungsarbeiten.
Vor dem Hintergrund einer zunehmenden Ökonomisierung und Rationalisierung der Schul- und Hochschulausbildung in Deutschland, die im Rahmen der Erstellung von Kompetenz- und Evaluationsmodellen auch auf dem Gebiet der Musik längst Einzug gehalten hat, scheint, dies verdeutlichen auch die Beiträge der Musikpädagogen Christoph Richter und Wilfried Gruhn, die Auseinandersetzung mit den in diesem Band in umfassender Weise sichtbar gemachten, gänzlich anders gelagerten Konzepten und Visionen Leo Kestenbergs als besonders anregend.

Matthias Pasdzierny

Richard D. Critchfield: *From Shakespeare to Frisch: The Provocative Fritz Kortner.* Heidelberg (Synchron Publishers) 2008. 223 S.

Ein Buch, auf Englisch in Deutschland veröffentlicht, hat es schwer, Leser zu finden. Deshalb muss man es bekannt machen, zumal in diesem Fall. Fritz Kortner war nicht nur ein außerordentlicher Schauspieler und Regisseur und ein interessanter Schriftsteller, sein »Fall« demonstriert in eklatanter Weise die Odyssee der Juden im deutschen Kulturleben des 20. Jahrhunderts.
Kortner wurde durch frühe, schmerzhafte Erfahrungen des Antisemitismus in Wien geprägt, sein Leben lang trug er an diesem »Makel« des ihm aufgezwungenen Judentums. Durch seine Physiognomie und sein Temperament zum Schauspieler von Charakterrollen vorbestimmt, wuchs er zum idealen Darsteller des Shylock in Shakespeares *Merchant of Venice*, eine Rolle, der er erst ihre Tiefendimension gab, als vielfach verletzter, beleidigter zurückgestoßener Jude, der sich am Ende für das erlittene Unrecht rächen will und von der christlichen Gesellschaft erbarmungslos geprellt wird. Je radikaler und brutaler die ideologischen Kämpfe in der Weimarer Republik wurden, je mehr Macht die Nazis an sich reißen konnten, desto mehr musste sich Kortner mit Shylock identifizieren und darin die Voraussage der kommenden Katastrophe sehen.
Kortner war ein schwieriger Mensch mit cholerischem Temperament, der oft Streit mit Kollegen und Regisseuren hatte, wobei immer der Verdacht aufkam, die andere Seite habe etwas »gegen die Juden«. Entfremdet von der jüdischen Herkunft und ihren Bräuchen war

er dennoch in einem markanten Sinne »jüdisch«, viel stärker als Albert Bassermann, Ernst Deutsch und viele andere Kollegen. So musste Kortner eine bevorzugte Zielscheibe der Nazipropaganda, vor und nach 1933, werden.

Nur in der deutschen Sprache konnte Kortner leben, spielen, Theater inszenieren und schreiben; Englisch wurde für ihn nur ein zeitweiliges Hilfsmittel, aber nie eine natürliche Ausdrucksweise. Das erklärt, warum er nach 1945 trotz starker Vorbehalte zurückkehrte und durch seine Regiearbeit ab 1949 maßgeblich das Theater der Bundesrepublik mitgeprägt hat. Obwohl er einer der großen deutschen Schauspieler und Regisseure wurde, fühlte er sich doch nie ganz zu Hause in München. Sicherlich gab es in den Adenauer-Jahren bedrohliche Symptome des Weiterlebens der Nazi-Mentalität, doch die 1960er Jahre hätten Kortner beruhigen können, wenn er – und die Menschen in den USA – nicht Ereignissen wie gewissen Wahlerfolgen der NPD zu viel Bedeutung beigemessen hätte.

Davon muss auch deshalb die Rede sein, weil Richard Critchfields Darstellung eng an Kortners Autobiografie *Aller Tage Abend* anknüpft, ergänzt um Mitteilungen von Kortners Tochter Marianne Brün-Kortner, sodass er Einzelheiten beibringt, die nur durch die Informationen der Familie möglich sind, allerdings um den Preis der Distanz des Historikers. Ich gebe ein Beispiel: 1949 drehte Kortner den Film *Der Ruf*, englisch *The Last Illusion*. Der Film war nach seiner Ansicht zur Aufklärung und Versöhnung gedacht; aber das deutsche Publikum lehnte ihn völlig ab. Er entsprach in keiner Weise dem Selbstverständnis der Deutschen, besonders der Studenten, die damals ausnahmslos heimgekehrte Soldaten waren. In den ersten fünf Jahren nach dem Krieg konnte kein Gespräch zwischen der deutschen Bevölkerung und rückkehrenden Emigranten entstehen. Auch später vermutete Kortner Nazimentalität und Antisemitsmus, wenn Kritik an seinem Regietheater, seiner radikalen Modernisierung deutscher Klassiker geübt wurde. Hier, bei diesem Film, wäre es nützlich gewesen zu erklären, woher die negative Reaktion des deutschen Publikums kam, außer durch Antisemitismus.

Critchfields Verdienst ist es vor allem, Kortners Lebenslauf plausibel und einsichtig nachgezeichnet zu haben, vom gepeinigten Judenbuben in Wien bis zum letzten »Shylock« im Fernsehen zwei Jahre vor seinem Tod. Critchfield bietet außerdem wichtige Einzelheiten zu Kortners Exil in London und Hollywood, die ihn in den Rahmen der deutschen Kolonie am Pazifik bringen und neues Licht auf seine Beziehungen zu anderen Emigranten, besonders zu Brecht, werfen. Die klare und reich dokumentierte Darstellung gibt ein gutes Bild von Kortners Persönlichkeit, seinen Erfolgen und Skandalen. Sinnvollerweise sind die deutschen Originalzitate in den Anmerkungen abgedruckt, da die englische Übersetzung oft nicht den Ton und die Bedeutung der Wortwahl wiedergeben kann. Kortner war ein ausdrucksstarker Darsteller und sein expressionistischer Gestus kommt auch in seinen Schriften zutage. Bei aller politischen Problematik hat Fritz Kortner der deutschen Bühne der Weimarer Jahre und der Nachkriegszeit sehr viel bedeutet, und die Dokumentation dieser Tätigkeit ist für das Verständnis des deutschen Theaters unerlässlich.

Wulf Koepke

Kurzbiografien der Autorinnen und Autoren

Ingrid Belke, Studium der Klassischen Philologie und Germanistik in Erlangen und Freiburg, Staatsexamen 1960. Zweites Studium der Geschichte, Wirtschaftswissenschaften, Philosophie und Literatur in Basel. 1975 Promotion an der Universität Basel mit einer Arbeit über den Sozialreformer Josef Popper-Lynkeus und die Wiener Reformbestrebungen. Bis 2000 Wissenschaftliche Mitarbeiterin im Deutschen Literaturarchiv Marbach/N. Seit 2001 Mitherausgeberin der Werke Siegfried Kracauers.

Stephan Braese, geb. 1961, Studium der Geschichte, der Deutschen Literaturwissenschaft und der Erziehungswissenschaft an der Universität Hamburg. Promotion 1994 über die Satire des Exils an der Universität Hamburg. Habilitation 2000 über jüdische Autoren in der westdeutschen Nachkriegsliteratur an der Universität Bremen. Seit 2009 Professor für Europäisch-jüdische Literatur- und Kulturgeschichte an der Rheinisch-Westfälischen Technischen Universität Aachen.

Patrick Farges, geb. 1974, Studium der Germanistik und Sozialwissenschaften in Paris (École Normale Supérieure), Berlin, Toronto und Berkeley, Agrégation (Germanistik) 1998, Promotion 2006. Seit 2007 Maître de conférences für deutsche Geschichte und Kultur an der Universität Sorbonne Nouvelle - Paris 3. Forschungsschwerpunkte: Transatlantisches Exil, Migrationssoziologie, Oral History und Biografieforschung, Gender Studies.

Izabela Kazejak, geb. 1981 in Bytom, Polen. Studium der Kulturwissenschaften an der Europa-Unversität Viadrina in Frankfurt/Oder, Abschluss 2007. Seitdem Doktorandin am Europäischen Hochschulinstitut in Florenz (EUI) mit einer komparativen Arbeit zur Geschichte der Juden in Breslau und in Lemberg zwischen 1945 und 1968.

Claus-Dieter Krohn, geb. 1941, Studium der Geschichte, Germanistik und Politikwissenschaften in Hamburg, Berlin und Zürich. Promotion 1973 in Hamburg, anschließend wissenschaftlicher Assistent an der Freien Universität Berlin, Habilitation 1979; Prof. für Neuere Geschichte, lehrte bis 2007 Kultur- und Sozialgeschichte an der Universität Lüneburg. Zahlreiche Arbeiten zur Wirtschafts-, Sozial- und Theoriegeschichte des 19. und 20. Jahrhunderts und zur Exilforschung; Mitherausgeber des *Handbuch der deutschsprachigen Emigration 1933–1945* (1998) und des *Biographischen Handbuchs der deutschsprachigen wirtschaftswissenschaftlichen Emigration nach 1933* (1999).

Wilfried Mausbach, geb. 1964, Studium der Geschichte, Politikwissenschaften und Philosophie in Köln. Promotion 1994 mit einer Arbeit über das wirtschaftspolitische Deutschlandkonzept der USA nach dem Zweiten Weltkrieg. 1995 bis 2000 wissenschaftlicher Mitarbeiter am Deutschen Historischen Institut in Washington, D.C., seit 2005 Wissenschaftlicher Geschäftsführer am Heidelberg Center for American Studies (HCA).

Patrik von zur Mühlen, geb. 1942, Studium an der FU Berlin und in Bonn, 1967 Magisterexamen, 1971 Promotion, 1973–1975 im Bundesministerium für Wissenschaft und Bildung tätig, 1975–2007 Mitarbeiter im Forschungsinstitut der Friedrich-Ebert-Stiftung. Schwerpunkte: NS-Herrschaft, Widerstand, Exil und Emigration, Spanischer Bürgerkrieg, DDR-Geschichte, baltische Geschichte.

Thomas Pekar, geb. 1956, Studium der Germanistik, Philosophie und Politikwissenschaft in Freiburg i. Br. u. Berlin, Promotion an der Universität in Freiburg über Robert Musil; Habilitation an der Universität in München mit einer Arbeit zur westlichen Japan-Rezeption. Seit 2001 Professor für Germanistik (Literatur- und Kulturwissenschaften) an der Gakushuin Universität in Tokyo, Japan.

Patrice G. Poutrus, geb. 1961 in Berlin (Ost), 1990–1995 Studium der Geschichte und Sozialwissenschaften an der Humboldt-Universität Berlin, 2000 Promotion an der Europa-Universität Viadrina, Frankfurt/Oder. Assoziierter am Zentrum für Zeithistorische Forschung, Potsdam; seit 2007 Forschungsauftrag am internationalen Verbund zur Erforschung der Stiftung »Erinnerung, Verantwortung und Zukunft« unter der Leitung des Lehrstuhls für Zeitgeschichte der Ruhr-Universität Bochum.

Valentin Rauer, geb. 1968 in Rendsburg, Studium der Medizin und Sozialwissenschaften in Freiburg und Berlin. 2006 Promotion an der Universität Konstanz mit einer Arbeit über öffentliche Diskurse migrationspolitischer Dachverbände. Seit 2007 Projektleiter im Exzellenzcluster »Kulturelle Grundlagen der Integration« an der Universität Konstanz.

Caroline Rothauge, geb. 1981, Studium der Angewandten Kulturwissenschaften in Lüneburg und Santiago de Compostela. Seit 2008 Doktorandin am International Graduate Centre for the Study of Culture der Justus-Liebig-Universität Gießen, Promotion zu audiovisuellen Geschichtsdarstellungen und Erinnerungskulturen in Spanien seit 1990.

Samuel Salzborn, geb. 1977, Studium der Politikwissenschaft, Soziologie, Psychologie und Rechtswissenschaft in Hannover. 2004 Promotion an der Universität zu Köln mit einer Arbeit über die Ethnisierung der Politik. Im Sommersemester 2009 Vertretungsprofessor für Demokratie- und Demokratisierungsforschung am Institut für Politikwissenschaft der Universität Gießen.

Eva-Maria Siegel, Studium der Germanistik in Jena 1980 bis 1985, wissenschaftliche Mitarbeiterin am Zentralinstitut für Literaturgeschichte der Akademie der Wissenschaften der DDR 1985 bis 1992; Promotion an der Humboldt-Universität Berlin 1991 über weibliche Jugend im Nationalsozialismus. Herbst 1991 Studienaufenthalt in Cambridge/Großbritannien; 1992 bis 1994 Stipendiatin an der Universität Essen; 1996 bis 1998 Lise-Meitner-Stipendiatin am Institut für Deutsche Sprache und Literatur an der Universität zu Köln; Habilitation 2002 mit der Arbeit »Konfigurationen der Treue. Studien zu einem literarischen Topos im späten 19. Jahrhundert und um die Jahrhundertwende«; dort apl. Professorin. Seit 1999 Lehraufträge an der Europäischen Fachhochschule für Wirtschaft in Brühl und an der Fachhochschule für Medien Macromedia in Köln; freiberufliche Arbeit als Dozentin und Trainerin.

Exilforschung. Ein internationales Jahrbuch

Herausgegeben von Claus-Dieter Krohn und Lutz Winckler in Verbindung mit Wulf Koepke und Erwin Rotermund

Band 1/1983

Stalin und die Intellektuellen und andere Themen

391 Seiten

»... der erste Band gibt in der Tat mehr als nur eine Ahnung davon, was eine so interdisziplinär wie breit angelegte Exilforschung sein könnte.«

Neue Politische Literatur

Band 2/1984

Erinnerungen ans Exil – kritische Lektüre der Autobiographien nach 1933

415 Seiten

»Band 2 vermag mühelos das Niveau des ersten Bandes zu halten, in manchen Studien wird geradezu außergewöhnlicher Rang erreicht ...«

Wissenschaftlicher Literaturanzeiger

Band 3/1985

Gedanken an Deutschland im Exil und andere Themen

400 Seiten

»Die Beiträge beschäftigen sich nicht nur mit Exilliteratur, sondern auch mit den Lebensbedingungen der Exilierten. Sie untersuchen Möglichkeiten und Grenzen der Mediennutzung, erläutern die Probleme der Verlagsarbeit und verfolgen ›Lebensläufe im Exil‹.«

Neue Zürcher Zeitung

Band 4/1986

Das jüdische Exil und andere Themen

310 Seiten

Hannah Arendt, Bruno Frei, Nelly Sachs, Armin T. Wegner, Paul Tillich, Hans Henny Jahnn und Sergej Tschachotin sind Beiträge dieses Bandes gewidmet. Ernst Loewy schreibt über den Widerspruch, als Jude, Israeli, Deutscher zu leben.

Band 5/1987

Fluchtpunkte des Exils und andere Themen

260 Seiten

Das Thema »Akkulturation und soziale Erfahrungen im Exil« stellt neben der individuellen Exilerfahrung die Integration verschiedener Berufsgruppen in den Aufnahmeländern in den Mittelpunkt. Bisher wenig bekannte Flüchtlingszentren in Lateinamerika und Ostasien kommen ins Blickfeld.

Band 6/1988

Vertreibung der Wissenschaften und andere Themen

243 Seiten

Der Blick wird auf einen Bereich gelenkt, der von der Exilforschung bis dahin kaum wahrgenommen wurde. Das gilt sowohl für den Transfer denkgeschichtlicher und theoretischer Traditionen und die Wirkung der vertriebenen Gelehrten auf die Wissenschaftsentwicklung in den Zufluchtsländern wie auch für die Frage nach dem »Emigrationsverlust«, den die Wissenschaftsemigration für die Forschung im NS-Staat bedeutete.

Band 7/1989

Publizistik im Exil und andere Themen

249 Seiten

Der Band stellt neben der Berufsgeschichte emigrierter Journalisten in den USA exemplarisch Persönlichkeiten und Periodika des Exils vor, vermittelt an deren Beispiel Einblick in politische und literarische Debatten, aber auch in die Alltagswirklichkeit der Exilierten.

Band 8/1990

Politische Aspekte des Exils

243 Seiten

Der Band wirft Schlaglichter auf ein umfassendes Thema, beschreibt Handlungsspielräume in verschiedenen Ländern, stellt Einzelschicksale vor. Der Akzent auf dem kommunistischen Exil, dem Spannungsverhältnis zwischen antifaschistischem Widerstand und politischem Dogmatismus, verleiht ihm angesichts der politischen Umwälzungen seit 1989 Aktualität.

Band 9/1991

Exil und Remigration

263 Seiten

Der Band lenkt den Blick auf die deutsche Nachkriegsgeschichte, untersucht, wie mit rückkehrwilligen Vertriebenen aus dem Nazi-Staat in diesem Land nach 1945 umgegangen wurde.

Band 10/1992

Künste im Exil

212 Seiten. Zahlreiche Abbildungen

Beiträge zur bildenden Kunst und Musik, zu Architektur und Film im Exil stehen im Mittelpunkt dieses Jahrbuchs. Fragen der kunst- und musikhistorischen Entwicklung werden diskutiert, die verschiedenen Wege der ästhetischen Auseinandersetzung mit dem Faschismus dargestellt, Lebens- und Arbeitsbedingungen der Künstler beschrieben.

Band 11/1993

Frauen und Exil
Zwischen Anpassung und Selbstbestimmung

283 Seiten

Der Band trägt zur Erforschung der Bedingungen und künstlerischen wie biografischen Auswirkungen des Exils von Frauen bei. Literaturwissenschaftliche und biografische Auseinandersetzungen mit Lebensläufen und Texten ergänzen feministische Fragestellungen nach spezifisch »weiblichen Überlebensstrategien« im Exil.

Band 12/1994

Aspekte der künstlerischen Inneren Emigration 1933 bis 1945

236 Seiten

Der Band will eine abgebrochene Diskussion über einen kontroversen Gegenstandsbereich fortsetzen: Zur Diskussion stehen Literatur und Künste in der Inneren Emigration zwischen 1933 und 1945, Möglichkeiten und Grenzen einer innerdeutschen politischen und künstlerischen Opposition.

Band 13/1995

Kulturtransfer im Exil

276 Seiten

Das Jahrbuch 1995 macht auf Zusammenhänge des Kulturtransfers aufmerksam. Die Beiträge zeigen unter anderem, in welchem Ausmaß die aus Deutschland vertriebenen Emigranten das Bewusstsein der Nachkriegsgeneration der sechziger Jahre – in Deutschland wie in den Exilländern – prägten, welche Themen und welche Erwartungen die Exilforschung seit jener Zeit begleitet haben.

Band 14/1996

Rückblick und Perspektiven

231 Seiten

Methoden und Ziele wie auch Mythen der Exilforschung werden kritisch untersucht; der Band zielt damit auf eine problem- wie themenorientierte Erneuerung der Exilforschung. Im Zusammenhang mit der Kritik traditioneller Epochendiskurse stehen Rückblicke auf die Erträge der Forschung unter anderem in den USA, der DDR und in den skandinavischen Ländern. Zugleich werden Ausblicke auf neue Ansätze, etwa in der Frauenforschung und der Literaturwissenschaft, gegeben.

Band 15/1997

Exil und Widerstand

282 Seiten

Der Widerstand gegen das nationalsozialistische Herrschaftssystem aus dem Exil heraus steht im Mittelpunkt dieses Jahrbuchs. Neben einer Problematisierung des Widerstandsbegriffs beleuchten die Beiträge typische Schicksale namhafter politischer Emigranten und untersuchen verschiedene Formen und Phasen des politischen Widerstands: z. B. bei der Braunbuch-Kampagne zum Reichstagsbrand, in der französischen Résistance, in der Zusammenarbeit mit britischen und amerikanischen Geheimdiensten sowie bei den Planungen der Exil-KPD für ein Nachkriegsdeutschland.

Band 16/1998

Exil und Avantgarden

275 Seiten

Der Band diskutiert und revidiert die Ergebnisse einer mehr als zwanzigjährigen Debatte um Bestand, Entwicklung oder Transformation der historischen Avantgarden unter den Bedingungen von Exil und Akkulturation; die Beiträge verlieren dabei den gegenwärtigen Umgang mit dem Thema Avantgarde nicht aus dem Blick.

Band 17/1999

Sprache – Identität – Kultur Frauen im Exil

268 Seiten

Die Untersuchungen dieses Bandes fragen nach der spezifischen Konstruktion weiblicher Identität unter den Bedingungen des Exils. Welche Brüche verursacht die – erzwungene oder freiwillige – Exilerfahrung in der individuellen Sozialisation? Und welche Chancen ergeben sich möglicherweise daraus für die Entwicklung neuer, modifizierter oder alternativer Identitätskonzepte? Die Beiträge bieten unter heterogenen Forschungsansätzen literatur- und kunstwissenschaftliche, zeithistorische und autobiografische Analysen.

Band 18/2000

Exile im 20. Jahrhundert

280 Seiten

Ohne Übertreibung kann man das 20. Jahrhundert als das der Flüchtlinge bezeichnen. Erzwungene Migrationen, Fluchtbewegungen und Asylsuchende hat es zwar immer gegeben, erst im 20. Jahrhundert jedoch begannen Massenvertreibungen in einem bis dahin unbekannten Ausmaß. Die Beiträge des Bandes behandeln unterschiedliche Formen von Vertreibung, vom Exil aus dem zaristischen Russland bis hin zur Flucht chinesischer Dissidenten in der jüngsten Zeit. Das Jahrbuch will damit auf Unbekanntes aufmerksam machen und zu einer Erweiterung des Blicks in vergleichender Perspektive anregen.

Band 19/2001

Jüdische Emigration Zwischen Assimilation und Verfolgung, Akkulturation und jüdischer Identität

294 Seiten

Das Thema der jüdischen Emigration während des »Dritten Reichs« und Probleme jüdischer Identität und Akkulturation in verschiedenen europäischen und außereuropäischen Ländern bilden den Schwerpunkt dieses Jahrbuchs. Die Beiträge befassen sich unter anderem mit der Vertreibungspolitik der Nationalsozialisten, richten die Aufmerksamkeit auf die Sicht der Betroffenen und thematisieren Defizite und Perspektiven der Wirkungsgeschichte jüdischer Emigration.

Band 20/2002

Metropolen des Exils

310 Seiten

Ausländische Metropolen wie Prag, Paris, Los Angeles, Buenos Aires oder Shanghai stellten eine urbane Fremde dar, in der die Emigrantinnen und Emigranten widersprüchlichen Erfahrungen ausgesetzt waren: Teilweise gelang ihnen der Anschluss an die großstädtische Kultur, teilweise fanden sie sich aber auch in der für sie ungewohnten Rolle einer Randgruppe wieder. Der daraus entstehende Widerspruch zwischen Integration, Marginalisierung und Exklusion wird anhand topografischer und mentalitätsgeschichtlicher Untersuchungen der Metropolenemigration, vor allem aber am Schicksal der großstädtischen politischen und kulturellen Avantgarden und ihrer Fähigkeit, sich in den neuen Metropolen zu reorganisieren, analysiert. Ein spezielles Kapitel ist dem Imaginären der Metropolen, seiner Rekonstruktion und Repräsentation in Literatur und Fotografie gewidmet.

Band 21/2003

Film und Fotografie

296 Seiten

Als »neue« Medien verbinden Film und Fotografie stärker als die traditionellen Künste Dokumentation und Fiktion, Amateurismus und Professionalität, künstlerische, technische und kommerzielle Produktionsweisen. Der Band geht den Produktions- und Rezeptionsbedingungen von Film und Fotografie im Exil nach, erforscht anhand von Länderstudien und Einzelschicksalen Akkulturations- und Integrationsmöglichkeiten und thematisiert den Umgang mit Exil und Widerstand im Nachkriegsfilm.

Band 22/2004

Bücher, Verlage, Medien

292 Seiten

Die Beiträge des Bandes fokussieren die medialen Voraussetzungen für die Entstehung einer nach Umfang und Rang weltgeschichtlich singulären Exilliteratur. Dabei geht es um das Symbol Buch ebenso wie um die politische Funktion von Zeitschriften, aber auch um die praktischen Arbeitsbedingungen von Verlagen, Buchhandlungen etc. unter den Bedingungen des Exils.

Band 23/2005

Autobiografie und wissenschaftliche Biografik

263 Seiten

Neben Autobiografien als Zeugnis und Dokument sind Erinnerung und Gedächtnis in den Vordergrund des Erkenntnisinteresses der Exilforschung gerückt. Die »narrative Identität« (Paul Ricœur) ist auf Kommunikation verwiesen, sie ist unabgeschlossen, offen für Grenzüberschreitungen und interkulturelle Erfahrungen; sie artikuliert sich in der Sprache, in den Bildern, aber auch über Orte und Dinge des Alltags. Vor diesem Hintergrund stellt der Band autobiografische Texte, wissenschaftliche Biografien und Darstellungen zur Biografik des Exils vor und diskutiert Formen und Funktionen ästhetischen, historischen, fiktionalen und wissenschaftlichen Erzählens.

Band 24/2006

Kindheit und Jugend im Exil – Ein Generationenthema

284 Seiten

Das als Kind erfahrene Unrecht ist vielfach einer der Beweggründe, im späteren Lebensalter Zeugnis abzulegen und oft mit Genugtuung auf ein erfolgreiches Leben trotz aller Hindernisse und Widrigkeiten zurückzublicken. Kindheit unter den Bedingungen von Verfolgung und Exil muss also einerseits als komplexes, tief gehendes und lang anhaltendes Geschehen mit oftmals traumatischen Wirkungen über mehrere Generationen gesehen werden, andererseits können produktive, kreative Lebensentwürfe nach der Katastrophe zu der nachträglichen Bewertung des Exils als Bereicherung geführt haben. Diesen Tatsachen wird in diesem Band konzeptionell und inhaltlich anhand neu erschlossener Quellen nachgegangen.

Band 25/2007

Übersetzung als transkultureller Prozess

293 Seiten

Übersetzen ist stets ein Akt des Dialogs zwischen dem Selbst und dem Anderen, zwischen kulturell Eigenem und Fremdem. Übersetzen bedeutet insofern auch deutende Vermittlung kultureller Verschiedenheit im Sinne einer »Äquivalenz des Nicht-Identischen« (P. Ricœur). Ein kulturtheoretisch fundierter Übersetzungsbegriff ist daher geeignet, die traditionelle Exilliteratur aus den Engpässen von muttersprachlicher Fixierung und der Fortschreibung von Nationalliteraturen herauszuführen. Er regt dazu an, das Übersetzen als Alternative zu den Risiken von Dekulturation bzw. Akkulturation aufzufassen und nach Formen der Lokalisierung neuer Identitäten zu suchen, welche in der Extraterritorialität der Sprache und in der Entstehung einer interkulturellen »Literatur des Exils« ihren Ausdruck finden.

Der Band präsentiert Überlegungen und Analysen zu Übersetzern und Übersetzungen von bzw. durch Exilautorinnen und -autoren (u.a. Hermann Broch, Heinrich Mann, Hans Sahl, Anna Seghers). Er enthält Studien zu Sprachwechsel und Mehrsprachigkeit sowie Beispiele eines Schreibens »zwischen« den Sprachen (Walter Abish, Wladimir Nabokov, Peter Weiss), die eine geografische und zeitliche Entgrenzung der »Exilliteratur« nahelegen.

Ein Register aller Beiträge der Bände 1 bis 25 des Jahrbuchs rundet den Band ab und gibt einen Überblick über den Stand der Exilforschung.

Band 26/2008

Kulturelle Räume und ästhetische Universalität Musik und Musiker im Exil

253 Seiten

Das Themenspektrum des Bandes reicht von allgemeinen Überlegungen zum Doppelcharakter von Musik als »Werk und Zeugnis« über Musik in Exilzeitschriften, die Migration von Musiker/Komponisten-Archiven, die Frage nach »brain drain« und »brain gain« in der Musikwissenschaft bis zum Beitrag von Musikern in der Filmindustrie und einer Fallstudie zum Exil in Südamerika.

www.ingramcontent.com/pod-product-compliance
Lightning Source LLC
Chambersburg PA
CBHW030732280326
41926CB00086B/1153

9783112423011